Esoterik

Herausgegeben von Gerhard Riemann

Hildegard Schwarz, geboren 1910 in Berlin, und der Sozialpädagoge Norbert Teupert, geboren 1957 in Kulmbach, praktizieren in Kulmbach und Bayreuth und führen als Traumtherapeuten in Seminaren und Einzelberatungen Traumanalysen durch. Von Hildegard Schwarz erschien 1987: »Aus Träumen lernen – mit Träumen leben« (Knaur 4170).

Von Hildegard Schwarz ist außerdem erschienen:

Aus Träumen lernen – mit Träumen leben (Band 4170)

Dieses Buch wurde auf chlor- und
säurefreiem Papier gedruckt.

Vollständige Taschenbuchausgabe Oktober 1994

Umschlaggestaltung: Peter F. Strauss,
unter Verwendung des Gemäldes »The Reckless Sleeper«
von Rene Magritte, Tate Gallery, London.
(Foto: The Bridgeman Art Library, London)
Satz: IBV, Berlin
Druck und Bindung: Ebner Ulm
Printed in Germany
ISBN 3-426-86045-7

5 4 3 2 1

Hildegard Schwarz
Norbert Teupert

Das Bilderbuch der Träume

Neue Möglichkeiten des Verstehens

Knaur®

Inhalt

Zweiter Teil
Die Praxis der Traumdeutung: Fallbeispiele

Vorwort

Viele Träume, denen wir in Traumseminaren und Einzelberatungen, aber auch im eigenen »Traumtheater« begegnet sind, zeichneten sich durch eine Gemeinsamkeit aus: Ihre Symbolik ließ sich sprichwörtlich verstehen und in der Ausdeutung als klare Botschaft formulieren.
Eine Träumerin, der im Traum Tomaten ins Gesicht geworfen wurden, erkannte schlagartig, daß sie vor den Schwierigkeiten in ihrer Ehe die Augen verschließt, als wir, inspiriert durch die fliegenden Tomaten, die sprichwörtliche Redensart »Tomaten auf den Augen haben« in die Deutung einbezogen. Als sich ein junger Mann im Traum auf einem fliegenden Teppich von einem brennenden Hochhausdach rettete und mitten auf einem See landete, entdeckten wir sogar gleich vier solcher Redensarten in dieser Szene, die sich auf seine momentane Lebenssituation bezog: Er war von einem alten Haus auf dem Land hellauf begeistert, das er und seine Freundin entdeckt hatten und am liebsten sofort kaufen wollten. Er hatte sozusagen von dieser Idee Feuer gefangen, was der Traum bildlich in dem Brand auf dem Dach ausdrückte. Sein Unterbewußtsein warnte ihn jedoch davor, in seiner Begeisterung zu hoch hinauszuwollen (er saß im Traum auf einem Hochhausdach). Er sollte besser auf dem Teppich bleiben, also seinen Realitätssinn nicht außer acht lassen, da ein solches Vorhaben auch klar durchdacht und emotionsfrei durchgerechnet werden muß. So war der fliegende Teppich für ihn im Traum auch die Rettung vor dem Feuer, das ihn beinahe verschlungen hätte. Betroffen gemacht durch dieses intensive Traumerlebnis, nahm der junge Mann schließlich Vernunft an und erkannte, daß er sich mit einem Hauskauf hoffnungslos übernommen hätte. Der Teppich, auf

den er sich begab, das heißt die Bodenständigkeit, brachte ihn zurück auf die Erde, und er landete im Traum in einem See, wie auch das ganze Vorhaben letztlich ins Wasser fiel.

Diese und viele weitere Beispiele führten uns zu der Überzeugung, daß wir lernen sollten, Traumbotschaften sprichwörtlich zu verstehen. Bereits C. G. JUNG berichtete in seinem Buch *Der Mensch und seine Symbole* von einem Traum, der für ihn erst dann verständlich wurde, als er mit einemmal erkannte, daß dessen Botschaft in eine Redensart gekleidet war. Nach unserem Wissen wurde dieser Erkenntnis in der einschlägigen Traumliteratur bisher kaum Rechnung getragen, so daß die von uns entwickelte Methode, die Träume auf sprichwörtliche Redensarten hin zu untersuchen und dadurch zu verstehen, einen neuen Beitrag zum Traumverständnis liefert.

Durch die Fülle der Beispiele, die unsere These untermauern, sowie aufgrund einer umfassenden Darstellung und Einbeziehung der gebräuchlichsten Deutungsmethoden auf die von uns bearbeiteten Träume erhält der Leser das Rüstzeug, das er für das Verständnis seiner eigenen und fremden Träume benötigt.

In Theorie und Praxis wird unser Leser mit der Methode der Amplifikation vertraut gemacht, unter der wir die Anreicherung der Träume durch zusätzliches psychisches Material verstehen. Einbezogen werden die spontanen Einfälle und Phantasien des Träumers, aber auch die Verknüpfungen des Traummaterials mit der Geistesgeschichte der Menschheit, die sich bei allen Völkern in Märchen und Mythen niedergeschlagen hat. Wir gehen in diesem Buch auch ausführlich auf die Methode der Subjekt- und Objektstufendeutung der Träume ein. Auf der Objektstufe werden die Beziehungen des Träumers zu seinen Mitmenschen und seiner Umwelt transparent, während auf der Subjektstufe alle Traumfiguren als Wesensteile des Träumers erkannt werden. Eingehend beschäftigen wir uns auch mit der Kompensation. Sie betrifft Träume, die einseitige oder extreme Einstellungen zu uns selbst oder gegenüber anderen aufzeigen und ausgleichen. Unsere Träume sind ständig bestrebt, ein inneres Gleichgewicht und damit auch eine Harmonie mit dem Du und der Umwelt herzustellen. Ein weiterer psychischer Mechanismus, den die Träume in ihrem Bemühen, uns Klarheit zu bringen, berühren, ist die Projektion. Unter ihr verstehen wir die Tendenz des Menschen, negative wie positive Eigenschaften auf andere zu übertragen, statt in sich selbst zu sehen. Wir werden unseren Lesern zeigen, wie unsere Projektionen in den Träumen ihren Niederschlag finden und wie sie uns als Spiegel dienen können, in dem wir uns selbst besser erkennen und verstehen lernen. Schließlich seien noch die Träume erwähnt, die Entwürfe für die Zukunft beschreiben. Sie dienen uns als Wegweiser und zeigen uns, wo uns ein eingeschlagener Weg hinführen wird. Sie machen uns Mut, keine Mühen zu scheuen, um gesetzte Ziele zu erreichen, und erfüllen uns mit der Hoffnung, daß auch in schwierigen Situationen Auswege zu finden sind.

Durch das Studium der Traumbeispiele werden Sie erkennen, daß jeder seines Glückes Schmied ist und jeweils im Innern die Weichen dafür gestellt werden, was uns dann, scheinbar ohne unser Zutun, außen widerfährt. Die Träume zeigen uns, wie wir selbst, meist unbewußt, daran beteiligt sind, unser Schicksal zu gestalten. Sie öffnen uns die Augen, unsere Eigenverantwortlichkeit für Glück und Unglück zu erkennen. Durch diese Bewußtmachung versetzen sie uns in die Lage, unser Leben unserem Wesen und unseren Zielen gemäß zu formen und zu gestalten.

Um uns die vielfältigen Funktionen und Botschaften der

Träume nutzbar zu machen, müssen wir uns auf die Suche nach ihrem verborgenen, in Bildern gekleideten Sinn begeben. Somit gleicht die Traumarbeit der Arbeit eines Detektivs. Zu dessen Handwerkszeug gehören neben Spürsinn, Intuition und Erfahrung auch eine gute methodische Ausrüstung, um unter den verschiedenen Deutungsmöglichkeiten diejenige herauszufinden, die dem Träumer und seiner Lebenssituation am meisten entspricht. Wenn wir uns dabei auf die sprichwörtlichen Redensarten besinnen und diese in die Deutung einbeziehen, verfügen wir über ein weiteres wertvolles Werkzeug, das sich in der Praxis bestens bewährt hat, wie die vielen Fallbeispiele zeigen werden.

Bei diesen Beispielen werden Sie sicher das eine oder andere Problem entdecken, von dem auch Sie bedrängt werden. Versuchen Sie dann, sich mit dem jeweils geschilderten Traum zu verbinden, und erleben Sie ihn so, als sei er Ihr eigener. Tauchen Sie in ihn ein, gehen Sie mit Ihrem Gefühl hinein, und versuchen Sie zu spüren, von welchen Gedanken und Gefühlen Sie bewegt werden. Dieser Traum könnte ein Anstoß für Ihre eigenen Träume sein, die dann das für Sie relevante Problem in neuer Weise verarbeiten, neue Aspekte bringen, um es transparenter zu machen. Die Fallbeispiele sind so ausgesucht, daß sie ein breitgefächertes Spektrum von Problemen ansprechen. Träume von anderen Menschen auf sich wirken zu lassen, kann ebenso bereichernd sein wie der Umgang mit den eigenen. Sie können an Träumen erkennen, daß wir Menschen uns voneinander kaum unterscheiden, daß wir alle im Lebenskampf stehen und ihn nach Möglichkeit gut bestehen wollen. Die Beschäftigung mit Träumen schafft eine Basis des Vertrauens, bringt uns einander näher, macht uns einfühlsamer und setzt uns in Verbindung mit unbewußten Seelenkomplexen.

Dank sagen möchten wir den vielen Träumerinnen und Träumern, die uns durch ihr Traummaterial die Grundlage für dieses Buch lieferten und die durch ihre aktive Mitarbeit bei der Traumbesprechung wesentlich zum Traumverständnis beigetragen haben.

Bayreuth, Sommer 1992

Hildegard Schwarz
Norbert Teupert

Einführung

Unsere Seele, die unbewußte Psyche, spricht durch die Symbol- und Bildersprache des Traumes zu uns. Um die Traumsprache, die für unseren Verstand eine Fremdsprache ist, zu verstehen, ist es notwendig, in ihre Bilder einzudringen und ihre »Stilmittel« kennenzulernen. Diese Stilmittel haben ihren Ursprung in Mythologien, Märchen, Volksliedern und Sprichwörtern. Nicht selten verwendet der Traum ein Symbol mit kollektiver Bedeutung, um eine individuelle Botschaft zu vermitteln. Die Kenntnis dieser kollektiven Symbole ist also ebenso eine Voraussetzung, um den Kern von Traumaussagen zu treffen.

Die Evolution des menschlichen Bewußtseins ist durch ein Wechselspiel individueller und kollektiver Faktoren geprägt. Das können wir in unseren Träumen deutlich nachvollziehen. Die uralte Sage des Kampfes mit dem Drachen ist zum Beispiel symbolischer Ausdruck für das Ringen des Menschen um die Befreiung aus seiner Triebgebundenheit. Wenn nun für einen Menschen dieses Thema zur Durcharbeitung ansteht, lassen ihn die Träume nicht selten mit Drachen, Krokodilen oder anderen Urtieren kämpfen.

Auch Märchen sind wegen ihres kollektiven Charakters eine Quelle, aus der die Seele schöpft, wenn Problematiken durchlebt und erlöst werden sollen. Erscheint zum Beispiel das Hänsel-und-Gretel-Motiv im Traum, ist damit die Abnabelung vom Elternhaus oder von der Mutter gemeint.

Jede individuelle menschliche Entwicklung (Ontogenese), sowohl körperlich als auch seelisch-geistig, ist eingebettet in die Gesetzmäßigkeiten kollektiver Entwicklungsprozesse der Menschheit (Phylogenese). Es ist daher eher die Regel als die Ausnahme, wenn sich das Unbewußte eines kollektiven Kul-

turgutes in unseren Träumen bedient, um individuelle Botschaften zu übermitteln.
Bevor wir uns ausführlich den sprichwörtlichen Redensarten zuwenden, sollen noch kurz einige der anderen volkstümlichen Ausdrucksformen genannt werden. In den Volksliedern werden Themen und Probleme aus dem Alltag aufgegriffen und auf spielerische Weise vermittelt. Daß diese Melodien auch in der Traumwelt erklingen, sollte uns nicht verwundern, wenngleich in unserer heutigen Zeit viele dieser Lieder in Vergessenheit geraten. An ihre Stelle treten dann Schlager und Popsongs. Auch Witze mit kollektivem Charakter können als Traumhandlung umgesetzt werden. In welcher Weise in Träumen auf ein solches Stilmittel zurückgegriffen wird, hängt natürlich vom Träumenden ab. In ihrem Buch *Mit Träumen leben* erzählt HILDEGARD SCHWARZ den Daunendecken-Traum, in dem das Volkslied »Die Tiroler sind lustig« vorkommt. Sie konnte die Aussage des Liedes gut auf ihre Lebenssituation beziehen. Der Traum wurde auch in dieses Buch aufgenommen. Es ist denkbar, daß ein volkstümliches Kinderlied, wie zum Beispiel »Hänschen klein«, im Traum bildlich oder akustisch erscheint.
Die Interpretation hängt in einem solchen Fall vom Verständnis des jeweiligen Liedes ab. Über die Bedeutung von »Hänschen klein« schreibt JÜRGEN VOM SCHEIDT in seinem Buch *Der Weg ist das Ziel:* »Das ist, da brauchen wir überhaupt nicht zu spekulieren, die Geschichte eines kleinen Kindes, das sich (erstmals?) vom Rockzipfel seiner bis dahin allgewaltigen beschützenden und ernährenden Mutter löst und allein in die große unbekannte Welt hineinwagt – in die Welt jenseits von Mutters Schatten.« Da es sich bei dem Problem der Mutterablösung nicht nur um ein äußeres, sondern vielmehr inneres Thema handelt, das auch Erwachsene noch betrifft, wäre ein Hänschen-klein-Traum auch bei Menschen vorstellbar, die

durch das Unbewußte auf die Notwendigkeit einer seelischen Abnabelung hingewiesen werden. Als Beispiel eines Traum-Schlagers sei der Tanz-Traum einer Dame mittleren Alters genannt, die träumend singt: »Nur du, du, du allein«. Unschwer ist zu erraten, daß sich dieser Traum mit dem Beziehungsthema der Träumerin auseinandersetzt.

Auch Sprichwörter stellen ein potentielles Traum-Stilmittel dar. Der Einfluß und die Bedeutung der Sprichwörter, die vom fünfzehnten bis zum siebzehnten Jahrhundert ihre Blütezeit erlebten, sind jedoch seit dem Zeitalter der Aufklärung immer geringer geworden. Das moderne Leben, geprägt von Hast, Abstraktion und Rationalität, liefert nicht mehr den Nährboden für Sprichwörter, die Ausdruck von Beschaulichkeit und eines nachdenklichen Sinnes sind. Seit dem neunzehnten Jahrhundert gibt es auch kaum noch Neuschöpfungen von Sprichwörtern, und traditionelle Sprichwörter werden seither immer weniger benutzt. Ein Grund für den Niedergang der Sprichwörter dürften auch deren lehrhafter Charakter und moralisierendes Urteil hinsichtlich der Lebensführung des einzelnen sein, zum Beispiel: »Wer den Pfennig nicht ehrt, ist des Talers nicht wert.« Da sich in unserer modernen Welt niemand mehr den schulmeisterlichen Zeigestock vorhalten lassen will, ist es nicht verwunderlich, daß von Moral und Tugend triefende Sprichwörter nicht gerade hoch im Kurs stehen.

Ganz anders sieht es hingegen bei den mit den Sprichwörtern verwandten sprichwörtlichen Redensarten oder Redewendungen aus. Während Sprichwörter im Volksmund umlaufende, in sich geschlossene Sprüche mit moralisierenden Wertungen sind, fehlt den sprichwörtlichen Redensarten sowohl die formale Geschlossenheit als auch jegliche lehrhafte Tendenz. »Das Handtuch werfen«, »Feuer fangen«, »eine Scharte auswetzen« sind zum Beispiel wertfreie Aussagen, die in markante Bilder gekleidet sind, um die jeweilige Botschaft zu unterstreichen und zu betonen. Da die Redewendungen weder lehrhaften noch autoritären Charakter besitzen, sind sie auch heute noch sehr beliebt und dienen als »Würzmittel« für eine möglichst durchschlagende und einprägsame Sprache, wie sie beispielsweise in Werbung und Politik eingesetzt wird. Es ist deshalb auch nicht erstaunlich, wenn unsere Träume auf dieses Stilmittel zurückgreifen, wenn sie uns nachdrücklich etwas klarmachen und uns emotional berühren wollen. Redensarten im Traum sind sozusagen »ein Wink mit dem Zaunpfahl«, sie wollen unsere höchste Aufmerksamkeit erregen; ihre Botschaft will verhindern, daß wir »auf den falschen Dampfer kommen«.

Sprichwort bedeutet »vielgesprochenes Wort«. Die wesentlichen Merkmale eines Sprichworts oder einer sprichwörtlichen Redensart sind daher ihre häufige volkstümliche Verwendung und dadurch die Entstehung und Festigung einer kollektiven Bedeutung. Wie die Träume kleiden sie ihre Botschaften in Bilder, sind dadurch poetischer und überzeugender als eine direkte und unverhüllte Darstellung eines Sachverhalts. Statt abstrakter Begriffe vermitteln sie lebendige, innerlich ansprechende Mitteilungen, die anreizen und auffordern, die eigentliche, *hinter* dem Bilde liegende Bedeutung zu suchen und »des Pudels Kern« offenzulegen.

Rätsel regen die Aufmerksamkeit stärker an als auf dem Präsentierteller angebotene Weisheiten und setzen damit einen Bewußtwerdungsprozeß in Gang. Dem gleichen Prinzip folgen auch die Träume, hinter deren Symbolsprache eine tiefer liegende Wahrheit und Weisheit darauf wartet, ergründet zu werden. Der Träumer ist zu einem aktiven Handeln veranlaßt, da sich Traumbotschaften nicht einfach konsumieren lassen, wie manche Traumlexika mit pauschalen Deutungsmustern glauben machen wollen. Würde zum Beispiel statt der lebendigen Traumbilder eine Art »Traumtext« erscheinen, der unmißverständlich ausdrückt, wo unsere Probleme liegen, wäre damit der wertvolle Aspekt der Träume, nämlich der Ansporn und Antrieb für Bewußtseinserweiterung, genommen. Statt dessen kommen die Träume dem bewußten Verstand auf halbem Weg entgegen, und unser bewußtes Selbst ist aufgefordert, über das Eindringen in die Symbole seinerseits dem Unbewußten entgegenzugehen.

Wie die Träume, allzu wörtlich aufgefaßt, keinen Sinn für uns ergeben, bleiben uns auch die sprichwörtlichen Redensarten unverständlich, wenn wir sie nur »beim Wort nehmen«. Es sind vielmehr bildhafte Ausdrücke, deren eigentliche Bedeutung im übertragenen Sinn liegt. Wenn wir zum Beispiel unsere Empörung mit der Redensart »Das schlägt dem Faß den Boden aus« verbalisieren, meinen wir das Gesagte eben nur symbolisch und haben kein reales Faß im Sinn, dem der Boden ausgeschlagen wird.

Die Symbolhaftigkeit ist die große Gemeinsamkeit, die Träume und sprichwörtliche Redensarten miteinander verbindet. Beide Sprachen sind Bildersprachen, die in kollektiven und individuellen Seelenschichten wurzeln. Alle Redewendungen haben eine Vor- oder Entwicklungsgeschichte, auch wenn diese oft nicht mehr eindeutig nachzuvollziehen ist. Die häufig rätselhafte Entstehung der sprichwörtlichen Redensarten entspricht dem ebenso rätselhaften Auftauchen der Mythen. Sie entspringen den archaischen Tiefen des »kollektiven Unbewußten« der Menschheit, wie sie andererseits auch, wenn sie aus der Mode geraten sind, wieder in der Versenkung verschwinden. C. G. Jung, der den Begriff des »kollektiven Unbewußten« prägte, versteht darunter einen Teil der Gesamtpsyche des Menschen, der das gemeinsame psychische Erbe der Menschheit enthält und weitergibt. Er entdeckte damit eine Seelenschicht oder Bewußtseinsebene, auf der wir Menschen alle miteinander verbunden sind, auch wenn uns diese Tatsache nicht bewußt ist und unser Verstand diese Ebene nicht nachvollziehen kann. Im Gegensatz dazu wird uns diese Verbundenheit deutlich, wenn wir sie von der Gefühlsebene aus betrachten. Unsere Fähigkeit, uns in Menschen einzufühlen, mit anderen mitzufühlen und atmosphärische Schwingungen zu spüren, ist Ausdruck dieses zwischenmenschlichen Verbindungskanals.

Da sowohl für das Entstehen als auch das Verschwinden von Redensarten keine kausalen Zusammenhänge gefunden werden können, ist es hilfreich, den ebenfalls von Jung geprägten Begriff der »Synchronizität« einzuführen. Jung versteht darunter die Koinzidenz beziehungsweise das zeitliche Zusammentreffen zweier oder mehrerer Ereignisse des gleichen oder ähnlichen Sinngehalts, die logisch-kausal nicht aufeinander bezogen werden können. Denken und Leben im Sinne der Synchronizität gehen von Entsprechungen und »sinnvollen Zufällen« aus. Wenn ich zum Beispiel von meinem Onkel aus Amerika träume, und am nächsten Tag steht er unverhofft vor der Tür, so ist dies sicherlich nicht kausal zu erklären. Er kam ja nicht, weil ich von ihm träumte, sondern Traum und Wirklichkeit befinden sich in Übereinstimmung. Jung beobachtete viele solcher Phänomene und stellte in Frage, daß es sich dabei um bloße Zufälle ohne inneren Zusammenhang handelt. In seinem Kommentar zu dem Buch *Das Geheimnis der Goldenen Blüte* erklärt er die Synchronizität folgendermaßen: »Meine Beschäftigung mit der Psychologie unbewußter Vorgänge hat mich schon vor vielen Jahren genötigt, mich nach einem anderen Erklärungsprinzip (neben der Kausalität) umzusehen, weil das Kausalprinzip mir ungenügend erschien, gewisse merkwürdige Erscheinungen der unbewußten Psychologie zu erklären. Ich fand nämlich zuerst, daß es psychologische Parallelerscheinungen gibt, die sich kausal schlechterdings nicht aufeinander beziehen lassen, sondern in einem anderen Geschehenszusammenhang stehen müssen. Dieser Zusammenhang erschien mir wesentlich in der Tatsache der relativen Gleichzeitigkeit gegeben, daher der Ausdruck ›synchronistisch‹. Es scheint nämlich, als ob die Zeit nichts weniger als ein Abstraktum, sondern vielmehr ein konkretes Kontinuum sei, welches Qualitäten oder Grundbedingungen enthält, die sich in relativer Gleichzeitigkeit an verschiedenen Orten in kausal nicht zu erklärendem Parallelismus manifestieren können, wie zum Beispiel in Fällen von gleichzeitigem Erscheinen von identischen Gedanken, Symbolen oder psychischen Zuständen.«

Dieses von Jung genannte »gleichzeitige Erscheinen von identischen Gedanken« können wir bei Entdeckungen und Erfindungen nachvollziehen, die von verschiedenen Menschen in verschiedenen Ländern gleichzeitig gemacht wurden, ohne daß zwischen ihnen ein offensichtlicher kausaler Zusammenhang bestanden hätte. Hier wird das bereits genannte Wechselspiel zwischen kollektiven und individuellen Ebenen deutlich: Wenn die Menschheit für eine neue Erfindung bereit war und sich diese im kollektiven Menschheitsbewußtsein vorgeformt hatte, dann bediente sich dieses Überbewußtsein einzelner Individuen, die offen und befähigt genug waren, diese neue kollektive Idee umzusetzen.

Es ist vorstellbar, daß sich auf einer weniger dramatischen Ebene auch die sprichwörtlichen Redewendungen manifestierten. Als Medien dienten ebenfalls Einzelpersonen, die Redensarten spontan erfanden und ausdrückten, deren treffende Formulierungen bestimmte innere Bilder im kollektiven Unbewußten der Menschen einer Region, eines Landes oder einer Religionsgemeinschaft ansprachen und aktivierten. Redensarten, die sich als solche durchsetzen konnten, entsprangen der »Volksseele« einer bestimmten Gemeinschaft. Ausgesprochen und geprägt von Individuen, flossen diese Wendungen wieder zurück in das Kollektiv. Der Volksmund – eine volkstümliche Bezeichnung kollektiv wirksamer Kräfte – diente als Sammelbecken und Durchlaufstation der jeweiligen Redewendungen, die gerade dadurch erst zu sprichwörtlichen Redensarten wurden und Allgemeingültigkeit erlangten. Durchsetzen konnten sich also jene Redewendungen, die den »Volksnerv« berührten und somit dem Zeitgeist entsprachen.

Wie kamen nun die Schöpfer der Redensarten zu den einzelnen Wendungen? Die eine Möglichkeit ist, daß zuerst ein allgemeiner Gedanke da war, dem das für eine Redensart charakteristische Bild hinzugefügt wurde. So entstanden sicher viele Sprichwörter und sprichwörtliche Redensarten, die einen nur in der Phantasie, aber nicht real existierenden Vorgang zum Bilde gemacht haben. Kaum jemand dürfte zum Beispiel einen Esel beobachtet haben, der aus Übermut aufs Eis ging, und doch entstand das Sprichwort »Wenn es dem Esel zu wohl ist, geht er aufs Eis tanzen und bricht sich ein Bein«. Ebenso werden die derbe Redensart »Jemandem in den Arsch kriechen« oder die drastische Wendung »Er benimmt sich wie ein Elefant im Porzellanladen« kaum durch die Beobachtung einer realen Situation entstanden sein. Sie betrafen wohl Themen, die dem Volk am Herzen lagen, das sich nun aussagekräftige Bilder erschuf.

Während die Erfindungsgabe immer einzelnen Individuen inneliegt, ist das Auswählen hingegen Sache der Masse, des Kollektivs. Was ihrem (Kollektiv-)Geist nicht entspricht, lehnt sie ab. Friedrich Seiler drückt das in seinem 1922 erschienenen Buch *Deutsche Sprichwörterkunde* so aus: »Das Volk wählt also die seiner Denk- und Ausdrucksweise am meisten zusagenden Sprüche, Redewendungen aus der Fülle dessen aus, was von Einzelpersönlichkeiten geschaffen wird, macht sie durch immer wiederholten Gebrauch zu seinem Eigentum und erhebt sie dadurch zu Sprichwörtern und sprichwörtlichen Redensarten.«

Umgekehrt sind Redensarten und Sprichwörter auch aufgrund eines konkreten Geschehens entstanden, das der jeweilige »Erfinder« in eine kurze, prägnante Aussage gebracht hat. Diese Sprachbilder enthalten dann neben ihrer konkreten Bedeutung gleichzeitig einen allgemeinen Gedanken oder eine allgemeine Weisheit. Das Sprichwort »Neue Besen kehren gut« drückt zum Beispiel eine konkrete Tatsache wie auch eine symbolisch zu verstehende Wahrheit aus. Die sprichwörtliche Redensart »Den Bogen überspannen« entspringt der Erfahrung, daß ein Bogen bricht, wenn er überdehnt wird, und bedeutet symbolisch, eine Sache zu weit zu treiben.

Redensarten entstehen also dann, wenn sich ein Begriff von seiner konkreten Bedeutung in ein Bild verwandelt, das nun meist erklärungsbedürftig ist. Der ursprünglich wörtliche Sinn geht dabei zugunsten einer übertragenen, bildhaften Bedeutung verloren. Kaum jemand dürfte heutzutage noch wissen, was die eigentliche Bedeutung der Redensart »Maulaffen feilhalten« ist. Wie uns die Lebenssituationen und Gewohnheiten früherer Zeitepochen fremd geworden sind, so haben wir auch die Beziehung zu deren Sprachbildern verloren. So ist uns zwar die symbolische Bedeutung vieler Redewendungen im allgemeinen gefühlsmäßig bewußt, ihr Ursprung ist uns jedoch meist verlorengegangen und in die »Dunkelheit« des kollektiven Unbewußten zurückgekehrt.

Wann die einzelnen sprichwörtlichen Redensarten entstanden sind, ist geschichtlich nicht eindeutig zu datieren. Ein markanter Zeitraum für die Verwandlung von der wörtlichen zur symbolischen Bedeutung der Redensarten dürfte der Übergang vom Spätmittelalter zur Neuzeit sein, der eine Epoche des sprachlichen Bewußtseinswandels einläutete.

Sprichwörtliche Redensarten haben sich aus allen Lebensbereichen der damaligen Zeit entwickelt, zum Beispiel aus dem Handwerk: »Ränke schmieden« (Schmied), »wissen, wo einen der Schuh drückt« (Schuster), »ein ungehobelter Mensch« (Tischler), »das schlägt dem Faß den Boden aus« (Böttcher), »etwas anzetteln« (Weberei), »in dieselbe Kerbe schlagen« (Holzfäller), »die Feuerprobe bestehen« (Goldschmied). Ein uns geläufiger, aber wahrscheinlich dennoch unverständlicher Ausdruck kommt aus der Glasmalerei: »Fisimatenten machen«, was soviel bedeutet wie nach Ausflüchten suchen und ursprünglich meint, Zieraten eines Wappens auf gemalte Glasfenster anbringen (mittelhochdeutsch: visament).

Auch das Verkehrswesen der damaligen Zeit, mit dem Pferd oder der Kutsche als Fortbewegungsmittel, prägte entsprechende Wendungen: »am selben Strang ziehen«, »über den Strang schlagen«, »wenn alle Stricke reißen«, »sich ins Zeug legen«, »den Karren in den Dreck fahren«. Dem Rechtswesen entstammen: »etwas von der Hand weisen«, »jemanden auf die Folter spannen«, »etwas an die große Glocke hängen«, »die Hand für jemanden ins Feuer legen« und viele mehr.

Da Krieg und Kampf das Leben einst bestimmten, verwundert es nicht, daß auch aus diesem Bereich viele Redensarten kommen: »den Spieß umkehren«, »eine Scharte (wieder) auswetzen«, »Lunte riechen«, »sein Pulver verschossen haben«, »für jemanden eine Lanze brechen«. Das Jagd- und Fischereiwesen hat unter anderem beigetragen: »wissen, wie der Hase läuft«, »auf den Busch klopfen«, »durch die Lappen gehen«, »das Fell über die Ohren ziehen«, »jemanden zappeln lassen«, »im trüben fischen«.

Aus Handel und Geschäftswesen stammen: »Kapital aus etwas schlagen«, »seine Worte auf die Goldwaage legen«, »etwas für bare Münze halten«, »jemandem etwas ankreiden«,

»die Rechnung ohne den Wirt machen«. Vom Glücksspiel stammen: »sich nicht in die Karten gucken lassen«, »alles auf eine Karte setzen«, »seine Trümpfe in der Hand behalten oder ausspielen«, »Farbe bekennen«, »das Blatt hat sich gewendet«, »bei jemandem einen Stein im Brett haben« (aus dem Damespiel), »jemanden in Schach halten« (Schachspiel).

Die Landwirtschaft hat einige Redewendungen hervorgebracht, die verkehrtes, zweckwidriges Tun ausdrücken: »das Pferd am Schwanz aufzäumen«, »leeres Stroh dreschen«, »ins Kraut schießen«. Aus der Schafzucht stammt die Wendung »sein Schäfchen ins trockene bringen«, »alles über einen Kamm scheren«, »jemanden ungeschoren lassen«.

Die Musik hat beigetragen: »jemandem den Marsch blasen«, »andere Saiten aufziehen«, »die erste Geige spielen«, »ein Lied von etwas singen können«, »aus dem letzten Loch pfeifen«. Redensarten aus dem Bereich des Essens und Trinkens sind zum Beispiel: »jemandem etwas einbrocken«, »die Suppe, die man sich eingebrockt hat, wieder auslöffeln müssen«, »ein Haar in der Suppe finden«, »ins Fettnäpfchen treten«, »in den sauren Apfel beißen«, »alles in einen Topf werfen«, »reinen Wein einschenken«.

Zuweilen stammen die sprichwörtlichen Redensarten auch aus der Literatur, wenn ehemals literarische Wendungen und Zitate als sogenanntes »gesunkenes Kulturgut« in die Volkssprache eingegangen sind. Bezeichnend dabei ist die Wandlung vom individuellen Zitat zur volkstümlichen Anonymität und allgemeinen Verfügbarkeit, so zum Beispiel das ursprünglich SCHOPENHAUERSCHE Zitat »im Wolkenkuckucksheim leben« oder aus GOETHES *Wahlverwandtschaften* die Wendung »etwas zieht sich wie ein roter Faden hindurch«.

Viele Redensarten finden wir im Zusammenhang mit der Bibel, wobei sich nicht immer nachvollziehen läßt, ob die jeweilige Wendung bereits als solche in die Bibel eingegangen ist oder ob sie vom Bibelzitat zur Redensart avancierte, zum Beispiel: »aus der Not eine Tugend machen«, »die Haare stehen einem zu Berge«, »die Zunge im Zaum halten«, aber auch: »jemandem die Leviten lesen« (von *Leviticus*, dem 3. Buch Mose), »jemanden von Pontius zu Pilatus schicken«. Die bewußt volkstümliche Art der Bibelübersetzung durch MARTIN LUTHER hat sicher dazu beigetragen, daß der Weg von manchem Bibelzitat zur populären Redensart nicht sehr weit war.

Die Verbreitung der sprichwörtlichen Redensarten wie auch der Sprichwörter, Märchen und Legenden geschah in erster Linie durch fahrendes Volk, Spielleute, Handwerker, Soldaten und Seeleute. Durch diese Berufsgruppen wie auch durch Literaturübersetzungen gelangten Redensarten anderer Völker in unseren Kulturkreis. Nur auf literarischem Weg, über Bücher und später auch Filme, sind Redewendungen der nordamerikanischen Indianer in unseren Sprachgebrauch eingedrungen wie »das Kriegsbeil begraben« oder »die Friedenspfeife rauchen«. Die Verbreitung der Sprichwörter und sprichwörtlichen Redensarten wurde vor allem dadurch begünstigt, daß der überlieferte Sprichwort- und Redensartenschatz, aufgezeichnet von GEILER VON KAISERSBERG (gestorben 1510) oder HANS SACHS (1494 bis 1576), im Mittelalter als freies Allgemeingut galt, aus dem jeder beliebig schöpfen konnte. Und bis heute gibt es kein Copyright für Sprichwörter und Redensarten.

Immer noch sprechen der volkstümlich-kollektive Charakter der Redensarten und die Aussagekraft der jeweiligen Bilder breite Volksschichten an. Kaum verwunderlich ist es deshalb, daß auch neue Wendungen entstehen. Beispiele aus dem Bereich der Technik sind »Dampf machen«, »den Anschluß versäumen«, »höchste Eisenbahn sein«, »entgleisen«, »die Weichen stellen«, »die Notbremse ziehen«, die alle im Zusammenhang mit der Eisenbahn entstanden sind. Aus dem Telegrafenwesen stammen: »eine lange Leitung haben«, »einen guten Draht zu jemandem haben«, »der Draht zu jemandem ist abgerissen«, »auf Draht sein«.

Auch die Werbeslogans der heutigen Zeit haben schon fast den Charakter von Sprichwörtern und sprichwörtlichen Redensarten angenommen, da sie durch permanente Wiederholungen über die Massenmedien in das Unterbewußtsein eindringen und durch ihre Kürze und Bildhaftigkeit einprägsam sind. Beispiele aus der Zigarettenwerbung: »Freiheit und Abenteuer«, »der Duft der großen weiten Welt«, »warum gleich in die Luft gehen?«. Aber auch Slogans anderer Produkte sind so populär geworden, daß wir sie sprichwörtlich verwenden, zum Beispiel »aprilfrisch« für ganz besondere Frische oder »darauf einen Dujardin«, wenn wir ausdrücken wollen, daß uns etwas gelungen ist und wir Grund zum Feiern haben. Nicht auszuschließen ist deshalb, daß wir auch Werbeslogans in unseren Träumen wiederfinden, wenn diese uns besonders stimulieren.

Wie bereits dargestellt, wurden Redensarten im Laufe der Zeit im Sprachschatz fest verankert. Bezeichnend dafür ist, daß der jeweilige Wortlaut nicht beliebig verändert werden kann. Die Wendung »sich benehmen wie ein Elefant im Porzellanladen« ist beispielsweise nicht ersetzbar durch »sich benehmen wie ein Nilpferd im Porzellanladen«. Sprichwörtliche Redensarten als kollektive, formelhafte Prägungen drücken also festgelegte volkstümliche Denkklischees aus. Aber gerade dadurch bringen sie Natürlichkeit und Frische in unsere Sprache, und wir bedienen uns ihrer oft, wenn wir etwas mit eigenen Worten nicht sagen wollen oder aufgrund von Tabus nicht sagen können. Redensarten haben dann eine euphemistische, also beschönigende Funktion, wenn sie unangenehme oder tabuisierte Themen bildlich ausdrücken. Anstatt vom Sterben zu sprechen, können wir die Wendung »den Löffel abgeben« verwenden, anstatt zu stehlen, machen wir »lange Finger«, und »jemandem das Lebenslicht ausblasen« klingt harmloser, als vom Töten zu sprechen. Redensarten sind also bei weitem nicht so direkt in ihrer Aussage wie nüchterne Feststellungen. Dadurch, daß sie uns nicht so »festnageln« oder »die Pistole auf die Brust setzen«, sondern das betreffende Problem bildlich darstellen, machen sie es uns leichter. Das gleiche können wir auch über Träume sagen, deren Botschaften immer in Bilder gekleidet sind, hinter denen sich die eigentliche Aussage des Unbewußten verbirgt. Das Wesen der sprichwörtlichen Redensarten kommt dem Anliegen der Träume also entgegen.

Wer ein breites Publikum ansprechen will, bedient sich gern der Redewendungen. Ihre Eindringlichkeit und Wirksamkeit machen sich auch die Träume zunutze. Auch sie greifen in der großen »Bibliothek des Unbewußten« auf Redewendungen zurück, um etwas zu betonen, zu unterstreichen, um starke Gefühle auszudrücken und um durch die energetisch aufgeladenen Bilder, die in unserer Seele auf Resonanz stoßen, zu beeindrucken. Entscheidend für die Arbeit mit Redewendungen in Träumen sind natürlich zunächst das Auffinden und Erkennen einer Wendung in einer Traumbotschaft. Dabei ist es notwendig, einen Bezug zwischen der Bildersprache des Traumes zu den Wortbildern der Redensarten herzustellen, wie wir das nachfolgend an vielen praktischen Traumbeispielen verdeutlichen wollen.

Erster Teil

Die Grundlagen der Traumdeutung

Wie lerne ich, meine Träume zu verstehen?

> Ein nichtgedeuteter Traum ist wie ein Brief, den man nicht gelesen hat.
> *Aus dem Talmud*

Wenn das Ichbewußtsein im Schlaf versinkt, pulsiert das Leben weiter, und es erwacht ein neuer Seinszustand, der dem Wachsein an Erlebnisreichtum in nichts nachsteht. Wir befinden uns mittendrin im Geschehen. Wir denken, fühlen und handeln, wie es uns in den Sinn kommt, ohne Verwunderung über unsere grenzenlosen Möglichkeiten. Wir balancieren unter der Zirkuskuppel auf einem Trapez, wir wohnen unserer Beerdigung bei, oder wir springen von einem hohen Turm und kommen unten unverletzt an. Auch das Fliegen und Schweben ohne Flugzeug gelingt uns mühelos. Was in der Wirklichkeit nicht möglich ist, geschieht im Traum ganz leicht und vermittelt uns ein Gefühl der Freiheit. Manchmal finden wir uns an bekannten, häufiger aber an nie gesehenen, oft unheimlichen Orten wieder. Wir haben seltsame Begegnungen mit Menschen und werden manchmal von Tieren und Dingen belästigt, so daß wir mit einem Angstschrei erwachen.

Wie gut, daß es nur ein Traum war, denkt dann mancher und versucht, ihn so schnell wie möglich zu vergessen. Das sollte er aber lieber nicht tun, denn Angstträume sind ein wichtiges Signal. Sie verweisen den Träumenden auf ein Problem, das ihm auf den Nägeln brennt und bei dessen Lösung sie ihm behilflich sein wollen. Er sollte dieses Angebot nutzen und sich darüber freuen, daß er solche Hilfe in sich trägt.

Wir wissen heute, daß jeder Mensch in jeder Nacht träumt, ob er nun Notiz davon nimmt oder nicht. Wenn Sie daran denken, daß wir ein Drittel unseres Lebens schlafend und träumend verbringen, erstaunt das Interesse an den Traumbotschaften nicht. Der Traum ist ein universales Phänomen, für das die Völker aller Zeiten und aller Kulturen ein Gespür entwickelten, und sie begegneten den traumverständigen Frauen und Männern mit großer Hochachtung. In unserer Zeit ist das Interesse wieder aufgeflammt, nachdem zu Beginn des zwanzigsten Jahrhunderts SIGMUND FREUDS Werk über Traumdeutung erschien und zusammen mit seinen Schriften über das Unbewußte die Öffentlichkeit in Aufregung versetzte.

Der Fortschritt in Wissenschaft und Technik ermöglichte Untersuchungen über das Schlafen und Träumen, die im Jahr 1953 zu einem Wendepunkt führten. Damals beschäftigte man sich an der Universität von Chicago mit Untersuchungen des Schlafes von Säuglingen und machte eine sensationelle Entdeckung: In bestimmten Phasen bewegten sich die Augäpfel eines schlafenden Babys hinter geschlossenen Lidern schnell und ruckartig hin und her. Nun wurden auch Erwachsene in die Untersuchungen einbezogen, und die Wissenschaftler stellten bei den Versuchspersonen fest, daß sich auch ihre Augen hinter den geschlossenen Lidern von Zeit zu Zeit so schnell hin und her bewegten, als verfolgten sie einen Film. Mit Hilfe des Elektroenzephalogramms (EEG) kam es zu einer systematischen Überwachung des Schlafzustandes. Am Kopf der Versuchsperson angebrachte Elektroden leiteten die elektrischen Impulse des Gehirns in die EEG-Anlage, wo sie, millionenfach verstärkt, auf einer Papierrolle aufgezeichnet wurden. Den gleichen Vorgang wiederholte man mit den um die Augen angebrachten Elektroden, um die schnellen Augenbewegungen aufzuzeichnen.

Mit diesen Hilfsmitteln wurden vier verschiedene Schlafstadien experimentell nachgewiesen. Es zeigte sich, daß beim Einschlafen, wenn das Wachbewußtsein schwindet, die Augen langsam rollen und nach ein paar Minuten stillstehen. In diesem Zustand zerfallen die Vorstellungsbilder, und das zweite Schlafstadium beginnt. Beim Hinübergleiten in den dritten Schlafzustand sinken Blutdruck und Körpertemperatur. Der Herzschlag verlangsamt sich, und die Atmung wird tief und regelmäßig. In der vierten Phase wird eine Schlaftiefe erreicht, in der der Mensch nicht mehr ansprechbar und der Umwelt völlig unbewußt ist und in der, wie die Esoteriker meinen, grenzüberschreitende Erfahrungen möglich sind. Dieser ganze Schlafvorgang nimmt etwa neunzig Minuten in Anspruch. Danach geht es wieder zurück in die dritte und zweite Schlafphase, in der die Träume einsetzen und dieser Zustand an den schnellen Augenbewegungen zu erkennen ist. Sie werden daher REM-Phasen genannt, eine Kurzform der englischen Bezeichnung *Rapid Eye Movement*. In diesem von reger Gehirntätigkeit und erhöhtem Blutdruck begleiteten Vorgang erschlafft die Muskulatur des Schläfers. Diese gehemmte Motorik ist wichtig, weil der Schlafende sonst ausagieren würde, was im Traum geschieht.

Die Schlafforscherin Ann Faraday vergleicht diesen Zustand der Schlafenden mit dem von Zuschauern im Theater. Vor Beginn der Vorstellung rutschen sie unruhig auf ihren Sitzen herum und scharren mit den Füßen. Sobald aber die Lichter verlöschen und der Vorhang sich hebt, beruhigen und konzentrieren sie sich. Sie werden vom Spielablauf gefangengenommen und verfolgen ihn mit den Augen. Sie atmen schneller und bekommen Herzklopfen. Sie sitzen versunken da und schauen wortlos zu. Sobald der Vorhang fällt, strecken und bewegen sie sich und nehmen ihre anfängliche Körperhaltung wieder ein.

Weitere Experimente mit Versuchspersonen ergaben, daß sich die REM-Phasen in jeder Nacht vier- bis fünfmal wiederholten. Sobald man sie in der Phase der schnellen Augenbe-

wegung weckte, konnten sie jedesmal einen Traum erzählen. Dabei ergab es sich, daß die Versuchspersonen nach mehreren Nächten erkrankten. Sie waren ungemein reizbar, klagten über Ängste und Konzentrationsschwäche. Ließ man sie dagegen durchschlafen, verschwanden die Symptome. Man erkannte, daß bei einem Traumentzug das seelische Gleichgewicht verlorengeht und der Mensch krank wird. Aus dieser Erkenntnis ergab sich die Schlußfolgerung, daß die Funktion der Träume darin besteht, uns seelisch im Gleichgewicht zu halten. Dieser Selbstregulierungsprozeß der Psyche wird in den Träumen sichtbar, die einseitige Einstellungen und Orientierungen des Träumers ausgleichen und ergänzen. Wir beobachten diesen Vorgang auch in der Realität, wenn Minderwertigkeitsgefühle durch Größenphantasien kompensiert werden oder andauernde Unsicherheit mit künstlich aufgesetzter Sicherheit überspielt wird.
Nun könnten wir uns mit der kompensatorischen Funktion der Träume zufriedengeben und alles auf sich beruhen lassen, wenn nicht das Interesse so erstaunlich wäre, mit dem wir in den REM-Phasen an dem Traumgeschehen beteiligt sind. Wir spüren die Bedeutsamkeit des Traumes, wissen, daß er uns ganz persönlich angeht und immer nur uns meint. Ohne viele Worte, mittels Bildfolgen, wird uns zu erkennen gegeben, wie es um uns steht, was für ein Mensch wir sind, welche Beziehung wir zu anderen haben und was wir aus unserem Leben machen. Das alles geschieht aus dem Bedürfnis heraus, zu helfen und zu heilen, von Kräften, die wir in uns tragen und denen wir vertrauen dürfen. Deshalb sollten wir unsere Träume dankbar empfangen und in ihnen eine wunderbare Möglichkeit sehen, uns selbst besser kennenzulernen – als Vorbedingung für ein vertieftes Verständnis unserer Mitmenschen und des Geschehens in der Welt. Offenheit und Empfangsbereitschaft unseren Träumen gegenüber tra-

gen wesentlich mit dazu bei, daß uns ihre Botschaften erreichen.

Während des Schlafens in der REM-Phase begegnen wir den Träumen, an die wir uns nach dem Aufwachen mehr oder weniger gut erinnern. Sobald wir von ihrer Wichtigkeit überzeugt sind und Freundschaft mit ihnen geschlossen haben, bleiben sie im Gedächtnis, und wir werden feststellen, daß wir gegen Morgen, etwa zwischen fünf und acht Uhr, die längsten, lebhaftesten und anschaulichsten Träume haben.

Um die flüchtigen Gebilde festzuhalten, ist es ratsam, sich Zeit zu nehmen, in der Schlafstellung zu bleiben und mit geschlossenen Augen den Traum noch einmal an sich vorüberziehen zu lassen. Danach greifen Sie nach dem bereitliegenden Notizblock und Kugelschreiber, um sie sofort aufzuschreiben oder auf Kassette zu sprechen. Lassen Sie spontan herausfließen, was Sie bewegt, und die spätere Deutung wird Ihnen leichter fallen. Verschieben Sie diese kleine Mühe nicht auf später, weil die kleinsten Ablenkungen des Alltags Sie den Traum schnell vergessen lassen. Wer dennoch Schwierigkeiten mit dem Erinnern hat, sollte sich abends vor dem Einschlafen in entspanntem Zustand mit folgendem Satz programmieren: »Ich werde mich an meinen Traum erinnern.« Mehrere Male laut oder leise ausgesprochen und mindestens zwei Wochen lang auch tagsüber wiederholt, wird er zum Erfolg führen. Je mehr das Interesse für Ihre Träume wächst, um so mehr werden sie Ihnen als hilfreiche Boten erscheinen, an die Sie sich gern erinnern und die Sie verstehen wollen.

Eine weitere Hilfe besteht darin, einen erinnerten Traum tagsüber mit liebevollen Gedanken zu umkreisen und gefühlsmäßig in ihn einzutauchen, wobei Ihnen vieles einfallen wird, was mit den einzelnen Bildern, Szenen und Symbolen

zusammenhängt. Da Träume aus dem Gefühlsbereich kommen, schafft nur das gefühlsmäßige Eintauchen die Voraussetzung zum Verständnis ihrer Botschaft.
Auf diese Weise gut vorbereitet, warten Sie eine ruhige Stunde ab, um sich in den Traum zu vertiefen.

Erster Einstieg in den Traum: Fragen an die Traumbilder

Sie nehmen sich den aufgezeichneten Traum vor, lesen ihn sehr langsam durch, wobei Sie sich die Bildfolgen veranschaulichen und auf Ihre Gefühle achten. Wenn Sie von dem Geschehen völlig ausgefüllt sind, beginnen Sie folgende Fragen zu klären:

1. In welcher landschaftlichen oder städtischen Umgebung befinde ich mich?

2. Ist mir die Umgebung (der Ort, die Straße, die Wohnung, der Raum, das Gewässer, die Gebirgsgegend) bekannt oder völlig fremd?
Bekannte Orte sollen Ereignisse wecken, die, seien sie positiver oder negativer Art, einmal für Sie bedeutungsvoll waren und zur Verarbeitung Ihrer augenblicklichen Lebenssituation mit herangezogen werden. Ein unbekannter Landschafts- oder Kulturbereich ist oft symbolisch zu verstehen. Eine traurige oder frohe Stimmung findet durch eine Winter- oder Frühlingslandschaft ihren bildhaften Ausdruck, und die Vorgänge, die sich darin abspielen, entspringen Ihrer Naturseite, Ihrer Trieb- und Instinktwelt. In dunklen Räumen ist viel Unbewußtheit vorhanden, doch wenn

ein Vorhang aufgezogen wird, ein Fenster sich öffnet und ein Licht aufscheint, setzt Bewußtheit ein. Es steigt eine Ahnung auf über die Ursachen Ihres quälenden Problems oder depressiven Zustandes.

3. Welche Personen begegnen mir im Traum?
Der Träumer ist an jedem Traum beteiligt und wird im Gegensatz zu seinem wachen Zustand als Traum-Ich bezeichnet. Dieses Traum-Ich wird konfrontiert mit bekannten oder unbekannten Personen. Es können sein: Eltern und Verwandte, der Partner, ferner Freunde und Kollegen in Schule und Beruf sowie Menschen, zu denen erst im Traum Beziehungen geknüpft werden. Beobachten Sie, welche Bedeutung jeder einzelne für Sie hat und wie die Beziehung aussieht, die Sie miteinander haben. Wenn es unbekannte Personen sind, dann verkörpern sie Charaktereigenschaften von Ihnen, die Sie an sich noch nicht wahrgenommen haben und die Ihnen nun in der Widerspiegelung bewußt werden können. In dem Kapitel *Deutung auf der Subjektstufe* (siehe Seite 54) wird ausführlich die Rede davon sein.
Aber nicht nur Personen, sondern auch Tiere und Gegenstände haben etwas mit Ihnen zu tun. Wir haben noch keine Beratung erlebt, in der sich der Träumer nicht zeitweise mit einem Tier auseinanderzusetzen hatte. Auch die Abneigung oder Zuneigung zu Gegenständen führt in der emotionalen Auseinandersetzung zu einem besseren Verständnis Ihrer selbst.

4. Spielt der Traum in der Gegenwart, Vergangenheit oder Zukunft?
Die ersten beiden Zeitangaben können Sie an Personen

und an dem Verlauf der Handlung erkennen. Da der Traum nicht an Raum und Zeit gebunden ist, läßt sich aber auch Zukünftiges in ihm wahrnehmen. Zunächst beeinflußt das Tagesgeschehen unser Traumleben, und lebenswichtige Beobachtungen, die wir unterlassen haben, werden uns im Traum vermittelt. Kündet er einen Autounfall an, sollte sich der Träumer veranlaßt fühlen, sich seines überreizten Zustandes bewußt zu werden, um vorsichtiger mit sich selbst und dem Wagen umzugehen. Versagen die Bremsen im Traum, muß das Auto einer Kontrolle unterzogen werden. Ein Traumbesuch beim Zahnarzt kann durchaus real verstanden und als Mahnung aufgefaßt werden.

Neben Warnungen gibt es noch Hinweise auf eine zukünftige Lebensgestaltung. Sie sind gar nicht selten, und ihren mutmachenden Zuspruch aufzuspüren hilft über manche Enttäuschung hinweg. C. G. Jung, der geniale Traumforscher, hat bei jeder Deutung die prospektive, das heißt die vorausschauende Funktion der Träume betont. Träume sind dynamisch, drängen uns nach vorn und zeigen uns, wo es langgeht. Darin liegt die Aufforderung, trotz mancher Niederlagen das Ziel, ein von Ängsten und Zwängen befreiter Mensch zu werden, nicht aufzugeben.

Neben dem Entwurf für die Zukunft gibt es auch prophetische Aussagen, die von der Psychologie als präkognitive Träume bezeichnet werden und eine wirkliche Voraussage zukünftiger Ereignisse enthalten. Da in den Träumen andere Zeitbegriffe gelten als in der Realität, können diese Voraussagen erst nach mehreren Jahren eintreffen, nachdem sie unserem Gedächtnis längst entschwunden sind.

5. Von welchen Gefühlen wurde ich im Traum bewegt?
War es Freude, Trauer, Angst, Ärger, Unwille, Mißtrauen, Aggression, Liebe, Mut oder Tatkraft? Eines dieser Gefühle wird im Traum vorrangig gewesen sein, und lassen Sie es deshalb im wachen Zustand noch einmal in sich aufsteigen, so lange, bis Sie völlig davon ausgefüllt sind. Laufen Sie vor keinem Ihrer Gefühle davon, denn sie sind wertvolle Helfer, die Ihnen etwas mitzuteilen haben. Mit ihnen sind freudige oder schmerzliche Vorgänge verknüpft, gebunden an einen Ort oder an Personen aus der Gegenwart oder Vergangenheit. Das Anliegen des Traumes besteht darin, vergessene und verdrängte Erlebnisse, die unverarbeitet blieben, wieder bewußtzumachen und zu integrieren, damit Sie Ihre momentane Lebenssituation besser beurteilen können. Vielleicht werden Sie an das spontane und fröhliche Kind erinnert, das Sie einst waren, und das mit Mut und Tatkraft auf alles zuging, alles ergriff und voller Wißbegier lernte. Was Sie davon einst besaßen, könnte Ihnen Ihre schwierige Situation heute meistern helfen. Oder ein schmerzliches Erlebnis, eine Demütigung ist noch immer in Ihnen wirksam und macht Sie zu einem verkrampften, griesgrämigen und immer nur das Negative sehenden Menschen. Durch die gefühlsbetonten, anschaulichen Traumbilder wird Ihnen Vergessenes zugänglich gemacht, das Ihre heutige nicht mehr tragbare Lebenseinstellung beeinflußt. Eine gefühlsmäßige Auseinandersetzung mit den Konflikten nimmt ihnen die zersetzende Kraft, läßt sie schwächer werden, bis sie sich schließlich in Dunst auflösen. Damit haben Sie einen Sieg errun-

gen, der Sie garantiert stärker und selbstsicherer macht.

Fassen wir noch einmal kurz zusammen, welche Fragen uns in das Traumgeschehen einführen:

1. In welche ländliche oder städtische Umgebung führt mich der Traum?
2. Sind mir diese Orte bekannt oder völlig fremd?
3. Welche Personen, Tiere und Dinge begegnen mir?
4. Wann spielt das Traumgeschehen: in der Gegenwart, Vergangenheit oder Zukunft?
5. Welches Gefühl ist im Traum vorrangig?

Es sind keineswegs beliebige Personen, Orte, Tiere oder Gegenstände, die in der Traumkomposition vorkommen. Sie wurden von dem Unbewußten, der Traumkraft, zielbewußt ausgesucht, ins Bild gesetzt und in eine Handlung verwoben, um den Träumer mit einer Schwierigkeit, die er mit sich selbst oder anderen Menschen hat, bekannt zu machen. Solange wir in ein Problem oder einen Konflikt verwickelt sind, fehlt uns die Übersicht, und wir suchen vergeblich nach einer Lösung. Mutlos geworden und der Auseinandersetzung müde, versenken wir den widerspenstigen Sachverhalt in den Keller unseres Unbewußten und meinen, davon befreit zu sein. Dem ist leider nicht so. Was verdrängt wurde, gehört zu den unerledigten Geschäften, die sich zu gegebener Zeit unliebsam bemerkbar machen, den Menschen verunsichern und in neue Konflikte manövrieren. Mit Hilfe der Träume können wir uns von den verdrängten Problemen, einem Ballast, den wir jahraus, jahrein mit uns herumschleppen, befreien und körperlich wie seelisch gesünder werden.

Zweiter Einstieg in den Traum: Träume, die in die Vergangenheit führen

Nachdem wir uns einen allgemeinen Überblick über den Traum verschafft haben, wenden wir uns der Handlung zu und beginnen dort, wo sie in der Vergangenheit spielt. Wenn wir uns beispielsweise wieder im Elternhaus befinden und Vater oder Mutter begegnen, wird hier auf ein Problem angespielt, das mit unserer Beziehung zu ihnen zu tun hat. Darum gleiten wir in Gedanken wieder in diese Zeit zurück, suchen uns an Ereignisse zu erinnern, die mit starken Gefühlen verbunden waren, und lassen uns auf sie ein. Vielleicht hat uns ein strenger Vater geprägt oder eine verzärtelnde Mutter, und die daraus entstandenen Probleme, die uns unbewußt sind, plagen uns noch heute.

Eine frühere Schulsituation, die uns im Traum begegnet, läßt uns fragen, in welcher Verfassung wir uns damals befanden, welche Beziehung wir zu Mitschülern und Lehrern hatten und welchen verletzenden und beleidigenden Situationen wir ausgesetzt waren. Das gleiche gilt für ein Büro, ein Geschäft, eine Behörde, eine Fabrik, Handwerksbetriebe, die Universität oder andere Institutionen, die unserer beruflichen Ausbildung dienten und in denen wir Jahre unseres Lebens verbrachten. Wir werden in sie zurückgeführt, um zu erkennen, was dort an unverarbeiteten Emotionen, Beziehungs- und Lernschwierigkeiten liegengeblieben ist und darauf wartet, verarbeitet und gelöst zu werden.

Ein Krankenhaus mit Ärzten und Schwestern könnte darauf verweisen, daß Körper und Seele schonungsbedürftig sind und mehr Beachtung verdienen. Bei dem Verweilen in einer Kirche, einer Kapelle oder sonst einem sakralen Raum kann die Erinnerung an Vorgänge in diesen Räu-

men, seien sie bekannt oder unbekannt, zu einer Auseinandersetzung mit der Religion oder den göttlichen Mächten aufrufen.
Träume, die in die Vergangenheit führen, werden durch ein gegenwärtiges Problem ausgelöst, dessen Ursachen weit zurückreichen. Diese Träume leiten einen Prozeß ein, in dessen Verlauf unpassende Verhaltensweisen erkannt und verändert werden können. So entsteht eine neue, auf den realen Alltag besser vorbereitete Persönlichkeit. Mit dem Verknüpfen der verschiedenen Stationen seines Lebens ergibt sich für den Träumer ein Gefühl der Kontinuität, das zu Sicherheit und Selbstvertrauen führt, denn er weiß, woher er kommt, wo er jetzt steht und wohin er will.

Dritter Einstieg in den Traum: Die aktuelle Lebenssituation

Eine weitere Frage, dem im Traum entwickelten Problem auf die Spur zu kommen, lautet: Wie beziehen sich der Traum und verschiedene Traummotive auf meine augenblickliche Lebenssituation?
Hier geschieht kein Rückgriff auf die Vergangenheit, sondern wir gehen von unserer aktuellen Lebenssituation aus und machen uns bewußt, was an Angenehmem oder Unangenehmem in den letzten Tagen geschah. Mit wem gab es einen Streit? Was hat mich enttäuscht? Welches Ereignis hat mir angst gemacht? Befürchtete ich Schlimmes? Was betrieb ich mit Leidenschaft? Welche Gedanken gingen mir wie ein Mühlrad im Kopf herum? Welcher Film, welches Buch hat mich an- oder aufgeregt? So oder ähnlich können die Fragen gestellt werden, von denen mindestens eine ihren Niederschlag in den Träumen fand.

Von den Träumen erhalten wir Hilfe, die Ursachen zu erkennen und die Konfliktsituation aufzulösen. Mit unserem eingeengten, nur auf Zweck und Ziel ausgerichteten Bewußtsein sind wir dazu meist nicht in der Lage. Wir bleiben statt dessen an einem Aspekt hängen, verwickeln uns in Widersprüche, zappeln wie die Fliege im Spinnennetz und finden aus der Bedrängnis nicht mehr heraus. Der Traum, oder sagen wir besser: eine Reihe aufeinanderfolgender Träume, beginnt mit immer wieder neuen Bildern und Szenen um die Konfliktsituation zu kreisen und setzt Markierungspunkte. Träume lenken die Aufmerksamkeit auf neue Aspekte, die wir übersehen haben, korrigieren Mißverständnisse, bringen ergänzendes Material und veranlassen uns zu einer vertieften Sichtweise, aus der heraus sich ein neuer Standpunkt entwickelt.

Vierter Einstieg in den Traum: Assoziationen zum Traumgeschehen

Eine Erweiterung des Traummaterials wird mit folgender Fragestellung möglich: Was alles fällt mir ein, wenn ich den Traum, das Traumgeschehen, die Bilder und Symbole auf mich wirken lasse?
Je besser Sie sich in den Traum einfühlen, und hier liegt der Akzent auf fühlen, um so leichter kommen die Einfälle, die auf den Traum bezogen sind. Oft gleichen diese Einfälle oder Assoziationen einem Aha-Erlebnis, das die Botschaft des Traumes schlagartig erhellt. Was Sie im Traum am stärksten angerührt hat, eine Person, ein Tier, die Landschaft, eine Räumlichkeit oder das Geschehen selbst, sollte Sie veranlassen, länger dabei zu verweilen. Sie tauchen gefühlsmäßig ein und verspüren Ihre emotionellen Reaktionen: beispielsweise unter schwatzenden Menschen allein in einer Kneipe am

Tisch zu sitzen, durch einen dämmrigen Wald zu gehen, von einem Tier verfolgt zu werden, einer verhaßten Person zu begegnen, an einen Abgrund zu geraten, über seinen Wohnort dahinzufliegen oder mit einem seltsamen Gegenstand konfrontiert zu werden. Dieses Gefühlserleben weckt Erinnerungen an bedeutsame Situationen, die die Traumbotschaft verstehbarer machen.

Eine Frau wurde im Traum durch mehrere weiße Autos beunruhigt, die immer wieder auf sie zukamen. Auf die eben beschriebene Weise beschäftigte sie sich mit ihnen und wurde von starken Ängsten befallen, bis sie schließlich über den Weg der Assoziationen die Lösung fand. Als Sechsjährige war sie mit ihrem dreijährigen Brüderchen an der Hand zum Einkaufen gegangen. Plötzlich riß sich der Kleine los und stürzte auf die Straße. Er wurde von einem Auto erfaßt und tödlich verletzt. Die seelische Verletzung, die ihr damals widerfuhr, blieb unverarbeitet und wurde verdrängt.

Auf vorsichtige Weise, nur über das Bild der weißen Autos, denn das Weiß ist auch die Farbe des Todes, beginnt die Traumkraft, an das verdrängte Ereignis zu erinnern und bereitet langsam auf die Konfrontation mit diesem Schockerlebnis vor. Sie überläßt es der Träumerin, ob und wie sie sich damit einlassen will, um es zu verarbeiten. Auch das in diesem Buch geschilderte Fallbeispiel »Sein Kreuz auf sich nehmen« macht deutlich, wie die Kraft des Traumes seelische Prozesse initiiert.

Eine weitere Methode, den Traum durch Einfälle anzureichern, ist die Amplifikation. Hier geht es weniger um das Aufdecken persönlicher Erlebnisse, sondern mehr um das Auffinden von Vergleichsmaterial aus der Welt des Märchens, des Mythos und der Mystik. Der subjektive Traum wird hierbei in einen größeren Zusammenhang gestellt und verliert an Schärfe und Bitterkeit. Diese geistigen und religiösen Inhalte gehören nicht dem persönlichen Unbewußten an, sondern einer tieferen Schicht, dem erstmals von Jung beschriebenen kollektiven Unbewußten. Seine Inhalte, die Archetypen, sind in groben Umrissen allen Menschen vertraut. Wir entdecken sie in gemeinsamen Mythen- und Märchenmotiven bei verschiedenen Völkern.

Archetypus heißt urtümliche Prägung, und man versteht darunter seit alters bekannte, allgemeine Bilder. In diesen Urbildern spiegelt sich der Lauf der menschlichen Bewußtheitsentwicklung wider. Das Märchen- und Mythenmotiv des Helden, der den Drachen tötet und einen Schatz oder eine Jungfrau gewinnt, symbolisiert den Ablösungsprozeß von der Mutter und den Gewinn der Autonomie, zu dem unter anderem auch die Einsicht in die seelischen Funktionen gehört.

Das Unbewußte ist nach Jungs Überzeugung nicht nur die Welt der Triebe und der verdrängten Wünsche, sondern auch eine Schatzkammer des geistigen und religiösen Menschheitserbes, das über Jahrtausende verschlüsselt in Mythen, Märchen und religiösen Systemen weitergegeben wurde. Wie tröstlich für jeden, wenn er durch seine Träume erfährt, daß es Probleme gibt, mit denen der Mensch sich zu allen Zeiten und bei allen Völkern auseinanderzusetzen hatte. Ein Psychologe hat sie folgendermaßen zusammengefaßt: Freiheit und Bindung, Recht und Unrecht, Männlichkeit und Weiblichkeit, Liebe und Haß, Leben und Tod.

Der erste Schritt in die Freiheit beginnt für das Kind mit der Ablösung vom Elternhaus und dem Erobern eines neuen Lebensraums, in dem es sich bewähren muß. Das Streben nach Unabhängigkeit erfordert den vollen Einsatz und ist ein Kampf, der in Krisen führt und die Sehnsucht nach Geborgenheit und Sicherheit übermächtig werden läßt. Carl Zuckmayer sprach es in seinem Stück *Ulla Winblad* aus: »Auf der einen Seite Haus, Heim, Geborgenheit, auf der anderen Seite

Freiheit und Abenteuer, doch auf beiden liegt der Verzicht.« Man kann eben nicht alles auf einmal haben. Das Leben stellt uns oft sehr hart auf die Probe, und die Konfrontation mit Recht und Unrecht macht uns zu schaffen. Doch weit mehr beschäftigen uns die Freuden und Leiden, die ein anderer Mensch in uns auslösen kann, und die sich daraus ergebenden Beziehungsprobleme werden in den Träumen widergespiegelt. Die Träume lassen uns erkennen, daß Beziehungsschwierigkeiten bis in die frühe Kindheit zurückreichen und etwas mit der durch Haß und Liebe geprägten Eltern-Kind-Beziehung zu tun haben. Bleiben wir auf dem von den Träumen geleiteten Pfad – Jung nennt ihn Individuationsweg –, geschieht Entwicklung und Reifung, die in das Jasagen zum Leben und zum Tode einmünden. Der von den Träumen eingeleitete Wandlungsprozeß, der sich über das ganze Leben hinzieht, konfrontiert uns immer wieder mit dem »Stirb und Werde« und bereitet uns so auf den leiblichen Tod vor.

Fünfter Einstieg in den Traum: Der Traum als Drama

Wenn Sie sich viel mit Traumarbeit beschäftigen, wird Ihnen auffallen, daß ein vollständig erinnerter Traum wie ein kleines Theaterstück aufgebaut ist.
Haben Sie einen Traum voll und ganz im Gedächtnis behalten, dann spüren Sie seinen dramatischen Charakter auf und machen Sie sich bewußt, wie ein gewisses Thema, zu einer gewissen Zeit, an einem bekannten oder unbekannten Ort, mit bekannten oder unbekannten Personen aufgerollt wird, bis sich danach die Handlung zu einem Höhe- oder Wendepunkt steigert. Den Abschluß bildet die mehr oder weniger gelungene Lösung des Problems.

Dieser Aufbau ist nicht immer auf den ersten Blick erkennbar. Es gibt viele Träume, die in einzelne Sequenzen aufgesplittert sind. Es wird ein Stück Handlung geträumt, die unvermutet abbricht. Eine neue Szene entsteht, die, oberflächlich betrachtet, nichts mit der ersten zu tun hat. Es können bis zu sechs Handlungsfragmente geträumt werden. Nach längerer Übung werden Sie erkennen, daß alle miteinander verbunden sind und in ihnen ein einziges Problem in Variationen abgehandelt wird. Um zu verstehen, worum es geht, beginnen Sie am besten mit dem Teilstück, das in die Vergangenheit zurückführt. Dann nehmen Sie in einem anderen eine weitere Station Ihrer Entwicklung auf, bis Sie die gegenwärtige Situation erreichen. Da der nicht an Zeit und Raum gebundene Traum das Problem umkreist und schlaglichtartig Situationen beleuchtet, könnte das mittlere Traumstück durchaus den Anfang bilden, während der Anfang an das Ende zu setzen ist.

Wer sich an mehrere Träume einer Nacht erinnert, begegnet ihnen auf die gleiche Weise. Sie enthalten in der Regel ein ganz bestimmtes Grundsatzproblem, das in verschiedenen Szenen dargestellt wird. Gelingt es, sie sinnvoll zusammenzustellen, wird der dramatische Charakter deutlich. Aber nicht nur die Träume einer Nacht sind aufeinander bezogen. Ein einziges Problem kann über Tage, Wochen und Monate in Erscheinung treten, unterbrochen von Träumen, in denen ein gegenwärtiger Ärger oder Schock der sofortigen Klärung bedarf.

C. G. Jung hat gemeint, daß ein Traum nie isoliert betrachtet werden sollte. Sein voller Inhalt erschließt sich erst, wenn man ihn im Zusammenhang von vorhergehenden und nachfolgenden Träumen sieht. Das setzt die Führung eines Traumtagebuchs voraus, in welches die Träume regelmäßig eingetragen werden.

Sechster Einstieg in den Traum: Das Traumtagebuch

Wer die Träume ernst nimmt, Freundschaft mit ihnen geschlossen hat und sie als Dialogpartner betrachtet, wird Freude an den Aufzeichnungen finden. Am besten ist es, Sie legen sich ein Ringbuch an, im Format DIN A3 oder DIN A4. Auf der linken Seite notieren Sie den Traum, auf der rechten den Kontext. Darunter versteht man das Material, das mit dem Traum in Verbindung steht und seine Botschaften erhellt. Dazu gehören: eine kurze Notiz der gegenwärtigen Lebenssituation, Stimmungen und Gefühle; Eindrücke, die ein Film, ein Buch, ein Gespräch hinterlassen haben, und die Einfälle, die Ihnen zu diesem oder jenem Traumelement gekommen sind. Weiterhin Illustrationen einer Szene durch Zeichnungen oder Skizzen. Sie können Bilder, Zeitungsausschnitte, gepreßte Blätter oder Blüten dort einkleben, die natürlich alle etwas mit dem Traum zu tun haben müssen. Auch Anregungen, die Sie durch den Traum empfangen haben, werden hier vermerkt. Vielleicht entsteht daraus eine Geschichte, ein Gedicht, ein Lied oder ein positiver Einfall. Die Schöpferkraft des Unbewußten, die sich in den Träumen offenbart, ist überwältigend und wird zu eigenem kreativen Tun anregen.
Schreiben Sie die Träume in der Gegenwartsform auf, mit dem dazugehörigen Tagesdatum. Geben Sie ihnen auch eine Überschrift. Sie führt in das Zentrum des Traumes und faßt das Geschehen zusammen. Auf diese Weise prägen die Träume sich Ihnen besser ein und erleichtern Ihnen das spätere Auffinden im Traumtagebuch. Beim Überblättern wird Ihnen dann auffallen, wie Sie sich selbst verändert haben. Vielleicht sind Sie mutiger und selbstsicherer geworden und ergreifen nicht mehr die Flucht vor gewissen Menschen und Tieren. Sie erkennen die Lösung eines Problems, das Sie hart

bedrängte und zu dem Sie eine neue Einstellung gefunden haben. Sie stellen fest, daß Sie Hemmungen abbauen konnten und Ihr Leben wieder in Fluß kommt. Brüchige Verbindungen zerfallen und machen neuen Platz. Das Abbauen von Vorurteilen und die Toleranz den Mitmenschen gegenüber gelingt immer besser. Projektionen, negative Eigenschaften werden nach und nach zurückgenommen. Gefühle von Eifersucht, Wut, Haß und Rache mildern sich und verlieren ihren krankmachenden Druck. So oder ähnlich werden die von den Träumen vermittelten Erfahrungen aussehen und einen neuen Menschen aus Ihnen machen. Natürlich geschieht dieser Wandel nicht in einigen Monaten. In unserer hektischen Welt ist es schwer, sich an die goldene Regel zu halten: »Wer langsam fährt, kommt auch ans Ziel«, oder noch positiver ausgedrückt: »Je langsamer die Reise, desto reicher die Ernte«.

Wer die Geduld aufbringt, seine Reiseerfahrungen mit Träumen über mehrere Jahre hinweg in das Traumtagebuch einzutragen, wird in die Lage versetzt, seinen psychischen Entwicklungs- und Reifungsprozeß bewußt mitzuerleben. Wieder ist es C. G. Jung, der als erster darauf verwiesen hat und die reflektierte Beobachtung eigener seelischer Entfaltung als Individuationsweg bezeichnete. Darunter versteht man den kontinuierlichen, teils bewußt, teils unbewußt ablaufenden psychischen Entwicklungs- und Reifungsprozeß, der zur Selbstfindung und Selbstverwirklichung führt. Er erstreckt sich über das ganze Leben und setzt sich – wie wir meinen – nach dem Tode fort.

Siebter Einstieg in den Traum: Über Träume sprechen

Tauschen Sie Ihre Träume mit dem Partner, den eigenen Kindern oder guten Freunden aus, aber nur wenn Interesse und Bereitschaft dafür vorhanden sind. Dieser Austausch vertieft das Verständnis, sowohl für den Traum als auch für den Träumer, und er ist außerdem nützlich, weil beim Erzählen vergessene Einzelheiten wieder bewußt werden. Greifen Sie die Anregungen Ihrer Träume auf, und erweitern Sie gemeinsam mit Ihren Freunden Ihr Weltverständnis durch Reisen, Lesen, Musikhören, Kunstbetrachtungen sowie Film- und Theaterbesuche und nicht zuletzt durch gegenseitige Hilfe. Die Traumbotschaften haben nur einen Sinn, wenn sie im Leben auch umgesetzt werden. Das Wissen muß zu kreativem Tun führen, sonst bleibt es unnützer Ballast. Das Gute zu empfangen und weiterzugeben sei die Devise. »Eigenes Glück besteht darin, andere glücklich zu machen«, so formulierte es Theodor Fontane.

Achter Einstieg in den Traum: Die Dialogtechnik

Die Dialogtechnik wurde von C. G. Jung entwickelt und von der modernen Psychologie übernommen und erweitert. Seine psychotherapeutischen Erfahrungen hatten Jung gezeigt, daß die in jedem Menschen wirksamen gegensätzlichen Wesensanteile oft miteinander in Streit liegen und zu unerträglichen Spannungen führen. Um sich davon zu befreien, projiziert der Mensch diesen in seinem Innern ablaufenden Prozeß nach außen, macht den Partner oder sonst eine Person dafür verantwortlich und beginnt, mit diesem Gegenüber zu streiten. Achten Sie einmal darauf, ob derjenige, der einen Streit mit Ihnen anfängt, Sie dabei anschaut oder nicht. Sie werden feststellen, daß er es nicht tut. Sie erkennen daran, daß Sie eigentlich gar nicht gemeint sind, sondern daß es um eine sich in seinem Innern vollziehende Auseinandersetzung geht. GOETHE, der diese Qualen der Zerrissenheit durchlebt hat, formulierte: »Zwei Seelen wohnen ach in meiner Brust, die eine will sich von der anderen trennen«, und gab damit dem Problem einen allgemeingültigen, bildhaften Ausdruck.

Wenn uns erst einmal die Dämonen in unserer Brust bewußt geworden sind, die in Mythen, Märchen und in unseren Träumen personifiziert sind als Hexe, verschlingendes Ungeheuer, Drache, feindliche Brüder und Schwestern, böse Stiefmutter und andere mehr, werden sie für uns greifbar und angreifbar, und wir haben nun ein Gegenüber, mit dem wir uns im Dialog auseinandersetzen können. Diese Technik, öfter geübt, befreit uns von Wut, Haß und Angst, die noch unterschwellig in uns wirken und auf verdrängte psychische Verletzungen durch Eltern, Verwandte oder andere Menschen zurückzuführen sind. Je offener und ehrlicher Sie bei diesen Auseinandersetzungen sind und Ihr ganzes Wesen zum Einsatz bringen, desto mehr werden Sie Ihr Herz voll und ganz ausschütten können. Danach tritt eine Lockerung der körperlich und seelisch krankmachenden Spannungen und Verkrampfungen ein, so daß Sie sich freier und besser fühlen. Mit dieser Therapie in Eigenverantwortung werden Sie niemanden verletzen, können alten Ballast loslassen und, dank Ihrer befreiten Energien, mit Mut und Tatkraft auf ein neues Ziel zugehen.

Hier ein Beispiel, wie der Dialog in unseren Seminaren praktiziert wird. Dazu gehören zwei sich in einiger Entfernung gegenüberstehende Stühle: »Elisabeth, du hattest einen Traum, der dich mit einem früheren Freund konfrontierte, den du längst vergessen hattest. Wegen eines Streites gabst du die Beziehung auf. Die Traumkraft führte ihn dir wieder zu, damit du ihm verzeihen und dich endgültig von ihm lösen kannst. Ich bitte dich nun, mit diesem Freund in einen inneren Dialog zu treten. Setze dich auf einen der Stühle, schließe die Augen und versuche, dich zu entspannen. Auf dem Stuhl dir gegenüber sitzt dein Freund, von dem du dich beleidigt fühlst. Stelle ihn dir vor, laß ihn vor deinem inneren Auge aufsteigen, bis du seine Person erfaßt hast. Laß alle Gefühle zu, die jetzt in dir aufsteigen. Fühlst du dich gedrängt zu reden, dann öffne die Augen und sage deinem Freund, wie es dir geht und was du fühlst. Danach wechsle den Stuhl. Jetzt bist du der Freund und antwortest Elisabeth auf ihre Klagen und Anklagen. Laß alles spontan aus dir herausfließen, ohne lange zu überlegen. Nach einigem Hin und Her wirst du dich voll in die Situation hineinbegeben können und dich von deinen Emotionen mitreißen lassen. Wenn nötig, agiere mit dem ganzen Körper, ringe mit dem Freund und versuche, eine euch beide befriedigende Lösung zu finden. Danach erfolgt die Verabschiedung. Setze die Dialoge in den nächsten Wochen fort, wenn du spürst, daß dich noch Haß an ihn bindet.«

Sie können sich auf diese Weise mit jeder Figur und jedem Symbol, das in Ihren Träumen erscheint, auseinandersetzen, gleichgültig, ob es der Partner, die eigenen Eltern, Verwandte oder gute Freunde sind oder aber ein Tier, ein Baum und unbelebte Gegenstände wie Auto, Haus, Maschine, Fluß oder See. Machen Sie öfter diese Dialoge, nehmen Sie sich die Zeit. Es lohnt sich. Sie kommen wieder mit Ihren Gefühlen in Kontakt und lernen, sie auszudrücken. Sind doch Gefühle die wichtigsten Antriebe unseres Verhaltens, die, wenn sie nicht gelebt werden, unsere Sinne verkümmern lassen. Und wenn unsere Sinne abgestumpft sind, erscheint uns das Leben sinnlos. Der sinnentleerte Alltag mündet in den Unsinn. Die

Träume mit ihren anschaulichen Bildern, den Sinnbildern, vermitteln uns wieder diesen Sinn, der die Seele wärmt.
Es steht Ihnen die ganze Skala der Gefühle zur Verfügung, wenn Sie den Mut haben, Ihre unterdrückten und verdrängten Aspekte in Dialogen auszudrücken. Auch im körperlichen Bereich spüren Sie diesen entkrampften und entspannten Zustand, und Ihnen wird das Zusammenspiel zwischen Gefühl und Körper auffallen. Machen Sie den Versuch, Ihre verschiedenen Muskeln zu spüren, wenn Sie von Angst, Wut, Trauer, Lustlosigkeit oder Freude bewegt werden. Schauen Sie sich die Körperhaltung Ihrer Mitmenschen daraufhin an. Wie beispielsweise die Angst vor Schicksalsschlägen Menschen dazu bringt, die Schultern hochzuziehen, Mutlosigkeit den Körper zusammenfallen läßt, während sich Wut in einem angespannten, durch abgespreizte Arme vergrößerten Körpervolumen zeigt. Lebensfreude dagegen drückt sich in einer aufrechten, lockeren Körperhaltung aus. Dieser Zusammenhang zwischen unseren Gefühlen und unserem Muskelsystem rechtfertigt den Ausspruch, daß ungelebte Gefühle verkümmern wie untrainierte Muskeln. Nicht selten reden die Träume davon, wenn sie uns in Situationen bringen, in denen wir unsere körperliche Gewandtheit einüben und verbessern sollen. Turnen an Geräten, Gymnastik, Ski- oder Schlittschuhlaufen werden zum Sinnbild für ein Zusammenspiel der Emotionen und des Körpers, des Einübens von Geduld, Disziplin und Flexibilität.
Im Laufe Ihrer Traumarbeit, die ja auch immer ein Lernen ist, vervollständigen Sie Ihre Persönlichkeit und kommen zu einem ganzheitlichen Erleben, das weder dem Kopf noch dem Herzen den Vorrang einräumt, sondern auf ein harmonisches Zusammenwirken beider ausgerichtet ist.

Neunter Einstieg in den Traum (a): Deutung auf der Subjektstufe

Ein weiteres Rüstzeug, dem Traumverständnis näherzukommen, sind die beiden Regeln *Deutung auf der Subjektstufe* und *Deutung auf der Objektstufe*. Wir wenden uns zunächst der Subjektstufe zu, in der es um ein Subjekt geht, nämlich um Sie selbst. Sie erscheinen im Traum, betreten gewissermaßen eine Bühne und erleben sich in einer Rolle, die Sie nicht kennen. Sie sind erstaunt, verwundert oder auch verärgert über den Auftritt dieser Person, die Ihr Traum-Ich darstellt und die so gar nicht dem Bild entspricht, das Sie sich von sich gemacht haben.

Die Vorstellung über die eigene Person deckt sich selten mit der Realität und bedarf immer der Korrektur. Ist doch der Mensch sich selbst die schwerste Last, und um sich zu befreien, überträgt er seine negativen Eigenschaften auf die Mitmenschen, sieht sie dann nur noch an ihnen und nicht mehr bei sich selbst. Projektion nennt man diesen Vorgang, und wir sind recht geübt darin, weil wir ihn schon in der Kindheit benutzten. Bereits das Kleinkind projiziert Wut, Zorn und Ärger auf die Personen seiner Umgebung und beginnt dann, sich vor ihnen zu fürchten. Auf diese Weise wird der andere für uns zum Spiegel, und wir können gewiß sein, daß uns die Eigenschaften, die uns am anderen besonders ärgern, reizen und wütend machen, in uns selbst liegen. Den Balken im eigenen Auge sehen wir nicht; wir wollen ihn nicht wahrhaben, weil unser Stolz darunter leidet. Das wußten bereits die Griechen, und ihr Dichter Äsop, durch seine Fabeln bekannt, kleidete es in die Worte: »Zwei Ränzel legte Zeus uns auf. Den einen voll der eigenen Fehler auf den Rücken, den anderen von den Freuden schwer vorn auf die Brust. Drum sehen wir die eigenen Fehler nicht, sind aber Richter stets, wo andere fehlen.«

Der Vorgang der Projektion läuft unbewußt ab, denn nur verdrängte oder nicht erkannte Persönlichkeitsanteile werden projiziert, vor allem sind es Überheblichkeit, Haß, Wut, Neid, Eifersucht, Aggression oder Rachegedanken, und diese Reihe fortzusetzen wird nicht schwer sein. Wir wissen heute, wie destruktiv diese Gefühle sind, wieviel Kraft sie uns rauben und welche körperlichen Leiden sie zur Folge haben, die schwer zu heilen sind. Sobald wir den Mut aufbringen, uns mit unseren schwachen Seiten einzulassen, sie zu mildern und wieder in unser Leben einzuordnen, spüren wir einen Kräftezuwachs, und die Projektion wird außer Kraft gesetzt. Darum ist es notwendig, daß wir das Dunkle, Abgründige in uns in den Blick bekommen, es aufhellen und verstehen lernen, denn es will sich auch entwickeln und am Wandlungsprozeß des Lebens teilhaben. Bedenkenswert ist auch die Tatsache, daß nicht nur negative, sondern auch positive Seiten der Persönlichkeit wie beispielsweise religiöse Bedürfnisse der Projektion unterliegen können.
Aber nicht nur in der Realität, in der Beziehung zum Nächsten, auch in den Träumen geschieht Projektion und wird für uns erfahrbar. Im Traum auftretende Personen, vor allem solche, die wir nicht kennen, sowie Tiere, Bilder und Symbole sind Spiegelbilder von uns selbst, und wie wir mit ihnen umgehen, kennzeichnet die Beziehung, die wir zu uns selbst haben. Es ist aufschlußreich, ob wir einer Traumperson die Hand geben, ihr freundlich entgegenkommen oder sie nicht verstehen, mit ihr streiten, sie angreifen oder vor ihr flüchten. Immer verkörpern diese Personen unbekannte Wesensteile von uns, die wir ablehnen oder fürchten, manchmal auch umbringen möchten.
Folgender Traum soll zum besseren Verständnis für die Deutung auf der Subjektstufe dienen. Er wurde von einer jungen Frau geträumt, und wenn Sie ihn gelesen haben, schließen Sie

bitte die Augen, versetzen sich noch einmal in das Traumgeschehen, so, als träumten Sie ihn selbst: »Ich gehe im Park spazieren. Der Himmel ist trübe, regenverhangen. Aus einem Seitenweg heraus kommt eine Frau auf mich zu, die ich nicht kenne. Sie sieht ungepflegt aus, ist nachlässig gekleidet, und die Haare hängen ihr ins Gesicht. Sie spricht mich an, doch weil ich sie nicht verstehe, bleibe ich stumm. Jetzt stellt die Fremde eine Frage, und ich weiß wieder nicht, was sie meint. Als die Frau ihre Frage wiederholt, werde ich ärgerlich und sage: ›Ach, lassen Sie mich in Ruhe, ich verstehe Sie ja doch nicht!‹, laufe fort und wache auf.«

Schauen wir uns nun den Traum genauer an, um herauszufinden, welche Botschaft er bringt. Da ist zunächst die Träumerin selbst, die wir als Traum-Ich bezeichnen. Hinzu kommt eine Person, die der Träumerin unbekannt ist. Sie verkörpert einen Wesensteil von ihr, den sie an sich selbst nicht erkennt. Dem Aussehen der Unbekannten entsprechend, müssen es negative Eigenschaften sein, die sie verdrängt, weil sie nicht in das Bild passen, das sie von sich hat. Hängen wir alle doch Vorstellungen nach, die selten der Realität entsprechen. Im Traum nun versucht dieser verdrängte Wesensteil, dargestellt durch die fremde Person, Kontakt mit der Träumerin aufzunehmen, denn er möchte mitleben und sich auch entwickeln. »Betrachte mich einmal nüchtern und ohne Illusion«, wird die Fremde gemeint haben. »Schenke mir deine Aufmerksamkeit, deine Zuwendung und deine Pflege!« Anstatt aufzuhorchen und nachdenklich zu werden, schiebt die Träumerin alles beiseite und läuft verärgert davon. Wenn sie sich aber in einer ruhigen Stunde in ihren Traum vertieft und das Traumgeschehen noch einmal gefühlsmäßig durchlebt, wird ihr vieles auffallen. Sie kann sich fragen: Welchen Eindruck machte die Fremde auf mich? Unangenehm, abstoßend. Wie sah sie aus? Ungepflegt, nachlässig gekleidet. Was für Eigenschaften repräsentierte sie? Unordentlich, nachlässig, wahrscheinlich auch unzuverlässig, gleichgültig gegen sich selbst. Warum verstand ich sie nicht? Wollte ich sie vielleicht nicht verstehen? Woher stammt mein Ärger über sie? Habe ich vielleicht auch einige von diesen negativen Eigenschaften in mir, die sie darstellt?

Ist die Träumerin mit der Deutung auf der Subjektstufe vertraut, kann sie die Aussage des Traumes verstehen. Es müßte ihr bewußt werden, daß sie negative Eigenschaften, von der Unbekannten gespiegelt, auch in sich hat. Mit der neu gewonnenen Aufrichtigkeit gegenüber sich selbst wird es ihr dann gelingen, das Bild, das sie von sich entworfen hat, zu revidieren. Bereits vor zweihundert Jahren meinte der Philosoph J. C. Lichtenberg: »Fehler, die wir uns eingestehen, schaden uns nicht mehr.« Und ich möchte dem hinzufügen, daß sie zur Erweiterung unseres Realitätsbewußtseins beitragen und uns den Mitmenschen gegenüber toleranter machen.

Zur Vervollständigung des kleinen Traumdramas erhielt es die Überschrift »Flucht vor sich selbst«, womit das zentrale Problem deutlich wird. Die Träume machen es möglich, daß wir uns mit Distanz betrachten können, um dann nüchtern festzustellen, daß wir wieder einmal dem von Christian Morgenstern so trefflich ausgedrückten Gedanken, »daß nicht sein kann, was nicht sein darf«, aufgesessen sind.

Ein weiterer aussagekräftiger Traum soll zeigen, wie das Traum-Ich mit seinen personifizierten Wesensteilen umgeht, und wie diese Aktivität die Situation verändert. *Riesen sind nicht immer stark:* Ein fünfunddreißigjähriger, harmonieliebender Mann, dem Streit und Auseinandersetzungen ein Greuel waren, der immer nachgab und sich anpaßte, lernte aus seinen Träumen und bemühte sich, das einseitige Verhalten zu verändern. In einem Traum erlebt er, wie ein riesengroßer Mann, mit einem dicken Baumstamm über der Schulter, im

Garten auf ihn zukommt. Er flüchtet in das Haus und verriegelt die Tür. Durch das Fenster sieht er, wie der Mann über den Zaun springt, mit dem Baumstamm die Tür einrennt und an seinem kleinen Sohn vorbei ihn bedrängt. Die Angst, seinem fünfjährigen Sohn könnte etwas passieren, macht ihn stark und läßt ihn mit dem Riesen kämpfen. Plötzlich sieht er, wie dessen Gesicht, einem Schneemann ähnlich, zerfließt und die ganze Gestalt zusammenfällt.

Der Mann mit dem Baumstamm, ein phallisches Symbol, ist stark und verkörpert einen ungelebten Anteil des Träumers, den er von sich abgespalten hat. Infolgedessen verlor er Kraft und schwächte seine Männlichkeit. Dieser entfremdete Teil verselbständigte sich, wurde riesengroß und machte dem Träumer angst. Dies ließ ihn im Umgang mit Menschen nur auf Anpassung bedacht sein, auf Vermeidung jeglicher Auseinandersetzungen und mit der Bereitschaft, sich zurückzuziehen. Es war ein Teufelskreis, den ihm die Träume in vielen dramatischen Szenen bewußtgemacht haben. Er durchbricht ihn in diesem Traum. Er beginnt, sich zur Wehr zu setzen und zu kämpfen. Dabei erlebt er, daß die Angst vor seiner Männlichkeit ein Phantom war, das er sich selbst eingebildet hat und nun bereit ist auszulöschen. Die Projektion einiger Wesenszüge auf den Riesen läßt ihn sein Verhalten erkennen, und der Umgang mit ihm zeigt den Fortschritt, den er auf dem Weg der Selbsterkenntnis gemacht hat. Allerdings muß die neue Einstellung zu sich selbst und den Mitmenschen erst eingeübt werden. Vorerst gleicht sie noch dem Verhalten des kleinen Sohnes, der ja auch erst lernen muß, sich auf faire Weise durchzusetzen. Auch er ist ein Wesensteil des Träumers, der wachsen und erwachsen werden will.

Sehr häufig sind die eigenen Kinder im Traum auf der Subjektstufe zu verstehen, als neue, zukunftsträchtige Möglichkeiten für den Träumer. Im allgemeinen sind es unbekannte

Personen, die Wesenszüge von uns darstellen, denn sie verkörpern ja Eigenschaften, die wir an uns noch nicht wahrgenommen haben. Es können einzelne, aber auch Gruppen von Menschen sein, mit denen es das Traum-Ich zu tun bekommt. Auch in ihnen sehen wir mehr oder weniger unbewußte Persönlichkeitsmerkmale der Träumenden. In einem Traum erlebte ein Träumer eine Seminargruppe, mit der er sich auseinanderzusetzen hatte. Es wurde so lange diskutiert und gestritten, bis sich endlich einige Kontakte ergeben hatten. Diese Traumszene zeigte ihm die widerstreitenden Kräfte in seinem Innern, die es zu einen galt. Diese Seminarträume sind verhältnismäßig häufig, und wenn eine unbekannte Gruppenleitung, Mann oder Frau, daran beteiligt ist, gehört sie zur inneren Instanz des Träumers, und ihr Verhalten gibt Aufschluß über seine Fähigkeiten.

Wie Sie sehen, können auch die gegengeschlechtlichen Figuren im Traum Anteile unseres Wesens ins Bild setzen. Das Verhalten einer unbekannten Frau im Traum eines Mannes sagt etwas über seine Einstellung zum Weiblichen aus, ist sie doch eine Komponente seiner Psyche, die er mehr oder weniger betont lebt. Wir wissen, daß jeder Mensch androgyn ist und sein Mann- oder Frausein von der Vorherrschaft der jeweiligen Gene bestimmt wird. Seine Aufgabe ist es, die beiden gegensätzlichen Teile zu integrieren, keine Rivalität zwischen ihnen aufkommen zu lassen und ihre Gleichrangigkeit anzuerkennen. Das wäre das Ideal einer Partnerschaft, die, sowohl in der Außenwelt wie in der eigenen Psyche gelebt, die Welt von Grund auf ändern würde. In unserem emanzipatorischen Zeitalter, wo Umbrüche und Aufbrüche geschehen in der Hoffnung, neue Formen des Zusammenlebens zu finden, wird der Weg auf dieses Ziel hin gewagt.

Wir hatten gesagt, daß vorrangig unbekannte Personen auf der Subjektstufe gedeutet werden können. Wir müssen aber diesen Personenkreis noch etwas erweitern. Freunde und Bekannte aus früheren Zeiten, mit denen wir keinen Umgang mehr haben, setzen uns oft in unseren Träumen in Verwunderung. »An die habe ich längst nicht mehr gedacht!« oder »Warum ausgerechnet der, den ich kaum kannte?« Hier gilt es wieder, das Bild heraufzubeschwören, das wir uns von dieser oder jener Person gemacht haben, und zu fragen: Wie habe ich sie erlebt? Was hat mir an ihr gefallen? War sie mir unsympathisch? Welche hervorstechenden Charaktereigenschaften hatte sie? Dann ist zu überlegen: Wo ist sie mir ein Spiegel, in dem ich eigene psychische Faktoren reflektiert sehe?

Ein kurzes Traumstück wird diesen Vorgang anschaulich machen: Die Träumerin sitzt wieder auf der Schulbank und neben ihr die Freundin Lydia. Eine Probearbeit wird verlangt, die in dem Malen einer Landkarte besteht und in dem Lösen von Rechenaufgaben. Während die Freundin mit Eifer und Sorgfalt ihre Aufgabe bewältigt, hat die Träumerin große Schwierigkeiten. Ihre Arbeit ist schlampig, die Linien sind verwischt, und die Zeit läuft ihr davon. Sie weiß nicht, ob sie die Rechenaufgaben noch in Angriff nehmen soll. Sie ist nervös und trotzig und denkt: »Ich kann es eben nicht besser.« Als der Lehrer kommt, um ihre Zeichnung anzusehen, hält sie die Hand davor. Er beugt sich nieder, legt seinen Kopf auf die Bank und schaut sie mit treuen Hundeaugen an. Die Träumerin fühlt sich davon angezogen und küßt ihn ganz zart auf den Mund.

Eine längst vergessene Schulfreundin taucht im Traum auf. Für die Träumerin stellt sich die Frage, wie sie sie erlebt und welche ihrer Charaktereigenschaften sie wahrgenommen hat. Die Handlung gibt darüber Auskunft: Die Schulfreundin ist gewissenhaft, fleißig, auf ihre Arbeit konzentriert und stellt sich dem, was von ihr verlangt wird. Die Träumerin dagegen ist nachlässig, fahrig und nicht gewillt, die an sie gestellten

Forderungen zu erfüllen. Wie zu Kinderzeiten fühlt sie sich davon bedrängt und reagiert mit Trotz und Verweigerung. Das Verhalten, auf Forderungen allergisch zu reagieren, hat sich im Laufe der Zeit eingeschliffen und ihre aktiven Kräfte, verkörpert durch die Freundin Lydia, lahmgelegt.
Da aber die Bewältigung des Alltags mühsam ist, drehte sie den Spieß um und forderte von Mann und Eltern unangemessene Unterstützung, die ihr auch zuteil wurde und sie in kindlicher Abhängigkeit hielt. Dementsprechend handelt auch im Traum der Lehrer. Anstatt ihre Arbeit zu kritisieren, macht er sich klein und schaut sie verliebt an. Er verkörpert einen männlichen Anteil in ihr, der unterentwickelt und dem Weiblichen hörig ist. Im Traum wird ihr das Ungleichgewicht der Kräfte vor Augen geführt, und sie kann nun darangehen, die von der Freundin Lydia gespiegelten Eigenschaften wieder zu aktivieren.
Es kommt auch vor, daß Eltern, Geschwister, Freunde, Bekannte oder der Chef Wesensteile von uns darstellen. Wie sie in dem Traumtext eingesetzt sind und wie sie sich verhalten, gibt zu erkennen, ob sie Eigenschaften verkörpern, die wir von ihnen übernommen haben. Ist beispielsweise die Mutter geltungssüchtig und hat diese Seite ihres Wesens besonders gelebt, läßt sich vermuten, daß Tochter oder Sohn diese Eigenschaften übernommen haben und unbewußt weiterleben.
Die eigene Schwester steht im Traum für die unbewußten, oft unangenehmen Persönlichkeitsmerkmale der Träumerin, die bisher ein Schattendasein führten und nun, ins Licht des Bewußtseins gerückt, erlebbar werden und zur Auseinandersetzung auffordern. Sich dieser Schattenseiten wenigstens teilweise bewußt zu werden, um sie zu integrieren, ist eine von den Träumen unterstützte Aufgabe. Wie weit der Prozeß gediehen ist, läßt das Verhalten des Traum-Ichs gegenüber

der Schwester erkennen. Beim Träumer repräsentiert der Bruder seinen ihm unbekannten Schatten.
Erleben wir Berufsgestalten in unseren Träumen wie Bauer, Gärtner, Handwerker, Fabrikarbeiter oder Friseur, ist mit ihnen, wenn sie uns unbekannt sind, ihre Arbeit gemeint, die zu tun für uns im Augenblick notwendig ist. Natürlich ist das sinnbildlich zu verstehen. Wir sollen beispielsweise nicht etwa den Beruf wechseln und Gärtner werden, sondern seine Aufgaben übernehmen und sie bei der Pflege unseres Seelengartens einsetzen. Der Bauer zeigt uns die starke Verbundenheit mit der Erde, das schlichte und einfache Leben, von dem wir uns möglicherweise weit entfernt haben. Die Verbindung mit der Natur im Innern und nach außen zu suchen, wäre der dem Traum zu entnehmende Denkanstoß. Der Besuch in einem Frisiersalon, was gar nicht selten im Traum vorkommt, macht uns auf unsere Haare aufmerksam. Sie sind ein Symbol ursprünglicher Triebkräfte, die gepflegt, geglättet und gestutzt werden müssen, damit das menschliche Miteinander funktioniert. An Handwerkern und Fabrikarbeitern, die es mit der Maschine zu tun haben, einem Symbol seelischer Energie, erkennt der Träumende, wie er mit seinen Kräften umgeht. Ob er sie zuviel oder zuwenig einsetzt oder im Übermaß von Streß und Leistung ruiniert hat.
Es sei auch auf die übergeordneten und hochgestellten Persönlichkeiten verwiesen wie Schuldirektor, Hoteldirektor oder Staatsmann. Sie symbolisieren eine dirigierende Funktion der Psyche des Träumers. Jeder von ihnen ist eine unbewußte Zentralinstanz für die Steuerung und Regelung psychischer Prozesse. Zu beachten ist unsere Stellungnahme zu ihnen und ihre Position im Traumtext. Es ist möglich, daß ein Diktator nicht nur negativ zu verstehen ist, sondern sein Erscheinen im Traum den Träumer ermutigt, in seiner Le-

bensführung mehr Tatkraft und Energie einzusetzen, anstatt in Zweifeln und Entschlußunfähigkeit steckenzubleiben.
Mit der Deutung auf der Subjektstufe sind wir in der Lage, uns selbst besser kennenzulernen, mehr Verständnis für die unterschiedlichen Anteile unseres Wesens zu entwickeln, um sie zu koordinieren und um uns schließlich mit uns selbst anzufreunden. Sie glauben gar nicht, wie viele Menschen sich nicht mögen. Als wir Seminarteilnehmer nach ihren positiven und negativen Eigenschaften fragten, gab es nicht bei den negativen, sondern bei den positiven lange Gedankenpausen. Als ob der Ausspruch »Eigenlob stinkt« noch immer wirksam sei! Sich seines wahren Wesens bewußt zu werden und sich mit ihm anzufreunden, ohne entmutigende Vergleiche mit anderen anzustellen, sondern sich an überzeitlichen Vorbildern zu orientieren, stärkt das Selbstvertrauen, schafft ein gesundes Selbstwertgefühl und erhöht die Lebensfreude.
Die Deutung des Traumes auf der Subjektstufe läßt sich noch erweitern. Nicht nur Personen, sondern auch alle anderen Symbole, einschließlich der Tiere, die in unseren Träumen erscheinen, können als Persönlichkeitsmerkmale des Träumers identifiziert werden.
Besonders Tiere nehmen oft einen breiten Raum in unseren Träumen ein, angefangen von der Schlange aus dem Paradies bis hin zum Schoßhündchen, das manchmal frappante Ähnlichkeit mit seinem Besitzer hat. Symbolisch verkörpern die von Trieb und Instinkt geleiteten Tiere eine Naturseite in uns, mit der in Einklang zu leben in unserer technisierten Welt immer schwieriger wird.

Die *Schlange*, uraltes Symbol und Archetyp aus dem kollektiven Unbewußten, mit heilenden und zerstörerischen Kräften vertraut, stiftet noch heute Unruhe in unseren Träumen. Als Einzeltier kann sie durchaus positiv als etwas Neues verstanden werden, das in unser Leben kommt. Sie erneuert sich durch Abstreifen ihrer alten Haut, was zu tun uns ebenfalls aufgegeben ist. In Massen auftretende Schlangen sind immer ungünstig, denn sie symbolisieren ein Durcheinander von unterschiedlichsten Tendenzen im Leben des Träumers. Sprichwörtlich ist es die falsche Schlange, die das Gift von Wut, Haß, Neid und Eifersucht verspritzt, und ob sie im Traum gemeint ist, läßt sich am Traumtext ablesen.

Außer der Schlange sind auch noch Frosch, Maikäfer und Raupe gemäß ihrer biologischen Entwicklung *Wandlungstiere*, deren Anwesenheit den Träumer ermutigen soll, infantiles Verhalten wie alte und zu eng gewordene Kleider abzustreifen und sein wahres Wesen zu entdecken. Wer *Haustiere* wie Katze, Hund oder Vogel besitzt und sie in seinen Träumen erlebt, forscht zuerst, ob reale Erlebnisse mit diesen Tieren gemeint sind. Es ist möglich, daß unangenehme Erfahrungen in der Kindheit mit ihnen zu Angstvorstellungen geführt haben, die nun, bewußtgemacht, noch einmal durchlitten und ausgelöscht werden.

Auf der Subjektstufe verstanden symbolisiert die *Katze* eine mehr weibliche, gefühlsbetonte, spielerische und manchmal auch erotische Seite der Träumenden. Kopflastige Frauen werden von Katzen angegriffen, bekommen ihre Krallen zu spüren und werden sie nicht eher los, bis sie erkannt haben, daß ihre vernachlässigte Weiblichkeit in Gestalt einer Katze auf sie zukommt und angenommen werden will. Im Traum erlebte sich eine Frau in einem Haus, das von Katzen bevölkert war. Aus allen Ecken und Winkeln schlichen sie herbei, so daß sie die Flucht ergriff. Diese Katzenhorde glich einer Inflation, die ja immer eine Auflösung in die Vielheit und eine Entwertung bedeutet. Dieser völlig unbewußte Zustand der

Träumerin, die ihre Gefühlsseite entwertet und vernachlässigt hatte, wurde ihr dadurch massiv vor Augen gestellt.

Im Gegensatz zur Katze, die ein kleines Raubtier und damit ein Einzelgänger ist und sich dem Menschen nicht sklavisch unterwirft, ist der *Hund* ein Rudeltier, der im Menschen sein Leittier sieht. Neben Anhänglichkeit, Unterwürfigkeit und Treue sind es Aggression und Promiskuität, die im Traumtext zur Sprache kommen und zu einer Auseinandersetzung herausfordern.

Die Bedeutung des *Vogels* als Seelentier ist bekannt. Im Traum können mit ihm sowohl die seelisch-geistigen Inhalte angesprochen sein wie auch erotische Bedürfnisse, zumal er in der antiken Mythologie Eros, dem Gott der Liebe, zugeordnet war. Aussehen und Verhalten der Vögel lassen die Traumbotschaft erkennen: Sie können in der Mauser sein, man hat sie vergessen zu füttern, sie sind durchs offene Fenster entflohen oder mit dem Brüten beschäftigt. Wilde Vögel wie Storch, Wildgans oder Wildschwan symbolisieren den Freiheitsdrang und das Ringen des Träumers, sich von Hemmungen sowie von extremen Verhaltensweisen zu befreien.

Finden sich *Pferde* in den Träumen ein, geht es um Vitalität. Wenn Pferde wie eine wilde Herde über die Prärie galoppieren, zeugt es von ungebeugter Seelenkraft. Das kommt aber viel seltener vor als halbverhungerte, ungepflegte und verletzte Tiere, die auf erschütternde Weise die Trieb- und Instinktunsicherheit unserer Zeit darstellen. Wesentlich früher als nach außen sichtbar hat in uns das Natursterben begonnen, und unser naturfremdes Verhalten treibt uns auf allen Gebieten in Katastrophen. Endlich aufzuwachen und das Menetekel zu verstehen, dazu ist jeder einzelne aufgerufen.

Wir müssen unser Verhalten ändern und sind mit den Träumen als Wegweiser gut beraten.

Wie *Kühe* im Traum ausschauen, hängt davon ab, was der Träumer von ihnen erfahren soll. Ihre nahrungspendende und geduldige Art machte sie zu einem Symbol der Mütterlichkeit. Kühe können durchaus die Träumenden an diese vernachlässigte Seite ihres Wesens erinnern. Etwas anderes war bei einer Träumerin gemeint, die vor einer mit Kot bedeckten Wiese stand und sich über die verdreckten, verzottelten afrikanischen Kühe wunderte und sie später an sich vorbeidirigierte. Sie wird also mit Kühen konfrontiert, die aus einem dunklen Erdteil stammen. Auf der Subjektstufe gedeutet, ist er ein Schattenbereich in ihr, der völlig unbewußt blieb, nun ans Licht des Tages drängt und bewußt werden soll. Sie ist auch bereit, genauer hinzusehen, als sie die Kühe beobachtend an sich vorüberziehen läßt. Es handelt sich hier um eine extreme Seite der Mütterlichkeit, denn jede gute Eigenschaft, die verabsolutiert wird, rutscht ins Negative ab. Die unnatürliche und verzärtelnde Mütterlichkeit der Träumerin, die keine Grenzen setzte, jeden Wunsch erfüllte und immer nachgab, machte aus ihren drei Buben lebensuntüchtige, ihr stets Kummer bereitende Söhne. Ein anderes Traumbild, mit friedlich weidenden Kühen auf einer Wiese, könnte einen Städter mahnen, wieder mehr Kontakt mit Mutter Natur zu suchen und sich ihrer heilenden Kräfte bewußt zu werden.

Ein *Kalb* gilt als Symbol der Unbekümmertheit. »Ein Kalb machen« heißt im Schweizerischen einen Scherz zu machen. Schockierend für eine Träumerin war die Entdeckung eines Kalbskopfes in einem völlig verdreckten Toilettenbecken. Ihre unbekümmerte und ausschweifende Art dem Fleischlichen, dem Sexuellen gegenüber und ihre Vorliebe für Pornos,

Zoten und eine derbe Sprache klingen in diesem Bild an. Der Traum ist jedoch kein Moralprediger, sondern stellt nüchtern Tatsachen fest und überläßt dem Träumer die Konsequenzen.

»Wer *Schwein* hat, hat Glück«, so heißt es im Volksmund. Die Fruchtbarkeit dieses Tieres kann eine Traumbotschaft sein, in der es um den Zuwachs sowohl körperlicher als auch seelisch-geistiger Kräfte geht. In grauer Vorzeit diente das Schwein als Reittier der Großen Göttin. Sie war Herrin der Tiere und auch Schutzgöttin der Fortpflanzung des Menschen und damit der Zeugungsvorgänge und der weiblichen Fruchtbarkeit.

Natürlich erleben wir auch die wilden Tiere oft in erschreckender Weise in unseren Träumen. Der *Löwe*, als König der Wüste mit der sonnengelben Mähne, ist ein Herrschaftssymbol von großer Kraft und Stärke, während der *Tiger* meistens negativ zu verstehen ist, denn er drückt ungebändigte aggressive Kräfte aus. Im Traum mußte ein Mann immer wieder die Flucht vor einem Tiger ergreifen. Nachdem er mehrere Wochen lang die Vorstellung eingeübt hatte, sich dem Tiger zu stellen, gelang es ihm – auch im Traum. Zu seinem großen Erstaunen verwandelte sich dieser in seinen Vater. Als kleiner Junge hatte er den zu Aggressionen und Wutausbrüchen neigenden Vater wie einen Tiger erlebt. Dabei spielten seine starke Phantasie und Sensibilität eine große Rolle, denn sein Bruder erlebte den Vater ganz anders. Geschwister sollten miteinander austauschen, wie sie ihre Eltern erfahren haben. An den unterschiedlichen Einschätzungen werden sie erkennen, wie subjektiv die Bilder sind, die sie sich von anderen machen. Wer selbst aggressiv ist, wird auf die Aggressivität der Mitmenschen anders reagieren als ein ängstlicher und schüchterner Mensch.

Der *Bär* im Traum kann als ein Symbol gewalttätiger Kräfte verstanden werden. Behaupten wir doch manchmal von einem Menschen, daß er Bärenkräfte besitze. Doch viel häufiger aber hat der Bär im Traum wegen seines weichen, warmen braunen Fells die Bedeutung eines erdhaft mütterlichen Tiers mit ausgesprochen weiblichen Eigenschaften. Die Farbe Braun symbolisiert die Erde und damit den mütterlichen Aspekt der Natur. Eine Frau, der es an Mütterlichkeit mangelte, wurde im Traum aufgefordert, einen Bären darzustellen. Wie ein auf zwei Beinen aufgerichteter Bär tappte sie dahin und stieß tiefe Brummlaute aus. So war es wohl nicht gemeint! Denn die beobachtenden hellen Frauengestalten im Traum schüttelten mißbilligend die Köpfe.
Im Traum eines zweiunddreißigjährigen verheirateten Mannes war dem Bären eine andere Rolle zugedacht. »Ich habe alles verloren und haue ab«, beginnt seine Traumerzählung. »Ich komme in eine Wohnung in einem Hochhaus, die fast leer ist. Da bin ich nun, habe kein Geld und nichts zu essen und spüre Gefahr. Über den Balkon herauf kommen ein Bär und ein Zwerg auf mich zu. Ich stürze den Bär gerade noch in die Tiefe, bevor er mich vernichten kann. Danach gehe ich einkaufen, ergreife Baumschere und Säge und verdiene mir erst einmal dreißig Mark.«
Das Problem des Träumers, eine zu starke Mutterbindung, ist in vielen Beratungen angesprochen worden. Das Gefühl des Einsseins mit ihr ging in der Kindheit so weit, daß er bei dem, was er gern aß, fragte: »Mutti, schmeckt mir das?«, um sich ihrer Zustimmung zu vergewissern. In seiner gegenwärtigen Krise, in der ihn Gedanken an die Trennung von seiner Familie und das Eingehen eines neuen Liebesverhältnisses bedrän-

gen, wird ihm im Traum eine neue Möglichkeit eröffnet. Das Traum-Ich macht sich auf den Weg und findet im Hochhaus eine neue Bleibe. Ein Abstand von den quälenden Gedanken ist geschaffen, und die luftige Höhe gestattet neue Ausblicke und erweitert den eingeengten Gesichtskreis. Und schon passiert es! Zwei wichtige Gestalten treten auf den Plan, wovon der Zwerg, ein phallisches Symbol männlicher Stärke, die Hilfe signalisiert. Anscheinend ist sich das Traum-Ich dieser Kraft bewußt, wendet sie gegen den Bären und stürzt ihn in die Tiefe. Wenn wir den Bären in der Symbolsprache dem Mütterlich-Weiblichen zuordnen, ist mit seiner Vernichtung ein Stück Mutterablösung gelungen. Die erworbene Sicherheit macht sich auch noch darin bemerkbar, daß er sich gewissermaßen die Ärmel hochkrempelt, sein Werkzeug ergreift, sein Leben in die Hand nimmt, das unnütze Grübeln unterläßt und sogleich den Lohn dafür erhält. Von seiner Willenskraft bestimmt, etwas Nützliches zu tun, werden ihm dreißig Mark beschert, wobei die Drei als ungerade Zahl in der Zahlensymbolik das Männliche ausdrückt, während alle geraden Zahlen das Weibliche enthalten. Der erste Schritt in die neue Richtung bringt einen Erfolg und ermutigt zu weiteren Schritten. Die Analyse dieses Traumes zeigt deutlich, wie nötig die Kenntnisse einiger biographischer Fakten des Träumers sind sowie das Einbeziehen von gegenwärtigen Lebensumständen. Außerdem läßt der märchenhafte Charakter erkennen, daß es sich nicht nur um ein individuelles, sondern auch um ein kollektives Problem handelt, mit dem sich jeder Mensch auseinanderzusetzen hat. Hermann Hesse faßte es in die kurzen Worte: »Nur ein Faustschlag ins Gesicht der Pietät kann vom Schürzenzipfel der Mutter lösen.«

Bleiben wir noch bei den mythischen und märchenhaften Träumen, die uns kopflastige, naturferne und entwurzelte Menschen wieder dahin zurückführen, wo die Quellen des

Schöpferischen sprudeln. Es geht um einen Traum mit einem *Drachen*, den eine sich in der Midlife-crisis befindende Frau hatte, in dem es ebenfalls um Mutterablösung geht: »Ich laufe durch lange, schlauchartige Gewächshäuser«, beginnt ihre Erzählung. »Sie sind sehr hell, aber fast leer und enthalten nur da und dort einzelne Blattpflanzen. Der Weg erscheint mir endlos, bis ich schließlich in einen kleinen dunklen Vorraum komme und an einer älteren Frau und einem Mann vorbei hinaus ins Freie gelange. Betont fest schließe ich die Tür hinter mir. Ich laufe an Nußbäumen vorbei, unter denen viele Nüsse liegen, von denen ich einige aufsammle. Als ich ein Stück Wegs ziemlich schnell gelaufen bin, schaue ich mich noch einmal um und sehe in der Ferne einen Drachen, der sich sturmartig bis zum Himmel aufreckt. Beschwörend hebe ich meine geballten Fäuste gegen ihn, um ihn zu verscheuchen, und wache auf.«

Der Archetyp, der sich hinter dem Drachen verbirgt, ist die festhaltende, verschlingende und freiheitsraubende Mutter. Im allgemeinen symbolisiert der Drache die bedrohliche und verschlingende Seite des Weiblichen für den Mann. Daher auch das Märchen- und Mythenmotiv des Helden, der den Drachen tötet und einen Schatz oder eine Jungfrau erobert. Es symbolisiert das bewußte Ich, das sich mit dem Unbewußten, dem Drachen, siegreich auseinandersetzt und eine erhöhte Kontrolle über die seelischen Funktionen, den Schatz, gewinnt. Diese Auseinandersetzung bedeutet aber stets einen Kampf, den der Träumer mit sich selbst auszufechten hat.

Wie der Traum erkennen läßt, bleibt der Kampf mit dem Drachen, dem Symbol der verschlingenden Mutter, selbst der Frau nicht erspart. Die Träumerin ist mittendrin in dem langwierigen Prozeß der Mutterablösung und Selbstfindung. Ihr langer Weg durch das leere, aber helle Treibhaus führt sie heraus aus der mütterlichen Brutstätte, die sie auf Nimmerwiedersehen verläßt. Obwohl noch einige Nüsse zu knacken sind, zeigt die beschwörende und abwehrende Geste dem Drachen gegenüber, daß ihr Weg in die Autonomie gelingen wird. In vielen Träumen erscheint der Drache in Gestalt eines Krokodils oder, unserer technischen Zeit entsprechend, als Bagger, Panzer oder Raupenfahrzeug.

Zu den Tieren, die sich in Träumen auf mehr oder weniger unangenehme Weise bemerkbar machen, gehören auch *Ratten* und *Mäuse*. Eine Träumerin in den Wechseljahren, die sich über häufiges Unwohlsein beklagte, träumte von toten Ratten in einer Scheune, die ihr Entsetzen einjagten. Sie schlug in einem Traumbuch nach und erhielt die schockierende Antwort, daß Ratten schwere Krankheit bedeuteten, und ihr Zustand verschlimmerte sich. Hätte sie ihren Traum genauer betrachtet, müßte ihr aufgefallen sein, daß die Ratten tot, also unwirksam geworden waren. Sie hatten die Scheune, das heißt einen nährenden und mütterlichen Bereich der Frau, heimgesucht und reichlich Nahrung gefunden. Sie sind unersättliche Nagetiere, die, symbolisch gesehen, in Form von negativen Gedanken an unserer Substanz nagen und uns tatsächlich krank machen können.
Im Fall der Träumerin waren es Ängste vor dem Verlust der Weiblichkeit und der erotischen Ausstrahlung sowie vor dem Altwerden. Doch sind bereits Gegenkräfte am Werk, die die Ratten vernichten. In dieser Krise des Umbruchs sollte sie mehr auf die innere Stimme hören und in dem Schmerz des Abschieds von der Jugend auch die Chance zu einem reiferen und gefestigten Leben sehen. Damit vermag sie die nagenden Gedanken zu verscheuchen. Vorsicht also vor dem Umgang mit Symbolen! Sie sind vieldeutig, enthalten aufbauende und zerstörende Kräfte, und ihre Aussage hängt davon ab, welche persönliche Bedeutung sie für den Träumer haben, wie sie in

dem Traumtext eingesetzt sind und welche Assoziationen sie hervorrufen.

Zu dem, was auf Erden kreucht und fleucht, gehören noch die *Insekten.* Wir empfinden sie nicht immer als angenehm, aber wenn sie sich in unseren Träumen einfinden, haben sie unterschiedliche Bedeutung. Anstatt eines Gehirns besitzen die Ameisen ein nervales Netz mit Nervenknoten und werden von einem artgerechten Verhaltensmuster gesteuert. Im Traum verkörpern sie zutiefst verankerte, unbewußte Inhalte.
Die honigsammelnde Biene, mit dem sprichwörtlich gewordenen Bienenfleiß, gibt auch im Traum ein positives Bild ab, wogegen die Wespe, die nur sticht und nichts hergibt, die Charaktereigenschaften eines Menschen zu symbolisieren vermag, der anderen durch seine ironische, verletzende Kritik Stiche versetzt. Eine Spinne, die ihr Opfer einspinnt, kann sowohl als Symbol mütterlicher Einengung verstanden werden als auch als Behinderung durch seelische und körperliche Krankheit.
Ein junges Mädchen, das sich von der nörgelnden und rechthaberischen Art der Großmutter bedrängt fühlte, verstand es, damit umzugehen. Im Traum fegte sie in deren Hof tote Spinnen und Läuse zusammen und warf all das, was sie an der Großmutter störte, all ihre abfälligen Redensarten, dorthin, wo sie hingehörten, nämlich in den Abfalleimer. Verlauste Blattpflanzen oder Massenansammlungen von Küchenschaben, Ameisen, Spinnen und Termiten sind in den Träumen ungünstige Signale. Sie haben etwas mit dem vegetativen Nervensystem des Träumers zu tun, der sich daher in ärztliche Behandlung begeben sollte.

Waldtiere – Hase, Reh und Fuchs –, in Fabel, Märchen und Gedichten liebevoll geschildert, ziehen auch durch unsere

Träume. Das Reh, in seiner scheuen, grazilen Art, mit seinem hellbraunen Fell und dem weißen Spiegel, ist mit Recht ein Symbol für Weiblichkeit. Anhand seines Aussehens und wie es sich in unseren Träumen bewegt, ergibt sich der Sinn seines Auftretens. Der Hase beziehungsweise das Kaninchen, dessen rasche Vermehrung sprichwörtlich ist, hat auch im Traum die Bedeutung von Fruchtbarkeit. Damit ist vor allem ein seelisch-geistiges Potential gemeint, das zu einer kreativen Lebensweise führt. Als Osterhase bringt er die zukunftsverheißenden Eier, doch als Sex-, Bett- und Skihase erscheint er leicht abgewertet. Der räudige, halbverhungerte Fuchs, den ein Mann durch einen Steinwurf verjagte, ist zu bedauern. Wer das Füchsische in seinem Leben ablehnt – Klugheit, List, Spürsinn, Sicherheit im Umgang mit der Gefahr und Fürsorge gegenüber der eigenen Familie –, wird es schwer im Leben haben.

Betrachten wir schließlich noch die uns immer ein wenig fremd und geheimnisvoll erscheinenden *Fische*, die im Wasser beheimatet sind. Das Wasser gehört zu den vier Elementen (Feuer, Wasser, Luft und Erde), ohne die das Leben auf unserem Planeten nicht möglich wäre. Das Wasser als Ursymbol besitzt die Bedeutung von Seele und Lebenskraft. In diesem Element, dem Unbewußten, liegen Kräfte, die in Gestalt von Fischen aus den Tiefen an die Oberfläche steigen und von uns ergriffen und begriffen werden wollen. Als Fastenspeise am Freitag und als Erkennungszeichen für die ersten Christen wurde der Fisch zum christlichen Symbol.

In diesem Sinne ist der Traum eines Mannes zu verstehen, der, nach schwerer Krankheit aus dem Krankenhaus entlassen, träumte: »Ich stehe auf einer Brücke und will mit einem Kescher Wasserpflanzen heraufholen. Mein Schwiegervater neben mir betont, daß der Kescher ganz weiß sein müsse. Ich lasse ihn durchs Wasser gleiten und fange viele kleine Fische. Plötzlich erhebt sich ein großer Fisch aus dem Wasser und überreicht mir einen kleinen.«

Der Ort gibt bereits Hinweise auf die gegenwärtige Situation des Träumers. Er steht auf einer Brücke, einem Symbol der Veränderung; sie verbindet Gegenwart und Zukunft. Die Brücke ist der Übergang für etwas Neues in seinem Leben. Er fischt nach Wasserpflanzen und erhält zunächst viele kleine Fische, die als unbewußte Inhalte noch in ihrer Bedeutung erkannt werden müssen. Im Zusammenhang mit der Lebenssituation des Träumers, der gewissermaßen dem Tode entronnen ist, erhält er von dem großen Fisch, der Christus symbolisiert, die Nahrung für Körper und Seele. Wer den Tod zu spüren bekam und durch Höhen und Tiefen gegangen ist, hat den weißen, den reinen Kescher und kann mit geläutertem Herzen die Seelenspeise empfangen.

Die beeindruckenden Tierträume, deren Bedeutsamkeit jeder Träumer spürt, können zum Malen, Schreiben oder Modellieren anregen. Im Nacherleben und im handwerklich-künstlerischen Umsetzen vertieft sich die Botschaft des Traumes. Auf kreative Weise werden Ängste abgebaut und neue Perspektiven eröffnet. Tierträume vermitteln uns einen Eindruck von den vielgestaltigen Naturkräften, die um uns und in uns wirksam sind. Von dem Vegetativen und Animalischen, das geachtet und gepflegt werden will und Voraussetzung für ein ganzheitliches Leben ist, in dem sowohl die Natur als auch Geist und Seele ihren Platz finden, müssen wir überzeugt sein. »Wer den Geist will, muß die Natur voraussetzen«, heißt es bei Goethe, und die Träume versuchen, uns diese Maxime wieder bewußtzumachen.

Wir sind von der Deutung auf der Subjektstufe ausgegangen, ein Hilfsmittel, das, mit Bedacht eingesetzt, ein Verstehen der

Traumbotschaft ermöglicht. An dem Erscheinungsbild von Personen und Tieren im Traum lassen sich eigene Wesenszüge sowie seelische Zustände erkennen, die wir an uns noch nicht bewußt wahrgenommen haben. Aber auch in der Darstellung von Dingen, Räumen und Landschaften spiegeln sich Persönlichkeitsmerkmale.
Eine seelische Desorientierung des Träumers zeigt sich im Traum als Umherirren. Der Träumer weiß nicht mehr ein noch aus. Er versucht, sich an Straßenschildern zu orientieren oder Absperrungen zu überwinden, oder er gerät in Sackgassen. Auf Landschaften, die unseren Gefühls- und Stimmungszustand spiegeln, wurde bereits hingewiesen. Was ein klappriges Auto, ein angeschlagener Krug, ein zerrissenes Handtuch, ein schmutziges Wäschestück oder ein Hut über den Träumenden aussagen, gibt das Gesamtgeschehen des Traumes zu erkennen.
Zusammenfassend können wir sagen, daß der Traum, auf der Subjektstufe gedeutet, eine Widerspiegelung, ein Niederschlag und eine Verarbeitung seelischer Zustände des Träumers beinhaltet.

Neunter Einstieg in den Traum (b): Deutung auf der Objektstufe

Wir kommen nun zur zweiten Regel, der Deutung auf der Objektstufe. Wie der Name bereits sagt, ist der andere das Objekt, von dem wir auszugehen haben. Es geht um die seelische Beziehung zu einem realen Menschen – beispielsweise zum Partner, zu den Eltern, zum Vorgesetzten. Wir haben uns von ihm ein Bild gemacht und reagieren dementsprechend, ohne sein wahres Wesen zu erkennen oder zu berücksichtigen. Um die Beziehungen der Menschen untereinander

friedlicher zu gestalten, ist zunächst einmal Selbsterkenntnis vonnöten. Das verlangt eine Auseinandersetzung mit sich selbst und schließlich ein Verstehen und Annehmen seiner selbst. Dieser Prozeß führt, und das steht außer Zweifel, zu einem toleranteren Verhalten und liebevollen Verständnis für andere.
Erscheint der eigene Partner in unseren Träumen, so können wir darin eine Aufforderung sehen, unsere Beziehung zu ihm unter die Lupe zu nehmen. Es wird sich dann zeigen, ob wir zuviel oder zuwenig von ihm erwarten, ob wir infantile Wünsche von ihm erfüllt haben möchten. Wir erkennen, ob wir noch die Vorstellung hegen, der liebende Partner müsse doch wissen, wie es uns gehe, oder ob wir in der Lage sind, ihm mitzuteilen, wie wir uns fühlen und welche Bedürfnisse wir haben, ohne ihn zu bedrängen – sondern es ihm überlassen, wie er sich dazu verhält. Sicherlich helfen Ihnen die nachfolgenden Traumszenen, sich in diese Methode der Deutung einzufühlen. Der Übersichtlichkeit halber sind es keine vollständigen Träume, sondern nur Auszüge, in denen das Problem deutlich erkennbar ist.
Bei Frau C., einem Künstlertyp mit vielen guten Ideen, aber fehlendem organisatorischen Talent, kriselt es in der Ehe. Nachdem die beiden Töchter das Haus verlassen haben, fehlt das verbindende Element zwischen dem Ehepaar, und beide müssen nach einer neuen Form des Miteinanders suchen. Da gibt es Schwierigkeiten, wenn der äußerst korrekte, zur Perfektion neigende Ehemann, der jetzt nur noch an der Frau herumnörgeln kann, sich von ihr vernachlässigt fühlt und ihr seine Lebensart aufzwingen möchte. Daraufhin reagiert sie mit Angst, wird aggressiv und trägt sich mit Fluchtgedanken. Sie träumt: »Es geht um den Verkauf unserer Kajaks, zwei Einer und ein Zweier, genau wie wir sie in der Realität besitzen. Ich möchte den Zweier verkaufen. Ein Mann, erst später weiß

ich, daß es mein Mann war, ist nicht damit einverstanden. Er will sich von den zwei Einern trennen und dafür den Zweier behalten.« Der Ausgang bleibt offen, und Frau C. wird sich nun fragen müssen, ob es nicht angemessen sei, daß sie beide in einem Boot sitzen bleiben, das Leben gemeinsam steuern und gestalten, anstatt die Wege (jeder in einem Boot) auseinanderdriften zu lassen.

Ein paar Tage später kommt ein Traum Frau C. zu Hilfe und bietet die Lösung an. Sie schildert ihn folgendermaßen: »Ich sitze im Auto und fahre irgendwohin, da kommt jemand auf mich zu und fordert mich auf, auszusteigen. Ich habe schreckliche Angst, denke an Nazis und meine, man wird mich jetzt aus dem Wagen herauszerren. Doch es geschieht nichts dergleichen. Ich steige aus und sehe in einiger Entfernung von mir einen Mann stehen. Er trägt eine in schwarze Tücher gehüllte Gestalt, und als ich näher hinsehe, sind es nur noch schwarze Tücher. Dann hat er ein riesengroßes, anscheinend schweres Kuchenblech in der Hand, und ich fühle, daß ich ihm beim Tragen helfen muß. Vorsichtig fasse ich an einer Kante an und wache auf.«

»Einer trage des anderen Last«, könnte man als Überschrift über diesen Traum setzen. Zunächst wird Frau C. gezwungen, ihre einsame Fahrt im Auto zu unterbrechen. Es geht nicht, immer nur der Eigendynamik zu folgen, selbst wenn man noch so voller Tatendrang ist, und den Partner dabei völlig aus dem Auge zu verlieren. Außerdem steckt auch eine Neigung zur Aggression (Nazis), von der sie sich bedroht fühlt, in ihr. Doch kommt es zu keinem Kampf, sie kann ruhig aussteigen und wird nur mit ihrem Mann konfrontiert. Sie sieht, wie er an einer schweren Last trägt, einer in dunkle Tücher eingehüllten Gestalt, die aber, als sie genauer hinsieht, verschwindet. Bemerkenswert ist, daß sie sich ihrem Mann zuwendet und etwas wahrnimmt, was ihr bisher noch nicht aufgefallen ist. Der Arme schleppt etwas Verpacktes, von dem er nicht weiß, was es ist, mit sich herum und braucht Hilfe. Wir würden sagen, er habe einen Komplex. Dieser von C. G. Jung geprägte psychologische Begriff besagt, daß sich in ihm unbewußte Vorstellungen, Gedanken und Erfahrungsinhalte zu einem Knäuel verdichtet haben, das sich zu einem Störfaktor in der Psyche auswirkt. Den Erzählungen der Träumerin zufolge handelt es sich um die Beziehung zu seiner Mutter, durch die er in Zwänge, Hemmungen und Perfektionsansprüche hineingetrieben wurde. Vielleicht gelingt es Frau C., die sich seit geraumer Zeit auf den Weg der Selbsterkenntnis gemacht hat, Verständnis für die Situation ihres Mannes aufzubringen. Der Traum rührt ihre Gefühle an und könnte sie veranlassen, mit ihrem Mann wieder ins Gespräch zu kommen.

Dialoge sind hilfreich, wenn offen zur Sprache kommt, was jeden bedrückt, worunter er leidet, was er sich erhofft und wünscht. Geschieht es ohne Anklage und Schuldzuweisung, was oft schwer ist und eine gewisse Reife voraussetzt, wird sich vieles zum Guten ändern. Zu der verbalen Auseinandersetzung gehört natürlich auch die nonverbale, das heißt, dem anderen durch liebevolle und zärtliche Gesten zu verstehen zu geben: Ich bin bei dir, ich mag dich und ich fühle mit dir.

Mit dem überdimensional großen und noch leeren Kuchenblech ist ausgedrückt, was dem Ehemann fehlt. Sein Hunger nach Kuchen, nach etwas Süßem, nach Liebe ist riesengroß. Natürlich kann keine Frau diesen maßlosen Ansprüchen genügen. Was sie aber kann, wäre, nachdem ihr die Ursachen seines Verhaltens bewußt geworden sind, sich noch einmal ohne Wenn und Aber auf ihn einzulassen und ihm die Gefühle entgegenzubringen, die sie einst zur Heirat mit ihm veranlaßten. Denn die Ehe ist eine geistige Aufgabe, die, einmal erkannt und trotz aller Schwierigkeiten durchgehalten, zur Erfüllung des Lebens führen kann. Indem die Träumerin eine Ecke des Kuchenblechs ergreift, zeigt sie die Bereitschaft des Sichwiederfindens, Einanderhelfens und Vertrauens, in der Hoffnung auf ein zukünftiges, von Achtung, Liebe und Verständnis bestimmtes gemeinsames Leben.

Wir haben diese beiden Traumteile auf der Objektstufe gedeutet, weil es sich um ein wirkliches Objekt in der Außenwelt, nämlich den Partner, handelt. Und durch das Traumgeschehen kann Frau C. die seelische Beziehung zu ihrem Mann erkennen und auch im Ablauf der Handlung ihre veränderte Einstellung zu ihm wahrnehmen.

Auch der nachfolgende Traum einer jungen Frau, der dem Buch *Aus Träumen lernen* entnommen ist, läßt sich auf der Objektstufe verstehen: »Ich befinde mich mit meinem Freund zusammen in einem mir unbekannten Zimmer, über seine hochmoderne Kleidung bin ich sehr erstaunt. Grüne Kordhose, rotes Hemd mit Rüschenkragen, darüber ein bunter Pullover. Seine gelockten Haare sind zurückgekämmt. Mein Erstaunen wird zur Beschämung, als ich beobachte, wie mein Freund beide Ellbogen auf den Couchtisch stützt und sein Hinterteil demonstrativ in die Höhe reckt. Ohne mich über das unkultivierte Benehmen äußern zu können, wache ich auf.«

Um einen Traum zu verstehen, das wissen Sie bereits, muß man ihn im Kontext sehen. Die Träumerin ist sechsundzwanzig Jahre alt und hat sich während eines Ferienaufenthalts mit einem ihr sympathisch erscheinenden jungen Mann angefreundet. Es kommt zu einer engeren Beziehung, die nur darunter leidet, daß beide in weit voneinander entfernten Städten wohnen und sich nur am Wochenende treffen können. In dem Traum nun lernt die junge Frau ihren Freund von einer anderen Seite kennen, die ihr bisher entgangen war. Ihr fiel sofort auf, daß sie den Partner im Traum (und auch in der Wirklichkeit) so nicht annehmen könnte. Der Traum zeigte ihr den

Freund als Playboy, der allzu leichtfertig mit dem Sex umgeht, wie das zur Schau gestellte Hinterteil vermuten läßt. An ihr liegt es nun zu prüfen, ob der Traum Eigenschaften des Freundes ins Blickfeld rückt, die sie bisher noch nicht wahrgenommen hat. Sie könnte sich fragen: Wie erlebe ich meinen Freund, wie beurteile ich ihn, und was habe ich mir für ein Bild von ihm gemacht? Und sich dann die Frage stellen: Wie sieht und beurteilt mein Unbewußtes, das mir diesen Traum geschickt hat, den Freund? Im Vergleichen der beiden Standpunkte wird die Beziehung ins rechte Licht gerückt, und der jungen Frau bleibt die Entscheidung überlassen, ob und wie sie die Beziehung weiterführen möchte. Schreibt sie ihre Träume regelmäßig auf, wird sie noch mehr Hinweise zur Klärung ihrer Situation erhalten.
Die Deutung auf der Objektstufe für den geschilderten Traum bot sich an, weil es sich um einen wirklichen Freund, eine konkrete Beziehung handelte, deren voller Umfang der Träumerin erst noch bewußt werden muß.

Um freundschaftliche Beziehungen und Eheleben geht es im nächsten Traumbild. Eine vielseitig interessierte Frau in mittleren Jahren kann in ihrer kinderlosen Ehe nur wenige Interessen mit ihrem Mann, der auf Sport und Skatspiel fixiert ist, teilen. Begegnungen und Gespräche mit kulturbegeisterten Freundinnen, die zum Teil noch aus gemeinsam verlebten Studienzeiten stammen, ersetzen diesen Mangel und werden vom Ehemann – leise belächelt – geduldet. Nur von einer sogenannten Herzensfreundin fühlt er sich beunruhigt und in den Schatten gestellt, so daß es unterirdisch zu schwelen beginnt und die Gefahr eines zerstörenden Brandes besteht.
Das sich in Träumen gestaltende Unbewußte erkennt als erstes die Situation und macht auf die sich daraus ergebenden Schwierigkeiten aufmerksam: »Ich bin mit meiner Freundin

unterwegs«, beginnt die Traumerzählung der Frau. »Wir fahren durch eine wunderschöne Gegend, und meine künstlerisch begabte Freundin, die ich heimlich bewundere, versteht mit Esprit, dem unvergleichlichen Sommertag noch eine besondere Note zu geben. Die Landstraße, auf der wir fahren, wird schmal, und ohne daß es uns recht zu Bewußtsein kommt, geraten wir in einen Tunnel, der immer enger und dunkler wird, so daß wir schließlich in ihm steckenbleiben. Meine Freundin nimmt die Hände vom Lenkrad, sieht mich ratlos an und weiß nicht weiter. Ich versuche, uns durch energische Vorwärts- und Rückwärtsbewegungen meines Oberkörpers aus dem Tunnel herauszumanövrieren. Es ist sehr mühsam, kostet viel Kraft, führt aber endlich doch zum Erfolg. Zentimeter für Zentimeter bewegen wir uns rückwärts, und als es heller um uns wird, wache ich auf.«

Dem Kommentar der Träumerin, daß es sich hier um die Beziehung zu ihrer Herzensfreundin handele, ist zuzustimmen. In vielen Sitzungen wurde dann das Bild geklärt, das sie sich von der Freundin gemacht hatte. Immer bereit sich anzupassen, um die empfindsame, leicht beleidigte und sich selbst als Mimose bezeichnende Freundin nicht zu verletzen, scheute die Träumerin jede Auseinandersetzung, auch aus der Angst heraus, die Freundin zu verlieren. Die Träumerin benahm sich wie ein Kind, das Liebe und Bestätigung dringend nötig hat. Ein aus Bedürftigkeit entstandenes und weiterbestehendes freundschaftliches Verhältnis, in dem die Eltern-Kind-Beziehung weiterlebt, schadet jedoch beiden Frauen und hemmt jegliche Entfaltung. Es führt in eine Sackgasse. Im Traum ist es ein immer enger werdender Tunnel, in dem beide steckenbleiben. Hätte sich die Träumerin nicht auf ihre eigenen Kräfte besonnen, um sie endlich einzusetzen, würden sie noch heute darin festsitzen. Der erste Schritt ist getan, um die alten, noch aus der Kindheit stammenden Verhaltensweisen rückgängig zu machen. Im Rückspiegel erkennt sie die Richtung, und der Rückblick auf ihr vergangenes Leben wird sie zu Veränderungen ermutigen, sowohl in der Beziehung zu ihrer Freundin als auch zu ihrem Mann. Die in der Kindheit entstandene Charakterprägung, das heißt das sich aus der Beziehung zu Eltern, Milieu und Umwelt entwickelte Verhaltensmuster, wird noch vom Erwachsenen praktiziert, obwohl es sich als ungenügend erweist und, wie in dem oben angegebenen Beispiel, zu Komplikationen führt. Daraus entsteht die Notwendigkeit, sich mit der Eltern-Kind-Beziehung gründlich auseinanderzusetzen, das erlernte Verhaltensmuster zu erkennen und es schließlich zu verändern. Es handelt sich hier um erlerntes Verhalten, ein Programm, das sich prinzipiell umschreiben oder auch löschen läßt.

Was es mit dieser Eltern-Kind-Beziehung auf sich hat, wird an einem weiteren Beispiel sichtbar, das dem Buch *Mit Träumen leben – Einsichten* entnommen ist. *Katzentraum:* »Ich bin in einen U-Bahn-Schacht hinabgestiegen und befinde mich auf einer menschenleeren Station. Mir kommt zum Bewußtsein, daß ich in der rechten Hand zwei kleine Eier trage und in der linken eine junge schwarze Katze. Ich schaue mich nach einem Ort um, wo ich die Eier deponieren kann, um die Katze daraufzusetzen. Schließlich finde ich eine Säule, bücke mich herab, und schon springt die Katze davon. Nachdem ich sie wieder eingefangen habe, versuche ich es noch einmal an einer anderen Stelle und drücke sie mit Gewalt auf die Eier. Als sie mir wieder entwischt, gebe ich es auf. Da fällt mein Blick auf eine Szene, die mich fesselt. Ich sehe ein junges Elternpaar, auf das ein drei- bis vierjähriges Mädchen mit ausgebreiteten Armen zugelaufen kommt. In dem Augenblick, da sich die Mutter dem Kind zuwendet, hat sich zu der Gruppe eine große, grün-schwarz gestreifte Katze gesellt, die aussieht, als sei sie von innen beleuchtet. Als ich zu ergründen versuche, was es wohl für eine Bewandtnis mit ihr habe, verwandelt sich der Kopf ganz schnell in das Gesicht meines Vaters, und schon wache ich auf.«

Ort, Zeit und Personen weisen darauf hin, daß das gegenwärtige Problem der Träumerin in der gedanklichen Auseinandersetzung mit ihrer unterentwickelten weiblichen Seite besteht und dem Unvermögen, dem anderen Geschlecht frei und offen zu begegnen. Im Traum steigt sie hinab in die U-Bahn, einen Bereich ihres Unbewußten, und hat zwei Erlebnisse, die für sie von ungeheurer Wichtigkeit sind. In dem gegenwartsbezogenen macht sie den Versuch, die weibliche, in der jungen Katze verkörperte Triebseite mit dem Männlichen, den Eiern (dem Skrotum) zu vereinen, was jedoch mißlingt. Warum das so ist, wird ihr ein Bild aus der Vergangenheit enthüllen, repräsentiert durch die Eltern, die längst nicht mehr am Leben sind, und durch das Kind, das sie selbst war, und durch die von innen beleuchtete Katze. Diese Szene weckt die Erinnerung an ein Erlebnis, das sogar zeitlich festzulegen ist. Im Alter von drei bis vier Jahren, erinnert sich die Träumerin, ereignete sich das dramatische Erlebnis: »Ich sehe mich früh am Morgen heimlich aus dem Bett klettern und in den Korridor laufen, um nach der süßen kleinen Katze zu schauen, die mir die Eltern am Tag vorher geschenkt hatten. Da öffnete sich die Küchentür, und ich mußte miterleben, wie der Vater die Katze am Genick gepackt hielt, etwas Unfreundliches murmelte und sie auf den Flur hinauswarf, weil sie ihn beim Rasieren gestört hatte. Noch am selben Tag wurde das Tier verschenkt, ohne daß man mit mir darüber gesprochen hatte. Vielleicht aus der Überlegung heraus, daß ich dann leichter vergessen würde. Aber weit gefehlt! In meiner Vorstellung hatte sich das wunderbare, lebende Spielzeug bereits verwandelt. Es war zum Geschwisterkind geworden, mit dem ich, gemäß meiner damaligen magischen Vorstellung, eins werden konnte. Mit einemmal war ich nicht mehr allein, stand den Eltern, die mir oft so mächtig wie König und Königin aus meinem Märchenbuch erschienen, nicht mehr so hilflos gegenüber. Ich konnte zur Katze werden, und mit ihr im Bunde fühlte ich mich sicher und stark. Und nun geschah das Unfaßbare. Der geliebte Vater warf die Katze weg und verschenkte sie an fremde Leute, was aus meiner Sicht bedeutete, daß man meiner überdrüssig war, mich nicht mehr haben wollte und einfach wegschenkte. Das kam einem Weltuntergang gleich, und Schmerz und Verzweiflung müssen grenzenlos gewesen sein.«

Oberflächlich betrachtet nimmt sich das Erlebnis der Träumerin recht harmlos aus und hätte es für jedes andere Kind auch sein können. Nur kamen in diesem Fall mehrere ungünstige Umstände zusammen. Sowohl die Geschwisterlosigkeit als auch die ödipale Entwicklungsphase, in der sich das Kind zu jener Zeit befand, und seine angeborene Introvertiertheit machten den Katastrophencharakter des Ereignisses aus. Das kindliche Bemühen, mit dem Schmerz fertig zu werden, haben ihr bereits vorangegangene Träume in eindringlichen Bildern vermittelt. Sie war keine Kämpfernatur, wurde nicht aggressiv, sondern wählte den Weg des geringsten Widerstandes und zog sich in einen Schmollwinkel zurück, nachdem sie Schmerz, Wut und Verzweiflung in das Unbewußte versenkt hatte. Sie baute sich in ihrer Phantasie eine eigene, bessere Welt auf, in der alles nach Wunsch verlief. Außerdem hatte sie begonnen, sich vor dem Vater zu fürchten, wandte sich ausschließlich der Mutter zu und schenkte ihr die ungeteilte Liebe, soweit sie ihre Gefühle nicht überhaupt zurückhielt, aus Angst vor erneuter Verletzung. Nach und nach hatte sie begonnen, sich in sich selbst zu verschließen, schuf sich einen

Panzer und glaubte, damit stark und unverletzbar zu sein. Diese Abkapselung, das Ausweichen vor dem Leben, führte zu einem gestörten Selbstvertrauen, zu Schüchternheit und Minderwertigkeitsgefühlen und, infolge des dramatischen Vatererlebens, zu Ablehnung und Mißtrauen allem Männlichen gegenüber. Die so auf falsche Bahnen gelenkte Entwicklung und die starke Mutterbindung verursachten Reifungsrückstände, die sich ein Leben lang als Hemmschuh auswirken sollten.

Durch die Vierergruppe im Traum – Mutter, Vater, Kind und Katze – offenbart sich ihr die einseitige Beziehung zur Mutter und die Abkehr vom Vater, dem Verursacher der Katzentragödie. Diese sie tief anrührende Szene führte zur Durchleuchtung des Problems und befreite sie von einer unbewußten, unfaßbaren, sich endlich auflösenden Last. In einem der nächsten Träume wurde eine kindliche Wasserleiche geborgen und der Mutter in die Arme gelegt, die sie dann dem Vater überreichte. Die Aussöhnung mit dem Vater war nun geschehen. Sie wurde erst möglich, nachdem sich die Träumerin den oft angsterregenden, sie bis ins tiefste aufrührenden Träumen gestellt und sie immer wieder emotional durchlebt und durchlitten hatte.

Wir haben den Traum mit der Katzenproblematik auf der Objektstufe verstanden. Es handelte sich um real existierende Menschen und um ein reales, längst der Vergangenheit angehörendes Konflikterlebnis, dessen Ursache beleuchtet wird. Wir können daher formulieren: Auf der Objektstufe gedeutet ist der Traum ein Niederschlag, eine Widerspiegelung und eine Verarbeitung von Erlebnissen, die sowohl aus der Gegenwart als auch aus der Vergangenheit stammen. Der Traum handelt in erster Linie von der Beziehung, die der Träumer zu diesen realen Personen hatte und von den

Erlebnissen mit ihnen. Gleichgültig, ob sie noch am Leben sind oder nicht.

Mit den beiden Regeln, Deutung auf der Subjektstufe und Deutung auf der Objektstufe, haben Sie eine gute Möglichkeit, den Sinn des Traumes zu erfassen. Welche Regel Sie jeweils anwenden, ergibt die aus dem Umgang mit Träumen gewonnene Erfahrung, die auch erkennen läßt, daß häufig beide Regeln auf ein und denselben Traum zutreffen. Vor dem nur intellektuellen Umgang mit den Bildern der Seele, die ihre eigene Dynamik entwickeln, sei gewarnt. Ehrfurcht vor ihrer Schöpferkraft, viel Geduld und ein meditatives Eintauchen in jeden Traum bereiten das Verständnis vor und helfen mit, die Traumbotschaft zu erschließen. Wir sollten immer daran denken, daß es geistige Kräfte und psychische Energien sind, die uns in den Bildern und Symbolen begegnen. Wenn wir offen für sie sind und uns von ihnen anrühren lassen, erleben wir ihre heilende Wirkung.
Hat Sie eine Traumszene, ein Bild oder ein Symbol besonders betroffen gemacht, sowohl im positiven als auch im negativen Sinne, dann nehmen Sie sich Zeit, und versetzen Sie sich in gelöstem Zustand noch einmal in das Bild, und warten Sie auf die Phantasien, die es in Ihnen auslöst. In diesem freien, schwebenden Zustand lassen Sie die Phantasien laufen, ohne sie festhalten zu wollen oder willensmäßig zu lenken. Manchem fällt diese Meditation leichter, wenn er sich einer Kerze bedient, eine Weile in die Flamme schaut und den inneren Bildern freien Lauf läßt. Danach schreiben Sie auf, was alles in Ihnen aufgestiegen ist, und setzen es wieder in Beziehung zu Ihrem Traum. Sie werden erstaunt sein, wieviel näher Sie den Bildern gekommen sind und die treibende Kraft spüren, die von ihnen ausgeht.
Der nächste Schritt wäre, sich dieser Ihnen bewußt geworde-

nen Lebenskraft zu bedienen, um sie zur Konfliktbewältigung einzusetzen. Das geht zwar nicht von heute auf morgen, doch ist der Prozeß erst einmal in Gang gekommen, geschieht Veränderung, und neurotische Fehlhaltungen, die sich in negativen Gedankengängen äußern, verlieren an Wirkkraft. Denken Sie daran, daß durch Ängste, Depressionen und verdrängte Probleme psychische Energien in negativer Weise verbraucht werden. Es entsteht ein Defizit, das Sie schwächt und die Bewältigung der täglichen Lebensaufgaben zu einer drückenden Last macht, während bei normaler und positiver Reaktion das Leben zu einem interessanten Spiel wird. Neue Forschungen über das Seelenleben haben gezeigt, daß Traumbilder und Symbole, zu denen wir bewußt in Beziehung treten, heilende Kräfte aktivieren und nicht nur unsere Seele, sondern auch das körperliche Immunsystem stärken. Es sind die Forschungen der amerikanischen Medizinerin JEAN ACHTERBERG, die bahnbrechend auf diesem Gebiet wirkt und deren Erkenntnisse in der Krebstherapie eingesetzt werden.

Zehnter Einstieg in den Traum: Die Symbole

Zu den Bildern, die in unserer Seele aufsteigen, gehören auch die Symbole. Das Wort kommt aus dem Griechischen *(symballein)* und heißt soviel wie zusammenwerfen, verdichten. Hinter dem Unbekannten, Unbestimmten, oft Dunklen wird eine Kraft sichtbar und spürbar, die ihre Wirkung auf uns nicht verfehlt. Sprechen wir das Wort *Sonne* aus, eines der Grundsymbole, empfinden wir einerseits ihre wärmespendende, lebenerhaltende und froh machende Energie und andererseits ihre zerstörende, ausdörrende und heiße Glut, die viele Landstriche zu Wüsten werden läßt. Diese

Kräfte, in einem einzigen Symbol vereint, sind geballte Energie, die sowohl in der Realität als auch in den Träumen für uns erfahrbar wird. Als verbindendes Element vereinigt uns das Symbol wieder mit unserer naturnahen, durch Trieb und Instinkt bestimmten Wesensseite und weckt schöpferische Impulse, die uns und unser Leben erneuern.
Wir kennen die magische Kraft der Grundsymbole, die sich in allen Kulturen und zu allen Zeiten in naiven Darstellungen niedergeschlagen haben. Indem man Symbole festhielt und auf Stein, Holz oder sonstiges Material bannte, bemächtigte man sich ihrer innewohnenden Kraft, gewann selbst an Stärke, Mut und Zuversicht und war der Umwelt nicht mehr so hilflos ausgeliefert. Wir finden diese Symbole in unseren Kinderzeichnungen wieder, was uns zeigt, daß sie nicht abgemalt sind, sondern unserer Psyche als ein ursprünglich eingeprägtes Bild entstammen. Das Kind malt die Sonne als Kreis, ein Symbol der Ganzheit, in dem alles eingeschlossen ist, was wir Leben nennen. In jeder Umarmung wird diese Einheit erlebbar.

Ein ebenso ursprüngliches Symbol wie die Sonne ist das *Wasser*. Es ist der Mutterschoß für alles Leben, das aus dem Wasser kommt und, von seiner Lebenskraft durchtränkt, die Erde mit Tieren, Pflanzen und Menschen bevölkert hat. Diese fließende, lichtdurchlässige und in ewiger Wandlung begriffene Materie, die zum Himmel aufsteigt und dann als befruchtender Regen zur Erde zurückkommt, ist das Symbol für das Unbewußte geworden.
Träume, die am Wasser spielen, sind immer bedeutungsvoll, und die von ihnen vermittelte Botschaft wird den Träumer, der sich in der Nähe seines Unbewußten befindet, direkt anrühren. Für ihn kann sich daraus die Erhellung eines Problems ergeben, das bisher unverstanden blieb. Sowohl im po-

sitiven als auch im negativen Sinne fließt das Wasser durch unsere Träume. Sturm und Überflutungen warnen den Träumer vor seinem augenblicklichen Seelenzustand, der, aufgewühlt von maßlosen Emotionen, zu Fehlhandlungen verleiten kann. Haben sich die Wogen wieder geglättet und das Wasser fließt oder ruht in seinen Grenzen, läßt das auf eine ausgeglichene Seelenverfassung des Träumers schließen.

Von den *Tieren*, die als Symbol für unsere naturnahe, animalische Triebseite stehen, haben wir bereits ausführlich gesprochen. Im Traum wird das mehr oder weniger gute Einverständnis mit unseren biologischen Kräften, symbolisiert durch die Tiere, offensichtlich. Manchmal wird uns recht drastisch vor Augen geführt, welches Verhältnis wir zu ihnen haben und wie wir mit ihnen umgehen. Indem wir vor ihnen fliehen, gegen sie kämpfen oder sie verhungern lassen, wird ein Mißverhältnis deutlich, das wir erkennen und daraufhin verändern müssen. Die zwingende Kraft der Traumsprache und ihre auf Veränderung angelegte Thematik wird besonders in der Tiersymbolik erlebbar. Aber nicht nur diese, sondern auch jedes andere Symbol ist Vermittler zwischen der rationalen und der Trieb- und Instinktwelt. Wie notwendig dieser Brückenschlag ist, kommt uns immer mehr zum Bewußtsein, nachdem die Natur draußen, als Entsprechung für unsere innere Natur, zu sterben beginnt.

Weitere Grundsymbole für Entfaltung und Wachstum sind Baum, Pflanze und Kind. Als archetypisches Symbol des Lebens hat der *Baum* bei fast allen Völkern die Bedeutung eines Lebensbaumes. Da das Leben des Menschen aus der Mutter hervorgeht, ist der Baum auch ein Muttersymbol. Nicht nur in den Mythen vieler Völker, sondern auch in unseren Träumen kann eine Baumgeburt stattfinden. Im allgemeinen haben wir mit dem Baumsymbol den Hinweis auf ein persönliches Wachstum und eine seelische Entfaltung des Träumers. Außerdem kann der Baum auch als Stammbaum auf die Familiengeschichte anspielen und wertvolle Hinweise über Macht und Anspruch von Traditionen vermitteln. Das Erscheinungsbild des Baumes und seine Rolle in der Traumhandlung sind maßgebend für den Träumer. Beachtenswert sind Art (Nadel- oder Laubbaum), Wuchs, Wurzel, Stamm und Krone, Blüten oder Früchte sowie abgebrochene oder verdorrte Äste. Alle diese Merkmale informieren über vergleichbare Situationen im Leben des Träumers oder seiner Familie.

Die Betrachtung des so bedeutsamen Kindsymbols würde ein eigenes Buch füllen, angefangen vom irdischen bis hin zum göttlichen Kind, wie wir es in allen Religionen der Völker finden. In der Regel ist das *Kind* im Traum ein positives Symbol, das Zukunft verspricht und neue Möglichkeiten eröffnet. Im Traum kann auch ein Mann ein Kind gebären, und damit verwirklicht sich der Ausspruch: »Laßt uns geistige Kinder in die Welt setzen.« Aussehen und Verhalten des Kindes und besondere Begleitumstände sind natürlich auch zu beachten. So kann ein krankes und gebrechliches Kind der Anstoß dazu sein, daß der Träumer sich seiner seelischen Störungen bewußt wird und etwas zu ihrer Heilung unternimmt. Ebenso könnten streitende, ungebärdige und eigenwillige Kinder einen Träumer veranlassen, sich über die widerstreitenden Tendenzen in seinem Innern Klarheit zu verschaffen und extreme Verhaltensweisen aufzugeben.

C. G. Jung, der Begründer der Analytischen Psychologie, legte großen Wert auf das Kindsymbol. Er sagte dazu: »Indem das Symbol des Kindes das Bewußtsein fasziniert und ergreift, tritt die erlösende Wirkung ins Bewußtsein über und vollführt jene Abtrennung von der Konfliktsituation, deren das Bewußtsein nicht fähig war.«

Kommen wir zum nächsten Grundsymbol, dem *Haus*. Der Volksmund sagt von einem wirren Menschen, daß er ein verrücktes Haus sei. Mit dem Haus wird gewissermaßen das Gehäuse der Seele versinnbildlicht. Dieselbe Bedeutung finden wir auch im Traum wieder, und dementsprechend informieren die einzelnen Räume über verschiedene seelische Funktionen.

Der Keller verweist auf das Unbewußte. Wenn er fensterlos, dunkel, spinnwebverhangen und mit altem Plunder vollgestellt ist, sollte der Träumer öfters hinuntersteigen, Licht in das Dunkel bringen und erkennen, was er verdrängt, abgeschoben und eingesperrt hat. Der Hauseingang und der Flur geben bereits Auskunft über die innen herrschende Atmosphäre.

In der Küche drückt sich der Bereich des Weiblich-Mütterlichen aus. Wo nicht auf Sparflamme gekocht wird, genügend Lebensmittel vorhanden sind, eine gewisse Ordnung herrscht, die Spüle nicht verstopft ist und das Wasser aus dem Hahn nicht nur tröpfelt, sondern fließt, kann der Träumende mit seinem Seelenhaushalt zufrieden sein. Die Küche als Ort seelischer Informationsverarbeitung und Wandlungsvorgänge besitzt im Traum auch noch den Charakter einer Alchimistenküche, in der wunderbare Dinge geschehen.

Die Wohn- und Arbeitsräume deuten auf seelische Alltagssituationen und geistige Tätigkeiten hin. Mit dem Schlafraum wird häufig auf das Sexualleben angespielt. Bad und Toilette dürfen als Ort der seelischen Reinigung und der Entlastung von Ballast angesehen werden sowie von all dem, was wir seelisch durchgekaut und verdaut haben. Die häufige Toilettensuche in den Träumen zeigt deutlich, daß wir bereit sind, Ärger, Kummer und seelische Verletzungen endlich loszulassen. Die Räume in den obersten Stockwerken, die Aussicht bieten, vieles überblicken lassen, sind Bereiche der Hirntätigkeit und des Verstandes.

Träume, in denen das Dach oder der Dachboden eine besondere Rolle spielen, sind besonders zu beachten; vielleicht haben wir dort Dinge abgelegt, die uns an peinliche Situationen erinnern, oder auch einen Schatz, eine Fähigkeit versteckt, die es neu zu entdecken gilt. Dieser Ort vergessener oder verdrängter Gedächtnisinhalte wird von dem Dach wie einer das Gehirn schützenden Schädeldecke überwölbt. Ein löchriges oder auch von Flammen bedrohtes Dach kann für den Träumer ein Warnsignal sein.

Werfen wir noch einen Blick auf das Äußere und den Standort des Hauses. In ein kleines, an ein Hexenhaus erinnerndes Gebäude eindringen zu wollen zeigt einen Träumer, der wieder Geborgenheit bei der Mutter sucht. Ein Hochhaus könnte zum einen auf zu anspruchsvolle Pläne des Träumers anspielen, zum anderen aber auch auf den Drang, mehr Überblick und Einsicht zu gewinnen. Ein Haus, das schief oder auf Stelzen steht, eine zu kleine Basis hat oder unproportioniert ist, macht Aussagen über die seelische Verfassung des Träumers. Ähnliche Aussagekraft hat die Fassade eines Hauses. Sagen wir doch manchmal, daß jemand eine zu glatte Fassade habe. Die Fenster und Fensterhöhlen sind die Augen des Hauses. Sind sie nicht vorhanden, deuten sie Rückzug und Verschlossenheit des Träumers an. Der Balkon und die Balkonbrüstung haben etwas mit dem Herzbereich des Träumers zu tun.

Wer sich unbehaust fühlt, wird sich über einen langen Zeitraum hin in seinen Träumen auf Haussuche begeben und mit den unterschiedlichsten Haustypen konfrontiert werden. Insgesamt gesehen ist das Haus eines der häufigsten Traumsymbole, das Verfestigung und Etablierung in dieser Welt bedeutet.

Gewährt uns das Haus Schutz und Geborgenheit, ohne die wir nicht leben können, so vermitteln uns *Wagen, Rad* und *Auto* die notwendige Mobilität zur Lebensgestaltung. Sie sind individuelle Fortbewegungsmittel im Gegensatz zu Eisenbahn und Straßenbahn, die an Schienen gebunden sind, einen von der Gesellschaft vorgeschriebenen Weg. Das Auto dagegen – als ein Symbol der Dynamik, der Bewegung, der Expansion – läßt, wenn es durch die Träume rollt, Lebenskraft und Persönlichkeitsgefüge des Träumers erkennen. Wenn es zum Statussymbol wird, signalisieren Größe und äußere Erscheinung, wie der Träumer von seiner Umwelt gesehen werden möchte. Entscheidend ist auch, wie der Träumer mit seinem Auto umgeht und was auf der Fahrt, die ja immer ein Stück Lebensreise ist, geschieht. Wir erhalten Auskunft darüber, ob es vorwärts oder zurück geht, etwas zu rasant oder zu langsam läuft. Widerstände kündigen sich durch Bremsenversagen an, oder ein Unfall wird vorausgesehen. Rasante Sportwagen haben im Traum eine sexuelle Bedeutung. Hier geht es um Rausch und sexuelle Potenz und im speziellen um freie Liebe. Im allgemeinen wird beim Auto und Autofahren im Traum mehr die allgemeine Vitalität und Lebenskraft des Träumers angesprochen und nur in Ausnahmefällen die sexuelle Potenz.

Grundsymbole, sowohl in den Kinderzeichnungen als auch in unseren Träumen, sind *Vater* und *Mutter*, das Männliche und das Weibliche als Symbol der Polarität im Menschen. Wie bereits gesagt, tragen wir das Gegengeschlecht als unbewußtes Bild in unserer Seele und projizieren es auf den jeweiligen Partner.
Ausgesprochene Muttersymbole sind Höhle, Schiff und Burg,

die das Wärmende und Schützende darstellen. Wir alle müssen diese Geborgenheit verlassen und den Lebenskampf aufnehmen, um daran zu wachsen und zu reifen. Jeder von uns hat sich mit dem Problem der Ablösung von der Mutter auseinanderzusetzen, in dem es immer um die Bewußtmachung eigenständigen Denkens, Fühlens und Handelns geht. Diese Vertreibung aus dem Paradies wird von der schöpferischen Traumkraft in ewig wechselnden Bildfolgen vorgeführt, die an Dramatik nichts zu wünschen übriglassen. Die Träumenden müssen aus abbröckelnden und einstürzenden Burgen fliehen. Ein lodernder Brand vertreibt sie aus Höhle oder Labyrinth, oder sie entkommen dem sinkenden Schiff durch einen Sprung auf ein anderes, das sie an das rettende Ufer führt. Vom Steckenbleiben und Verharren bis hin zum angenommenen Wagnis erleben sie die ganze Skala der Gefühle, in denen es um die Überwindung der Angst geht, Neuland zu gewinnen und sich dort zu behaupten.
Entscheidend für die Deutung der Symbole ist ihre Einbindung in das gesamte Traumgeschehen, das erkennen läßt, wie es gemeint ist. Ein Träumer versuchte vergeblich, den Zugang zu einer Burg, die in einer wunderschönen Landschaft auf einem hohen Berg lag, zu finden. Beim Aufwachen kamen ihm die Worte »Eine feste Burg ist unser Gott« in den Sinn, ein Kirchenlied, das ihm von Kindheit an vertraut war. Ein anderer wieder wird in eine Höhle geschickt und entdeckt dort Schätze, oder er begegnet, wie in dem Fallbeispiel »Jemanden mundtot machen«, einem Magier, der ihn ans Feuer ruft.

Das *Schiff* (als Lebensschiff) kann uns auf unbewußter Reise über große Gewässer zu neuen Ufern führen. Das würde unseren Wagemut zeigen, alte, unpassend gewordene Verhaltensweisen aufzugeben und neue auszuprobieren. Begegnet uns auf dem Schiff der Kapitän, den wir symbolisch als einen

uns innewohnenden Seelenführer verstehen können, dann wird es eine gute Reise sein.
Lassen wir uns von den Symbolen anrühren und spüren wir die von ihnen ausgehende Kraft, werden wir sie auch verstehen. Von ihnen empfangen wir Impulse, die uns helfen, aus der Zerrissenheit herauszufinden und die krank machenden Gegensätze zu überwinden. Solange wir in Extremen leben, stehen wir sozusagen auf einem Bein, und das ist auf die Dauer mühsam und ein unnötiger Kräfteverschleiß. Wir können versuchen, mit Hilfe der Träume auch das andere Bein auf die Erde zu bekommen, um auf dem Boden der Tatsachen zu stehen und das Leben so anzunehmen, wie es wirklich ist.

Auch *Engeln* begegnen wir in unseren Träumen. Als Symbol des Lichts und des Guten schützen und begleiten sie uns auf allen Wegen. Mit ihnen haben die uns innewohnenden, unsichtbaren Seelenkräfte Gestalt angenommen, und wir können Zwiesprache mit ihnen halten. Indem wir offen für sie sind und uns ihnen anvertrauen, entsteht eine Verbindung, die uns trägt, von Einsamkeit befreit und das Gefühl der Geborgenheit vermittelt. Sie führen uns heraus aus einem ichbezogenen Leben, und wir erkennen, daß wir von geistigen Kräften geführt werden, die für Leben und Schicksal bestimmend sind, und daß diese Kräfte uns vor allem aus dem eigenen Inneren erfassen. Für uns moderne Menschen ist das eine wichtige religiöse Erfahrung, da wir ja immer meinen, nur von der sogenannten Alltagswirklichkeit bestimmt zu werden, und uns oft genug verzweifelt abmühen, alles in den Griff zu bekommen.

In der *Selbstdarstellung im Traum*, einem Symbol des bewußten Ichs, erleben wir uns als ein zu malendes oder bereits fertiges Konterfei, das uns mehr oder weniger gut gefällt. Vielleicht haben wir auch eine Begegnung mit uns selbst im Spiegel, der eine erstaunlich veränderte Gestalt zurückwirft, von der wir nicht zu träumen gewagt haben. Der Traum kann uns auch in eine Ausstellung oder in ein Museum führen, wo die Bilder an den Wänden Wesenszüge von uns offenbaren, die vertraut oder auch fremd und unheimlich auf uns wirken können. Etwas mit diesen Kräften anzufangen, sich seiner Fähigkeiten bewußt zu werden und sie in schöpferisches Tun umzusetzen, ist ein immerwährender, von den Symbolen unterstützter Auftrag, der das Leben im Fluß hält und Veränderungen einleitet.

Nur wer bereit ist, Neues zu wagen, und sich verändern kann, lebt. Er wird in den Träumen öfter über eine *Brücke* gehen müssen, einem Symbol der Veränderung, und von ihrem Zustand hängt es ab, ob er seine Schwierigkeiten überbrücken kann, um das rettende Ufer oder die neue Einstellung zu sich und seiner Lebenssituation zu finden.

Zum Abschluß seien hier noch die Farben als Symbole für den Gefühlsbereich genannt. Die Welt ist Licht, und Licht ist Farbe. Wie arm wäre die Welt ohne Farben und wie langweilig unsere Träume, wenn dem Traumschöpfer das aussagekräftige Element der Farbe nicht zur Verfügung stünde. Mit ihr hebt er deutlich hervor, was auszudrücken ihm wichtig ist, spricht damit unsere Gefühle an, die Erinnerungen wachrufen und zur Erhellung der Traumbotschaft beitragen. Da wir zu neunzig Prozent Augenmenschen sind und sich uns die Welt durch dieses Sinnesorgan erschließt, haben Farben bereits in der frühen Menschheitsgeschichte eine Rolle gespielt. Chemische Untersuchungen haben ergeben, daß Kinder in den neolithischen Hockergräbern auf blauen Blüten gebettet waren. Die blaue Blume der Romantik bringt noch heute unsere Gefühle in Schwingung, und die Sehnsucht nach den blauen Bergen oder einer blauen Stunde ist auch noch nicht aus der Mode gekommen. Sehen wir uns jetzt die Bedeutung der Farben im einzelnen an.

Grün erleben wir als eine Farbe der Vegetation, die mit Werden, Wachsen und Entwicklung zu tun hat und die begründete Hoffnung auf ein leichteres und freieres Leben einschließt. Im Traum ist sie meistens positiv zu deuten; nur wenn sie sich in Giftgrün verwandelt hat, erhält sie einen negativen Charakter. Zu beachten sind immer die Träger der Farben, ihre Intensität und ihr Verhältnis zueinander. Negativ zu deuten wäre auch ein mattes, kraftloses Grün als traurige und das Mitgefühl anrührende Untermalung für eine Wasserleiche, einen Begräbniskranz oder ein geknicktes Bäumchen. Mit viel Grün (Wiese, Parklandschaft oder lockerem Baumbestand) kompensierte der Traum das Verhalten eines Träumers, der sich in intellektuellen Spekulationen verlor und seine elementaren Kräfte unterdrückte. Denn Grün ist die Farbe der Empfindungen, und wer sie vernachlässigt, sich zu weit von einem einfachen, schlichten Leben entfernt, schwächt seine Vitalität und wird krankheitsanfällig. Wenn der reale Dschungel oft als grüne Hölle beschrieben wird, kann diese Aussage auch für einen Dschungel im Traum gelten, in den der Träumer hineingeführt wird, um mit seinem unbewußten Triebbereich konfrontiert zu werden. Wer noch grün hinter den Ohren ist, auch wenn er das Erwachsenenalter erreicht hat, muß einiges in seiner Entwicklung nachholen.

Wie die Farbe Grün das Werden andeutet, bezieht sich das *Gelb* auf die Reife. Als Goldgelb bringen wir es in Verbindung mit der Sonne und dem reifen Ährenfeld. Wer einen Sonnenaufgang im Traum erlebt, kommt heraus aus Dunkelheit,

Leid und Trauer, spürt neue Kräfte in sich und wird wieder handlungsfähig. Steht die Sonne im Zenit, ist höchste Bewußtheit da, doch wenn sie untergeht, setzt wieder Unbewußtheit ein, die entweder eine Ruhepause bedeutet, vor dem Aufbruch zu etwas Neuem, oder aber eine Regression, ein Zurückfallen in infantiles Verhalten. Das Gelb als Farbe der Bewußtheit und der Sonnenkraft entspricht der Intuition. Das reine, strahlende Gelb wird leicht entwertet durch die geringste Beimischung anderer Farben. Mit ein wenig Grün gemischt wird es zum Zitronengelb und könnte, je nach Gesamtzusammenhang des Traumes, Neid und Eifersucht versinnbildlichen. Dies entspricht dem uralten, volkstümlichen Sprachgebrauch, seelische Erfahrungen in Farben auszudrücken: Rot ist die Liebe, grün ist die Hoffnung, blau ist die Treue.

Die Farbe *Blau*, die etwas Kühles, distanziert Überlegenes haben kann, ist der Denkfunktion zugeordnet und wird auch mit geistig-spirituellen Erlebnissen in Verbindung gebracht. Wird es zu einem hellen, zarten Himmelblau, hat es weibliche Qualität, was dem Gefühl der Maler entsprach, die für den Mantel der Madonna diesen Farbton wählten. So könnte Blau auch seelische Gelöstheit und das Einssein mit sich selbst ausdrücken, woraus sich dann eine leichte, liebevolle und überlegene Lebensführung ergibt. Das Wasser als Symbol des Unbewußten ist auch von blauer Farbe und versinnbildlicht damit die weibliche Naturseite und den Mutterschoß. Ein dunkles Blau im Traum hat die Bedeutung von Ruhe, Tiefe, möglicherweise auch von Nacht und Tod.

Unserer Gefühlsfunktion ist *Rot* als Farbe des Blutes zugeordnet. Rot drückt Sinnlichkeit, Leidenschaft, Feuer und Lebenskraft aus. Das sind durchaus positive Eigenschaften, die aber leicht ins Negative abrutschen können und in Aggression, Kampf und Fanatismus ausarten. Wer rotsieht, wird von leidenschaftlichen Gefühlen überschwemmt, ist der Vernunft nicht mehr zugänglich und wird für sich und andere zur Gefahr. Als Warnung schützt das Rotlicht der Ampel den Fußgänger, und wir sagen von einem Traum, daß er Rotlicht anzeige, wenn in ihm Bomben explodieren oder Ungeziefer in Massen auftritt. Aufschlußreich für die Farbe Rot im Traum ist auch ihr Träger, sei es ein Mensch oder ein Tier. Wer mit roten Schuhen durch den Dreck watet, erhält mit diesem Bild die Aufforderung, sich mit seinem sexuellen Verhalten auseinanderzusetzen. Davon betroffen sein könnte auch jemand, der ein grellrotes Kleid oder einen ebensolchen Hut trägt. Im Traum wurde eine Frau durch einen aufrecht stehenden, zitternden roten Faden beunruhigt und bat um eine Deutung. Mit diesem Geschehen erhielt sie ein anschauliches Bild von ihrem Lebensfaden, ihrer Vitalität, die einer Zerreißprobe ausgesetzt war. Damit wurde sie aufgefordert, sich mit ihrer Biographie auseinanderzusetzen und den roten Faden aufzuspüren, der sie in diese Lebenskrise gebracht hatte. In gemilderter Form und ins Rosenrot spielend kann die Farbe Rot seelische Liebe, ein einfühlsames Herz oder auch Barmherzigkeit ausdrücken.

Die Mischung aus Rot und Blau zu *Violett* verleiht dieser Farbe einen besonderen Charakter. In ihr verbindet sich die Leidenschaftlichkeit mit der Spiritualität. Diese Kombination zeigt einen Konflikt an, der sich aus dem Gegensatz von Natur und Geist oder Sinnlichkeit und Vernunft ergibt. Eine Zeit der Stille und der Einkehr hilft, diesen Zustand zu überwinden. Die junge Frau, die im Traum eine Birke zu Kleinholz machte und sich dann einem blühenden Fliederstrauch erfreut zuwandte, war nach dem Aufwachen über ihr gegensätzliches Verhalten betroffen. Als werdende Mutter befand sie sich in dem Konflikt, von der Jungmädchenrolle, versinnbildlicht in der Birke, Abschied zu nehmen und die Rolle der Mutter anzunehmen, die ein Zurückstellen der eigenen Person und Verzicht auf so mancherlei Freuden bedeutet. Mit feinem Verständnis hat das Traumbewußtsein keine roten, gelben oder blauen Blumen ausgesucht, sondern Flieder, dessen Lila an Einkehr und Verzicht mahnt. In der katholischen Kirche ist Violett die Farbe der Passion Christi und der Märtyrer.

Die Farbe *Braun* kommt im Farbspektrum nicht vor, dafür aber in der Realität und in unseren Träumen. Sie symbolisiert die Erde und damit den mütterlichen Aspekt der Natur. Wir bekommen diese Kraft zu spüren in den feuchtglänzenden Schollen eines gepflügten Feldes, und mit dem letzten Rest bäuerlicher Verbundenheit empfangen wir das knusprige braune Brot aus der Hand des Bäckers. Das warme, ruhige, mütterliche Braun spricht uns im Fell der Tiere an, und das Gefühl der Geborgenheit, das eine Pelzjacke oder ein Pelzmantel vermittelt, hat in erster Linie hier seinen Bezug und viel weniger mit einem Statussymbol zu tun. Eine Frau, die ihre Weiblichkeit verleugnete und sich durch ihre wissenschaftliche Forschung maßlos überschätzte, mußte im Traum ein braunes Kleid anziehen, um das Ungleichgewicht der Kräfte von Männlichem und Weiblichem auszubalancieren. Braun ist auch die Farbe der Exkremente, die für den Bauern, der mit ihnen sein Ackerland düngt, nie ekelerregend sind. Das waren sie auch nicht in der mittelalterlichen Alchimie. In den geheimen Schriften sind Anweisungen zu finden, daß die große Kostbarkeit, der Stein der Weisen oder das philosophische Gold, überall und auch im geringsten und minderwertigsten, dem Kot, zu finden sei. Das Kleinkind versucht, mit seinem Kot zu spielen und zu malen. Eine verständnisvolle, nicht nur auf Reinlichkeit ausgerichtete Mutter wird diesen Schöpferdrang ihres Kindes mit Materialien wie Wasser, Sand, Farbstiften und Papier befriedigen. Damit wird einer Neurose vorgebeugt, die aus übertriebener Reinlichkeit entstehen kann. Von dem Braun, das in solchen Fällen in verstärkter Form in den Träumen auftritt, also zum neurotischen Braun wird, kann sich der Träumer durch Malen dieser Bilder befreien, am besten mit Fingerfarben auf großflächigem Papier.

Die Farbe *Schwarz* erleben wir im Traum als beängstigende Finsternis im Haus, in einer Landschaft oder auch in Gestalten und Dingen. In einer Depressionsphase war die Gefühlssituation einer Frau im Traum durch einen schwarz verhangenen Vogelkäfig ausgedrückt. In Europa wird die Farbe Schwarz negativ bewertet, denn sie ist mit Trauer und Tod verbunden. Das hat auch seine Auswirkung auf unsere Träume und bedeutet oft ein Versinken in Unbewußtheit, ein Zurückwollen in den dunklen Mutterschoß. Gesellt sich jedoch zu dem Schwarz in unseren Träumen ein Weiß, beispielsweise ein Schachbrett, ein schwarz-weißes Kleid oder ein ebensolches Tier, verliert das Schwarz durch die Vereinigung der Gegensätze seinen negativen Charakter. Die Träumenden sind auf dem besten Weg, sich der Spannung zwischen Freud und Leid, Hell und Dunkel, Gut und Böse bewußt zu werden und sich auf sie einzulassen.

Das *Weiß* ist keine Farbe, birgt aber als weißes Licht die Spektralfarben des Regenbogens in sich. Weiß im Traum kann Reinheit meinen, die im Fall von weißer, frischgewaschener Wäsche, einer weißen Bluse oder von weißen Schuhen günstig zu deuten ist, während beispielsweise das Weiß eines verschneiten Weges, den der Träumer nicht zu betreten wagt,

Negatives aussagt. Hier wird das wirkliche Leben, das ihn beschmutzen könnte, nicht gewagt. Diese Bedeutung könnte auch ein weißes Pferd im Traum haben, das manchmal mit der Ahnung des Todes verbunden ist, wenn wir etwa an THEODOR STORMS Erzählung *Der Schimmelreiter* denken.
C. G. JUNG, der sich mit den alchimistischen Praktiken, bei denen es eigentlich um die Entwicklung der Seele geht, auseinandergesetzt hat, erkannte die Rolle, die Farben hierbei spielen: Aus der Schwärze des Dunklen, Stofflichen, der *nigredo*, ringt sich die Seele des Menschen heraus, hin zur Weiße der *albedo*. Der Weg führt dann weiter zur Gelbung, *citrinitas* genannt, bis zur *rubedo* als Einmündung in das hohe Ziel.

Mit der Aufzählung einiger Grundsymbole, die nicht nur in den Träumen, sondern auch in den Zeichnungen der Kinder ihren Niederschlag finden, ist der Beweis erbracht, daß wir ein Erbe besitzen, das uns Weltaneignung und Weltbewältigung erleichtern hilft. Es sind Prägungen unserer Seele, in denen sich Grundwahrheiten ausdrücken, deren Gültigkeit unantastbar ist.

Die vorgestellten Symbole in der Zusammenfassung:
– Der Kreis als Symbol der Ganzheit und Vollständigkeit.
– Das Wasser als Symbol des Unbewußten und der Lebenskraft.
– Das Tier als Symbol des Animalisch-Triebhaften im Menschen.
– Baum, Pflanze, Kind als Symbole des Lebens und der Entfaltung.
– Das Haus als Symbol der Verfestigung, der Etablierung der Person in der materiellen Welt.
– Das Rad, der Wagen und heute auch das Auto als Symbole der Bewegung, Expansion und Dynamik.

- Der Vater, die Mutter, das Männliche und das Weibliche als Symbole der Polarität im Menschen.
- Höhle, Burg und Schiff als Symbole für Schutz und Geborgenheit.
- Der Engel als ein Symbol des Lichts und des Guten im Menschen.
- Die Brücke als ein Symbol der Veränderung und des Übergangs.
- Die Farben als Symbole unseres Gefühlsbereichs.

Zu den Urbildern der Seele gehören auch die Archetypen. Jung versteht darunter allgemeine Bilder, die dem kollektiven Unbewußten entstammen. In diesem kollektiven Unbewußten spiegeln sich die im Laufe der Entwicklung gesammelten Erfahrungen der Menschheit wider. In anderen Worten: Das allen Menschen zu allen Zeiten gemeinsame, allgemeine Unbewußte, also das kollektive Unbewußte, und das der eigenen Erfahrung entstammende persönliche Unbewußte stehen sich gegenüber.

Das persönliche Unbewußte hat sich aus dem kollektiven Unbewußten entwickelt. Das kollektive Unbewußte ist also eine tiefere Schicht des Unbewußten und von unpersönlicher Natur. In ihm sind die sogenannten Archetypen, die Symbole, festgehalten, in denen die Urerfahrungen des menschlichen Seelenlebens zum Ausdruck kommen. Es handelt sich dabei um urtümliche, von jeher existierende, kollektive Vorstellungen, darunter die Schlange, der Drache, gute oder böse Geister, der alte Weise, die weise Frau, die nicht nur in Mythen und Märchen, sondern auch in unseren Träumen erscheinen und für uns zu wichtigen Helfern werden. Wer ihnen in Krisen und Umbruchzeiten seines Lebens in Träumen begegnet, bekommt ihre heilende Kraft zu spüren.

In der Symbolbedeutung des Schiffes haben wir bereits den

Kapitän kennengelernt. Er versteht es, unser Lebensschiff zu steuern, und durch seine Begleitung im Traum empfangen wir auf unserer Lebensreise äußerst wichtige, unser Leben günstig verändernde Hinweise. Die gleiche heilende Wirkung geht von einem unbekannten, alten Mann aus, den wir in den Träumen als *gütigen Greis* erleben. Er gehört wie auch die *gütige Greisin* zu den Archetypen, und beide sind Überbringer der in Jahrtausenden gesammelten Lebensweisheit und Lebenserfahrung. Ihnen zu vertrauen und ihren Anweisungen zu folgen, ist für jeden Träumer von belebender Wirkung. Natürlich muß die Rolle des alten Mannes oder der alten Frau im Rahmen der Gesamthandlung eines Traumes berücksichtigt werden. Tragen sie die Züge einer bekannten Person, können mit ihnen sowohl positive Eigenschaften, wie Liebe, Verständnis und Güte, gemeint sein als auch Altersstarrheit, Unverträglichkeit und Mißtrauen. Der Träumer muß sich dann darüber klarwerden, welche dieser Verhaltensweisen als Aufforderung oder Mahnung gedacht sind. Er wird das eigene Verhalten gegenüber seinen Mitmenschen prüfen müssen.

Zu den geistigen, archetypischen Kräften in unserem Innern gehört der *Arzt*, der in den Träumen auch die Gestalt eines Medizinmannes, Schamanen oder Indianers annehmen kann. Diese Gestalten sind beeindruckend genug, um unsere Aufmerksamkeit zu erregen, und sie lassen uns nicht so leicht los, bis endlich die Botschaft verstanden ist. Von gleicher Wirkung dürfte auch die Begegnung mit einem *Geistlichen* sein oder, was immer häufiger vorkommt, mit einem chinesischen oder japanischen Weisen, der in eindrucksvoller Mimik und Gestik sein Anliegen kundtut.

Noch einmal sei auf die archetypischen Figuren von *Anima* und *Animus*, im östlichen Verständnis Yin und Yang, hingewiesen, die als Ergänzung und nicht als Gegensatz zu leben uns so schwerfällt. Doch der uns angeborene Drang nach Harmonie erhält und fördert unsere Anstrengung, das rechte Maß zu finden, und beglückt uns zumindest zeitweise mit einem Gefühl des Einklangs und der Verbundenheit, in der die Gegensätze aufgehoben sind.

Auch der von C. G. Jung geprägte Begriff des *Schattens* ist ein Archetyp von ursprünglicher Kraft und manchmal auch Gewalt. In unterschiedlicher Gestalt erscheint er in den Träumen, und je weniger wir von ihm wissen oder je mehr wir von ihm verdrängt haben, um so dämonischer wird sein Aussehen. Wer sich der Traumarbeit verschrieben hat, wird es als erstes mit ihm zu tun bekommen und in der Konfrontation manchen Schrecken überwinden müssen. Dennoch ist er kein Buhmann, der uns angst machen will. Sein Anliegen besteht darin, uns die Augen für die negativen Kräfte in uns zu öffnen und uns über die Mechanismen der Verdrängung und der Projektion aufzuklären. In der Erweiterung des geistigen Horizonts liegt das Erkennen eigener Schwächen und Stärken. Es führt zu einem maßvollen Umgang mit ihnen und endet in der Akzeptanz der eigenen Person.

Wählen wir die Träume zu unseren ständigen Begleitern, schenken sie uns in Form von Bildern und Symbolen Kräfte, die uns heil und ganz machen. An ihnen erfahren wir auch, daß die symbolbildende Funktion der Psyche niemals aufhört, denn das Leben erlaubt keinen Stillstand. Es ist dynamisch und setzt schöpferische Kräfte in Gang. Doch wir wissen auch, daß Leben den Tod einschließt, deshalb verschwinden oder sterben Symbole, um neuen Platz zu machen. In unserer von der Technik bestimmten Zeit können beispielsweise Zugvögel als Symbole der Freiheit und des Freiheitsdrangs durch Flugzeuge ersetzt worden sein.

Die Bilder unserer Welt und die Bilder der Seele stehen in einer Wechselbeziehung zueinander. Sie sind völlig subjektiv und hängen mit der ererbten Struktur und der Biographie des

Menschen zusammen. Wer sich im Leben zurechtfinden will, erlebt die Traumbilder als Geschenk, mit dem er die Möglichkeit hat, sich selbst zu verwirklichen. Unter Selbstverwirklichung verstehen wir in der Tiefenpsychologie das Bemühen, die persönlichen Fähigkeiten zu erkennen und zu entfalten sowie ein erweitertes Bewußtsein eigener Möglichkeiten und auch Grenzen. Das kann ein von den Träumen unterstützter, immerwährender Lernprozeß sein, der, obwohl er mühselig ist und den Einsatz der ganzen Person erfordert, als sinnvoll erlebt wird und zu einem gesteigerten Lebensgefühl führt, aus dem heraus die Gewißheit entsteht, daß Glück sehr wohl im Schöpfungsplan vorgesehen ist.

Zweiter Teil

Die Praxis der Traumdeutung: Fallbeispiele

Sein Kreuz auf sich nehmen

Der redensartliche Gebrauch dieser Wendung geht auf Matthäus 10,38 und Lukas 14,27 sowie auf andere Bibelstellen zurück. Wenn wir unser Kreuz auf uns nehmen, dann tragen wir unsere Last und unser Leid mit Geduld und Zuversicht. Wir resignieren nicht, obwohl uns manche Schicksalsschläge treffen.

Traum

Ich fahre im Zug und sitze rückwärts zur Fahrtrichtung. Vor meinem Gesicht baumelt an einem langen Faden eine Spinne, die mich stark beunruhigt. Sie schwingt hin und her und nähert sich meinen Augen. Ich schlage nach ihr, doch sie läßt sich nicht verjagen. Als ich mich auf die schräg gegenüberliegende Bank flüchte, folgt sie mir, und sie scheint es wieder auf meine Augen abgesehen zu haben. Deutlich erkenne ich jetzt das Kreuz auf ihrem Rücken. Noch einmal wechsle ich meinen Platz und schaue auf die Spinne, die sich verändert hat. Ihr Körper erinnert an schwarzen Samt und wird von einem goldenen Kreuz geziert, und ehe ich recht begriffen habe, wache ich auf.

Lebenssituation

Träume können im Leben der Menschen oft Marksteine setzen, die schicksalwendend neue Wege in eine glückliche Zukunft einleiten. So etwa erlebte die fünfzigjährige, seit einigen Monaten erblindete Frau S. ihren Traum, nachdem sie ihre Ängste überwunden und sich mit ihm auseinandergesetzt hatte. Die Entdeckung der Traumwelt, in der es genauso vielgestaltig, bunt, verlockend und widersprüchlich wie in der Außenwelt zugeht, faszinierte sie und gab ihr das Gefühl, nicht mehr von allem ausgeschlossen zu sein. Die anschaulichen Traumbilder, die mehr aussagen als tausend Worte, weckten ihre Neugier, und sie versuchte, die Botschaften zu entschlüsseln, die sich im nachhinein als mutmachend, warnend, tröstend, belehrend, mahnend und aufbauend herausstellten. »Ich mußte erst blind werden«, war ein späterer Ausspruch von ihr, »um mich, meine Mitmenschen und die Welt richtig sehen zu können.« Es kommt gar nicht selten vor, daß eine Behinderung Fähigkeiten und Talente aus einem Menschen herauslockt, von denen er keine Ahnung hatte. Vieler Möglichkeiten beraubt – nicht nur positiver, sondern auch solcher, die in die Irre führen –, kann die Einengung, wenn sie angenommen wird, zu innerer Freiheit führen. Die Kraft, die man aus einer Schwäche nimmt, kann Berge versetzen, denn es ist der Glaube, der dies möglich macht.

Traumverständnis

Wer im Traum im Zug fährt, befindet sich auf der Lebensreise. Für die in rückwärtiger Fahrtrichtung sitzende Träumerin bedeutet es eine Reise in die Vergangenheit. Die unerwartete Belästigung durch eine vor ihren Augen hin und her schwankende Spinne läßt sie den Platz wechseln. Als habe sie ihr eine Nachricht zu übermitteln, folgt ihr die mit einem Kreuz gezeichnete Spinne wieder in Richtung der erblindeten Augen und läßt sich nicht vertreiben. Was für ein Zusammenhang zwischen ihr und dem Problem der Blindheit besteht, wird die Träumerin herausfinden müssen.

Fragen nach den Eigenschaften von Spinnen und ihrer Wirkung auf die Träumerin brachten erhellende Einsichten. Angefangen von Umspinnen, Einfangen, Einwickeln bis hin zu Blutaussaugen und Töten waren die Einfälle, die auf eine bestürzende Ähnlichkeit mit der aktuellen Lage, in der sich die Träumerin befand, hinwiesen. Vom Schicksal eingefangen und in der Bewegungsfreiheit gehemmt, zappelte sie wie eine Fliege im Netz und versuchte vergeblich, sich zu befreien. Begonnen hatte das Dilemma bereits in der Kindheit mit dem Verlust eines Auges durch einen Schneeball, fand dann seine Fortsetzung in vielerlei Augenerkrankungen, die zur völligen Erblindung führten. Im Traum kommt das sehr einfach durch ein Rückwärtsfahren in die Vergangenheit und nach dem Platzwechsel durch ein Vorwärtsfahren (von der Vergangenheit in die Gegenwart und Zukunft) zum Ausdruck.

Wenn man bedenkt, wie schwer es uns fallen würde, Gegenwart, Vergangenheit und Zukunft in einem Bild auszudrükken, muß man die geniale Art bewundern, wie es hier im Traum geschehen ist. Einerseits wird deutlich, in welchem problematischen Zustand die Träumerin sich im Augenblick befindet (Gegenwart). Andererseits wird auf ihre Lebensgeschichte verwiesen (Vergangenheit), um das Problem mit Fakten und Daten anzureichern. Auch damals war es ja um einen Schicksalsschlag gegangen, der sich nicht nur auf die körperliche, sondern vor allem auf die seelische Verfassung der Träumerin auswirkte.

Doch im Traum geht die Reise weiter und mit ihr die Belästigung durch die Spinne, die sich nicht vertreiben läßt. Damit wird der Träumerin gezeigt, wie unpassend sie mit ihrem Problem umgeht. Der Möglichkeiten sind viele, und es kommt nur darauf an, sie auszuprobieren, ohne sich entmutigen zu lassen. Dann kann und wird eine Wandlung eintreten, wie es im Traum mit der Spinne, die hier Schicksal bedeutet, geschieht. Die Träumerin nimmt wahr, wie sich das grauenvolle Tier unter ihren Augen verändert. Feiner schwarzer Samt bedeckt den ovalen Körper, von dem sich das Kreuz nun golden leuchtend abhebt.

Diese plötzliche Verwandlung beschäftigte die Träumerin tagelang. Sie ahnte, daß ihr die Kombination von Schwarz und

Gold schon einmal begegnet war. Wie eine Erlösung empfand sie es, als ihr das schwarzsamtene, mit einem Goldkreuz verzierte Kirchengesangbuch einfiel, das ihre Mutter zur Konfirmation erhalten und später an sie weitervererbt hatte. Von hier aus war es nur noch ein kleiner Schritt, bis sie sich der Worte erinnerte, »sein Kreuz auf sich nehmen«, was ja nichts anderes heißt, als den Versuch zu wagen, sich mit seinem Schicksal auszusöhnen. Noch ist es nicht soweit, doch kann dieser Zukunftsentwurf die Träumerin ermutigen, durch eine geduldige, intensive und verständnisvolle Beschäftigung mit den Träumen an der Verwirklichung mitzuarbeiten.

Sich verstricken

Wenn wir uns in etwas verstricken, dann fällt es uns immer schwerer, Fesseln abzustreifen. Wir haben uns in einer Sache verfangen, sind wie ein Fisch ins Netz gegangen, in immer größere Widersprüche hineingeraten und haben deshalb den klaren Blick für unsere Realität verloren. Das Gegenteil von Verwicklung bedeutet Entwicklung, denn wenn wir uns entwickeln, lösen wir uns langsam aus unserer Begrenztheit.

Traum

Ich befinde mich auf einer Dachterrasse über einer Stadt. Es sind mehrere Leute da. Es geht lustig zu, und es wird getanzt. Da heißt es plötzlich: »Wer zuerst im Ziel ist.« Rasch bilden sich drei Gruppen mit je vier Personen. Ich bin mit meiner Gruppe als Zweite im Ziel.
Nun bin ich in meinem Heimatdorf. Mit mehreren Menschen, die ich nicht kenne, bin ich unter einer Treppe. Diese Treppe führt von außen zum Obergeschoß, wo sich die Werkstatt meines Vaters befindet. Wir stellen uns vor das Fenster, von dem

aus man zum Hoftor blicken kann. Es ist der Platz, von dem aus mein Vater alles übersehen konnte, denn dort steht seine Hobelbank. Da sehe ich, wie eine Person mit dem Kopf in einem Strick oder Seil verwickelt ist, das wie eine Wäscheleine oben quer über die Decke gespannt ist. Ich gehe hin und versuche, vorsichtig den Kopf daraus zu befreien. Dann wache ich auf.

Lebenssituation

Die Träumerin ist eine Frau in den Fünfzigern. Die Kinder sind inzwischen erwachsen und aus dem Haus, und sie hat nun endlich Zeit, sich eigenen Interessen zuzuwenden. Nicht zuletzt durch die begonnene Traumarbeit wurde ihr bewußt, daß sie sich weniger kennt, als sie bisher angenommen hatte. Langsam dämmerte die schmerzhafte Erkenntnis, daß ihr ganzes bisheriges Leben unter dem Druck der Pflichterfüllung stand. Andere zufriedenzustellen war ihr wichtiger, als eigenen Gefühlen und Bedürfnissen nachzugehen und sich Stunden der Muße zu gönnen. Die spielerisch-leichte Seite des Lebens blieb auf der Strecke, während sie von einer Zwangsjacke aus Pflichten eingeschnürt wurde. Daß in diese Situation der Starre und Freudlosigkeit nun Bewegung geraten ist, zeigt uns der Traum.

Traumverständnis

Wir wollen unsere Deutung mit dem zweiten Teil des Traumes, in dem die Träumerin in ihre Kindheit zurückversetzt wird, beginnen. Sie findet sich in ihrem Heimatdorf wieder, wo sie sich mit mehreren unbekannten Menschen im Elternhaus aufhält. Durch diese Reise in die Vergangenheit hat die Träumerin die Möglichkeit, sich an längst Vergessenes zu erinnern. Sie kann nachvollziehen, wie einstige Ereignisse und Gegebenheiten unmerklich bis in die Gegenwart hineinreichen.

Die vielen unbekannten Leute, die sie im Traum begleiten, sind eigene Wesensseiten, von denen sie bislang kaum Notiz genommen hat und die sie deshalb auch nicht kennenlernen konnte. Der Grund dafür wird im Traum umgehend genannt: Sie steht vor dem Fenster, und zwar an dem Platz des Vaters, von dem aus er alles übersehen konnte. Es ist klar, daß man sich selbst nicht kennenlernen kann, wenn man den Platz eines anderen Menschen einnimmt. Die Träumerin bestätigte in der Besprechung des Traumes, daß sie den Vater verehrte und sich mit seinen Wertvorstellungen identifizierte, um es ihm recht zu machen und seine Anerkennung und Liebe zu gewinnen. Dabei stand sie in Konkurrenz mit der älteren Schwester, von der sie regelrecht unterdrückt wurde, um dann Zuflucht bei einem strengen und dominanten Vater zu suchen.

Von der Mutter, die sie als blaß und farblos erlebte – sie wird auch im Traum nicht erwähnt –, konnte sie keine Hilfe erwarten. Statt sich am Rockzipfel einer geduldigen und verständnisvollen Mutter ausweinen zu können, mußte sie in der rauhen Atmosphäre der väterlichen Pflichtbesessenheit Hilfe und Unterstützung suchen. Sie meinte, trotz seiner Strenge ein gutes Verhältnis zu ihm gehabt zu haben. Der Preis dafür war die Anpassung an seine Werte und Lebensart.

Sie erinnerte sich, daß der Vater von seinem Fenster aus alles übersehen konnte, zumindest hatte sie damals diesen Eindruck. Sie muß den Vater allgegenwärtig erlebt und sich permanent beobachtet und kontrolliert gefühlt haben. Da sie jetzt im Traum an seinem Fenster steht, läßt vermuten, daß sie nun selbst die Kontrolle über all ihre Regungen ausübt, so wie es in ihrer Kindheit der Vater tat.

Vom Fenster aus beobachtet sie eine merkwürdige Szene. Sie erkennt eine Person, die mit dem Kopf in einer Art Wäscheleine verstrickt ist und die wie eine Fliege im Spinnennetz zappelt. Auf der Subjektstufe gedeutet ist sie selbst diese bedauernswerte Person, die, in der Identifikation mit dem Weltbild und den Normen des Vaters verstrickt, nach Luft ringt. Genaugenommen ist es nur der Kopf, der sich in der Schlinge befindet – ein Indiz dafür, daß sie in der überstarken, von Leistung und Pflicht geprägten Rationalität gefangen ist, die der Vater für sie verkörperte. Die Schwäche ihrer wenig entwikkelten, verspielten und gefühlsbetonten Seite erklärt sich aus der Überbetonung der Ratio, die Gefühle und Emotionen nicht zulassen kann, um keinen Kontrollverlust zu erleiden. Hier ist der Grund dafür zu suchen, weshalb sie, wie anfangs gesagt, ihr bisheriges Leben hauptsächlich als Anstrengung und Pflichterfüllung wahrgenommen hat. Der permanente Leistungsdruck verhinderte das Aufkommen echter Lebensfreude.

Doch sie ist an einem Wendepunkt in ihrem Leben angelangt, will nicht mehr weitermachen wie bisher und erkennt die Einseitigkeit dieser übertriebenen pflichtbetonten Lebensweise. Seit die Kinder aus dem Haus sind, ist sie stärker mit sich selbst konfrontiert und hat mehr Zeit zum Nachdenken. Die Traumarbeit unterstützt sie dabei, die zwanghaften Verhaltensmuster zu erkennen und aufzuarbeiten. Wie der Traum zeigt, geht es voran mit ihrer Ent-Wicklung: Sie geht zu der verstrickten Person und versucht, vorsichtig den Kopf zu befreien. Gelingt es ihr, wird auch ihr Kopf wieder frei sein für eigene Gedanken und eigene Einsichten.

Nun wird auch der Traumbeginn mit dem Tanz auf der Dachterrasse deutlich: Es ist ein Ausblick, ein Zukunftsentwurf, den die Träumerin hier erhält. Das Bild der Dachterrasse, von der aus man sicher eine gute Fernsicht hat, wurde gewählt, um ihr sozusagen etwas in Aussicht zu stellen. Dieses in Aussicht Gestellte bezieht sich auf ihre Entwicklung, die, wie uns der Traumteil mit der verstrickten Situation aufgezeigt hat,

nun beginnt. Es geht lustig zu, und es wird getanzt auf dieser Dachterrasse. Dieses Bild zeigt ihr das mögliche Ziel ihrer Entwicklung. Sie wird dann die Strenge in Heiterkeit umwandeln und Freude an der tänzerischen Leichtigkeit erfahren können, die ebenso zum Leben gehört wie die Schwere der Pflicht und die Notwendigkeit ihrer Erfüllung.
Tanz ist Rhythmus und Bewegung, und er entspringt dem Gefühl – ein Aspekt, den sie bisher vernachlässigt hatte. Der Traum macht ihr Mut, die spielerische Seite des Lebens wiederzuentdecken, teilzunehmen an den Herausforderungen des Lebens. Im Traum nimmt sie am Tanzwettbewerb teil, ist aktiv und macht mit, kommt auch ins Ziel. Es handelt sich um einen Gruppenwettbewerb, bei dem je vier Personen ein Team bilden, wobei die einzelnen Mitglieder Wesensteile der Träumerin sind, mit denen sie sich verbindet, um zu einer neuen, lebendigeren Lebensweise zu gelangen. Die Vier ist die Zahl des Erdelements und bedeutet Verwirklichung und Umsetzung von Wünschen, Ideen und Bedürfnissen. Sie ist Ausdruck der vier unterschiedlichen Kraftausrichtungen oder Seinsweisen in der irdischen Welt (zum Beispiel die vier Elemente, vier Temperamente oder vier Himmelsrichtungen). Die Träumerin verbindet sich mit der Vier, also mit den unterschiedlichen Kräften in ihrer Psyche, um das umzusetzen, was sich an neuen Wertvorstellungen und Idealen entwickelt.

Den Kopf verlieren · Kopflos sein

Der Kopf ist der Sitz des Verstandes. Wenn wir den Kopf verlieren, also kopflos sind, dann sind wir nicht mehr in der Lage, klar zu denken, eine Situation zu durchschauen und zu bewältigen. Wir sind dann hilflos unseren Gefühlen und Emotionen ausgeliefert, und auch gegenüber der Außenwelt sind wir nicht mehr fähig, uns bewußt abzugrenzen.

Traum

Zwei Personen gehen in eine Vorführung. Im Raum befindet sich eine Liege. Auf sie legen sich die ziemlich leblosen Personen, denen mit einer Drahtschlinge der Kopf abgeschnitten wird. Das alles passiert, ohne daß Blut fließt. Die Personen erinnern eher an Wachsfiguren, denen man ganz einfach den Kopf abschneidet. Außerdem wird noch Säure auf die Schnittstelle gegossen, was das Ganze noch unblutiger macht, da die Wunde sofort zugeätzt wird. Nach den beiden Vorführungen soll ich an die Reihe kommen. Ich bin total überrascht, wehre mich dann aber, weil ich mir nicht so einfach den Kopf abschneiden lassen will.

Lebenssituation

Der junge Mann, der uns diesen Traum erzählte, ist vor kurzem in unsere Gegend gezogen und hat eine neue Arbeitsstelle angetreten. Die Freude über die neue Tätigkeit wird getrübt durch seinen Vorgesetzten, der ihm das Leben schwermacht und allen Ärger auf ihm abzuladen scheint. Nicht selten wirft er ihm Unfähigkeit und Versagen vor, was den jungen Mann sehr verunsichert und erschüttert. Erschwerend kommt hinzu, daß sich seine neue Lebenssituation noch nicht stabilisiert hat. Seine Frau und sein Kind konnten bisher nicht mit in die neue Heimat ziehen, denn eine passende Wohnung haben sie noch nicht gefunden. So fühlt sich der Träumer zur Zeit entwurzelt, was seine Unsicherheit noch steigert.

Traumverständnis

Bei der Besprechung dieses Traumes assoziierte der junge Mann sofort die Situation an seiner Arbeitsstelle. Bei der Frage, wer ihm denn an den Kragen wolle, dachte er gleich an seinen Vorgesetzten. Der Träumer seinerseits reagiert auf die Angriffe des Chefs verstört und ist, wie er zugab, nicht mehr imstande, einen klaren Gedanken zu fassen. Er reagiert kopflos und ist infolgedessen seinen Ängsten und Selbstzweifeln ausgeliefert, ohne zu erkennen, daß er sich dadurch den Launen eines anderen Menschen unterwirft, denen gegenüber er sich eigentlich besser abgrenzen sollte.

Unser Abgrenzungsvermögen beruht auf der Fähigkeit des Verstandes, sich durch das Erfassen einer Situation zu distanzieren. Aber der Kopf des Träumers ist bedroht. Nachdem vor ihm zwei Personen der Kopf abgeschnitten wurde, ist nun er an der Reihe. Dazu hatte der junge Mann den Einfall, daß der Vorgesetzte bereits zwei Kollegen aus der Firma hinausgeekelt hatte, die dessen Attacken nicht gewachsen waren, den Kopf verloren haben und gegangen sind. Und wie im Traum gespiegelt, scheint auch er auf der Abschußliste des Abteilungsleiters zu stehen, da er mit dem Geköpftwerden an der Reihe ist.

Wie ätzend die ganze Angelegenheit für den Träumer ist, zeigt der Traum mit dem Bild der Säure, die in die Wunde gegossen wird. Diese zersetzende Substanz – ein Sinnbild für die Aggressionen, denen der Träumer ausgesetzt ist – verhindert, daß Blut fließt. Blut ist der Lebenssaft, der durch unseren Körper pulsiert und ihm dadurch Kraft gibt. Ist der Blutdruck niedrig, dann ist die Lebenskraft gebremst; wenn der Blutkreislauf gestört ist, dann besteht akute Lebensgefahr. Der Träumer, der von seinem Temperament her mehr ein ruhiger, zurückhaltender Typ als eine

Kämpfernatur zu sein scheint, muß lernen, sich seiner Haut zu wehren, ohne dabei aber kopflos zu werden.
Als positives Zeichen ist der Schluß des Traumes zu werten. Der Träumer ist zwar total überrascht, daß er geköpft werden soll, beginnt aber, sich zu wehren. Um angemessen reagieren zu können, bedarf es eines kühlen Kopfes, der verhindert, daß wir uns von anderen überrollen lassen, der aber auch dafür sorgt, daß wir uns durch Überreaktionen nicht selbst ins Aus manövrieren. Für den Träumer war es eine große Hilfe, überhaupt einmal zu erkennen, in welch prekärer Situation er sich befand, da er dadurch wieder mehr Abstand gewinnen und sich für weitere Auseinandersetzungen besser wappnen konnte.

Tomaten auf den Augen haben

Wenn wir etwas nicht richtig sehen, übersehen oder nicht wahrhaben wollen, dann liegt das meist daran, daß wir im sprichwörtlichen Sinne Tomaten auf den Augen haben. Diese rauben uns die Sicht und machen uns blind. Die Redensart ist somit als eine Aufforderung zu verstehen, endlich unser Augenmerk, unsere Aufmerksamkeit darauf zu richten, was wir bislang übersehen haben oder übersehen wollten.

Traum

Mein Mann und ich befinden uns in der Abflughalle eines Flughafens. Durch einen Schlauchgang steigen wir auf ein Schiff, um eine Reise zu machen. Ein kleineres Schiff vor uns, das ein Lotsenschiff zu sein scheint, fährt voraus. Unser Schiff ist ein Dampfer, an dessen Ruder mein Mann steht. Neben ihm bin ich wohl der einzige Passagier an Bord. Es geht eine Art Rutschbahn hinunter. Mein Mann kriegt unten die Kurve nicht richtig und fährt mit dem Bugkiel des Schiffes über eine Metallrampe. Er dachte wohl, daß wir in einem Auto sitzen und unser Gefährt auf die Steuerbewegungen direkter reagiert. Ich mache ihm deswegen Vorwürfe und bin sicher, daß er wieder zuviel Alkohol getrunken hat. Er hat das Schiff wohl auch schon ein paarmal unsanft angestoßen. Anscheinend ist nichts Schlimmes passiert, und wir können unbehelligt weiterfahren. Das kleine Schiff vor uns hat wohl nichts davon bemerkt.

Wir gehen auf einer Insel an Land. Die Atmosphäre dort ist eher feindselig. Es gibt hier ein altes Schloß, davor eine Parkanlage. Während ich auf den Eingangsstufen des Schlosses stehe und in den Park blicke, erwarten wir einen Angriff. Vor mir sehe ich ein großes Tomatenbeet, das mannshoch überdacht ist. Dort sehe ich einen Mann, der ein Kind, ich glaube ein Mädchen, aufhalten will. Beide befinden sich im Tomatenbeet. Das Kind wirft mit großen, weichen Tomaten nach ihm. Der Mann fällt daraufhin auf den Rücken. Das Kind zielt auf sein Gesicht, denn wenn er nichts mehr sieht, dann ist er außer Gefecht gesetzt. Aber das Kind trifft nicht richtig. Ich renne hin, um dem Kind zu helfen, und drücke eine große Tomate auf das Gesicht des Mannes. Auch das Kind wirft noch einmal und trifft sein Gesicht. Vorläufig sind wir vor ihm sicher und können gehen.

Lebenssituation

Die Träumerin, Frau M., Ende Zwanzig, ist verheiratet und hat einen kleinen Sohn. Während sie in ihrem verantwortungsvollen Beruf aufgeht, ist ihr Ehe- und Familienleben ein einziges Fiasko. Ihr Mann ist Alkoholiker; er hat es aber bislang abgelehnt, sich einer Behandlung zu unterziehen. Für die Familie bleibt er deshalb unberechenbar. Er neigt einerseits zu einem Rückzugsverhalten, aber andererseits auch zu

Gewaltausbrüchen, wenn er nicht mehr Herr seiner Sinne ist. Die Träumerin, die nur Negatives über seine gegenwärtige Verfassung zu sagen weiß, war jedoch bislang nicht in der Lage, mit Konsequenz und Entschiedenheit der Sucht ihres Ehemannes zu begegnen. Wenn man bedenkt, daß es ja gerade Willensschwäche ist, die Menschen von Suchtmitteln abhängig werden läßt, dann ist klar, daß Süchtige ohne äußere Hilfe kaum in der Lage sind, die Kraft aufzubringen, die für einen Entzug nötig ist.
Auch Frau M. kann ihren Mann in dieser Hinsicht nicht unterstützen, sondern versucht, das Problem zu verdrängen, wobei ihr der anspruchsvolle und zeitaufwendige Beruf noch hilft. Die Träumerin hofft, auf diese Weise schon irgendwie mit der Situation fertig zu werden, und schiebt das Kind als Grund vor, warum sie dem selbstquälerischen Spiel kein Ende bereitet. Statt dessen fühlt sie sich hilflos ihrer Lebenslage ausgeliefert und unfähig zu handeln. Ein Blick in ihre Kindheit läßt Zusammenhänge erkennen: Die Ehe der Eltern verlief ähnlich chaotisch wie ihre eigene. Der Vater war drogensüchtig und aus beruflichen Gründen selten zu Hause. Schließlich ließen sich die Eltern scheiden, und kurz darauf starb der Vater. Sie beschrieb die Beziehung zur Mutter als schwierig und geprägt durch mangelnde Wärme und Geborgenheit, während sie meinte, ihren Vater vergöttert zu haben. Seit geraumer Zeit beschäftigt sie sich mit ihren Träumen, von denen sie eine Erhellung und Erklärung für ihre schwierige Lage erhofft.

Traumverständnis

Bei der Besprechung dieses Traumes von Frau M. wurde wieder einmal deutlich, wie schwer es für uns ist, Sichtweisen zuzulassen, die von unserem Selbstbild abweichen. Das Bild, das wir von uns selbst haben, nehmen wir allzugern als reale Tatsache an und vergessen dabei den sogenannten »blinden Fleck«, der Seiten unseres Wesens beinhaltet, die wir ohne Hilfe nicht wahrnehmen können. Die Eigenschaften dieses blinden Flecks werden dagegen von der Umwelt um so deutlicher erkannt. Es liegt an uns, ob wir das Feedback unserer Mitmenschen über unser Verhalten, also das sogenannte Fremdbild, mit in unser Selbstbild einbeziehen, um so zu einer wirklichkeitsnahen Sicht unserer Person zu gelangen. Vor allem auch die Träume können uns als Spiegel dienen, in denen wir uns sehen und erleben, wie wir eigentlich wirklich sind. Doch es bedarf dabei neben dem Verständnis der Traumsprache eines Vertrauens in die Botschaft des Traumes. Eines Vertrauens in die Wahrhaftigkeit und Sinnhaftigkeit seiner Aussage, die nicht selten unserer verstandesmäßigen Auffassung widerspricht. Je stärker die Fixierung auf Logik und Ratio ist, desto schwieriger gelingt das Erfassen des Traumes, der als zartes Seelengebilde den Gesetzen von Ursache und Wirkung nicht unterworfen ist.

Auch Frau M. ist mit der für unsere schnellebige und leistungsorientierte Zeit so charakteristischen Kopflastigkeit behaftet und neigt dazu, Gefühle zu verdrängen, anstatt durch innere Betroffenheit Einsichten über sich selbst zu gewinnen. In diesem Traum nun wird sie auf ihre Tendenz, vor prekären Situationen die Augen zu verschließen, hingewiesen. Ausgangspunkt des Traumes ist die Abflughalle eines Flughafens. Eigentlich würde sie gerne einen »Abflug machen« und die belastende familiäre Situation hinter sich lassen, aber das befreiende Abheben von der Schwerkraft ihrer Probleme bleibt aus. Statt in einem Flugzeug findet sie sich in einem Schiff wieder, in dem sie keinen so großen Abstand zu den Dingen hat, wie wenn sie schwerelos am Himmel entlangziehen würde.

Parallel dazu findet sie in ihrem Alltag immer wieder Gründe, um den Status quo aufrechtzuerhalten. Dabei geht es vor allem um die Beziehung zu ihrem Mann, mit dem sie im Traum in See sticht, das heißt, sich mit ihm auf der Lebensreise befindet. Eine Reise, die, wie der Traum weiterhin zeigt, voller Hindernisse ist und die sie sehr »schlaucht«, also viel Kraft kostet. Im Traum wird sie durch einen Schlauchgang geschickt, um auf das Schiff zu gelangen. Daß sie beide die einzigen Passagiere sind, zeigt die Isoliertheit ihrer Ehe, die Geselligkeit mit Freunden und Bekannten nicht kennt. In dem kleinen Lotsenschiff, das vorausfährt, läßt sich der kleine Sohn vermuten, der die Eltern quasi im Schlepptau hat und der einzige Anlaß zu sein scheint, daß sie überhaupt zusammenbleiben, und der offenbar die Richtung für die gemeinsame Reise angibt.

Im Schiff der Eheleute hat der Gatte das Ruder in der Hand und steuert so die Ehe eher schlecht als recht durch die Wogen des Meeres. Frau M. sieht, daß er die Situation nicht im Griff hat, er die Kurve nicht richtig nehmen kann, daß er aneckt und anstößt. Überhaupt scheint er die Steuerung falsch einzuschätzen und zu verwechseln. All das fällt der Träumerin zwar auf, und sie macht ihm Vorwürfe deswegen, aber sie greift nicht selbst ein, nimmt das Steuer nicht in die eigene Hand. Sie liefert sich dadurch ihrem Mann aus, der augenscheinlich nicht in der Lage ist, das Gefährt sicher und heil in den Hafen zurückzubringen.

Diese Szene zeigt deutlich das inkonsequente Verhalten der Träumerin gegenüber ihrem alkoholkranken Mann. Sie weiß, daß seine Krankheit eine Unfähigkeit der Lebensbewältigung bedeutet und daß Sucht immer gleichzusetzen ist mit Flucht, einer Flucht vor schmerzhaften, ungelösten inneren Konflikten. Doch all das Wissen um den Zustand des Mannes bewirkt bei ihr nicht, daß sie in der Beziehung das Ruder selbst in die Hand nimmt und endlich klar Schiff macht. Vorwürfe allein genügen eben nicht, wenn Taten ausbleiben. Sie bringt sich und ihre Familie in eine gefährliche Situation, indem sie ihr Leben nicht selbst in der Hand hat. Dabei bräuchte der Ehegatte ihre Hilfe sehr dringend. Wie es ihm mit dem Schiff ergeht, so gelingt ihm auch in der Realität die sprichwörtliche Kurve nicht: Er schafft es einfach nicht, vom Alkohol loszukommen. Das Verhalten von Frau M. trägt auch nicht gerade dazu bei, seine Bereitschaft zur Entziehung zu unterstützen, da sie das Spiel mitspielt und ihre Verantwortung an ihn abgibt. So gesehen bekommen beide die Kurve nicht, die notwendig wäre, um eine wirkliche und dauerhafte Veränderung und Verbesserung zu erreichen. Statt dessen geht es stetig bergab, und ihr Familienleben gleicht – wie der Traum zeigt – einer Rutschbahn: unberechenbar, unsanft und unsicher, ständig droht die Gefahr zu kollidieren.

Die Träumerin beruhigt sich gern mit der Tatsache, daß ja bisher nichts Schlimmeres passiert sei und daß es bisher auch nach harten Auseinandersetzungen und Kollisionen doch immer weiter ging. Im Traum macht sie sich auch Gedanken darüber, inwieweit das Lotsenschiffchen ihre unsanfte Fahrweise bemerkt hat, ist dann aber der Ansicht, daß dies wohl nicht der Fall sei. Setzen wir das kleine Schiff wieder mit dem Sohn gleich, dann erkennen wir an dieser Stelle im Traum die Bedenken von Frau M., ob ihr Sohn wohl mitbekomme, wie unsanft und chaotisch es in der Ehe seiner Eltern zugeht. Erwachsene neigen wie die Träumerin zu dem Trugschluß, daß kleine Kinder von den Auseinandersetzungen der Eltern verschont blieben, weil sie intellektuell noch nicht in der Lage seien, zu verstehen und einzuordnen, was da draußen vor sich gehe. Um so sensibler reagiert der Nachwuchs aber auf der Gefühlsebene, auf der keine Nuance verborgen bleibt, und so ist das Kind meist überfordert, mit dem Gefühlschaos der Großen fertig zu werden. Oft lastet eine schwere Verantwortung auf den zarten Schultern der Kleinen, die spüren, wenn sie der einzige Halt der elterlichen Gemeinschaft sind. Die Schwere einer solchen Aufgabe, die das Kind maßlos überfordert, können wir in dem Traumbild des Schiffchens ermessen, das den Dampfer der Eltern durchs Leben lotst.

Warum nun ist Frau M. eigentlich an einen solchen Partner geraten, und warum schafft sie es nicht einzugreifen, um das Schiff sicher auf Kurs zu halten? Der Traum führt sie an eine Stelle, wo sie des Rätsels Lösung finden kann. Sie landen auf einer Insel, wo sich Eigenartiges abspielt. Inseln sind durch das Meer abgegrenzte Bereiche unserer Welt, und wenn wir vom Inseldasein sprechen, meinen wir ein außerordentlich isoliertes Verhalten. Die Wurzel ihrer Partnerproblematik scheint, weit weggerückt aus ihrem Bewußtsein, ein Inseldasein in ihren unbewußten Regionen zu führen. Dorthin führt sie jetzt der Traum. In der feindseligen, bedrohlich wirkenden Atmosphäre auf der Insel findet sie widergespiegelt, wie es sich in der Ehe anfühlt.

Aber auch Erinnerungen aus der Kindheit wurden wach, als danach gefragt wurde. Situationen wurden wiedererlebt, in denen der Vater, berauscht, aggressiv und nicht Herr seiner selbst, die Mutter dazu zwang, mit dem Kind aus dem Fenster zu entfliehen und bei Verwandten Unterschlupf zu finden. Das alte Schloß im Traum ist als ein Wegweiser in die Vergangenheit zu verstehen und deutet auf den umschließenden, schützenden, aber auch einengenden Aspekt der Mutterbeziehung. Nach ihrer Mutter befragt, wußte sie kaum etwas Positives zu sagen und meinte, die Beziehung zu ihr wäre wohl sehr schlecht gewesen, während sie ihren Vater vergöttert habe. So hat sie sich einen Partner erwählt, der den gleichen Beruf, aber auch die gleiche Suchtproblematik hat. Hier scheint der springende Punkt zu liegen, ein Zusammenhang zwischen Vater und Partner, der eine genaue Betrachtung erfordert.

Im Traum sieht Frau M. ein mannshoch überdachtes Beet mit Tomaten, die wegen ihrer Form und roten Farbe im Volksmund auch als Liebesäpfel bezeichnet werden. Der Traum greift damit das Thema auf, das der Träumerin so zu schaffen macht. Jetzt taucht ein Mann auf, der ein Kind, ein Mädchen, aufhalten und fangen will. Dieser zuerst unbekannte Mann entpuppte sich bei der Besprechung als ihr Vater. Das kleine Mädchen ist sie selbst, ist ein Stück Vergangenheit, das hier lebendig wird und ihr noch einmal vorgeführt wird. Die problematische Liebe zu ihrem Vater wird in der Szenerie des Tomatenfeldes dargestellt. Die Begegnung zwischen Vater und Tochter erscheint nämlich wenig liebevoll, sondern eher gewalttätig und von Angriff und Abwehr geprägt. Wie das Mädchen im Traum mag sie sich als Kind gefühlt haben, frustriert über einen Vater, der wenig Zeit für sie und die Familie hatte und durch seine Rauschmittelsucht auch bei körperlicher Anwesenheit kaum greifbar gewesen sein dürfte. Die Liebe, die ein Mädchen von seinem Vater braucht, nicht zuletzt zur Bestätigung ihrer Weiblichkeit, wird sie aufgrund dieser Umstände wohl kaum bekommen haben. Um so erstaunlicher ist, daß sie die Vaterbeziehung im nachhinein so stark idealisiert. Daß der Traum derart massive Bilder bringen muß, um die Träumerin aus ihrer Illusion dem Vater gegenüber herauszuführen, erscheint verständlich. Illusionen sind unserer Entwicklung nicht dienlich, da sie als Verdrängungsmechanismen unliebsame Erinnerungen unter den Teppich kehren. Wir halten schließlich die Selbsttäuschung für die Wirklichkeit, die wir dann keines Blickes mehr würdigen, weil wir im sprichwörtlichen Sinne Tomaten auf den Augen haben.

Im Traum wirft das Kind mit Tomaten nach dem Mann, zielt vor allem auf sein Gesicht, und die Träumerin, die jetzt auch eingreift, drückt eine große Tomate auf sein Gesicht, damit er nichts mehr sieht. Kann der Traum eine deutlichere Sprache sprechen als mit diesen Bildern? Wenn wir die Szene entschlüsseln, dann steht als Botschaft vor uns: Die Träumerin fühlte sich als junges Mädchen vom Vater einerseits bedroht, weswegen sie sich mit den Tomaten als Wurfgeschossen wehrt, andererseits muß sie ihn als schwach und hilflos erlebt haben, da er im Traum schnell auf den Rücken fällt und das Bild eines Besiegten abgibt. Die Liebe zum Vater erscheint ebenso zerplatzt wie die Tomaten, die in seinem Gesicht landen.

Die Wut, die in diesen Bildern spürbar wird, bezieht sich auf einen schwachen, ungreifbaren und unberechenbaren Vater, der für sie kein Vorbild sein konnte und es ihr nicht ermöglicht hat, das männliche Prinzip zu integrieren. Ihr fehlten der Halt, die Sicherheit, aber auch die Grenzen, die im positiven Fall der Vater zu setzen vermag und innerhalb derer sich die Persönlichkeit des Kindes entwickeln kann. Diese verdrängten, aber – wie der Traum zeigt – noch immer wirksamen Aggressionen erlebt sie in der Gegenwart über die Projektion auf ihren Mann. Er, der so große Ähnlichkeit mit ihrem Vater hat, steht stellvertretend für diesen. Die Träumerin ist, nicht zuletzt durch diesen Traum, aufgefordert, sich über diese Zusammenhänge Klarheit zu verschaffen, damit ihr ein Licht aufgehe und ihr die Tomaten »wie Schuppen von den Augen fallen«. Nur wenn sie es vermag, illusionsfrei ihre Situation zu erkennen, wird sie fähig sein, die richtigen Entscheidungen zu treffen und die Kraft besitzen, diese auch umzusetzen.

Sich schwarz ärgern

Die düstere Farbe Schwarz ist ein Zeichen für Trauer und Tod. Sie hat auch etwas mit Unbewußtheit zu tun, denn wem etwas dunkel bleibt, der tappt im finsteren und weiß nicht, woran er ist. Dasselbe gilt auch für den, der sich ärgert. Ihm fehlt der Durchblick, um das Beste aus der Sache zu machen, denn der Ärger blockiert ihn.

Traum

Ich befinde mich in einem mir unbekannten, dämmrigen Raum. Ein beklommenes Gefühl breitet sich aus, nachdem mein Blick auf einen Gasofen gefallen ist. Es dauert auch nicht lange, und der Ofen explodiert. Mir geschieht nichts, doch als ich auf meine Füße blicke, sind sie völlig schwarz. Mit dem Erwachen kommt die Erleichterung, noch einmal davongekommen zu sein.

Lebenssituation

Die etwa dreißigjährige Träumerin ringt seit Jahren mit den Auswirkungen seelischer Verletzungen durch den Vater. In Selbsterfahrungsgruppen, durch Traumarbeit und in Einzelgesprächen versucht sie, sich von dem grausamen Vaterbild zu befreien und ihre depressiven Phasen zu überwinden, um sich selbst wieder lieben und achten zu lernen. Leider hat sie sich, wie das meistens geschieht, einen Freund ausgesucht, der ihrem Vater sehr ähnlich ist und ihrem Bemühen, sich selbst zu finden, entgegensteht. Ohne daß es ihr recht zum Bewußtsein kommt, findet die einstige Vater-Kind-Beziehung ihre Fortsetzung, der sie mit untauglichen Mitteln wie Depression, Antriebslosigkeit und Sprachschwierigkeiten begegnet und durch die sie wieder zum hilflosen Kind wird. Sie leidet, und der Traumschöpfer, ihr wahrer Freund, begegnet dem desolaten Zustand mit aufrüttelnden Träumen, um ihr die Situation, in der sie sich befindet, zu verdeutlichen. Einer davon enthielt eine Szene, in der ihr der Freund ein Schneekleid anlegt und mit dem sie sich auf den Balkon begibt, um es von der Sonne auftauen zu lassen. Nach diesem Traum wurde ihr wieder einmal bewußt, wie unmöglich ihre Beziehung ist, und sie versuchte erneut, sich zu trennen. Mündliche Aussprachen wechselten mit telefonischen, die an Turbulenz nichts zu wünschen übrigließen. Sie schilderte den Verlauf eines dieser Gespräche und sagte zum Schluß, daß sie sich schwarz geärgert habe. In der darauffolgenden Nacht hatte sie den Traum.

Traumverständnis

Die bildliche Darstellung der seelischen Verfassung, in der sich die Träumerin befindet, will sie aus ihren Illusionen reißen und zum Handeln aufrufen. Noch herrscht Dämmerlicht in einem ihrer Seelenräume, den sie nicht kennt. Doch hat sie eine Ahnung von etwas Unheimlichem, das in der Luft liegt. Ihr sanftes, nachgiebiges und anpassendes Verhalten, aus der Angst heraus, den Freund zu verlieren und ohne ihn nicht leben zu können, häufte so viel Zündstoff in ihrem Innern an, daß es zu einer Explosion kommen muß. Die Sorge für den Ofen, der den Bereich menschlicher Wärme versinnbildlicht und von alters her der Frau zugeordnet ist, ist außer Kontrolle geraten. Viele Jahre lang hat die Träumerin ihre Enttäuschung über eine unbefriedigende Beziehung hingenommen und nicht nur Liebe und Verständnis vermißt, sondern sich auch wegen der massiven sexuellen Forderungen des Freundes als Sexualobjekt gefühlt. Allmählich erkennt sie den Zustand ihrer Beziehung, und sie macht sich Gedanken über den Beitrag, den sie dazu geleistet hat. In einer Beziehung liegt schuldhaftes, oder sagen wir besser: fehlerhaftes, unreflektiertes Verhalten immer auf beiden Seiten vor, und sich einander die Schuld zuzuschieben, bringt keine Lösung.

Mit dem Ausspruch der Träumerin, »ich habe mich schwarz geärgert«, zeigt sie, wie unbewußt und wie dunkel ihr noch die Partnerschaft ist, was besonders, wenn wir den Kontext einbeziehen, auf den Umgang mit der Sexualität zutrifft. Denn nicht ihre Hände, wohl aber die Füße sind schwarz geworden. Obwohl uns der Fuß an Standfestigkeit und Voranschreiten denken läßt, kann er nach FREUD auch einen sexuellen Aspekt haben, denn wie der Fuß in den Schuh schlüpft das männliche Glied in die Vagina.

Für die Träumerin trifft beides zu. Sie ist auf allen Gebieten verunsichert und gehemmt. Es gibt weder ein Vor noch ein Zurück, und sie tritt auf der Stelle. Nichts ist gefährlicher, als sich zu ärgern oder zu kränken, denn es macht in der Tat krank. Wer sich ärgert, blockiert sich, sitzt fest in der Klemme und kann den Ärger weder herauslassen noch loslassen. Wer Ärger vermeiden will, muß sich aussprechen, muß seine Wünsche, Bedürfnisse, Vorstellungen und Gefühle äußern und klare Signale geben, damit der Partner weiß, woran er ist. Ob er sie versteht und wie er darauf reagiert, ist seine Sache und hängt auch von dem Ton ab, mit dem das Anliegen geäußert wurde. In jedem Fall ist es nötig, sein Herz zu erleichtern, auch wenn wir meinen, der andere müsse wissen, wie es uns geht. Eine ruhige Aussprache, ohne Machtanspruch und Rechthaberei, schafft Klarheit, führt zu einer inneren Sicherheit, die Ärger vermeiden läßt.

Der geschilderte Traum stellt die augenblickliche Lebenssituation der Träumerin dar. Immer geht es in den vollständig erinnerten Träumen um das Aufrollen eines Problems und um das Hinzuziehen der Lebenssituation in der Gegenwart und häufig auch in der Vergangenheit. Solange wir in unseren

Problemen stecken, fehlt uns der Durchblick, und das Bemühen, mit ihnen fertig zu werden, bleibt meist erfolglos. Die vielgestaltigen und überraschenden Traumbilder eröffnen zum besseren Verständnis neue Blickpunkte und vervollständigen das eingeengte Bild, das wir von unserer Lage haben.

Mit jemandem Katz und Maus spielen

Wenn wir mit unseren Mitmenschen oder diese mit uns ein hinterhältiges Spiel treiben, findet diese Redensart Verwendung. Hat eine Katze eine Maus gefangen, so tötet sie diese nicht gleich, um sie zu fressen, sondern spielt ein für die Maus qualvolles Spiel: Sie läßt die Maus immer wieder laufen, gibt sie für einen Moment frei, um sie aufs neue mit einem gezielten Pfotenhieb niederzustrecken. So blutrünstig geht es zwar normalerweise nicht zu, wenn wir diese Redewendung auf eine Alltagssituation beziehen. Der psychische Druck ist jedoch nicht minder groß, wenn eine Person in die Rolle der Maus gedrängt wird und sich durch hinterlistiges Verhalten quälen sowie in Abhängigkeit und Unsicherheit halten läßt.

Traum

Ich liege im Schlafzimmer im Bett. In meiner Nähe liegt eine Angorakatze. Plötzlich sehe ich, wie durch einen Türspalt eine Maus in das Zimmer kommen will. Ich denke mir, daß sich die Katze auf die Maus stürzen könnte, verwerfe diesen Gedanken jedoch gleich wieder. Daraufhin ist aber auch schon die Maus auf meinem Bett. Ich finde die Maus ganz putzig, aber als kurz darauf auch noch eine Ratte auf mein Bett kommt, wird es mir zuviel, und ich schüttle Maus und Ratte von Decke und Bett herunter.

Lebenssituation

Der Träumer ist ein Mann in den besten Jahren, Mitte vierzig, der viel Anerkennung und Selbstbewußtsein aus der erfolgreichen Berufstätigkeit schöpft. In seiner Ehe lief es hingegen nicht so, wie er es erhoffte, und massive Partnerschaftsprobleme führten nach einer Trennung schließlich zur Scheidung. Seit der Trennung von seiner Ehefrau hatte der Träumer keine feste, ernsthafte Beziehung zum anderen Geschlecht mehr. Er verkündete, daß ihm seine Freiheit wichtiger sei als eine feste Bindung und daß er es jetzt so richtig genieße, ungebunden zu sein. Wegen seiner frustrierenden Erfahrungen mit seiner Frau sei er nun des Ehelebens überdrüssig und wolle die gleichen Fehler nicht noch einmal begehen.

Traumverständnis

Als uns der Träumer diesen kurzen, aber ereignisreichen Traum im Seminar vortrug, kam die Sprache gleich auf seine Beziehung zum anderen Geschlecht. Sowohl die Katze im Traum, die er als Schmusekatze bezeichnete, als auch die Maus verwiesen in diese Richtung. So ist es keine Seltenheit, daß eine Frau als Mieze oder Kätzchen tituliert wird oder von einem süßen Mäuschen gesprochen wird, um ein weibliches Wesen zu bezeichnen. Für den Träumer sind, wie gesagt, Beziehungen zu Frauen mittlerweile nur noch flüchtige Abenteuer, die er schleunigst beendet, wenn es seiner Meinung nach zu ernst werden könnte. Der Traum zeigt diesen Sachverhalt in seiner Bildsprache sehr deutlich.

Der Ort der Traumhandlung ist das Schlafzimmer des Träumers, was darauf schließen läßt, daß es sich um ein sexuelles Thema handelt. Dabei wählt der Traum keine menschlichen Darsteller, den Träumer ausgenommen, sondern er bedient sich Akteuren aus der Tierwelt, um seine Botschaft zu vermitteln. Er könnte keine deutlichere Sprache sprechen, um dem

Träumer mitzuteilen, daß er mit seinen Liebesabenteuern Katz und Maus spielt. Zuerst will er die Katze auf das herannahende, ahnungslose Mäuschen hetzen, verwirft dann aber diesen Gedanken. Er läßt die Maus an sich herankommen, um sie später zusammen mit einer Ratte von sich abzuschütteln. Seine ganze momentane Beziehungsproblematik ist in dieser kurzen Szene dargestellt. Mit den Frauen, die sich auf einen Flirt mit ihm einlassen, verfährt er ebenso. Er läßt sie an sich herankommen, zu sich in sein Bett, schüttelt sie dann aber ab, wenn es ihm zu ernst wird, wenn der Spaß aufhört. Sein widersprüchliches, den Partner verunsicherndes Verhalten liegt in ihm selbst, da er von Frauen zwar sexuell angezogen wird, gleichzeitig aber Angst hat, sich auf das Du einzulassen und tiefere Gefühle zu erlauben.

Die Wende in seinem Empfinden bringt die Ratte, die symbolhaft für seine Angst und sein Unbehagen steht und die der Maus auf das Bett folgt. Wir sehen hier den sprichwörtlichen Rattenschwanz, den manche Dinge nach sich ziehen. In einer Beziehung sind das Gefühle, die nicht auf Dauer ausgeklammert werden können, da jeder der Partner im anderen seelische Bereiche aktiviert, ob er will oder nicht. Menschen sind eben keine Objekte, sondern lebendige und daher energetische Wesen, die Eindrücke hinterlassen und die Seele anrühren, je enger die Verbindung ist. Der sexuelle Verkehr ist eine der innigsten Ausdrucksformen von Vereinigung, und es ist eine Täuschung zu glauben, daß Geschlechtsverkehr möglich sei, ohne daß, wenn auch meist unbewußt, auf einer tiefen psychischen Ebene ein energetischer Austausch stattfindet, der beide Partner auf geheimnisvolle Weise aneinanderbindet.

Der Träumer verlangt den sinnlichen Genuß, ohne die dadurch entstehende Verantwortung für die eigenen Gefühle und für die des Partners zu übernehmen. Das süße Mäuschen ist dem Träumer recht, die Ratte, vor der er Respekt empfindet und der er mit Ernst begegnet, vereitelt den ungetrübten Genuß. Sie wird als ernster Gegner, als Bedrohung erlebt, die nicht in das Katz-und-Maus-Spiel paßt. In der Realität mögen das Frauen sein, die über kurz oder lang sein Spiel durchschauen oder ganz einfach mehr von ihm wollen, als er bereit ist zu geben. Das mag an der noch nicht verheilten Wunde liegen, die seine Scheidung hinterlassen hat. Wie es scheint, hat er sich noch nicht genügend mit dieser Verletzung auseinandergesetzt, und verdrängte Gefühle, wie Enttäuschung, Minderwertigkeit, Verzweiflung oder Wut und Haß, warten im Unbewußten darauf, erlöst zu werden. Bis das geschieht, wird der Träumer, ohne es zu bemerken oder gar zu wollen, von diesen Gefühlen, die man allzuleicht nach außen projiziert, bedrängt.

Wenn wir einen Menschen verloren haben, mit dem uns viel verbunden hat und mit dem wir viele Gefühle im positiven wie auch negativen Sinne geteilt haben, sei es durch Tod oder Trennung und Scheidung, dann folgen Schmerz und Trauer als natürliche Reaktionen der Seele. Wir sind dann in der sogenannten Trauerarbeit gefordert, diese Gefühle auszuhalten und zu durchleben. Es ist eine Voraussetzung dafür, daß wir den ehemaligen Partner wirklich loslassen und uns innerlich von ihm verabschieden können. Leider übertünchen wir nur allzugern schmerzhafte Gefühle der Trauer und Verzweiflung und kleben sozusagen ein Pflaster auf die seelische Wunde, die dann zwar nicht mehr sichtbar ist, aber auch nicht heilen kann. Berührt ein Mensch oder eine Situation diese wunde Stelle, gehen wir auf Distanz oder Abwehr, weil wir nicht daran erinnert werden wollen. Der Träumer hatte vielleicht den Eindruck, daß er und sein Sohn von der Frau im Stich gelassen wurden, und seine Wunde besteht in enttäuschtem Vertrauen und einem Gefühl von Wertlosigkeit und Unzulänglichkeit. Er wird sich damit auseinandersetzen müssen, damit er der weiblichen Seite in sich wie auch der realen Frau wieder frei begegnen kann und ein fruchtbarer Austausch möglich wird.

Sich seiner Haut wehren
Klug wie eine Schlange sein

Wenn wir uns unserer Haut wehren, dann schützen wir uns, grenzen uns ab oder distanzieren uns vor feindlichen Angriffen oder Übergriffen von außen.
Die Redensart »Klug wie eine Schlange sein« ist biblischen Ursprungs. Von der Klugheit der Schlange und ihrer Fähigkeit zu reden, berichtet bereits das 1. Buch Mose 3,1, und bei Matthäus 10,16 rät Jesus seinen Jüngern: »Seid klug wie die Schlangen.«

Traum

Ich treffe Irmi, die vor mir braungebrannt, frisch und lebenslustig auf dem Fahrrad fährt. Dann plaudern wir miteinander, und mein Blick fällt auf ihre Hände, die mit einer in Regenbogenfarben schillernden Schlangenhaut bedeckt sind. Wir scherzen darüber, wie der Schmuck wohl befestigt sei. Es sind noch ein oder zwei Frauen mit dabei, und von mir kommt der Einwurf, daß die Schlangenhaut wohl aufgebügelt sei.
Ein weiterer Traum schließt sich gleich darauf an: Ich bin mit Lia und anderen Frauen zusammen in einem Raum, der hohe Wände hat und dunkel vertäfelt ist. Es scheint unsere Selbsterfahrungsgruppe zu sein, und Lia äußert sich dahingehend, daß ich das letztemal wieder schrecklich gewesen sei. Ich gebe ihr eine schroffe Antwort, und sie verläßt belei-

digt den Raum. Ich fühle mich sehr wohl, daß ich mich endlich einmal meiner Haut wehren konnte.

Lebenssituation

Bisher hat die Träumerin ihre Haut immer zu Markte getragen, war überempfindlich, leicht beleidigt und wehrlos allen Angriffen ausgeliefert. Als Kind war sie das häßliche junge Entlein in der Familie, zog sich in sich selbst zurück und kann jetzt, obwohl sie sich inzwischen zu einem Schwan entwickelt hat, nicht an ihre Attraktivität glauben. Ohne sich dessen bewußt zu sein, signalisieren ihre Haltung, ihre Mimik und Gestik: Ich bin nicht liebenswert; ich verachte mich; ihr könnt mit mir machen, was ihr wollt.

Traumverständnis

Nun zeigt ihr das Traumbild an der Freundin, die sich frisch, lustig und braungebrannt vorwärtsbewegt, eine andere Einstellung zum Leben. Ihre durch eine Schlangenhaut geschützten Hände können zupacken, sind handlungsfähig und nicht so leicht verletzbar. Es ist eine besondere, in Regenbogenfarben schillernde Haut, einem Schmuck sehr ähnlich. Sie hat nichts mit der sprichwörtlichen falschen Schlange zu tun, sondern Farbigkeit und Schmuckcharakter verweisen auf eine gefühlsbetonte und Sicherheit ausstrahlende Seite ihrer Weiblichkeit. »Seid klug wie die Schlangen« lautet eine biblische Weisheit, die hier verwirklicht scheint. Außerdem ist die Träumerin mit dem Fahrrad unterwegs, das zum Vorwärtskommen vermehrten Krafteinsatz erfordert und ein Sinnbild sowohl für Individualität und Selbständigkeit ist als auch für die Fähigkeit, eigene Wege zu finden und zu gehen.
Mit der Frage, wie sie zu einer derartigen Haut komme, wird sich die Träumerin noch eine Weile auseinandersetzen müssen. Der erste Versuch, sich ihrer Haut zu wehren, die der

zweite Traum schildert, bedarf noch einiger Übung. Zwischen schroffer Ablehnung und klaglosem Hinnehmen liegt eine ganze Skala von Gefühlen, die bewußt erlebt werden will, ehe der rechte Ton gefunden wird. Mit dem Erkennen eigener Schwächen, die uns belasten und lebensuntüchtig machen, ist der erste Schritt zu einer Veränderung getan. Weitere Schritte müssen folgen, in denen ein flexibles Verhalten eingeübt wird. Um ein bereitwilliges Üben, Lernen und Hinspüren kommen wir nicht herum, wenn wir falsche Verhaltensmuster löschen wollen.

Der Tanz um das Goldene Kalb

Die Redensart »ums Goldene Kalb tanzen« oder »das Goldene Kalb anbeten« stammt ursprünglich aus der Bibel. Im 2. Buch Mose, 32 wird von dem Goldenen Kalb berichtet, das von den Juden am Fuß des Berges Sinai als Götzenbild verehrt wurde und dem sie durch Tanz huldigten. Das Goldene Kalb steht dabei als Symbol für materielle Güter und Reichtümer. Die Vision des Alten Testaments hat an Aktualität nichts verloren, wenn wir sehen, wie heute Geld und Reichtum angebetet werden und seelische, moralische Werte dabei auf der Strecke bleiben.

Traum

Meine gleichaltrige Cousine Maria zieht bei den Hausnachbarn meiner Eltern für ein paar Wochen ein. Sie hängt einen schönen Stoff vor die Eingangstür und verschönert auch sonst die Wohnung. Sie hat sehr viel Gepäck dabei. Meine Eltern geben eine Party in ihrer Wohnung. Meine Cousine Maria ist auch da. Sie hat Nagellack auf den Zähnen und Fingernägeln, der dunkelviolett ist und wie mit Diamanten besetzt

glitzert. Ich wundere mich sehr. Da sehe ich meine Tante und meinen Cousin vorbeiflanieren. Die Tante ist ebenso bemalt wie die Cousine.
Später treffe ich eine ehemalige Schulkameradin. Sie arbeitet als Lehrerin und hat ihre ganze Klasse dabei. Als sie hören, daß ich Töpferin bin, werde ich im Handumdrehen von allen umringt und darüber ausgefragt. Später sehe ich, wie ein paar Freunde von mir ein goldenes Kalb anscheinend gestohlen haben und nun verschwinden lassen. Außerdem haben sie noch einen ebenfalls goldenen Fußballpokal bei sich. Ich versuche, mit ihnen darüber zu reden und muß feststellen, daß meine Freunde Kriminelle sind.

Lebenssituation

Nach etwa einem Jahr der Auseinandersetzung mit ihren Träumen erinnerte sich Frau S. an diesen bedeutsamen Traum. Sie ist fünfundzwanzig Jahre alt und lebt seit geraumer Zeit mit ihrem Freund zusammen. Bislang war sie von ihrer Familie, der Verwandtschaft und ihren Bekannten sehr überzeugt und idealisierte diese nicht selten über alle Maßen. Angeregt durch die vielen Diskussionen mit ihrem Partner, der sich dem Geistigen sehr hingezogen fühlt, aber auch durch ihre Träume, die um dieses Thema kreisten, begann die junge Frau, anfangs noch mit Widerwillen und Skepsis, ihre Einstellungen zu ihren Beziehungen zu überprüfen. Vieles, was sie bislang an ihnen schätzte, verlor den Glanz, und zwar in dem Maße, in dem sie ihre Illusionen und Überhöhungen erkannte. Eine immer größer werdende Ernüchterung stellte sich ein, als sie begann, ihre Mitmenschen so zu sehen, wie sie wirklich sind. Ein Veränderungsprozeß war in Gang gesetzt worden. Er verwandelte die Angst vor dem Loslassen liebgewordener, aber einengender Verhaltensmuster und Einstellungen in die Notwendigkeit, sich selbst zu finden.

Daß dieser Prozeß der Wandlung und Selbstfindung kein einfacher, aber ein lohnender Weg ist, macht der Traum der jungen Frau deutlich. Wir wollen ihn zuerst auf der Objektstufe deuten, um Klarheit über die Beziehungen der Träumerin im Äußeren zu gewinnen. Mit der Cousine Maria, die bei den Nachbarn der Eltern einzieht, verband sie früher eine dicke Freundschaft. Als die Träumerin damit begonnen hat, an sich selbst, an ihrer Weiterentwicklung und der Aufarbeitung bislang ungelöster innerer Konflikte zu arbeiten, trennten sich ihre Wege. Die Cousine betrachtete die Veränderungen der Träumerin mit Argwohn und Skepsis, da ihr eigenes Welt- und Selbstbild dadurch bedroht wurden, sie aber nicht den Mut aufbrachte, sich diesen Herausforderungen zu stellen. Im Gegenteil. Die starke Verbindung, die Maria mit elterlichen Normen und Werten hat, zeigt sich im Traum durch deren Einzug bei den Hausnachbarn der Eltern der Träumerin. Auch in der Realität hält Maria, die sich der Tradition verpflichtet fühlt, nicht viel von emanzipatorischen Vorstellungen. Sie hängt im Traum einen schönen Stoff vor die Eingangstür, der einerseits den Zugang zu ihr verdeckt und andererseits wie ein Mantel des Schweigens über die Vergangenheit gebreitet ist. Der schöne Stoff und die Verschönerung der Wohnung lassen auf eine nachträgliche Verschönerung des Vergangenen schließen. Sie will nicht sehen, was es zweifellos auch an Negativem gegeben hat, und weicht dadurch einer Bewältigung und Aufarbeitung aus. Daß Maria sehr beladen ist und viel Ballast mit sich herumschleppt, zeigt das viele Gepäck, das sie bei sich hat.

Auf der Subjektstufe erkennen wir in der Cousine Maria einen Wesenszug der Träumerin, eine innere Seite, die, ebenso wie die Maria in der Wirklichkeit, dem Alten und Vergangenen nachhängt. Es ist ein widerstrebender Impuls in der Träume-

rin, der ihrem Entschluß, zu wachsen und sich zu entwickeln, entgegenarbeitet und versucht, den Status quo zu erhalten oder wiederherzustellen. In diesem innerpsychischen Geschehen der Träumerin spiegelt sich ein Stück Entwicklungsgeschichte der Menschheit wider, die ja auch geprägt ist von dem Ringen der fortschrittlichen mit den konservativen Kräften. Maria verkörpert – symbolisch gesehen – die Tendenz in der Träumerin, den Ablösungsprozeß vom Elternhaus rückgängig zu machen und wieder zurückzukehren in den elterlichen Schoß, in die Geborgenheit des Kindseins ohne eigene Verantwortung und Meinung. Ein Lichtblick dabei ist die Tatsache, daß der Einzug bei den Hausnachbarn der Eltern stattfindet. Damit ist schon eine gewisse Distanz hergestellt, und der Rückfall reißt sie nicht ganz zurück.
In ihrer Lebenssituation sind es die Zweifel und Angst vor der eigenen Courage, die sie immer wieder einmal in alte Verhaltensweisen und Einstellungen flüchten lassen und ihr vorgaukeln wollen, daß ihre neugewonnene Freiheit nur Einbildung und Selbstbetrug sei. Die Träumerin durchlitt alle Stadien von Verwirrung und Verzweiflung, die Umbruchzeiten mit sich bringen. Welch ein Glück, daß sie die Träume hatte, die ihr in dieser schwierigen Zeit als Wegweiser und Wegbegleiter eine unentbehrliche Hilfe waren.
Zurück zum Traum, der die junge Frau jetzt eine Party bei den Eltern besuchen läßt. Wie gesagt, war ihr die Verwandtschaft früher sehr wichtig, und voller Freude nahm sie an den häufig stattfindenden Familienfesten teil. Sie genoß die Gegenwart dieser Menschen, die in ihrer Phantasie keine gewöhnlichen, sondern ganz besondere Zeitgenossen und ideale Verwandte waren. Auf der Traumparty erhält sie nun ein realistischeres Bild dieses Personenkreises, für den stellvertretend Cousine und Tante gezeigt werden. Ihnen steht es förmlich ins Gesicht geschrieben, was mit ihnen los ist: Ihre Zähne

sind mit dunkelviolettem Nagellack überzogen und glänzen wie mit Diamanten besetzt. Auf die Träumerin macht die dunkelviolette Farbe einen düsteren, geheimnisvollen Eindruck; sie wirkt verschleiernd und unwirklich. Der Lack hat also die Aufgabe, zu verdecken, zu verschleiern, und spielt darauf an, daß sich die Verwandten anders geben, als sie wirklich sind. Was sie sagen (Lack auf den Zähnen) und was sie tun (Lack auf den Fingernägeln), entspricht nicht ihrem wahren Sein und vertuscht ihre Wirklichkeit, ihr wahres Wesen. Das diamantene Glänzen des Lacks erweckt nach außen den Anschein, es würde ihnen glänzend gehen, und alles würde prachtvoll in ihrem Leben laufen. Hier mahnt uns das Sprichwort »Es ist nicht alles Gold, was glänzt«, den Schein nicht mit dem Sein zu verwechseln. Eine Mahnung, die in unserer oberflächlichen und materialistisch orientierten Zeit kaum Gehör findet. Das Glitzernde und Glänzende hat Hochkonjunktur und läßt Assoziationen zum Tanz um das Goldene Kalb im Alten Testament wach werden. Sollten sich die Verwandten und Bekannten der Träumerin, die zu Idealbildern hochstilisiert wurden, auch dem Schein verschrieben haben und in Wirklichkeit Götzendienst leisten? Eine heikle Frage, die sich der Träumerin hier stellt und die im letzten Traumteil zur Gewißheit wird.

Freunde von ihr haben ein goldenes Kalb gestohlen und erweisen sich damit, wie einst die alten Israeliten am Fuße des Berges Sinai, als Götzendiener für materielle, äußere Werte wie Geld, Reichtum oder Ansehen. Auch an dieser Stelle erhält der Traum neben dem persönlichen ein überindividuelles, kollektives Gewicht, indem er ein Menschheitsproblem aufzeigt. Es handelt sich dabei um den Zwiespalt in der menschlichen Seele, der sich in dem Bibelspruch »Du kannst nicht Gott dienen und dem Mammon« ausdrückt. Wie sehr die heutige Zeit den Bezug zum göttlichen Urgrund, die Religio (lateinisch: Rückbindung), das Vertrauen in eine höhere göttliche beziehungsweise kosmische Intelligenz verloren hat, wird deutlich in dem Verhaftetsein in materiellem Besitz, in der Flucht in die Wissenschaft und in der Anhaftung an Menschen, Einfluß, Macht und Ansehen. Wir alle sind durch diesen Traum aufgefordert, uns zu prüfen und zu fragen, ob und wo auch wir zu Götzendienern geworden sind und dem »Goldenen Kalb« Opfer bringen. Wir sollten uns ehrlich darüber Rechenschaft abgeben, ob wir nicht Wesentliches – wie zum Beispiel Liebe, Mitgefühl, Toleranz, Gefühle oder innere Freiheit – aufs Spiel setzen, indem wir uns in unwesentlichen Dingen wie Statussymbolen und Besitztümern verlieren.

Mit diesen existentiellen Fragen beschäftigt sich, angeregt durch den Partner und die Träume, auch die Träumerin. Im Traum distanziert sie sich bereits von den alten Bekannten, die sie als Kriminelle beziehungsweise Götzendiener entlarvt. In der Realität sind inzwischen die meisten dieser alten Beziehungen beendet, da für die Träumerin die Oberflächlichkeit und Unehrlichkeit dieser Verbindungen nicht mehr akzeptabel waren. Hüten muß sie sich allerdings vor der Gefahr des geistigen Hochmuts, der andere allzuleicht verurteilt. Wenn sie bedenkt, daß die Traumdiebe auf der Subjektstufe Wesensteile von ihr darstellen, die den Tanz um das Goldene Kalb mitgetanzt haben, dann wird das Urteil milder ausfallen. Fehler, die wir an anderen wahrnehmen, werden wir in dem Maße mit Toleranz und Verständnis begegnen, indem wir diese auch als eigene Wesenszüge entdecken.

Die Einstellungen, Werte und Weltbilder der Träumerin verändern sich, und ihr Traum-Ich distanziert sich von der kriminellen Tat und den Tätern. Als kritisch hinterfragende Instanz in ihrer Psyche taucht die ehemalige Schulkameradin im mittleren Traumstück au Sie ist ihr schon öfters in Träumen begegnet, um sie zu belehren und fehlerhafte Einstellungen zu korrigieren. Folgerichtig wählt der Traum das Bild einer Lehrerin, die mit ihrer Klasse der jungen Frau begegnet. In diesem Zusammenhang wird ihr die Traum-Lehrerin bei der Klärung ihrer Beziehungen behilflich sein und ihr durch Hinterfragen ein kritischeres, wirklichkeitsgetreueres Bild ihrer Verwandten und Bekannten vermitteln.

Eine Stärkung ihres Selbstwerts erfährt die Träumerin schließlich in dem Interesse, mit dem die Schüler Fragen an sie stellen. Es sind innere, sich entwickelnde und lernende Anteile, die sich ihr zuwenden. Ihre bewußte Persönlichkeit, dargestellt durch das Traum-Ich, erfährt dadurch einen Zuwachs an Autorität, Einfluß und Verantwortung. Gefragt ist ihr Beruf als Töpferin, der Ausdruck von Bodenständigkeit und handwerklichem Geschick ist. Diese Eigenschaften, die wir auch als Realitätssinn und Geschick, das eigene Leben zu formen und zu gestalten, bezeichnen können, stehen im Mittelpunkt des Interesses und werden ihr wie auch in der Entwicklung begriffenen Wesensteilen eine wichtige Stütze und Kraftquelle auf dem weiteren Weg sein.

Sich in ein gemachtes Bett legen

Wenn wir uns in ein gemachtes Bett legen, kommen wir ohne eigenes Zutun sogleich in günstige Verhältnisse, und alles entspricht unseren Wünschen.

Traum

Ich bin im Krankenhaus und habe problemlos ein Kind bekommen. Als der Traum einsetzt, ist die Entbindung schon vorbei. Es ist ein intelligenter, kräftiger Junge, mit einem schwarzen Wuschelkopf. Die Haare sind fast schulterlang und stehen um seinen Kopf. Das Kind ist zwei bis drei

Jahre alt und kann bereits laufen. Es erinnert mich an ein Gemälde, das Johannes den Täufer zeigt, der beim Weggehen das Gesicht dem Betrachter zuwendet.
Das Kind weiß, was es will. Ich sage zu ihm: »Übernimm dich nicht.« Doch das Kind läuft von mir fort. Aber wenn es in der Lage ist zu gehen, dann wird es das auch schaffen. Später lege ich das Kind ins Bett.
Nun ist es ein Baby und obenherum nur mit einem Jäckchen bekleidet. Plötzlich fällt mir ein, daß ich ihm keine Windeln umgelegt habe. Ich hebe es hoch, und schon ist es passiert. Dann lege ich ihm eine steife, gelbe Gummihose an und entschuldige mich, daß es mir leid tue, daß die Gummihose so steif sei. Ich lege das Kind in die Nässe, da ja durch eine solche Hose nichts hindurchgeht.
Zuerst soll ich im Krankenhaus auf Zimmer Nr. 10 kommen. Die Schwester bringt mich aber in ein anderes Zimmer. Ich will etwas dagegen sagen, denke mir dann aber, daß es schon in Ordnung sei. Das Zimmer ist kein Krankenhauszimmer, sondern größer, und die beiden Betten stehen hintereinander. Als ich ankomme, ist das Zimmer leer. Ich gehe zu dem Bett, an dem eine weiße Tasse und ein Teekännchen stehen. Es liegt auch noch etwas anderes dort. Aber plötzlich ist eine ältere Frau da, die sagt, daß es ihr Bett sei. Ich gehe zum anderen Bett und habe das Gefühl, daß es unpersönlich wie im Hotelzimmer ist. Ich unterhalte mich mit der Frau.

Lebenssituation

Die Träumerin ist eine intelligente, fröhliche und zupackende Frau und Mutter dreier erwachsener Kinder, von denen das jüngste noch im Haus lebt. Auf beiden Seiten geht es um das Loslassen überfälliger Bindungen, ein Prozeß, der viel Verständnis sowohl bei der Mutter als auch bei den Kindern erfordert. Zum Glück hat sie viele Ambitionen, die ihr das Loslassen erleichtern helfen.

Traumverständnis

Es tritt auch bereits etwas Neues in ihr Leben, denn im Traum gebiert sie ein Kind. Der schon recht gut entwickelte Knabe, den sie mit einem Bild Johannes des Täufers in Verbindung bringt, muß als ein geistiges Kind verstanden werden. Nachdem ihr Einsatz als Familienmutter nicht mehr im Vordergrund steht und sie mehr Zeit für eigene Bedürfnisse hat, könnte ihr die Besinnung auf sich selbst guttun. Die Ausrichtung auf die geistige Seite der Existenz, die im Traum anklingt, verlangt nach einer inneren Einkehr, nach einer Hinwendung zu den bisher vernachlässigten religiösen oder weltanschaulichen Fragen und nach einem neuen Lebenssinn. In unserem überaktiven, von Streß und Terminen bestimmten Leben muß diese Einkehr bewußt vollzogen werden.
Darauf spielt die geistige Neugeburt an, mit der die Träumerin noch nicht so recht umzugehen versteht. Das Kind hat nur ein Jäckchen an, und die Gummihose ist viel zu steif. Die Betreuung eines so zarten Wesens verlangt viel Aufmerksamkeit und ein waches Hinspüren auf seine Bedürfnisse sowie ein entwickeltes Feingefühl, wenn es wachsen und gedeihen soll. Um sich dieser Fähigkeiten bewußt zu werden und sie zu entwickeln, muß die Träumerin noch ein Weilchen im Krankenhaus bleiben. Sie wird in ein Zimmer geführt, mit dem sie zunächst nicht einverstanden ist. Von den hintereinanderstehenden Betten will sie eines in Besitz nehmen, das bereits jemandem gehört, weil ihr das andere zu unpersönlich erscheint.
Sie kommt ins Gespräch mit der Besitzerin des Bettes, einer alten Frau, die ihr zunächst fremd erschien, aber dann bei der Besprechung als die eigene Großmutter erkannt wurde. In

den Träumen der vorhergehenden Woche war sie ebenfalls präsent und weckte Kindheitserlebnisse in der Träumerin, über die sie nachzudenken begann. Es entsteht nun die Frage, warum sich die Träumerin in das gemachte Bett der Großmutter legen will.
Wir wissen, daß Kinder den Milieu- und Umwelteinflüssen ausgeliefert sind, und daß sie sich kritiklos an dem Verhalten, den Wertvorstellungen und dem Lebensstil der Eltern und Großeltern orientieren. Daher müßte sich die Träumerin erstens fragen, wie sie ihre Großmutter erlebt hat, wie ihre Beziehung zu ihr aussah und wie das Bild, das sie sich von ihr gemacht hat. Sie erinnerte sich, daß diese eine sehr dominierende Frau gewesen war, die mit allen Situationen fertig wurde. Sie war jedoch auch von ziemlich herbem Charakter und in ihren Gefühlen sehr zurückhaltend. Die Träumerin könnte zweitens danach fragen, ob ihr das dominierende Verhalten der Großmutter einst imponiert hat, worin sie sich ähnlich sind und welche Eigenschaften sie von ihr übernommen hat. Dominanz kann durchaus positiv sein, birgt aber die Gefahr in sich, die anderen einzuengen und ihnen in ihrer Entwicklung zuwenig Freiraum zu lassen. Dasselbe gilt natürlich auch für den Umgang mit der eigenen Psyche.
Wie die Träumerin mit anderen und sich selbst umgeht, wird ihr durch die steife und einengende Gummihose vermittelt. Die Entschuldigung für ihr zwingendes Verhalten läßt hoffen, daß sie sich einmal damit auseinandersetzen wird. Ein weiterer Hinweis auf neue Einsichten geht auch von der Anordnung der Betten aus. Nebeneinanderstehende Betten beziehen sich auf eheliche Verbindungen, während die hintereinander plazierten auf Trennung und Abgrenzung hindeuten. Die Träumerin gehört nicht mehr zur Generation ihrer Großmutter, und ihre Aufgabe besteht darin, eigene Verhaltensweisen und Wertvorstellungen zu entwickeln und sich »ihr ei-

genes Bett zu machen«. In unserer Zeit werden genügend Hilfen zu Erkenntnis und Selbsterfahrung angeboten, die zu einem harmonischen Umgang mit sich selbst und den Mitmenschen befähigen, denn der Ausspruch »Wie man sich bettet, so liegt man« hat noch immer Gültigkeit.
Um diesen Traum besser zu verstehen, haben wir die vorhergehenden Träume mit der Großmutter hinzugezogen.
Träume kreisen oft wochen- und monatelang mit den unterschiedlichsten Bildern um ein existentielles Problem und versuchen, dem Träumenden bei der Lösung zu helfen. Wenn er diese Träume regelmäßig in ein Traumtagebuch einträgt, besitzt er Traumserien und mit ihnen die Möglichkeit des Vergleichens. Bereits C. G. Jung hat darauf hingewiesen, daß ein Traum nie isoliert verstanden werden sollte. Sein volles Verständnis erschließt sich erst unter Heranziehung der vorhergehenden und der nachfolgenden Träume. Mit dem Vergleichen ergeben sich Sinnzusammenhänge, die eine Sicherheit der Aussage erlauben. Auch die Träume einer Nacht gehören zusammen und handeln das gleiche Problem in Variationen ab.

Jemandem etwas reindrücken

Diese Redensart verwenden wir, wenn Druck auf jemanden ausgeübt wird. Das Opfer soll mittels physischer oder psychischer Gewalt zu einem bestimmten, vom Aggressor gewünschten Verhalten gebracht werden. Derjenige, der am Drücker sitzt, das heißt, eine Machtposition innehat, macht sich diese zunutze, um seinem Opfer etwas aufzuzwingen, das dieser Mensch freiwillig nicht zulassen würde. Wir dürfen dabei natürlich nicht nur an kriminelle Gewalttaten und Nötigungen denken, von denen wir zuweilen in der Zeitung lesen, sondern sollten erkennen, in welchen Bereichen des täglichen Lebens wir oft auf subtile Weise versuchen, unseren Partner oder unsere Mitmenschen durch seelischen Druck zu manipulieren.

Traum

Ich fahre mit meinem Partner ins Mittelgebirge zum Wandern. Wir genießen das herrliche Wetter und den strahlend blauen Himmel. Wir unterhalten uns und sind guter Stimmung. Wir laufen auf einem Feldweg und kommen schließlich an ein allein stehendes, schnuckeliges Bauernhäuschen. Das mit Blumen und Sträuchern verwachsene kleine alte Haus gefällt mir. Vor dem Eingang des Häuschens setze ich meinem Freund einen Teller auf den Kopf. Auch ich habe einen Teller auf meinem Kopf. Dann drücke ich dem Freund den Teller so stark auf den Kopf, daß er blutet. Das Blut läuft über sein Gesicht, worüber ich sehr erschrecke. Ich stehe der Situation hilflos gegenüber und äußere, daß ich versuchen werde, seinen Bruder zu erreichen, der ihn verbinden soll. Während ich mich auf den Weg mache, wache ich auf.

Lebenssituation

Die Träumerin, eine junge Frau Ende Zwanzig, ist ehrenamtlich im sozialen Bereich in einer Beratungsstelle mit dem Schwerpunkt Frauenarbeit tätig. Privat ist sie mittlerweile mit ihrem Freund zusammengezogen, mit dem sie in einem eheähnlichen Verhältnis lebt. Sie erzählt, daß sie sich ein Kind und die Ehe mit ihm wünscht, wovon er zunächst anscheinend nichts wissen will. Nebenberuflich absolviert die Träumerin eine Ausbildung in der Familientherapie.

Traumverständnis

Zunächst wollen wir uns diesem Traum auf der Objektstufe zuwenden und die Partnerbeziehung der Träumerin betrachten, wie sie der Traum darstellt. Die beiden sind unterwegs, machen einen Ausflug, sind sozusagen gemeinsam auf der Lebensreise. Das herrliche Wetter läßt vermuten, daß bei ihnen alles zum besten steht, daß sie miteinander harmonieren. Sie sind guter Stimmung und scheinen sich zu verstehen. Dieses positive Bild ändert sich erst, als sie das schnuckelige Bauernhäuschen entdecken und hineingehen wollen. Die Idylle wird jetzt getrübt durch das gewaltsame Auf-den-Kopf-Drücken eines Tellers, mit dem die Träumerin ihren Partner so stark am Kopf verletzt, daß er blutet.

Mit dem Bauernhäuschen verband die Träumerin spontan das Haus, in dem die Familientherapieausbildung stattfindet; das Reindrücken des Tellers scheint also damit in Zusammenhang zu stehen. So gab sie bereitwillig zu, daß sie ihrem Partner ihre Vorstellungen und Wünsche zuweilen wohl zu massiv aufdrücken würde, vor allem ihren Kinder- und Ehewunsch. Hier sah sie den Zusammenhang zur Familientherapie und meinte, daß der Traum auf ihren Familienwunsch hinweise.

Es scheint sich dabei viel im Kopf abzuspielen, da die Träumerin einen Teller auf dem Kopf hat und auch ihrem Partner einen Teller aufdrückt. Der Teller ist der Nahrungsaufnahme zuzuordnen, der Kopf hingegen weist auf geistig-verstandesmäßige Tätigkeit hin. Der Traum verbindet beide Prinzipien miteinander und zeigt der Träumerin sehr plastisch, wie sie ihrem Partner geistige Nahrung im Sinne von Normen, Werten und ihrem Weltbild »reindrücken« will. Es läuft zuviel über den Kopf ab; das Einfühlungsvermögen in den Partner ist dadurch erschwert – eigentlich verwunderlich, wo doch am Anfang des Traumes alles in Ordnung schien und das herrliche Wetter für eine gute Gefühlslage sprach. Der Wendepunkt zum Negativen ist das Bauernhäuschen, mit dem die Träumerin die Familientherapie assoziierte. Sollte sich die Beziehung zu ihrem Partner durch diese Ausbildung verschlechtert haben?

Der Traum läßt vermuten, daß die Träumerin zu kopflastig an die Sache herangeht. Ob sie zudem in dieser Ausbildung zuviel einseitige Nahrung für ihre Ratio serviert bekommt? Der Teller, auf dem ja normalerweise das Essen serviert wird und den sie in diesem Haus auf dem Kopf trägt, läßt dies vermuten. Sie wiederum will ihrem Partner den Teller überstülpen, ist unsensibel und verletzt ihn dadurch. Als die Träumerin mit ihm darüber sprach, bestätigte er diesen Eindruck. Er scheint überhaupt eher passiv zu sein, da es des Anstoßes von der Partnerin bedurfte, um sein Unbehagen auszusprechen. Und auch in diesem Traum läßt er alles mit sich geschehen und wehrt sich nicht.

Die Träumerin erschrickt im Traum über die Folgen ihrer Handlung und über das Blut, das fließt, doch anstatt selbst helfend einzugreifen, fühlt sie sich hilflos. Sie ist entsetzt über ihre eigene Gewalttätigkeit und deren Auswirkungen. Gewalt, Aggression und Flucht vor Angreifern sind ein Thema, das der Träumerin immer wieder in ihren Träumen begegnet. Sicher ist es kein Zufall, daß sie sich ehrenamtlich mit Frauen beschäftigt, die Zuflucht und Rat suchen, nicht selten auch, weil ihnen körperliche oder seelische Gewalt durch den Ehemann angetan wurde.

Der Traum führt die Träumerin auch zurück in ihre eigene Kindheit, in die Phase des Lebens, in der sich die Verhaltensmuster am stärksten prägen. Die eigene Familie ist für uns ein Lernfeld. In ihr werden die Weichen für unser weiteres Leben gestellt. Die Vermutung liegt nahe, daß die Träumerin in ihrer Familie ein ähnliches Verhalten vorgelebt bekam bezie-

hungsweise es als solches empfunden hat und nun ebenso reagiert, ohne natürlich den Zusammenhang zu sehen. Mit Hilfe ihrer Träume wird sie diese Verbindungen zwischen der Kindheitssituation und ihrem Verhalten als Erwachsene sehen lernen. Mit der bereits genannten Familientherapie ist in diesem Sinne sicherlich auch gemeint, daß eine Aufarbeitung der Erfahrungen in ihrer eigenen Familie notwendig ist.
Auf der Subjektstufe gedeutet ist es ihre innere Familie, die in Harmonie gebracht werden soll. In eine Harmonie zwischen männlichen und weiblichen Anteilen, die sie zwischen der Mutter und dem Vater aller Wahrscheinlichkeit nach nicht erlebt hat. Ihr Traum-Ich und damit ihre weibliche Seite zeigt ein Defizit an Einfühlungsvermögen, Geduld und Vertrauen und reagiert daher verletzend. Die männliche Seite in ihr, im Traum verkörpert durch ihren Partner, ist passiv. Die Rollen sind vertauscht, die inneren Partner deshalb nicht in Harmonie und ihre Verhaltensweisen daher der Situation unangemessen. Wenn wir männliche und weibliche Prinzipien vertauschen, dann fällt es uns schwer zu erkennen, wo wir gefühlsmäßig reagieren sollen oder wo wir mit Verstand und Distanzierungsvermögen an eine Sache herangehen müßten. Solche verinnerlichten Verdrehungen entstehen meist dann, wenn das Kind eine dominierende Mutter und gleichzeitig einen passiven Vater erlebt. Die für die sich entwickelnde Psyche des Kindes notwendigen Anima- und Animusprojektionen, also die Projektion der eigenen Weiblichkeit auf die Mutter und der männlichen Wesensseite auf den Vater, werden dadurch erschwert. Fehlidentifikationen sind die Folge, die der Erwachsene dann erkennen und aufarbeiten muß, um sein inneres Gleichgewicht zu finden.
Die Träumerin berichtete, daß ein wesentlicher Teil der familientherapeutischen Ausbildung die Auseinandersetzung und Arbeit an ihrer männlichen Seite ausmachten. Sie erlebt ihre

Therapeutin als impulsiv und sieht deren stark ausgeprägte männliche Anteile. Sie idealisiert diese Wesensseite, denn sie hätte auch gern mehr Durchsetzungskraft, Spontaneität und Vitalität. Die Stärkung ihrer männlichen Seite ist jedoch damit verbunden, daß ihre weibliche Wesensseite die Dominanz aufgibt. Solange sie versucht, sich bestimmtes Verhalten oder gewünschte Eigenschaften mit Gewalt einzuverleiben, wird es ihr nicht gelingen. Es mag paradox klingen, doch wird sich ihre männlich-aktive Wesensseite dann am besten entfalten können, wenn sie beginnt, ihre Weiblichkeit zu entdecken. Statt männliche Eigenschaften überzubewerten, ist sie gerade als Frau dazu aufgefordert, ihre weibliche Psyche und damit die Welt der Gefühle, die Seelenlandschaft, zu entdecken.
Die Idealisierung ihrer Kindheit, der Vergangenheit und des Elternhauses zeigt sich im Traum durch die Romantisierung des alten Bauernhauses, das sie gleich in ihr Herz schließt. Die Verbindung dieses Hauses zur Familientherapie läßt es auch als Sinnbild für die eigene Familie erscheinen. Es ist schnukkelig, idyllisch, aber doch auch eng und liegt sehr einsam im Mittelgebirge. Die Enge ihrer Kindheit, die sich aus der familiären Situation ergab – die Mutter war oft krank, und sie mußte als ältestes Kind Verantwortung für jüngere Geschwister übernehmen –, ist ihr nicht mehr bewußt. Im nachhinein bleibt die Erinnerung an ein Idyll, das aber trügt und durch ihre gewalttätige Handlung im Traum gestört wird. Es ist anzunehmen, daß sie durch die begonnene familientherapeutische Ausbildung auch mit den negativen Aspekten ihrer Kindheit konfrontiert wird und in Berührung kommt. Und es ist ja auch nötig, daß sie, wenn sie einmal als Therapeutin mit Familien arbeiten will, ihre eigenen familiären Konflikte aufarbeitet. Wenn sie erkennt, wie eingeengt sie als Kind lebte, wieviel ihr aufgebürdet wurde und wie stark diese Prägung noch in die Gegenwart hineinreicht, dann kann sie beginnen,

sich langsam davon zu befreien, indem sie die schmerzlichen Gefühle noch einmal durchlebt, um sie loslassen zu können und um sich selbst und andere nicht mehr zu verletzen.

Das Kind mit dem Bade ausschütten

Diese Redensart drückt aus, daß wir übereilt handeln oder etwas vorschnell aburteilen. Diese Wendung ist schon bei LUTHER bezeugt, wo es heißt: »Man sol das kindt nicht mit dem Bad ausgießen.«

Traum

Ich betrete einen Laden, der Haushaltsartikel führt. Es ist das Geschäft, bei dessen Besitzer ich als Fünfzehnjährige ein Jahr lang als Hausgehilfin beschäftigt war. Ich sage, ich bräuchte eine Schüssel, aber sie müßte sehr groß sein, erkläre aber nicht, daß ich darin mein Kind baden will. Eigentlich habe ich schon eine Kinderbadewanne, aber ich möchte trotzdem noch eine große Schüssel. Der Verkäufer sucht unter seinem Ladentisch und bringt endlich die größte Schüssel, die er finden kann, hervor. Sie hat aber nur die Größe einer Salatschüssel, und ich muß herzhaft lachen. Dann erzähle ich, zu welchem Zweck ich das Gefäß benutzen wollte, und bin gar nicht traurig, daß ich das Gewünschte nicht bekomme.

Lebenssituation

Die in der Mitte ihres Lebens stehende Träumerin hat nach einer unglücklichen Ehe noch einmal den Schritt in die Partnerschaft gewagt und ist mit einem kinderlosen Witwer eine neue Beziehung eingegangen. Nachdem sie mit ihrer achtzehnjährigen Tochter in sein Haus eingezogen war, gibt es, das junge Mädchen betreffend, allerlei Probleme. Seine etwas antiquierte Vorstellung über das Verhalten junger Menschen führt immer wieder zu Auseinandersetzungen. Die Mutter versucht, beiden Seiten gerecht zu werden, und hat keinen leichten Stand. Ungewohnte Situationen, die durch den Freund der Tochter entstehen, lassen Mißstimmungen aufkommen und belasten die Beziehung. Am Vorabend des Traumes meinte die Träumerin zu ihrem Partner, daß alle Probleme auf einmal gelöst seien, wenn sie wieder aus dem Haus auszöge.

Traumverständnis

In dem Haushaltsartikelgeschäft begegnet die Träumerin einem Verkäufer, der sie an Vergangenes erinnert. Er ist der Sohn ihres ehemaligen Arbeitgebers, bei dem sie ein Jahr lang als Haushaltshilfe tätig war. Sie ist damals von ihm beleidigt worden, als sie einmal mit einem Mädchen zusammen in der Waschküche gearbeitet hat. Daraufhin ging sie heim, ließ sich von einer Frau ihre Papiere bringen und beendete das Arbeitsverhältnis, ohne die Angelegenheit zu klären.

Heute ist sie in einer ähnlichen Gefahr, eine Kurzschlußhandlung zu begehen. Sie will aus dem Haus ihres Lebensgefährten ausziehen, um weiteren Auseinandersetzungen aus dem Weg zu gehen. Der Traum holt ein Stück Vergangenheit herauf, um sie zu warnen. Es geht um den Kauf einer großen Schüssel, deren Zweck die Träumerin zunächst nicht preisgibt. Irgendwie spürt sie die Sinnlosigkeit ihres Einkaufs, denn sie besitzt ja bereits eine Wanne, um ihr Kind darin zu baden. Beim Angebot der viel zu kleinen Schüssel »klickt« es, und sie muß herzhaft lachen. Wieder einmal war sie drauf und dran, das Kind mit dem Bade auszuschütten.

Sich etwas aufhalsen · Jemandem im Nacken sitzen

Wenn wir uns etwas aufhalsen, dann haben wir uns eine Last aufgeladen, an der wir schwer tragen müssen. Die Schwierigkeiten, die damit verbunden sind, plagen uns und fordern uns heraus, damit fertig zu werden. Das gleiche gilt, wenn uns jemand oder etwas im Nacken sitzt. Es belastet uns, drückt uns nach unten und macht uns unbeweglich. Das Bedrängende, das uns im Nacken sitzt, flößt uns zumeist Angst ein, und wir tun gut daran, es abzuschütteln, um unsere Ruhe und Bewegungsfreiheit wiederherzustellen.

Traum

Ich komme zu meinen Eltern und habe ein Müslibrot mitgebracht. Meine Mutter ist nicht da, sie ist beim Einkaufen. Ich schneide mir eine Scheibe Brot ab, dann sehr ungeschickt eine zweite. Der Brotlaib ist jetzt fast weg. Ich esse mein Brot mit dick Butter drauf. Mein Bruder ißt auch eine Scheibe. Am Grillplatz im Garten wollen wir uns treffen. Da finde ich mich in der Siegfriedstraße wieder, und mein Bruder hat mir seine Frau auf den Rücken gesetzt. Sie kann nicht laufen, weil sie Schuhe mit hohen Absätzen trägt. Ich fluche und würde sie am liebsten abwerfen.
Später sitzen wir im Garten. Ich entferne mich. Meine Mutter will es meiner Schwägerin besonders recht machen und bietet ihr eine Nachspeise an, die jedoch ziemlich sauer ist. Später telefoniere ich mit meiner Schwägerin. Sie sagt, ich solle doch mal wieder anrufen. Ich verabschiede mich von ihr, ärgere mich aber, weil ich so getan habe, als ob nichts wäre.
Später in der Schule: Mein Vordermann hat meinen »Lamy«-Kugelschreiber in der Hand. Die Buchstaben »Lamy« sind knallrot. Er gibt ihn mir zurück, und ich freue mich irrsinnig, den Kuli wiederzuhaben.

Lebenssituation

Seit Frau T., achtundzwanzig Jahre alt, sich mit ihren Träumen beschäftigt, gehen ihr in bezug auf ihre Mitmenschen immer mehr die Augen auf. Auch ihre Kindheit beginnt sie zu begreifen und so zu sehen, wie sie wirklich war. Das hat zur Folge, daß sie sich langsam abnabelt und vor allem ihre Mutter illusionsfreier wahrnehmen kann. Die Tatsache, daß ihr Bruder vor nicht allzulanger Zeit geheiratet hat und die Mutter sich in den Augen der Träumerin auf die Schwägerin stürzte, sie mit Aufmerksamkeit und lobenden Worten überschüttete, während sie selbst eher das Aschenputtel in der Familie war, wirkte als Katalysator. Die Wut, die diese Situation in der Träumerin auslöste, schwelte lange Zeit in ihrem Unbewußten, da sie es sich nicht zugestehen konnte, die Mutter wegen der lieblosen Behandlung zu hassen. Da aber ein Verzeihen und Vergeben nur möglich sind, wenn die belastenden und verdrängten Emotionen aus der Versenkung hervorgeholt und durchgearbeitet werden, ist es für sie ein wichtiger Schritt, sich Wut und Haß zuzugestehen. Daß es nicht einfach ist, damit umzugehen und oft auch Unbeteiligte als Projektionsfläche herhalten müssen, ist verständlich. Es wundert nicht, daß die Träumerin schlecht auf ihre Schwägerin zu sprechen ist und sich abgelehnt und unverstanden fühlt. Wie die Zusammenhänge sind und was gerade in ihr abläuft, das will ihr dieser Traum zeigen.

Traumverständnis

Der Traum führt Frau T. zurück in das Elternhaus, will ihr Vergangenes vorführen, um Gegenwärtiges verständlich zu machen. Sie kommt nicht mit leeren Händen, sondern hat ein Brot mitgebracht. Brot ist von alters her das Symbol für Nahrung schlechthin, und zwar für physische wie auch für geistig-spirituelle. Das findet vor allem im Vaterunser seinen

Ausdruck, wenn wir bitten, daß uns das tägliche Brot gegeben werde. Die Träumerin hat nun ein besonderes Brot dabei, nämlich ein Müslibrot, das sie in der Traumbesprechung als außerordentlich schmackhaft und gesund charakterisierte. Sie will also etwas Gesundes und Nahrhaftes in ihre Familie einbringen. Das könnten positive Gefühle, der Wunsch zu helfen und Gesundheit zu spenden sein.

Doch die Mutter ist nicht da, sondern zum Einkaufen gegangen. Sie holt sich ihre Nahrung woanders. Die Träumerin muß das mitgebrachte Brot allein verspeisen, und nur der Bruder ißt ein Stück davon. Durch ihre Ausführungen in der Traumgruppe wurde diese Szene deutlich: Sie hatte stets den Eindruck, mehr an Gefühlen, Wünschen und Energie in die Familie zu investieren, als sie zurückbekam. Die Eltern konnten anscheinend mit ihrem Wesen nicht viel anfangen und wußten nicht zu schätzen, was die Tochter zu geben hatte. So verwundert es nicht, daß sie dem Bruder gefühlsmäßig näherstand als Vater und Mutter. Im Traum ist er der einzige, der vom Brot der Schwester ißt und damit etwas von ihr annimmt.

Der Bruder, der für die Träumerin sicherlich eine wichtige Bezugsperson war, wird in diesem Traum aber nicht ausschließlich als hilfreicher Partner dargestellt, sondern er behindert und belastet auch die Schwester, indem er ihr seine Frau auf den Rücken setzt und ihr im sprichwörtlichen Sinne etwas aufhalst. Der Ort der Traumhandlung ist die Siegfriedstraße, die von der Träumerin als kleine, sonnenarme Gasse unweit des Elternhauses beschrieben wurde, mit der sie ungute Gefühle aus der Kindheit verbindet.

An dieser Stelle hielten wir es für lohnenswert, uns Gedanken über den altgermanischen Siegfried-Mythos des Nibelungenliedes zu machen. Dem tapferen und scheinbar unbesiegbaren Siegfried wird sein Vertrauen zu seinem Kampfgefährten Hagen zum Verhängnis. Hagen tötet den Helden durch einen Speerwurf in dessen verwundbare Stelle am Rücken. Könnte dieser Mythos in irgendeinem Zusammenhang mit der Kindheit der Träumerin stehen? War sie als Kind zu vertrauensselig, und hat ihr Bruder dies ausgenutzt, indem er ihr bewußt oder unbewußt etwas aufgehalst hat, das ihr bis zum heutigen Tag noch im Nacken sitzt? Die Vermutung liegt nahe, daß es sich um das Frauenbild des Bruders handelt, das die Träumerin als Bürde mit sich herumschleppt, wie sie auch im Traum die Frau des Bruders herumtragen soll.

Frau T. schilderte uns, daß ihr Bruder sie oft als fetten und häßlichen Trampel bezeichnet habe und kein Hehl daraus machte, daß sie seinem Schönheitsideal in keiner Weise entsprach. Er ließ sich von Äußerlichkeiten betören, von Mode und Make-up, und schätzte attraktive Frauen. Im Traum wird dies durch die modischen, aber unpraktischen hochhakkigen Schuhe seiner Frau dargestellt. Die Schwester, Frau T., trafen solche Bemerkungen und Beleidigungen an ihrer verwundbaren Stelle und prägten auf negative Art die Einstellung der Träumerin zu ihrer eigenen Weiblichkeit. Diese Kritik, die als Minderwertigkeitsgefühle und Selbsthaß ihren Ausdruck fanden, schleppte sie seit Jahren herum. Im Traum flucht Frau T.; sie ist wütend auf die im Nacken sitzende Schwägerin, die sie am liebsten abwerfen würde. In dieser Wut wird der aufkommende Wille deutlich, sich von dieser Last der brüderlichen Wertvorstellungen von weiblicher Schönheit zu befreien. Wie unbeweglich und starr dieses übernommene Bild vom Frausein ist, zeigt die Tatsache, daß die Schwägerin im Traum nicht laufen kann, weil sie unpassende Schuhe trägt.

In der nächsten Traumszene im Garten der Eltern geht die Träumerin auf Distanz zum Geschehen. Sie steht abseits, wozu sie sich früher immer gedrängt gefühlt haben muß, was ihr jetzt aber den notwendigen Raum verschafft, um Überblick und Durchblick zu wahren. Von einer gewissen Entfernung aus beobachtet die Träumerin die Kommunikation zwischen der Mutter und Schwägerin. Während die Mutter nicht zu Hause war, als die Träumerin mit dem Brot ankam, kümmert sie sich jetzt um so aufmerksamer um die Schwiegertochter, der sie es besonders recht machen will. Ihr bietet sie etwas zu Essen an und schenkt ihr Aufmerksamkeit und Zuwendung. Hier wird noch einmal deutlich, daß die Mutter, die sich viel stärker zum Sohn als zur Tochter hingezogen fühlt, auch dessen Frau idealisiert und sich mit seinem Frauenbild mehr identifizieren kann als mit der Wesensart ihrer Tochter. Kurzum, die Mutter zieht die Schwiegertochter vor, und zwar sowohl symbolisch gesehen als auch im realen Leben. Der Traum bestätigt also die Gefühle der Träumerin, die sich im Abseits fühlt und der das Problem mit der Schwägerin auch ganz konkret im Nacken sitzt.

Sie ist noch hin- und hergerissen zwischen Distanzbedürfnis und Freiheit einerseits und dem Wunsch, von der Mutter angenommen und geliebt zu werden andererseits. Doch wie der Traum zeigt, trügt das Idyll zwischen Mutter und Schwiegertochter. Die Nachspeise, von der man erwartet, daß sie eine Süßspeise ist, hat einen sauren Geschmack. Da Süßigkeiten symbolischer Ausdruck für Gefühle sind, weist eine saure Nachspeise darauf hin, daß die Gefühle zwischen beiden so süß und innig nicht sein können. Die Mutter scheint sich etwas vorzumachen, was die Beziehung zur realen Schwiegertochter genauso betrifft wie das Bild, das sie auf die Tochter projiziert. Da die Träumerin schon Distanz zu diesem Thema hat, wird sie lernen, damit umzugehen. Im Traum verabschiedet sie sich schließlich von der Schwägerin und scheint damit den Ballast, der ihr noch kurz zuvor im Nacken saß, losgelassen zu haben. Mit der Wut, die noch zurückbleibt, wird

sie selbst fertig werden müssen, da es sich dabei um einen inneren Widerstreit handelt, den die Schwägerin zwar ausgelöst haben mag, für den sie aber keine Verantwortung trägt.
Der befreiende Aspekt der Wut, die nun wieder zugelassen werden kann, ist ein Energiezuwachs, und zwar in dem Maße, in dem Verdrängungen aufgelöst worden sind. Dieser Energiezuwachs, den die Träumerin erfährt, wird in der letzten Traumszene, die in der Schule spielt, deutlich. Sie bekommt ihren Kugelschreiber zurück, worüber sie sich überschwenglich freut. Besonders auffällig sind die knallroten Buchstaben der Firmenbezeichnung, die den Stift zieren. Das Knallrot, ein Symbol für Feuer, Vitalität, Emotionalität, Kampf und Liebe, unterstreicht das energetische Potential, das sie mit dem Stift zurückerhält, nachdem sie vorher regelrecht lahmgelegt worden war, worauf mit dem Firmennamen »Lamy« angespielt wird. Gelähmt hatte sie das negative Bild von sich selbst, das sie jahrelang auf ihren Schultern herumschleppte. Doch jetzt hat sie ihren Stift zurückerhalten, kann sich damit wieder ausdrücken und mit ihrer Unterschrift Verantwortung übernehmen und ihren Wert erkennen.
Zusammenfassend können wir sagen, daß sich für die Träumerin durch das Verarbeiten des auf ihr lastenden Problems neue Möglichkeiten des Selbstausdrucks und der Kommunikation entwickeln, was wiederum eine Stärkung des Selbstwertgefühls zur Folge hat. Es liegt auf der Hand, daß solche Entwicklungsprozesse Zeit beanspruchen und wir manche schwierige Lektion dabei zu lernen haben. Die Träumerin, die im Traum eine weiterführende Schule besucht, scheint jedenfalls auf dem besten Weg zu sein, ihr Leben zu meistern.

Unter Beschuß geraten

Wir geraten unter Beschuß, wenn wir massiv angegriffen und dabei seelisch verletzt werden. Unter den Geschossen verstehen wir im übertragenen Sinne aggressive und kränkende Bemerkungen.

Traum

Ich befinde mich zusammen mit meiner Freundin und deren Partner in einem Badezimmer. Er scheint etwas vorzubereiten. Dann ziehe ich mich aus und fühle mich behaglich in der mit warmem Wasser gefüllten Wanne. Obwohl mir bewußt ist, daß ich erst kürzlich auf der Toilette war, verspüre ich noch eine Kugel im Darm. Bevor er mir zu Hilfe kommen kann, möchte ich diese selbst herausbringen. Mit halbgeschlossenen Augen versetze ich mich in einen meditativen Zustand und bin ein wenig unsicher, ob mich meine Freunde beobachten. Sie hantieren jedoch herum, kümmern sich nicht um mich und scheinen etwas vorzubereiten. Dann liegt die Exkrementenkugel neben mir. Vorsichtig nehme ich sie in die Hand und trage sie zum Waschbecken. Nach reichlichem Gebrauch von Seife und intensivem Händewaschen ist die Kugel zu einer durchsichtigen, gallertartigen Masse geworden. Nun bereite ich zwei Tassen Tee zu.
Die Szene wechselt, und ich bin daheim in der Küche meiner Eltern. Meine Freundin ist auch wieder da, und sie spielt mit zwei Exkrementenkugeln. »Willst du meine auch noch haben?« frage ich scherzend, und das Gefühl, daß es ihr genauso geht wie mir, erleichtert mich. Meine Kugel besteht jetzt aus Seife, weil ich Seife gebraucht habe, um sie herauszubekommen. Befriedigt werfe ich sie in die Toilette.

Lebenssituation

Wir haben es mit einer achtundzwanzigjährigen Träumerin zu tun, die, durch eine schwere Krankheit aufgerüttelt, beginnt, über sich und ihr Leben nachzudenken. Sie wagt sich aus dem Schneckenhaus heraus, in das sie sich verkrochen hatte, knüpft neue Kontakte und erlebt, wie andere ihre Sorgen und Nöte bewältigen. Im lebendigen Austausch und in der Diskussion von Gedanken, Meinungen und Vorstellungen kommt es manchmal zu Konflikten, die unterschiedlich ausgetragen werden. Die Redegewandten preschen vor, wollen überzeugen, glauben sich im Recht und begegnen jedem Widerspruch mit Ungeduld. Im Eifer des Gefechts lassen sie sich zu verletzenden Worten hinreißen, ohne es zu wollen. Die anderen hingegen nehmen dies übel, spielen die Beleidigten und ziehen sich in sich selbst zurück.

So erging es der Träumerin in einer kleinen Gruppe, in der sie sich vom Partner der Freundin massiv angegriffen fühlte. Anstatt der Auseinandersetzung gelassen zu begegnen, reagierte sie beleidigt, zog sich zurück, und auf beiden Seiten blieb ein Gefühl des Unbehagens. Es dauerte einige Wochen, bis sich die Träumerin mit dem Vorfall, dessen Verlauf im Traum noch einmal bildhaft zusammengefaßt wird, auseinandergesetzt hatte.

Traumverständnis

Die Träumerin befindet sich mit der Freundin und deren Partner in einem Badezimmer und hat sich nun zu fragen, wie ihre Beziehung zu ihnen aussieht. Der Ort, das Badezimmer, in dem Reinigung und Ausscheidung geschehen, zeigt bereits das aktuelle Problem an. Die Träumerin hatte eine Auseinandersetzung, die ungeklärt blieb, weil Trotz auf ihrer und Unverständnis auf der anderen Seite sich nicht auflösen ließen. Im warmen Wasser der Badewanne gibt sie sich medi-

tativer Gedanken hin und versucht noch einmal, die für sie schmerzliche Situation zu erleben. Im Zwiespalt der Gefühle ringt sie sich zu der befreienden Tat durch und entfernt die Kugel, Sinnbild für eine seelische Verletzung, mit eigener Hand. Gut sichtbar auf den Waschtisch gelegt, geht die Reinigung mit Seife so lange weiter, bis die Kugel durchsichtig geworden ist. Daraus läßt sich schließen, daß die Situation für die Träumerin klar geworden ist und sie ihren Anteil an dem Streit erkennt. Mit den beiden Tassen Tee, entsprechend der Friedenspfeife, wird die Versöhnung stattfinden.
Die nächste Traumszene spielt in der Küche, einem Ort der Information und der Verwandlung. Hier begegnet sie wieder der Freundin, und es wird offensichtlich, daß auch diese unter Beschuß geraten war. Der Freundin gelingt es, spielerisch mit derartigen Situationen umzugehen, was die Träumerin mit einem Scherz quittiert, dem zu entnehmen ist, daß auch sie die seelische Verletzung, die Kugel, loslassen und in der Toilette hinunterspülen kann.

Seine Brötchen verdienen

Wenn wir von unserem Einkommen sprechen, verwenden wir dabei gern das Bild vom Brot oder von den Brötchen, die wir uns durch unsere Arbeitsleistung verdienen. Der Arbeitgeber wird als Brötchengeber bezeichnet, bei dem wir sprichwörtlich im Brot stehen und unserem Broterwerb nachgehen. Das Brot ist von alters her das Symbol für physische und geistige Nahrung.

Traum

Ich befinde mich an meiner Arbeitsstelle. Ich will mir meine Frühstücksbrötchen holen, anscheinend beim Hausmeister. In einem großen Korb liegen lange Brötchen, aber keine aus Vollkorn, sowie einzelne Scheiben Vollkornbrot. Ich überlege und nehme mir dann ein Brötchen und eine Scheibe Vollkornbrot. Dann gehe ich in mein Büro. An der Deckenlampe, die aussieht wie ein kleiner Kronleuchter, sind kleine braune Bändchen und Kettchen mit bunten Steinen angebracht. Frauke, eine Bekannte, ist auch im Raum und unterhält sich mit mir. Das Gesprächsthema ist, wie man sich am besten der Geschäftsführung gegenüber verhält.

Lebenssituation

Der Träumer, ein junger Mann Mitte dreißig, hat gerade Ärger in seinem Beruf. Seine Arbeit ist zur Zeit für ihn ein Wechselbad der Gefühle, mal fühlt er sich wohl und könnte sich für den Moment keine andere Tätigkeit vorstellen, mal würde er lieber heute als morgen etwas anderes machen. Zur Zeit befürchtet er, daß ihm zusätzliche Arbeit aufgebürdet werden könnte, die ihn in seiner Bewegungsfreiheit stark einengen und die Effektivität seiner Tätigkeit in Frage stellen würde. Er ist emotional aufgewühlt und fühlt sich von der Geschäftsleitung im Stich gelassen, obwohl noch nicht klar ist, ob sich für ihn überhaupt etwas ändern wird. Er ist sich deshalb unschlüssig, wie er sich den Vorgesetzten gegenüber verhalten soll. Es stellt sich ihm die Frage, ob er präventiv auf Abwehrkurs gehen oder erst einmal gelassen abwarten soll, wie sich die Dinge entwickeln.

Traumverständnis

Wer wünschte sich nicht, dem Leben nur die Schokoladenseiten abzugewinnen? Auch dem Träumer geht es so, hier im Zusammenhang mit seiner beruflichen Tätigkeit. Wenn alles glatt läuft, ist er zufrieden, tauchen aber Hindernisse auf, dann würde er lieber heute als morgen die Stelle wechseln. Er ist schnell frustriert. Diese innere Haltung drückt sich in zu geringem Durchhaltevermögen und zu großer Launenhaftigkeit aus. Nun gibt es im Leben aber Situationen, in denen wir nicht so einfach gehen können, wenn es uns nicht mehr gefällt. Hauptsächlich im Beruf sind wir mit Situationen und Mitmenschen konfrontiert, die uns allzuoft Schwierigkeiten bereiten. Da wir auf unseren Broterwerb aber in der Regel nicht so leicht verzichten können und bei der heutzutage herrschenden Arbeitslosigkeit Stellenwechsel meist nicht so schnell zu realisieren sind, müssen wir lernen, damit fertig zu werden. So auch der Träumer.

Er will sich im Traum seine Frühstücksbrötchen holen, kann aber keine Vollkornbrötchen im Brotkorb finden. Er muß sich mit einfachen, weißen Brötchen begnügen, findet aber immerhin noch Vollkornbrot. Seine Vorliebe sind Vollkornbrötchen, für ihn eine ideale Kombination von Brötchen, die er lieber zum Frühstück ißt als Brot, und dem gesunden Vollkorn. Doch danach sucht er im Korb vergeblich, wie er auch in seiner beruflichen Tätigkeit vergebens die ideale Mischung zu finden hofft. Statt dessen weist ihn der Traum darauf hin, daß seine Tätigkeit zwei Seiten hat wie alles in unserem Leben.

Es liegen weiße Brötchen im Korb, die für ihn die langweilige, ungesunde und seinen Vorlieben nicht entsprechende Seite darstellen. Aber es gibt auch noch das Vollkornbrot, das sind die Aspekte seiner Arbeit, die Nahrung für seine persönliche und berufliche Weiterentwicklung sind. Im Traum akzeptiert er beides und nimmt sich von jeder Sorte ein Stück. Parallel dazu sah er auch in der Realität ein, daß ihm Auseinandersetzungen, wie die jüngste mit der zusätzlichen Arbeit, nicht erspart bleiben und er sich nicht nur die guten Seiten herauspikken kann, wenn er diese Arbeit leisten will.

Die Frage ist nun, wie er damit umgehen soll, ohne in die Extreme von Überanpassung oder kompromißloser Konfronta-

tion mit den Vorgesetzten zu geraten. Auch hier weiß der Traum Rat und schickt ihm seine Bekannte Frauke zu Hilfe, mit der er sich bespricht, welches Verhalten angemessen ist. Frauke beschrieb er uns als selbstbewußte Frau, die weiß, was sie will, die ihren Weg geht, aber doch auch Einfühlungsvermögen besitzt, weibliche Diplomatie. Diese Kombination der männlichen Eigenschaft des Selbstbewußtseins mit der weiblichen Qualität der Diplomatie und des Einfühlens ist es, die der Träumer in sich entwickeln muß, um eine Lösung zu finden. Er muß sich einerseits soweit wie möglich selbst treu bleiben und seine Wertvorstellungen umsetzen, andererseits sollte er jedoch flexibel genug sein und spüren, wie weit er damit gehen kann. Schließlich will er sein gutes Verhältnis zum Chef nicht unnötig aufs Spiel setzen. Gerade der Beruf fordert uns immer wieder heraus, nach dieser Synthese von eigenem Willen und Anpassung oder Unterordnung zu suchen, eine Synthese, die es uns erst ermöglicht, als freies Individuum verantwortlich in einem größeren gesellschaftlichen Organismus zu existieren. So gesehen ersparen uns die unbequemen beruflichen Auseinandersetzungen manchen Selbsterfahrungskurs, wenn wir uns darauf einlassen können, uns selbst dabei ehrlich und unvoreingenommen zu beobachten, Defizite zu erkennen und geduldig daran zu arbeiten. Die beständigste Hilfe, die wir dabei erfahren, sind unsere Träume, die, richtig gedeutet, dafür sorgen, daß uns ein Licht aufgeht.
Auch unserem jungen Mann soll ein Licht aufgehen, wofür das Traumbild des Kronleuchters steht. Ja, es ist sogar noch eine Steigerung der Bewußtwerdung in diesem Bild enthalten und sprichwörtlich darin ausgedrückt, daß ihm ein *Kronleuchter* aufgehen soll. Auffallend sind die Bändchen und Kettchen, die die Lampe zieren. Es sind weibliche Accessoires, die zur Verschönerung dienen und der Sache einen verspielten Charakter verleihen. Vielleicht täte er gut daran, spielerischer mit

solchen Situationen umzugehen, anstatt sich gleich die negativsten Konsequenzen auszumalen und sich hineinzusteigern.
Mit Gelassenheit und Humor lassen sich bessere Lösungen finden als mit einer aufgeregten Geisteshaltung. Frauke, die wir als weiblichen Seelenteil des Träumers deuten, da er in der Realität keinen Kontakt mehr zu ihr hat und nicht zuletzt deshalb die Subjektstufendeutung angewandt wird, verkörpert die Eigenschaften, die er integrieren soll. Diese weibliche Wesensseite seiner Psyche wird ihm, wie der Traum zeigt, bei all den schwierigen Fragen beistehen.

Sich verzetteln

Sich verzetteln bedeutet planlos arbeiten, die Kräfte nicht auf ein Ziel richten, sie zwecklos vergeuden und nicht bei der Sache bleiben. Das Wort entstammt dem mittelhochdeutschen »zetten«, was soviel heißt wie zerstreuen. Es handelt sich dabei um einen Ausdruck aus dem Weberhandwerk.

Traum

Ich bin mit meiner Freundin Karin in London, und wir wollen eine Fahrkarte zur Weiterfahrt lösen. Ich weiß nie, wohin es geht, und muß meine Freundin fragen, die mir aber nicht antwortet. So gehe ich an den Schalter und suche mit dem Beamten eine Karte aus. Zum Bezahlen muß ich meinen Rucksack abnehmen. Ich habe viel Geld dabei. Dann stecke ich meine Karte ein, und wir gehen in eine Art unterirdische Halle, in der kleine Warteräume sind. Der eine Raum ist leer, dann plötzlich ist eine deutsche Jugendgruppe darin. Wieder suche ich in meinem Rucksack die Fahrkarte, finde sie aber nicht. Ich durchwühle sämtliche Taschen, auch die meiner

Kleidung, und entdecke zwischen Papierfetzen, Zetteln und anderen Dingen immer wieder Geld, was mich etwas beruhigt, da ich jederzeit eine neue Fahrkarte kaufen kann.
Ich bin immer noch mit dem Rucksack unterwegs, steige dann in ein Polizeiauto ein, das mich zu einem Bauernhof fährt. Beim Aussteigen sehe ich einige Leute und den steilen Hang hinter einem Gehöft, auf dem Kühe weiden. Ich laufe wie ein kleines Mädchen um den Hof herum und springe auf die Einfassung des Misthaufens, springe rauf und runter. Nun steige ich den steilen Hang hoch und befinde mich zwischen den Kühen, vor denen ich mich etwas fürchte, besonders vor einer Kuh, die mich böse anschaut. Ich mache allerlei Purzelbäume, muß aber aufpassen, daß ich nicht in die Kuhfladen gerate.

Lebenssituation

Wer sich längere Zeit mit seinen Träumen beschäftigt, wird staunend feststellen, wie häufig er in ihnen unterwegs ist: zu Fuß, per Bahn, mit dem Auto oder Fahrrad. Unterwegs sein heißt, aus dem gewohnten Alltag herauszukommen und mit aufgeschlossenen Sinnen und Entdeckerfreude neue, ungewohnte Erfahrungen zu machen. Wenn man wie die Träumerin freischaffende Künstlerin ist, bedarf es solcher Reisen, die sowohl in die Außen- als auch in die Innenwelt führen und die eine Fülle von Abenteuern versprechen. Ausgestattet mit Talent und Fleiß sowie einer Sensibilität des Fühlens und Erlebens, bringt ihr Erlebnishunger die Träumerin in die unterschiedlichsten, oft viel zuviel Kraft verzehrenden Situationen. Immer wieder besteht die Gefahr des Sichverzettelns, und kostbare Energie geht ihrer Schaffenskraft verloren. Natürlich ist es nicht einfach, der verlockenden Fülle des Lebens zu widerstehen und sich auf Wesentliches zu beschränken. Doch wer wie die Träumerin der Mitte des Lebens nicht mehr fern ist, sollte von infantilen Wünschen und Vorstellungen Abschied nehmen und sich der vom Schicksal zugedachten Aufgabe voll und ganz widmen.

Traumverständnis

»Ich weiß nie, wohin es geht«, könnte man als Überschrift über den Traum setzen. Die Träumerin befindet sich in einer kritischen Phase ihres Lebens, sie ist verunsichert und hat die Orientierung verloren. Ihre Freundin, mit der sie den Grenzübertritt nach London geschafft hat, weiß auch nicht mehr weiter und bleibt zurück. Jetzt besinnt sich die Träumerin auf ihre eigene Kraft, bespricht den Reiseplan mit dem Schalterbeamten und erhält eine Fahrkarte. Im Bereich der Träume sind die Bediensteten der Bahn hilfreiche Instanzen, die uns die Lebensreise erleichtern. In ihrem Rucksack entdeckt die Träumerin viel Geld, und ihr wird bewußt, daß Geld ein Energiesymbol ist, und daß sie mehr Kraft besitzt, als sie dachte.

Noch verzögert sich die Reise, und sie muß in einer unterirdischen Halle warten. Dieser Gang in ihr Unbewußtes führt sie mit einer deutschen Jugendgruppe zusammen, die jugendliche Teile ihres Wesens verkörpert. Sie könnte gemeinsam mit den Jugendlichen weiterreisen, doch geht ihr dieser Kraftzuwachs verloren, weil sie ihre Fahrkarte nicht findet. Verzweifelt sucht sie in Kleidertaschen und im Rucksack und findet nur einige Geldstücke zwischen Zetteln, Papierfetzen und anderem Kram. Das Geld beruhigt sie, aber sie merkt noch nicht, wieviel Kraft sie vergeudet und wie oft sie sich im Leben verzettelt. Daher kann die Reise mit dem Zug, die Lebensreise, vorerst noch nicht weitergehen. Es bedarf erst noch einiger Besinnung, eines geduldigen Wartens und Nachdenkens über die eigene Situation.

Dann ist sie wieder mit dem Rucksack unterwegs, sieht ein Polizeiauto und fühlt sich aufgefordert, dort einzusteigen. Wie die Bahnbeamten, so sind auch die Polizisten die Hüter der Ordnung, innere Instanzen, die richtungweisend für ihr Leben sind. In der augenblicklichen Phase, in der ein Ungleichgewicht der Kräfte entstanden ist, melden sie sich zu Wort und übernehmen die Führung.

Die Fahrt endet auf einem Bauerngehöft, und die Träumerin ist voller Freude über diese Umgebung. Sie stammt von einem Bauernhof, erinnert sich ihrer Kindheit und springt und turnt herum wie damals als kleines Mädchen. Nur unter den Kühen wird es ihr unbehaglich, und sie hat Angst vor einer, die sie böse ansieht. Diese geduldige und nahrungspendende Kuh, die Mütterlichkeit im umfassendsten Sinne verkörpert, mißbilligt das kälbchenhafte Verhalten einer längst erwachsenen Frau, die immer noch Purzelbäume schlägt und durch ihr naives, triebhaftes Verhalten oft genug in peinliche Situationen gerät.

Das bäuerliche Umfeld, in das die Träumerin gelangt, läßt sie wieder zum Kind werden und das elementare, ungebundene und spontane Verhalten, diese Freiheit ohne Verantwortung, noch einmal erleben. Sie hatte eine glückliche Kindheit, die Raum für eine gesunde Entwicklung bot, so daß sich kreative Fähigkeiten voll entfalten konnten. Aber die Zeit bleibt nicht stehen, und an den Aufgaben, die sie uns zuteilt, entwickeln wir uns. Wir streifen die Kinderschuhe ab und lernen das mühsame Erwachsenwerden, das darin besteht, Verantwortung für sein Leben auf sich zu nehmen. Das ist ein Lernprozeß, in dem uns die Träume, wie das Beispiel zeigt, unermüdlich unterstützen.

Reinen Tisch machen · Nichts Halbes und nichts Ganzes

Wenn wir etwas abklären oder bereinigen wollen, dann benutzen wir dabei gern das Bild des Tisches, der abgeräumt und blank gewischt wird. Haben wir reinen Tisch gemacht, ist die Harmonie wiederhergestellt und eine Situation geklärt. Das gilt vor allem für den zwischenmenschlichen Bereich, denn der Tisch ist ein verbindendes Möbelstück. Zum Essen versammelt sich die Familie um den Tisch, und bei Eheleuten spricht man davon, daß sie Tisch und Bett miteinander teilen.

Etwas völlig Unpassendes oder Ungeeignetes ist für den Volksmund nichts Halbes und nichts Ganzes.

Traum

Ich sehe ein Viertel einer runden Tischplatte, die mit weißer Folie überzogen ist. Auf dem Tisch liegt Kleinkram wie Bonbonpapierchen und anderer Abfall. Um den Tisch herum stehen unbekannte Leute, die zu mir sagen, daß ich weder nachforschen noch nachdenken, sondern ruhig sein soll. Ich will es auch beherzigen. Dann wache ich auf.

Lebenssituation

Frau K. ist eine Endfünfzigerin, die bereits seit mehreren Jahren geschieden ist. Sie hat seit längerer Zeit einen Freund in ihrem Alter, ist aber sehr unzufrieden mit der Beziehung. Ihr Bekannter engagiert sich nicht mehr genügend für die Beziehung, und sie hat das Gefühl, daß er ihr gegenüber nicht aufrichtig ist.

Nach einer längeren Funkstille von einem Vierteljahr meldete sich der Bekannte telefonisch bei ihr, und sie verabredeten ein Treffen am Silvesterabend in ihrer Wohnung. Für sie war es eine freudige Überraschung, wieder von ihm zu hören und ihn in der Silvesternacht, in der das Alleinsein doppelt schmerzt, bei sich als Gast zu haben. Sie hatte schon alle Vorbereitungen getroffen, als der Bekannte in letzter Minute absagte. Das brachte bei ihr das Faß zum Überlaufen. Kurz entschlossen fuhr sie zu ihm, der in einer sechzig Kilometer entfernten Stadt wohnt, um ihrem aufgestauten Ärger Luft zu machen und ihm gehörig die Meinung zu sagen.

Traumverständnis

Fast alle Träume, die Frau K. bisher in der Traumgruppe erzählte, kreisten um die Beziehung zu diesem Mann. Dieses Thema hatte für sie absolute Priorität, und die Träume wollten ihr helfen, aus dem Dilemma herauszukommen, in dem sie steckte. Einerseits wünschte sie sich sehnlichst, daß diese Freundschaft bestehenbleiben möge, andererseits hatte sie der Bekannte durch sein Verhalten schon oft frustriert. Ihre starken Selbstzweifel und mangelndes Selbstbewußtsein sowie Probleme mit dem Altern ließen sie oft in einen unentschlossenen und verwirrten Zustand verfallen, und sie wußte nicht, wie sie sich verhalten sollte. Dieser Traum war für sie eine Art Offenbarung, und ihr erster Gedanke zum Trauminhalt war, ob sie wohl reinen Tisch in der Beziehung machen sollte. Die weiße Farbe der Folie auf der Tischplatte bedeutete für sie Reinheit und Unschuld, und der Abfall auf dem Tisch wirkte auffordernd auf sie, endlich sauberzumachen.

Für die Träumerin galt es tatsächlich, in ihrer unbefriedigenden Beziehung reinen Tisch zu machen, da vieles ausgesprochen, ausgetragen oder abgeschlossen werden mußte. Insgeheim wünschte sie sich schon lange, ihm in einer offenen Aussprache einmal deutlich die Meinung zu sagen. Das Viertel der Tischplatte im Traum deckt sich auffällig mit dem Vierteljahr, das verstrichen ist, seitdem sie den Bekannten das letztemal sah. Auf die Frage, wie sie diese Beziehung derzeit überhaupt empfinde, äußerte sie spontan, daß sie nichts Halbes und nichts Ganzes wäre und brachte mit dieser Redewendung ihre Unzufriedenheit zum Ausdruck. Parallel dazu benutzt auch der Traum mit seiner Bildersprache diese Redensart, indem er weder einen halben noch einen ganzen Tisch erscheinen läßt. Der Tisch steht hier allgemein für Beziehung. Man teilt ihn ebenso wie das Bett in einer Ehe. Nur ein Viertel eines Tisches ist hingegen sicher keine ausreichende Basis für eine Partnerschaft – eben nichts Halbes und nichts Ganzes.

Was mögen nun die Gründe sein, warum die Träumerin, die ja schon viele Monate an dem Zustand dieser Beziehung leidet, nicht schon längst einmal die Initiative ergriffen hat, um reinen Tisch zu machen, um Klarheit zu schaffen und daraus dann die Konsequenzen zu ziehen? Innere Stimmen, dargestellt im Traum durch fremde Leute, die verinnerlichte Normen und Wertmaßstäbe verkörpern, wollen es ihr ausreden. Sie sagen zu ihr, daß sie weder nachdenken noch nachforschen, sondern ruhig sein solle. Im Traum will sie deren Ratschläge beherzigen, sicherlich auch deshalb, weil ihr gar nicht bewußt ist, was sie da eigentlich tut. Immerhin handelt es sich um unbekannte Personen, also Wesensseiten in ihr, die ihr fremd und unbewußt sind. Daß sie in der Realität diese unkonstruktiven Ratschläge nicht beherzigt hat, ihnen nicht blind gefolgt ist, sondern aktiv war, zeigt, daß diese kollektiven Normen, die ihre Unterordnung fordern, bereits an Einfluß verlieren.

Von Kindesbeinen an lernte sie, daß man sich als Frau unterzuordnen habe, gute Miene zum bösen Spiel machen und schweigen müsse. Sogar jetzt noch, in ihrem gesetzten Alter, versucht der Bruder, sich in ihre Beziehungsangelegenheiten einzumischen, ein Beispiel dafür, wie stark der Druck in ihrer

Familie gewesen sein muß, dem sie ausgesetzt war. Die Wirksamkeit solcher verinnerlichten Ge- und Verbote, Verhaltensmaßregeln und Zwänge auch noch nach vielen Jahren des Abstandes von Kindheit und Elternhaus wird meist unterschätzt. Wir tragen zeitlebens das Zwangskorsett kollektiver Wertmaßstäbe mit uns herum oder identifizieren uns mit Idealen und Zielen anderer Menschen, solange wir nicht beginnen, uns davon zu befreien und eigene Werte, die unserem Wesen gemäß sind, zu finden und zu entwickeln. Die Träumerin war mit sich selbst unzufrieden und bekam Schuldgefühle, als sie in der Realität gegen die Anweisungen anderer verstoßen hatte, das heißt, als sie die eingeübte Passivität durchbrach und dem Bekannten gehörig die Meinung sagte. Schuldgefühle sind sozusagen die Gefängniswärter, die uns in der Regel daran hindern, die als überholt erkannten Verhaltensweisen einfach abzulegen. Die Träumerin wird noch öfters ihren Mut unter Beweis stellen müssen, der nötig ist, um die inneren Zwänge zu überwinden. Aber je besser sie sich kennenlernt, desto deutlicher wird sie die inneren Stimmen differenzieren können und lernen, die hilfreichen Ratschläge von den autoritären Befehlen zu unterscheiden.

Dieser Traum war ein Vorgriff auf ein Geschehen, das sich tags darauf in der Realität abspielte. Das Unbewußte bereitete dadurch die Träumerin einerseits auf das Problem vor und gab ihr den Hinweis, reinen Tisch zu machen. Andererseits verschonte sie der Traum nicht mit ihren verinnerlichten Zweifeln, Ängsten und ihrer Autoritätshörigkeit, die sie in Form der fremden Leute erlebte. Im Traum wird sie mit dem Verhaltensmuster des passiven Geschehenlassens konfrontiert und akzeptiert hier die Anordnung, nicht nachzuforschen oder nachzudenken. Daß sie in der äußeren Wirklichkeit anders reagiert hat, ist ein Beispiel dafür, daß unsere Zukunft nicht starr festgelegt, sondern formbar und wandelbar ist. Wenn wir die Lebensstrukturen, die sich in unserer Psyche vorformen, bewußt erkennen und uns damit auseinandersetzen, zum Beispiel mit Hilfe der Träume, dann werden wir erfahren, wieviel mehr wir unser Schicksal mitgestalten können und wie wahr das Sprichwort ist, daß jeder seines eigenen Glückes Schmied ist.

Schnee von gestern

Schnee von gestern hat seine reine weiße Farbe verloren. Er ist vom Straßenschmutz unansehnlich geworden. In diesem Sinne verwenden wir die Redensart, um auszudrükken, daß etwas veraltet oder überholt ist. Dinge, Situationen und Beziehungen, die wir als Schnee von gestern erkannt haben, gehören der Vergangenheit an. Sie sind weder zeitgemäß noch angemessen, und wir sollten uns ihrer entledigen, da sie nicht mehr in unser gegenwärtiges Leben passen.

Traum

Ich sehe mich in der Sauna, mit einem weißen Bademantel bekleidet.
Später: Um mich herum ist noch etwas Schnee – rußiger, dreckiger Schnee. Ich habe in einem weißen Säckchen auch schmutzigen Schnee und bin bemüht, diesen mit einer Schaufel herauszuholen. Da sagt meine Bekannte, Irene, daß ich das Säckchen doch einfach umdrehen solle, um es so auf einmal auszuleeren. Da ich es eilig habe und mich mit meinem Bekannten treffen will, befolge ich ihren Rat.
Später: Ich gehe in einen Raum, der meinem Hobbyraum ähnelt, und sehe meine Nähmaschine dort stehen. Ich habe auf einer Kehrichtschaufel Dreck liegen, den ich einfach neben die Nähmaschine kippe. Dort liegt er nun, und ich schäme

mich zwar deshalb, denke mir aber auch, daß ihn das Zimmermädchen wohl wegräumen wird. Sie weiß ja nicht unbedingt, wer der Verursacher ist. Dann sehe ich ein weißes Band aus Folie, auf dem unter anderem die Zahl 85 geschrieben steht.

Lebenssituation

Wir begegnen hier wieder Frau K., deren Beziehungsproblem auch nach dem Traum vom »Reinen-Tisch-Machen« noch nicht beendet war. Sie scheut immer noch davor zurück, dem untreuen Bekannten den Laufpaß zu geben und setzt so das selbstquälerische Spiel, das Hin und Her zwischen Hoffnung und Resignation fort. Kein Wunder, daß auch ihre Träume weiter um dieses Thema kreisen und sich die Traumserie fortsetzt, die sie sozusagen auf dem laufenden halten will, wie es in ihrem Innern steht. Den obigen Traum brachte sie etwa einen Monat nach der Aufforderung ihres Traumbewußtseins, endlich reinen Tisch zu machen, in der Traumgruppe vor.

Traumverständnis

Wie schwer es ist, eine Beziehung zu beenden, und sei diese auch noch so unbefriedigend, zeigt uns das Beispiel von Frau K. In diesem Traum befindet sie sich in einer Sauna, in der sie Gifte aus ihrem Körper herausschwitzen will. Sie verbindet mit dem Saunabesuch einen Reinigungsvorgang, der durch den weißen Bademantel, den sie trägt, noch unterstrichen wird. Wir wissen bereits vom letzten Traum, daß sie mit der Farbe Weiß Reinheit assoziiert. Wie der weitere Traumverlauf zeigt, sind es die inneren Gifte, zum Beispiel aufgestaute Wut, die sich durch die frustrierende und unklare Beziehung der Träumerin zu ihrem Bekannten gebildet haben und die herausgeschwitzt werden müssen. Auch tut ihr diese

Wärme sicher deshalb gut, weil sie warme Gefühle wie Zärtlichkeit und Geborgenheit in der stark unterkühlten Beziehung vermißt.
Der Schnee, der in der nächsten Szene auftaucht, weist sie auf die noch vorhandenen frostigen Gefühle hin, die noch nicht abgetaut sind. Da Wasser im Traum stets sinnbildlich für das Seelische, Gefühlshafte steht, liegt die Assoziation von gefrorenem Wasser (Schnee) zu gefrorenen Gefühlen und Frustrationen nicht fern. Hier ist der Schnee zudem noch schmutzig und verrußt. Er scheint also schon länger zu liegen und im Laufe der Zeit verschmutzt worden zu sein. An dieser Stelle kam der Träumerin die Redensart vom »Schnee von gestern« in den Sinn, die auf etwas Veraltetes hinweist, das abgelöst werden sollte.
Wenn man die Lebenssituation der Träumerin berücksichtigt, dann ist nicht schwer zu erraten, daß es sich dabei um die Beziehung zu ihrem Bekannten handelt, die überholt, also Schnee von gestern ist. Aber auch in dem Traum selbst wird darauf verwiesen. Zum einen hat sie es eilig, sich mit dem Freund zu treffen, und zum anderen verweist die Zahl 85, die später im Traumtext genannt wird und die als Jahreszahl gedeutet wurde, auf ihre Beziehung hin. So erinnerte sich Frau K., daß sie im Jahr 1985 ihren Bekannten kennengelernt hatte. Das Band, auf dem diese Zahl geschrieben steht, bedeutet die Bindung, die sie damals eingegangen ist. Sein Material ist eine Folie, also ein durchsichtiger Stoff, der auf Farblosigkeit hindeutet. Farblos ist sie inzwischen geworden, die ehemalige Partnerschaft mit diesem Mann, und durchsichtig wird für die Träumerin langsam, was sie sich für Illusionen macht.
Im Traum wird sie deshalb auch aufgefordert, diesen Schnee von gestern loszuwerden und damit überflüssigen Ballast abzuwerfen. Sie agiert zuerst noch recht umständlich und ver-

sucht, ihn aus einem weißen Säckchen herauszuschaufeln. Diese Halbherzigkeit, mit der sie an das Problem herangeht, zeigt, daß ihr das Loslassen noch schwerfällt. In der Traumgruppe bemerkte sie, daß sie ihren Bekannten trotz allem doch noch lieben würde. Diese Unentschlossenheit erschwert ihre Bemühungen, die Sache ein für allemal zu bereinigen. Im Traum hält sie eine Kehrichtschaufel voller Dreck, scheint also zusammengekehrt zu haben. Sie kippt den Schmutz allerdings neben die Nähmaschine, anstatt in den Mülleimer, wo er hingehört. Sie beseitigt den Unrat nicht endgültig, geht damit einer Entscheidung aus dem Weg und versucht statt dessen, die Beziehung wieder zu flicken, was wir dem Traumbild der Nähmaschine entnehmen. Da nutzt es auch nichts, daß sie sich deswegen schämt, da sie ja vorgibt, anderen und sich selbst gegenüber, daß sie die leidige Angelegenheit bereinigen will. Letztendlich überläßt sie den Dreck dem Zimmermädchen und schiebt das Problem erneut von sich.

Aber da ist ja auch noch ihre Bekannte Irene, die ihr im Traum begegnet. Wir fragten Frau K., was ihr Irene bedeute und wie sie diese charakterisieren würde, um herauszufinden, wofür sie symbolhaft steht. Die Träumerin berichtete, daß Irene sich von ihrem Mann getrennt hätte und nun mit ihrem Geliebten zusammenlebe. Irene wurde von ihr als eine willensstarke, selbstbewußte Frau skizziert, die ihren Weg gehe und auch vor Hindernissen nicht zurückweiche. Sie scheute sich auch nicht vor einer Trennung, als ihr die Ehe immer unerträglicher wurde. Wenn wir diese Informationen berücksichtigen, erkennen wir – auf der Subjektstufe gedeutet – in Irene einen selbstsicheren Wesenszug der Träumerin. Dieser starke weibliche Seelenteil will sie ermutigen, nicht lange zu fackeln und den schmutzigen Schnee einfach auszuschütten, anstatt ihn umständlich auszuschaufeln.

Irene steht hier sozusagen als Vorbild für die Träumerin, mit einer unfruchtbaren, frustrierenden Beziehung Schluß zu machen.
Im Traum nimmt sie zwar den Rat von Irene an, doch mit dem Hintergedanken, den Bekannten schnell wiederzusehen. Dieser Traum konfrontiert Frau K. mit ihren Widersprüchen und Schwierigkeiten im Umgang mit Beziehung und Partnerschaft. Der unermüdlich wirkende Traumregisseur wird weitere Träume produzieren und so Frau K. früher oder später von seinen Botschaften überzeugen.

Etwas in Besitz nehmen

Wenn wir etwas in Besitz nehmen, dann erklären wir Dinge oder Lebewesen zu unserem Eigentum. Die Wendung beruht auf alten Rechtsbräuchen. Bei einem Eigentumswechsel mußte der neue Herr sein Grundstück meist auf einem dreibeinigen Stuhl drei Tage hintereinander regelrecht »besitzen«. Um sich als Eigentümer zu erweisen, wurde von ihm auch verlangt, auf seinem Land Gäste zu bewirten, damit seine neue Rechtsstellung allen deutlich wurde.

Traum

Ich befinde mich mit mehreren Menschen zusammen in einem Raum. Es soll wohl ein Seminar stattfinden, bei dem ich die Gastgeberin bin. Meine augenblickliche Beschäftigung besteht darin, je eine Reihe von Käse- und Wurstscheiben übereinanderzuhäufen. Dann betrachte ich das etwa zwanzig Zentimeter hohe Gebilde und setze mich darauf, um es in Scheiben zu schneiden. Ich bringe einige zustande und esse sie dann selbst auf, weil die Teilnehmer inzwischen verschwunden sind.

Lebenssituation

Die Träumerin, eine junge, begabte und attraktive Frau, ist in einem handwerklichen Betrieb tätig und hat soeben ihre Meisterprüfung bestanden. Ihre Arbeitsfreude gilt nicht nur ihrem Beruf, sie ist auch bemüht, durch Traum- und Gruppenarbeit Einsichten in psychologische Prozesse zu gewinnen, die in ihr und in anderen ablaufen. Sie möchte sich von überholten Vorstellungen und Vorurteilen befreien und nicht mehr im Strom der Masse mitschwimmen.

Traumverständnis

Im Traum findet ein Seminar statt, zu dem sich mehrere Teilnehmer eingefunden haben. Die Träumerin fühlt sich als Gastgeberin und ist damit beschäftigt, ihren reichen Vorrat an Wurst und Käse aufeinanderzuschichten, um, wie man annehmen muß, ihre Gäste zu bewirten. Leider kommt es nicht dazu, da die Zubereitung zuviel Zeit kostet. Die Teilnehmer haben inzwischen die Geduld verloren und suchen sich woanders einen gedeckten Tisch.

Obwohl die Träumerin viele sorgende und nährende Eigenschaften besitzt, weiß sie nicht damit umzugehen und bleibt darauf sitzen. Käse ist ein Milchprodukt, und da die Milch unsere erste, von der Mutter empfangene Nahrung ist, sehen wir in ihr einen Aspekt des sorgenden und mütterlichen Prinzips. Die Wurst, das verarbeitete Produkt des Tierischen, verweist auf Fleischliches, auf sexuelle Kraft und Potenz im weitesten Sinne des Wortes.

All diese wertvollen Eigenschaften und Fähigkeiten besitzt die Träumerin in hohem Maße. Sie versteht aber noch nicht, sie angemessen einzusetzen. Anstatt sie in ihr Handeln einfließen zu lassen, hortet sie ihren Besitz, hält sich zurück, gibt nichts von ihren wahren Gefühlen her und bleibt, wie es das Traumgeschehen deutlich macht, darauf sitzen. Sie ist eine schlechte

Gastgeberin, und weil sie verpaßt hat, das Gute zu nehmen und weiterzugeben, entfernen sich die Freunde. Sie bleibt schließlich einsam zurück.
Eine gute Beziehung zu den Mitmenschen und auch zu sich selbst entsteht nur, wenn Geben und Nehmen ausgeglichen sind. Einseitig gelebt führen sie, wie übrigens jedes Extrem, in die Sackgasse. Es ist ein Irrtum zu glauben, ein guter Mensch zu sein, wenn ich mich aufopfere, immer nur für andere da bin und eigene Bedürfnisse mißachte. Genauso falsch ist es, nur zu nehmen, Besitz anzuhäufen, alles von den Mitmenschen zu erwarten und sie zu mißbrauchen. In beiden Fällen geht es sowohl um materiellen als auch um geistigen Besitz. Der Traum spielt in erster Linie auf seelische Qualitäten an. Sie der Träumerin bewußtzumachen und zu zeigen, wie sie damit umgeht, war das Anliegen ihres Traumes.

Die Nase voll haben

Wenn wir von einer Sache oder von jemandem die Nase voll haben, wollen wir nichts mehr davon wissen, nehmen Abstand und sind praktisch verschnupft.

Traum

Ich befinde mich mit mehreren Leuten zusammen in einem Haus, auch mein Bruder P. ist da. »Draußen zieht schlechtes Wetter auf«, sage ich zu ihm, »es wird bald regnen.«
Ich gehe auf den Boden und schließe die Fenster. Eines ohne Glas, nur mit Maschendraht versehen, läßt sich nicht schließen. Von hier aus führt eine Rinne schräg nach oben. In ihr liegen alte Moderstücke, die zum Teil auch den Fensterausschnitt überdecken. Ein diesiger Himmel zeigt sich mir, wäh-

rend ich wieder zu den anderen hinuntergehe. Ich merke, daß ich viel in der Nase habe, es ist ein unangenehmes Gefühl, die Nase so voll zu haben, und ich greife nach dem Taschentuch, um alles herauszuschneuzen.

Lebenssituation

Der sechsunddreißigjährige Träumer, von Beruf Lehrer, hatte den Mut, sich zwei Jahre lang vom Dienst suspendieren zu lassen. Er schränkte seine Bedürfnisse ein, lebte wie ein Asket und benutzte die freie Zeit zum Studium psychologischer und esoterischer Literatur, wie auch zum Aufspüren, Erkennen und Reflektieren der eigenen Problematik. Tagebuchaufzeichnungen, Traumniederschriften und Reisen erweiterten seinen Horizont und verhalfen ihm zu neuen Einsichten. Das kam der wiederaufgenommenen beruflichen Arbeit zugute. Eine intensive Traumberatung unterstützte den Prozeß. Zielstrebig, wie das Traumbewußtsein ist, verwandelte es verdrängte und vergessene Konfliktstoffe aus der Kindheit in anschauliche Bilder und gab dem Träumer die Gelegenheit, sich von krank machendem Ballast zu befreien.

Als jüngster in der Reihe von vier Buben mit einer nachfolgenden Schwester verlor er im zwölften Lebensjahr seinen Vater, den dann der älteste Bruder zu ersetzen versuchte. Der jeweiligen Entwicklungsstufe entsprechend änderten sich die mehr oder weniger guten Beziehungen der Brüder untereinander, und es gab genügend Konfliktstoff, der unterschiedlich ausgetragen wurde. Oft hatte der Jüngste einen schweren Stand, und so ist es nicht verwunderlich, daß er sich in sich selbst zurückzog, wenn er sich angegriffen und beleidigt fühlte.

Ein tiefgreifendes Erlebnis in der Pubertät war der Verlust einer Freundin, die ihm sein aktiver und zupackender Bruder P. ausspannte. Anstatt zu kämpfen und sich durchzusetzen, rea-

gierte er wieder mit Rückzug. Wer sich immer nur zurückzieht, seine Gefühle verdrängt und meint, mit diesem Verhalten seelische Verletzungen vermeiden zu können, wird gefühllos gegen sich selbst und andere und verliert an Spontaneität und Lebensfreude.
Viele Träume zeigten ihm seine Einsamkeit und Verlorenheit. Träume, in denen Explosionen stattfanden (seine Wut und Rachegedanken zu den schmerzlichen Erlebnissen) sowie mehr oder weniger heftige Auseinandersetzungen mit den Brüdern. Nichts blieb auf der Traumebene ausgespart, und die wochenlangen Gespräche über das Thema (feindliche Brüder), das ein kollektives ist und bis zu den Anfängen der Menschheit zurückreicht, wirkten wie eine Katharsis und sorgten für eine entspanntere Beziehung zu den Brüdern.

Traumverständnis

Die beiden Traumstücke, die, oberflächlich betrachtet, nichts miteinander zu tun haben, rühren noch einmal das Thema an, und zwar, wie könnte es anders sein, mit dem Bruder P., der ihm die Freundin wegnahm. Mit ihm und den Personen, die unbewußte Teile seines Wesens darstellen, befindet er sich in einem Haus. Wenn bekannte Personen im Traum auftreten, hat der Träumer seine Beziehung zu ihnen zu klären. Zum Teil ist das in den vorangegangenen Träumen geschehen, doch wie das erste Traumstück zeigt, ist das Problem noch nicht abgeschlossen.
Schlechtes Wetter zieht auf, das heißt, Unangenehmes kündigt sich an. Früher hätte sich der Träumer in sich selbst verkrochen und alles über sich ergehen lassen. Heute handelt er, steigt auf den Dachboden und schließt die Fenster, um negativen Einflüssen zu entgehen. Ein altes unverglastes Fenster, das sich nicht schließen läßt, bedarf der Reparatur. Außerdem behindert Moder die Sicht aus dem Fenster. Nicht um-

sonst spielt die Szene auf dem Dachboden, wo allerlei Gerümpel abgestellt wird, das mit längst vergangenen Angelegenheiten und Situationen zu tun hat. Darauf verweisen die Moderstücke in der Rinne, von denen sich der Träumer endlich befreien muß. Der trübe und diesige Himmel wird sich erst aufhellen, wenn er den zweiten Traumteil ernstgenommen hat.
Hier geht es nun um eine verstopfte Nase, die ihm Unbehagen bereitet. Er macht den Versuch, sich von dem in seiner Kindheit eingeübten Verhalten zu befreien (nichts herauslassen und alles verdrängen) sowie auch von dem Verschnupftsein, das ja nichts anderes heißt, als sich zu kränken, empfindlich und schnell beleidigt zu sein. Solche Menschen verlangen nach Sonderbedingungen im Leben, und ihre Erwartungen an die Mitmenschen sind unstillbar. Der Träumer hat sein infantiles Verhalten reflektiert und will nicht mehr mit angesammeltem Müll leben. Deshalb greift er nach dem Taschentuch, um die letzten Reste seiner Niederlagen und Kränkungen auszuschneuzen. Er kann die Brüder und damit auch seine Mitmenschen wieder riechen und wird aufatmend sein neugewonnenes Selbstvertrauen spüren. Er hat den Sieg errungen, und ein gefestigtes Selbstwertgefühl wird die Folge dieser Erfahrungen sein.

Jemanden einwickeln

Wenn wir jemanden einwickeln wollen, dann spinnen wir unsichtbare Fäden, um das Opfer, das in diese Falle gegangen ist, für unsere Zwecke zu mißbrauchen. Unsere Intrigen verdichten sich zu einem Spinnennetz, aus dem es kaum ein Entkommen gibt. Oft sind es schöne Worte, Schmeicheleien, falsche Versprechungen oder Liebesbeteuerungen, mit denen wir, bewußt oder unbewußt, andere Menschen ködern oder einwickeln, weil wir uns in irgendeiner Hinsicht einen Vorteil davon versprechen.

Traum

Ich sitze an einem langen Tisch mit meiner Reiseschreibmaschine und versuche, einen Text abzuschreiben. Ein ehemaliger Arbeitskollege, Herr M., ist auch da. Am anderen Ende des Tisches sitzt Frau F., die ebenfalls eine Arbeitskollegin war. Es fällt mir nicht so leicht, fehlerfrei und schnell zu schreiben. Erstens, weil ich schon jahrelang nicht mehr geschrieben habe, und zweitens, weil ich nicht Sekretärin gelernt habe.

Frau F. geht zu Herrn M., und ich sitze auch dabei. Sie sagt unschöne Dinge über mich. Ich wickle beide in einen langen Vorhang ein. Ich stoße Frau F., wo es geht, und haue ihr auf den Kopf. Ich sage zu Herrn M., daß sie falsch und unmöglich sei. Er nickt.

Ich hätte gern eine elektrische Schreibmaschine, eine, die auch Fehler löscht. Ich frage, warum es die hier in meiner ehemaligen Firma noch nicht gebe. Herr M. meint, es gebe sie auch erst seit diesem Frühjahr. Sie wären zu teuer.

Jetzt steht er am Straßenrand. Ich sitze daneben am Tisch mit der Schreibmaschine. Ich hoffe, er schaut mal her. Ich möchte ihn anlächeln. Doch er geht, ohne sich umzuwenden, über die Straße. Ich bin enttäuscht.

Lebenssituation

Die Träumerin ist eine junge verheiratete Frau, die mit ihrer Ehe nicht gerade glücklich ist. Vor einigen Jahren durchlebte sie sogar eine massive Ehekrise, während der sie eine sexuelle Beziehung zu einem Arbeitskollegen unterhielt. Diese Affäre hatte sie damals ihrem Mann verschwiegen und

bis heute nicht gebeichtet, obwohl der Seitensprung lange zurückliegt. Sie hat diese Zeit aber noch nicht verarbeitet, und massive Schuldgefühle und Selbstvorwürfe plagen sie.
Es ist deshalb nicht verwunderlich, daß sie öfters Träume hat, die um dieses Thema kreisen. Die Träume wollen ihr helfen, Licht in diese zum Teil sehr verwickelte Angelegenheit zu bringen. Sie wollen sie ermutigen, das Fehlverhalten einzugestehen und sich selbst zu verzeihen. Damit sie davon loslassen kann, ist es notwendig, das Vergangene noch einmal zurückzuholen und auf der Gefühlsebene zu durchleben, um verdrängte Gefühle zu befreien.

Traumverständnis

Dieser Traum ist Teil einer Traumserie, die die junge Frau im Zusammenhang mit ihrer Affäre hatte. Sie macht sich noch immer schreckliche Vorwürfe, fühlt sich ihrem Mann gegenüber schuldig und verlogen. Aber sie wagt es nicht, mit ihm offen zu sprechen und sich diese Angelegenheit ein für allemal von der Seele zu reden. Sie fürchtet, daß er ihr den Fehltritt nicht verzeihen und sie dafür verurteilen werde.
Als Kind hatte sie schlechte Erfahrungen damit gemacht, Fehler zuzugeben. Was falsch oder richtig war, bestimmte ihr autoritärer Vater, der sie mit Prügeln bestrafte, wenn ihm etwas an ihr nicht gepaßt hat. Dieses überstrenge Vaterbild hat die Träumerin verinnerlicht, und sie bestraft sich unbewußt jetzt selbst, wenn sie meint, ihren moralischen Werten nicht gerecht geworden zu sein. Dabei sind ihr die Moralvorstellungen, nach denen sie sich aburteilt, gar nicht einmal so klar und deutlich, sondern äußern sich oft nur als unbestimmte Schuldgefühle.
Nach all den Hintergrundinformationen über die Träumerin wird klar, wieso sie sich Fehler nicht eingestehen kann und

diese am liebsten einfach auslöschen würde. Im Traum jedenfalls hätte sie gern eine Schreibmaschine, die auch automatisch Fehler löscht. Sie würde die Seiten, die das Buch des Lebens damals geschrieben hat, gern auslöschen oder ungeschehen machen. Die Träumerin bemerkt, daß es ihr gar nicht so leichtfällt, fehlerlos zu schreiben; es fehlt ihr an Übung und Routine. Um Fehler zu vermeiden, ist es eben wichtig, daß wir sie erst einmal machen, um aus ihnen lernen zu können. Die Träumerin muß erkennen, daß Fehler unseren Erfahrungsschatz bereichern und wir es das nächstemal bessermachen können.

Doch was will sie eigentlich auslöschen, welchen Fehler will sie tilgen? Es geht um die Verwicklungen mit ihrem Arbeitskollegen, aber auch mit einer Kollegin. Bei der Besprechung des Traumes wurde deutlich, daß es der Träumerin gar nicht so leichtfiel zu erkennen, wer nun eigentlich wen eingewickelt hatte. Sie erinnerte sich, daß es zuerst der Kollege war, der versucht hatte, sie zu umgarnen und sie mit seinem Charme einzufangen. Zuerst war ihr dieses Verhalten gar nicht recht gewesen, doch als es in ihrer Ehe kriselte, nahm sie die Werbung wohl gern an. Ja, sie gibt zu, ihrerseits den Kollegen nun eingewickelt zu haben, da ihr seine Zuwendungen zu dieser Zeit sehr wichtig waren. Doch irgendwann, als ihr diese Situation doch nicht mehr behagte und sich Schuldgefühle regten, wollte sie sich wieder von ihm abwenden. Das schien jedoch, wie sie berichtete, nicht gerade einfach gewesen zu sein, denn beide waren zu sehr miteinander verstrickt. Da kam es der Träumerin gelegen, daß eine andere Kollegin, Frau F., die auch im Traum erscheint, Interesse an Herrn M. zeigte. Es begann nun ein Intrigenspiel, in dem einer versuchte, den anderen auszutricksen und einzuwickeln. So gibt die Träumerin zu, es mit Raffinesse geschafft zu haben, daß Herr M. von ihr abließ und eine Beziehung mit Frau F. einging. Im Traum wickelt sie die Kollegin und den Kollegen in einen Vorhang ein und mißhandelt sie beide. Auch im übertragenen Sinne läßt sich die Kollegin von ihr einwickeln und der Kollege anscheinend mit dazu. Schließlich billigt er kopfnickend ihr Verhalten im Traum.

Die Verwirrung wird komplett, als die Träumerin die Kollegin als falsch und verlogen bezeichnet. Sie projiziert damit anscheinend ihre eigenen negativen Seiten auf Frau F. So ist die Kollegin auf der Subjektstufe als ein innerpsychischer Wesensteil der Träumerin zu verstehen. Frau F. verkörpert Schattenaspekte wie Verlogenheit und Falschheit, Seiten der Psyche, die die Träumerin für sich rigoros ablehnt und verurteilt. Das ist auch der Grund, wieso sie andere ablehnt, die ihr diese Verhaltensweisen widerspiegeln.

Im Traum geht sie nun ziemlich rabiat mit der eingewickelten Frau F. um, stößt sie und schlägt ihr auf den Kopf. Sie mißhandelt damit sich selbst. Anstatt ihre Schattenseiten zu erkennen, sie anzunehmen und langsam zu verwandeln, kämpft sie dagegen. Das Problem liegt in ihrem Denken, das heißt, in den unerbittlichen Normen und moralischen Verurteilungen, die sie von ihrem Vater übernommen hat. Nicht umsonst schlägt sie der Kollegin auf den Kopf – sie drückt damit ihre Wut auf die eigene Kopflastigkeit und ihre zurückgedrängten Gefühle aus. In diesem Zusammenhang verwundert es auch nicht, daß sie anders über die vergangene Affäre denkt, als sie fühlt. Sie meinte zuerst, daß ihr der Kollege nichts mehr bedeuten würde. Doch der Traum belehrt sie eines Besseren: Sie ist enttäuscht, daß er sich von ihr abwandte. Gefühle ändern sich eben nicht so leicht und schnell wie unsere Einstellungen und rationalen Erwägungen.

Die Uhr ist abgelaufen

Das Bild der Uhr wurde schon immer mit Leben und Tod in Zusammenhang gebracht: Alles läuft unaufhaltsam seinem Ende zu. Auch unsere Lebenszeit ist bemessen.

Traum

Bei meinem Vater wird die Scheune ausgeräumt. Im Hofeingang steht Thomas Gottschalk in der Sonne. Er sucht sich eine hellgrüne, mit roten Punkten und Herzen bemalte Uhr, eine Art Regulator, aus. Damit kommt er zu unserem Haus und bleibt in der Einfahrt stehen. Ich befinde mich in der Diele, und hier, wie auch im Wohnzimmer, liegt alles voller Haselnußkätzchen. Mein Mann hat eine braune Kiste vor sich stehen, die er innen mit weißer Farbe anstreicht.

Lebenssituation

Die dreiunddreißigjährige Träumerin bangt um ihren Vater, der vor drei Wochen einen schweren Unfall hatte und im Krankenhaus liegt. Die Ärzte geben die Hoffnung nicht auf und sprechen von einer langen, komplizierten, aber erfolgreichen Behandlung. Die Träumerin glaubt ihnen und klammert sich an ihre Phantasievorstellung, daß der Vater wieder gesund werde und all die erfreulichen Dinge tun dürfe, die in seinem mühseligen und arbeitsreichen Leben zu kurz gekommen sind: Reisen unternehmen, etwas von der Welt sehen und in Ruhe für die große Familie werkeln, ohne daß ein Muß dahintersteht.

Wir sprachen gemeinsam über den Traum, und vorsichtige Andeutungen über die Vergänglichkeit alles Irdischen blieben ungehört, genauso wie die Stimme des Unbewußten, die die Träumerin in poetischer Form auf den Tod des Vaters vorbereiten wollte. Wie sollte sie begreifen, daß der Vater, der

ihr eine große Stütze war, sie verlassen konnte, wo sie in einer so schwierigen Ehe lebte, die immer wieder zu zerbrechen drohte?
Nach einer Woche starb der Vater an einer Embolie, und für sie, die vorher Trost in der Kirche gefunden hatte, begann eine Zeit der Verzweiflung und des Grolls gegen einen Gott, der so etwas zulassen konnte.

Traumverständnis

In dem geschilderten Traum erhalten Vergänglichkeit und Tod eine versöhnliche, fast heitere Note. Alles, womit der Vater im Laufe des Lebens die Scheune gefüllt hat, sein ganzes Erbgut, wird aufgeteilt. Sogar der Fernsehstar Thomas Gottschalk ist daran beteiligt. Er erwirbt, zu seinem sonnigen Wesen passend, die fröhliche, bunte Uhr, deren Besitzer wohl auch die Gabe hatte, sich von den dunklen Stunden seines Lebens nicht unterkriegen zu lassen. Auf die Frage, was der Träumerin Thomas Gottschalk bedeute, kam spontan die Antwort: »Ich fühle mich mit ihm verwandt, ich bin auch ein Original und im Grunde meines Wesens eine Frohnatur und voller Temperament.«
Nicht nur mit der Verteilung der Erbschaft, sondern auch mit den abgefallenen Haselnußschwänzchen im Haus der Träumerin geht es an das Abschiednehmen. Ein Leben, das blühte, Früchte hervorbrachte und voller Potenz war, hat sein Ende gefunden. Der Tod ist unvermeidlich. Der Schwiegersohn ist bereits mit dem Anstreichen einer Kiste (Sarg) beschäftigt. Außen ist sie braun wie die Erde, der die sterbliche Hülle übergeben wird. Innen erstrahlt sie in Weiß, der Farbe der Reinheit und Unschuld.
Dieser Tod eines lieben Menschen ist kein individuelles Schicksal, das die Träumerin erleidet, denn von Anbeginn der Menschheit ist jeder davon betroffen. In Märchen, Mythen

und Volksliedern hat das tiefgreifende und schmerzliche Erlebnis seinen Ausdruck gefunden. Sie sprechen uns Trost zu und versuchen, die Unerbittlichkeit des Todes für uns faßbar zu machen.

Wie ein Blitz aus heiterem Himmel

Die ungeheure Schnelligkeit eines hereinbrechenden Verderbens ist hier gemeint. Auch bei einem heftigen Schreck bezieht man sich bei Redensarten gern auf den Blitz.

Traum

Ich fahre im Sonnenschein mit dem Auto durch meine ländliche Heimat. Zu meiner rechten Seite befindet sich eine Wiese, auf die ein Blitz herniederfährt. Doch es kommt kein Unwetter, und ich sehe meinen Vater in Begleitung von zwei stattlichen, rotbraunen irischen Settern über die Wiese gehen. »Steig ein«, rufe ich ihm zu, »sonst trifft dich noch der Blitz.«
Dann bin ich im Krankenhaus, in dem meine Mutter liegt, und eine Krankenschwester ist bei ihr, die sie versorgt. Dann bin ich wieder daheim und kann nicht weiter, weil überall weiße Planen auf der Fahrbahn liegen, unter denen die Sachen für die Kirchweih liegen.
Beim Supermarkt treffen wir meinen Vater. Er hat zwei große, durchsichtige Plastikbeutel bei sich, die mit Goldmünzen gefüllt sind, doch ich erkenne, daß sie auf einer Seite glatt sind und daß man mit diesem Geld in dieser Welt nichts bezahlen kann. »Da habt ihr auch noch was davon«, sagt mein Vater, »es reicht leicht.«

Lebenssituation

Wir haben es hier mit der Frau zu tun, die auch den vorher geschilderten Uhren-Traum sechs Tage vor dem Tod ihres Vaters träumte. Voller Verzweiflung betete sie danach für das Leben ihres Vaters. Der Großvater sei, so tröstete sie sich, auch von einer schweren Krankheit genesen und hätte danach noch zwanzig Jahre gelebt. Bewegt von starken Emotionen weist sie die Möglichkeit des Sterbens weit von sich.

Traumverständnis

Um die Verzweiflung zu bannen, wird sie in der Sterbenacht des Vaters mit dem Blitz-Traum beschenkt. Es ist, als nähme die gestaltende Kraft ihrer Seele sie wie eine Mutter behutsam an die Hand, um ihr den Vater in der Vollendung seines wahren Wesens zu zeigen: Aufrecht schreitet er im Traum über die Wiese, begleitet von zwei Hunden, Naturkräfte in ihm, die er voll und ganz eingesetzt hat, um die ihm zugefallenen Lebensaufgaben zu meistern. Der Blitz aus heiterem Himmel trifft nicht ihn, sondern zeigt den Schock an, den die Träumerin erleben wird. Sie glaubt immer noch, den Vater beschützen zu können und ruft ihn in ihr Auto, um ihm etwas von ihrer Dynamik, ihrer Lebenskraft, abzugeben.
Auch um ihre Mutter muß sie sich kümmern, die vorerst noch daheim, aber im Traum bereits im Krankenhaus liegt. Sie ist gesundheitlich sehr angegriffen und hat der Tochter immer wieder erzählt, daß sie dem Vater bald nachfolgen werde, wenn er gehen müßte. Wieder zurückgekehrt in ihren Heimatort, wird die Träumerin durch weiße Planen aufgehalten, die alle leiblichen Genüsse, die die Kirchweih mit sich bringt, überdecken. Tod sehen wir auch in diesem Bild: Der Vater braucht keine Nahrung mehr, und die Freuden im Jenseits werden andere sein.
Noch einmal folgt eine Begegnung mit ihm, bezeichnender-

weise im Supermarkt. Er besitzt zwei Tüten mit Goldmünzen, die zahlungskräftiger sind als alles Geld der Erde. Der Wert des Goldes läßt sich bis in die Frühzeit der menschlichen Geschichte verfolgen. Man schätzte es, weil es allen Natureinflüssen widersteht, und, in der Erde vergraben, jahrhunderte- und jahrtausendelang seinen Glanz behält. In der Entsprechung von Gold – Sonne – Gott wurde es zum archetypischen Symbol für Unsterblichkeit. Diese magische Bedeutung können wir noch heute nachempfinden. Im Traum versinnbildlichen die Goldmünzen zusätzlich den inneren Reichtum des Vaters, mit dem er über den Tod hinaus in den Herzen seiner Familie und vieler Menschen, die Hilfe bei ihm fanden, weiterleben wird.
An den beiden Träumen, in denen die Träumerin den Tod des Vaters vorausträumt, läßt sich erkennen, wie Eltern und Kinder durch ein unbewußtes seelisches Band miteinander verbunden sind, was mit dem Begriff Familienseele bezeichnet wird. Zwischen Eltern und Kindern ist diese Bindung besonders intensiv. Für den Kreis der weiteren Verwandtschaft, auch für Bekannte und Freunde, sprechen wir von Gruppenseele. C. G. Jung entdeckte als erster diese unbewußte seelische Verbundenheit und gab ihr den Namen kollektives Unbewußtes. Es zeigt, daß wir alle Kinder eines Schöpfers und daher mit ihm verwandt sind.

Mit jemandem Karussell fahren

Diese sprichwörtliche Redensart stammt aus der Soldatensprache des ausgehenden neunzehnten Jahrhunderts und bedeutete damals, jemanden um den Exerzierplatz jagen.
Allgemein gebrauchen wir diese Wendung, wenn wir jeman-

den heftig rügen, beschimpfen oder verurteilen. Wir sind jedenfalls nicht gerade gut auf die Person zu sprechen, mit der wir Karussell fahren. Wir haben dann eine schlechte Meinung von dem anderen, drehen uns damit im Kreis wie ein Karussell, und es ist meist für uns schwer, aus dieser negativen Betrachtungsweise wieder herauszukommen.

Traum

Ich gehe mit Thomas in den Weinstadel, er setzt sich neben mich. Er fragt, ob es mir etwas ausmache, daß er neben mir sitzt. Ich sage nein.
Dann sitzen wir in einem Kettenkarussell. Es ist erst ganz klein und wird immer größer, die Ketten werden immer länger. Er sagt nach einiger Zeit Karussellfahrt, daß ich warten solle, er käme gleich wieder. Dann ist er fort.
Ich warte nicht, sondern gehe ihm in ein Haus nach. Vor dem Eingang sitzt ein Mann, den ich frage, ob Thomas hier hineingegangen sei. Er sagt, es sei ein junger Mann gekommen, der immer gewinne. Ich gehe in das Haus hinein, in ein altes Kellergewölbe, durch das ich mich hindurchzwänge. Dann sehe ich an einer langen Theke Irmgard und Peter sitzen, die mir sagen, daß Thomas hier Stammkunde sei. Ich gehe weiter. An der Theke sitzen jetzt lauter leichtbekleidete Damen, wie aus dem Cabaret. In einer Kellernische sehe ich Thomas beim Kartenspielen mit drei Männern.
Dann höre ich ein Polizeiauto und bin plötzlich wieder auf der Straße vor dem Haus. Es ist hell, die Sonne scheint. Nun steht Thomas vor mir und sagt: »Ich bin ein Polizist und muß diese Männer überführen.« Ich bin erleichtert.

Lebenssituation

Die Träumerin, eine junge Frau, lebt mit ihrem dreijährigen Sohn im Haus ihrer Eltern. Sie hat es nicht geschafft, mit dem Vater des Kindes eine Beziehung aufzubauen. Einerseits ist sie froh, bei den Eltern Geborgenheit zu finden und große Unterstützung bei der Betreuung des Kindes zu haben. Andererseits mischen sich die Eltern sehr oft in private Dinge und Erziehungsfragen ein und setzen sie unter Druck. Eigentlich bräuchte sie einen Partner und Vater für ihr Kind, eine eigene Familie, um sich vom Elternhaus abnabeln zu können. Doch sie tut sich nicht leicht, einen Freund zu finden, da sie sehr kritisch bei der Partnerwahl ist und es ihr schwerfällt, locker auf das andere Geschlecht zuzugehen.

Traumverständnis

Dieser Traum, den die Träumerin mit der Überschrift »Der Polizist« versah, behandelt das für sie so existentielle Thema der Partnerfindung. Sie geht mit Thomas, den sie als lockere Bekanntschaft bezeichnet, in einen Weinstadel. Ganz entgegen den bisherigen Begegnungen in der Wirklichkeit setzt er sich nicht ihr gegenüber, sondern neben sie, kommt ihr also näher. Sie scheint auch nichts dagegen zu haben, doch dann findet sie sich plötzlich mit ihm in einem Karussell wieder. Wie ist dieser abrupte Wechsel zu erklären? Um Aufschluß darüber zu erhalten, befragten wir die Träumerin, welches Bild sie sich von ihm gemacht habe.

Sie beschrieb ihn als ruhigen, verschlossenen jungen Mann, mit dem sie gelegentlich »unverbindlich« ausgehe. Anfangs gefiel er ihr recht gut, aber mittlerweile habe sie viel an ihm auszusetzen; eine Partnerschaft könne sie sich mit ihm deswegen nicht vorstellen. Je mehr sie über ihn erzählte, desto negativer wurde das Bild, das sie von ihm zeichnete. So meinte sie, daß man sich mit ihm nur über oberflächliche Dinge unterhalten könne und es ihm zudem immer schlechtgehe. Sie bezweifelte jedoch, daß er wirkliche Probleme habe. In diesem Gespräch mit der Träumerin wurde deutlich, wie ausschließlich sie die Gründe, warum er als Partner nicht in Frage kommt, nur bei ihm sucht; sich selbst, ihr eigenes Verhalten, stellt sie nicht zur Debatte. Sie »fährt mit ihm Karussell«, steigert sich immer mehr in eine negative Beurteilung hinein, so daß das Karussell ihrer negativen Gedanken und Beurteilung immer größer wird.

Die Karussellfahrt beginnt damit, daß er sich neben sie setzt und ihr dadurch anscheinend zu nahe kommt, obwohl sie sagte, daß es ihr nichts ausmachen würde. Aber Thomas macht diese Karussellfahrt nicht lange mit; er steigt sozusagen aus. Nach dieser Fahrt sind sie zunächst einmal auseinandergebracht, denn es fehlt ja die für eine Beziehung notwendige verständnisvolle und einfühlsame Seite, die durch ihre überstarke Ratio (den Kreislauf oder die Karussellfahrt ihrer negativen Gedanken) unterdrückt wird.

Verstandesmäßig erklärte sie, daß sie keine Partnerschaft mit ihm anstrebe, doch im Traum macht sie sich auf die Suche nach ihm, sucht unbewußt also nach einer Beziehung. Daß sich hier vieles im Unbewußten abspielt, zeigt uns der Traumort der nächsten Szene: Sie ist jetzt in einem alten Kellergewölbe. Der Keller, als ein Bereich im Erdboden, ist Traumsymbol für die unteren, unbewußten Seelenräume. Hier ist es sehr eng, und die Träumerin muß sich regelrecht hindurchzwängen. Wo zwängt sich die Träumerin hier eigentlich hinein? Es ist eine eher anrüchige Bar- und Nachtklubatmosphäre, die ihr nicht sonderlich angenehm ist und die sie in der Realität auch nicht aufsuchen würde.

Leichtbekleidete Damen, Glücksspiel – das alles paßt nicht so recht in ihr von moralischen Werten geprägtes Weltbild. Um so entsetzter ist sie, als sie erfährt, daß Thomas hier auch noch Stammkunde sein soll. Was will sie eigentlich ergründen, daß sie ihm in alten Kellergewölben nachspürt? Sucht sie vielleicht nach einer Bestätigung ihrer negativen Gedanken und

Beurteilungen ihm gegenüber? Immerhin scheint sie ihn in einer solchen Spelunke vermutet zu haben, da sie sich so zielstrebig zu ihm hindurchzwängt. Aber ist dies nicht eine einseitige, übertriebene Sichtweise? Wer sind diese beiden Bekannten, Irmgard und Peter, die der Träumerin den Hinweis geben?

Als die Träumerin diese beiden Bekannten schilderte, lichtete sich diese Angelegenheit. Sie meinte, die beiden würden immer maßlos übertreiben, vor allem Peter, der gern vorgebe, Geschäftsmann zu sein und viele Häuser zu besitzen, obwohl dies in Wirklichkeit gar nicht stimme. Der Gedanke liegt nahe, daß die Träumerin auch maßlos übertreibt, wenn sie ihren Bekannten Thomas verurteilt. Sie ist offenbar so sehr mit ihm Karussell gefahren, daß sie ihn gar als Stammkunden in der Unterwelt einschätzt. Der Schluß des Traumes macht deutlich, was hinter dieser Verurteilung steckt.

Sie ist froh und erleichtert, als sich im Traum herausstellt, daß er eigentlich ein Polizist ist, womit einiges über ihr Beziehungsideal ausgesagt wird. Im Traum ist es hell, und die Sonne scheint, als sich Thomas als Polizist zu erkennen gibt, und da Helligkeit und Sonnenlicht für Bewußtsein beziehungsweise bewußte Einstellungen stehen, scheint sie sich mit den Prinzipien von Recht und Ordnung zu identifizieren. Zwei Welten prallen hier aufeinander. Zum einen die dunkle, anrüchige Nachtklubatmosphäre, wo das Glücksspiel blüht und die leichten Mädchen ihrem Gewerbe nachgehen. In dieser Welt steckt jedoch auch viel Lockerheit, Unkonventionalität und Lebenslust. Diese Lust- und Triebseite, die hier im Unbewußten alter Kellergewölbe angesiedelt ist, kommt bei der Träumerin zu kurz, da die andere Welt, in der Ordnung, Gesetz und Moral (Polizei), also Triebkontrolle, herrschen, überbewertet wird. Wenn sie zu einer befriedigenden Partnerschaft gelangen will, wird sie sich der Welt der Vergnügungen annähern müssen. Eine Beziehung soll ja etwas Lebendiges sein und kann auf Dauer nicht bestehen, wenn sie nur auf Konventionen, Zucht und Ordnung aufgebaut ist. Ohne den »Nachtklub« mit einzubeziehen, würde die Partnerschaft in einer langweiligen und lustlosen Routine erstarren.

Es ist ihr eine Laus über die Leber gelaufen

Wenn uns eine Laus über die Leber läuft, sind wir verärgert oder erbost. Die Redensart beruht auf der volkstümlichen Vorstellung von der Leber als dem Sitz der leidenschaftlichen Emotionen. Die Laus als besonders kleines Tier drückt einen geringfügigen Anlaß oder eine Nichtigkeit aus, die ausreicht, um uns in Rage zu bringen.

Traum

Ich bekomme von einer Frau ein Stück in ein Tüchlein eingewickelte Leber. Sie bedeutet mir, diese ordentlich zu drehen, dabei käme Gold heraus.

Lebenssituation

Die Träumerin ist von Beruf Hauswirtschaftslehrerin. Trotz ihrer Phantasie und fröhlichen Gemütsart bringt der Beruf eine Fülle von Streßsituationen mit sich. Die Buben und Mädchen für eine tadellose Haushaltsführung zu begeistern ist nicht gerade einfach, wenn auch die meisten von ihnen mit Lust und Liebe bei der Sache sind. Es sind aber auch immer einige Unwillige, Langweiler und Störenfriede darunter, die unliebsame Situationen heraufbeschwören. An anderen Tagen sind es die lieben Kolleginnen und Kollegen, deren Klatsch für Aufregung sorgt. Oft häufen sich unliebsame Ereignisse, und zusätzliche Arbeitsbelastungen durch Vertre-

tungsstunden für erkrankte Kollegen steigern die Nervosität. Wenn dann noch eine selbstbewußte Kollegin im gleichen Folklorekostüm zur Tür hereinkommt, soll einem da nicht eine Laus über die Leber laufen?
Ärger, Aufregung und Streß greifen den Magen sowie die Entgiftungsorgane Leber und Galle an. Diese schaffen ihr Pensum nicht mehr und protestieren auf recht schmerzhafte Weise. Aber die Helfer, die wir alle in uns tragen, sind bereits auf dem Plan und geben gute Ratschläge.

Traumverständnis

Nicht nur als Tröster, Warner, Lehrer, Helfer und Heiler erleben wir unsere Träume, sondern auch als Ratgeber. Es bedarf nur einer Verfeinerung des Spürsinns, um ihre Stimmen zu verstehen. Der Träumerin wird von einer ihr fremden Frau, die eine einfühlsame Seite ihres Wesens verkörpert, ein Stück Leber überreicht, nicht in Papier, sondern in ein Tüchlein eingewickelt. »Schaff dir einen Schutz, und laß nicht alles an dich heran!« ist damit gemeint. »Nimm Abstand von den ärgerlichen Situationen, und identifiziere dich nicht mit ihnen! Sage dir, hier stehe ich und dort ist die ärgerliche Situation. Ich bin diejenige, die möglichst nüchtern die Situationen bewertet und abschätzt. Das wird mir helfen, auf angemessene Art und Weise damit umzugehen.«
Es gibt Theorien, die davon ausgehen, daß unsere Gefühle, ob positiv oder negativ, durch die ihnen vorausgehenden Gedanken hervorgerufen werden. Wie man eine Situation bewertet, ist bestimmend für die sich daraus entwickelnden Gefühle. Folglich können unterschiedliche Einschätzungen auch unterschiedliche Gefühle in derselben Situation hervorrufen. Menschen konstruieren aufgrund ihrer Erfahrungen bestimmte Denkmuster, mit denen sie Ereignisse, sich selbst und andere beurteilen. Diese festgefahrenen Denkmuster auf-

zulösen und Raum zu schaffen für angemessene, besser zur Bewältigung der Realität passende Einstellungen und Bewertungen wäre ein anzustrebendes Ziel. Dadurch verändern sich auch die uns lähmenden Gefühle wie Ärger, Unsicherheit, Minderwertigkeit, Resignation und Empfindlichkeit.
Mit Hilfe der Träume, die uns immer wieder auf die alten, eingefahrenen Denkmuster hinweisen und uns zu sinnvolleren Einstellungen und Verhaltensweisen führen, ändert sich unser Augenmaß, und die Welt bekommt ein freundlicheres Gesicht. Wenn die Träumerin den Rat ihrer Traumkraft berücksichtigt, Ereignisse zu drehen und zu wenden, bis sie überschaubarer werden, um die Laus realistisch zu sehen, kann sie aus jeder Situation Gold schlagen.
Drehen als ein Sinnbild des Sichwandelns führt zu neuen Erkenntnissen und einer Bewußtseinserweiterung über das eigene Verhalten, das schicksalbestimmend ist. Dieser Zuwachs an Einsicht findet seine Entsprechung in dem Gold. Im Traum Gold zu finden oder geschenkt zu bekommen bedeutet deshalb eine Erweiterung des Horizonts und ein Heil- und Ganzwerden. Die Träumerin verfolgt diesen von C. G. JUNG als Individuation bezeichneten Weg und ist bemüht, sich zu finden und zu verwirklichen. Doch ist sie noch nicht so weit, und sie wird sich noch öfter »drehen«, das heißt wandeln müssen, um diesem Ziel näher zu kommen.

Jemanden stiefmütterlich behandeln

Wir gebrauchen diese Redensart, wenn wir ausdrükken wollen, daß jemand zu hart behandelt, zurückgesetzt oder vernachlässigt wird.
Während die Mutter als Symbol für Geborgenheit und Fürsorge gilt, wurde besonders im Märchen die Stiefmutter zur

typischen bösen Gestalt, die die Kinder mißhandelt, hungern läßt, von zu Hause vertreibt, ihnen als böse Hexe begegnet oder sie sogar zu töten versucht. Stiefmütterliche Behandlung ist in diesem Sinne als Ablehnung zu verstehen.

Traum

Ich bin dabei, mich von meinem Mann zu trennen. Es liegt eine düstere, unheilvolle Stimmung über uns; trotzdem ist er so ganz er selbst, während ich mich kaum wahrnehme. Mein Mann ist vorwurfsvoll mir gegenüber, und ich habe ein schlechtes Gewissen, weil die Trennung von mir ausgeht. Ich habe auch Angst vor der Zukunft und empfinde Trauer über den Verlust seiner Freundschaft. Er steht da und richtet ein Körbchen mit Erde, in das Vergißmeinnicht und Stiefmütterchen gepflanzt sind. Dazwischen steckt ein Tütchen mit Samen von seinen Lieblingsblumen (Zinnien). »Was will er denn damit?« frage ich mich im Traum und erwache.

Lebenssituation

Die Träumerin ist Anfang vierzig und seit vielen Jahren kinderlos verheiratet. Sie ist sehr unzufrieden mit ihrer Ehe und schwärmt für einen anderen Mann, den sie insgeheim vergöttert. Sie berichtete, daß sie ihren Mann hauptsächlich aus Mitleid geheiratet habe. Es war also eher eine rationale als eine gefühlsmäßige Entscheidung für die Ehe mit diesem Menschen. Die Träumerin selbst steckt in einer Wandlungskrise, die sie veranlaßt hat, sich der Traumarbeit zuzuwenden, um mehr Klarheit zu gewinnen. Zur Zeit ist sie noch sehr verwirrt und unsicher, denn die Träume stellen manche langgehegten Vorstellungen und Werthaltungen radikal in Frage. Die Träumerin ist hin und her gerissen. Sie möchte sich einerseits von ihrem Mann trennen, fürchtet andererseits aber, diesen Schritt zu tun. Schließlich fühlt sie sich auch noch schuldig, daß sie solche Gedanken und Gefühle hat.

Traumverständnis

Der Traum zeigt unverhüllt die Trennungswünsche der Frau. Die unheilvoll düstere Stimmung, die über der Ehe liegt, mahnt zu handeln. Bislang wurde zuviel unter den Teppich gekehrt, zuviel an Emotionen verdrängt. Da keine klärende Auseinandersetzung stattgefunden hat, haben sich die dunklen Wolken immer mehr verdichtet. Ein luftreinigendes, spannungsabbauendes Gewitter wäre vonnöten. Die Träumerin nimmt sich in dieser Situation kaum selbst wahr. Zu sehr hat sie sich bisher im Gegenüber verloren, zu wenig abgegrenzt und eigene Gefühlsreaktionen kaum wahrgenommen. In der Traumbesprechung drückte sich das darin aus, daß sie mehr von ihm als von sich sprach.

Sie fühlt sich für ihn verantwortlich, sonst hätte sie kein schlechtes Gewissen, ja sonst hätte sie ihn wahrscheinlich gar nicht geheiratet. Sie tat dies, wie sie sagte, aus Mitleid. Bestimmt aber auch aus einem Sicherheitsbedürfnis, da der Gedanke an eine Trennung in ihr Zukunftsängste auslöst. Diese Ängste sind zum Teil berechtigt, da die Träumerin materiell von ihrem Mann abhängig ist.

Wie ist nun der Korb mit den Blumen zu verstehen, den ihr Mann zusammenstellt? Der Traum läßt sozusagen für den Ehemann »Blumen sprechen«. Die Vergißmeinnicht wollen die Träumerin daran erinnern, daß sie ihren Mann nicht vergessen soll, daß sie sich wahrscheinlich zuwenig mit ihm beschäftigt und keine wirkliche Beziehung stattfindet. Die Stiefmütterchen unterstreichen das stiefmütterliche Verhalten der Frau dem Partner gegenüber. Dies gab die Träumerin beim Gespräch offenherzig zu und meinte, daß sie ihren Mann wohl sehr vernachlässigen würde. Sie scheint innerlich schon mit ihm abgeschlossen zu haben, ohne dem aber nach außen Rechnung zu tragen und die Trennung offen und ehrlich zu vollziehen. Verständlicherweise bereitet ihr diese Situation ein schlechtes Gewissen, und sie steckt in einem Zwiespalt. Sie ist gefordert, endlich eine Entscheidung zu treffen und zu den jeweiligen Konsequenzen zu stehen. Das heißt, entweder sich von ihm zu trennen und die Zukunftsängste dabei in Kauf zu nehmen, oder zur Ehe zu stehen und sich auch für diese zu engagieren.

Ihr Mann scheint seinerseits nicht fähig zu sein, diesen unbefriedigenden Status quo zu durchbrechen; sie schilderte ihn als einen zurückhaltenden und introvertierten Menschen. Im Traum drückt er seine Wünsche und Unzufriedenheit auch nicht direkt aus, sondern nur »durch die Blume« kann er ihr sagen, was er fühlt. Auf diese indirekten Signale und Verständigungsangebote, die vom Mann ausgehen, sollte die Träumerin achten.

Das Tütchen mit Blumensamen, das der Ehemann im Traum in das Blumenkörbchen steckt, ist ein Zeichen der Hoffnung. Der Same für einen Neuanfang ist von seiner Seite aus gegeben. Er müßte jetzt von beiden eingepflanzt und bewässert werden, damit die Ehe neu wachsen und gedeihen kann. Es sind zudem Samen der Lieblingsblumen des Mannes; sie haben für ihn also eine sehr positive Bedeutung. Die Beziehung scheint ihm letztlich doch sehr am Herzen zu liegen, auch wenn er dies nicht so deutlich nach außen hin zeigen kann. Ermutigend für eine Kehrtwendung zum Guten in dieser Ehe ist ein späterer Traum der Frau, in dem sie Blumenbeete, deren Erde vertrocknet ist, gießt. Damit beginnt sie, wieder Gefühle (Wasser) zu investieren – ein Hoffnungsschimmer für ein gemeinsames Miteinander, das durch eine engagierte Hege und Pflege der »Seelenblumen« aufgebaut werden kann.

Jemandem den Fehdehandschuh hinwerfen

Diese Redensart, die den Beginn eines Streits ausdrückt, beruht auf der mittelalterlichen Sitte, daß sich die Ritter als Zeichen der Herausforderung zum Kampf einen Handschuh vor die Füße warfen. Diese Geste galt symbolisch als Schlag, den auszuführen aufgrund des ritterlichen Ehrenkodex verboten war.

Traum

Ich befinde mich im Wohnzimmer meines Onkels und sehe, daß mein Vater, meine Zwillingsschwester und meine Nichte ebenfalls anwesend sind. Wir wollen anscheinend einen Ausflug machen. Ich soll feste Schuhe anziehen, da der Weg schlecht und voller Morast ist. Ich entschließe mich, meine alten, wasserfesten Feldstiefel anzuziehen, weil sie leicht zu reinigen sind. Meine Schwester will mir einen selbstgestrickten roten Handschuh mit einer bis zum Ellbogen reichenden Stulpe geben. Da er mir wegen der zu kurzen Finger nicht paßt, lehne ich ihn ab.

Jetzt wollen wir alle zum Konzert eines Bergmannchores fahren. Wir unterhalten uns über die Musiker und stellen fest, daß sie wesentlich bessere Instrumente haben als wir und besser ausgebildet sind. Nun sitze ich mit meiner Nichte hinten im Auto, das mein Vater steuert. Wir essen Gebäck, und meine Nichte steigt aus, um das Einwickelpapier fortzuwerfen. »Nimm meins auch mit«, rufe ich ihr nach. »Immer ich, immer ich«, schreit sie zurück.

Ich werfe das Papier zum Fenster hinaus. Es landet in der Ecke eines Tores, und ich wache auf.

Lebenssituation

Bereits über die Lebensmitte hinaus und von dem Gefühl durchdrungen, viel im Leben versäumt zu haben, setzt die Träumerin all ihre Kraft ein, um Vergangenes aufzuarbeiten und frei zu werden von überholten Vorstellungen, Meinungen und infantilen Wünschen. Sie, die immer für andere da war, ihren Beruf und die Pflege eines großen Gartens viel zu ernst nahm und sich um Eltern, Geschwister und den kranken Bruder kümmerte, fand keine Zeit, eine Partnerschaft einzugehen. Neben ihrer musisch begabten und das Leben leichter nehmenden Zwillingsschwester war sie die rechnende, sorgende, ordnende und realistische Frau, die erfaßte, was getan werden mußte, sich die Ärmel umkrempelte und zupackte. So wurde sie bereits als Kind mit Aufgaben belastet, und das Gefühl, sich Liebe durch Leistung verdienen zu müssen, verfestigte sich. Ihr Selbstwertgefühl blieb unterentwickelt, ihr Selbstvertrauen schwankend.
An allem, was die Familie betraf, nahm sie regen Anteil. Der Streit zwischen ihrem Vater und seinem Bruder, ihrem Onkel, berührte sie zutiefst. Der Anspruch des Onkels auf das Elternhaus, das er beruflich brauchte und in dem sie wohnten, führte zu unerfreulichen Auseinandersetzungen, bei denen der Vater den kürzeren zog und mit seiner Familie das Haus verlassen mußte. Das brachte, jung und unerfahren, wie sie war, ein Durcheinander von Gefühlen, das sie nicht aussprechen, sondern nur verdrängen konnte.
Nun liegt das Geschehen dreißig Jahre zurück. Die Eltern und der Onkel sind längst tot und die Streitigkeiten vergessen. So jedenfalls scheint es. Doch Träume können eine abgelegte und scheinbar gestorbene Sache auf das erstaunlichste wieder lebendig machen, nämlich dann, wenn Wut und Rachegedanken nicht verarbeitet worden sind. Diese unterdrückten Gefühle werden nach und nach unheimlich und wirken, vom Be-

wußtsein abgetrennt, zerstörend. Man weiß heute, daß sie zu psychosomatischen Krankheiten führen, von denen hier nur Asthma, Migräne und Neurosen genannt seien.

Traumverständnis

Um einen Traum zu verstehen, ist es wichtig, den Ausgangsort zu beachten sowie die Personen, die dort auftreten. Beginnt der Traum im Elternhaus oder führt er dahin zurück, geht es um Konflikte, die sich hier abgespielt haben und unverarbeitet blieben. Wie bereits gesagt: Werden sie ein Leben lang mit herumgeschleppt, dann sind sie eine unnötige, kraftraubende Last, die sich lähmend auf die Kreativität auswirkt.

Die Träumerin begegnet dem Vater, der Zwillingsschwester und ihrer Nichte, die jetzt im gleichen Alter ist, wie sie damals war, als sie aus dem Haus ausziehen mußten. Zunächst geht es um die Beziehung zur Schwester, die einen roten, nicht passenden Handschuh anbietet. Die Schwester im Traum verkörpert immer eine unbekannte Seite, die die Träumerin nicht lebt und die sowohl positive als auch negative Anteile umfassen kann. Von dieser ihr unbewußten Seite soll sie den Handschuh annehmen. Die aggressive rote Farbe und die lange Stulpe lassen ihn als Fehdehandschuh erkennen. Soll es noch einmal eine wütende und verletzende Auseinandersetzung wegen des Onkels geben, der längst im Grabe ruht? Doch die Träumerin findet den Handschuh unpassend, und damit ist der erste Schritt zur Bereinigung eines alten Konflikts getan, der noch immer in ihr wirksam war. Weitere Schritte müssen folgen, und sie braucht feste Stiefel, die auf Standfestigkeit und Eigenständigkeit deuten, um den Morast, die unsauberen Machenschaften des Onkels, zu überwinden und um ihm dann vergeben zu können. Dazu braucht sie den Vater, der seinem Bruder noch bei Lebzeiten verziehen hat und in seiner

Herzensgüte wieder ein gutes Verhältnis zu ihm herzustellen wußte.

Gemeinsam wird der Besuch eines Konzerts besprochen, das ein Bergmannchor gibt. Man scheint den Chor zu kennen, lobt die Musiker und findet, daß ihre Instrumente besser seien als die eigenen. Da die Träumerin zum Bergmannchor keine Assoziationen hatte, ist er als Sinnbild für Menschen aufzufassen, die in eine Grube fahren oder in das Unbewußte gehen und Schätze wie Kohle, die auch schwarzes Gold genannt wird, gewinnen, um sich damit eine Energiequelle für Körper, Seele und Geist zu erschließen. Diese seelische Tiefenarbeit ließ sie feine Instrumente entwickeln, die ihre Gefühle zum Klingen bringen. Da Musik und Gefühle in enger Beziehung stehen, sind in einem Chor alle Gefühle geeint und zur Harmonie gebracht. Das schwebt auch der Träumerin vor: in Frieden mit der sozialen Umwelt zu leben und in Frieden mit den eisernen moralischen Ansprüchen. Ihrem Vater war es möglich, und er erscheint im Traum als Vorbild, nimmt das Steuer in die Hand und fährt mit Tochter und deren Nichte dem Bergmannchor entgegen. Während der Fahrt gelangt die Träumerin zu einer lebenswendenden Einsicht. Sie sieht ihre Grundeinstellung zum Leben in ihrer Nichte gespiegelt. »Immer nur ich, immer nur ich«, hört sie – ein Ausspruch, mit dem auch sie sich heimlich gegen fremde Ansprüche aufgelehnt hat und die sie aber trotzdem erfüllte. Dadurch geriet sie in einen Zwiespalt, war wütend gegen sich selbst und andere, ohne ihr Verhalten zu durchschauen. Aber nun ist der Punkt gekommen, wo das Spiel mit der doppelten Botschaft aufhören kann.

Entgleisen

Wenn wir entgleisen, dann kommen wir vom rechten Weg ab und bauen meist noch dazu eine Bruchlandung. Wir sind außer uns geraten und haben das normale Maß einer gesunden Reaktion überschritten. Dadurch werden wir aus der Bahn geworfen und müssen nun versuchen, wieder zu uns selbst, zu unserer Mitte zu finden.

Traum

Ich gehe allein spazieren und will nun meine Frau, die ich im Traum mit meiner langjährigen, ersten Partnerin assoziiere, abholen. Ich gehe durch ein Dorf, vorbei an einer Straßenbahn, die hier mitten auf einer Wiese steht. Dann komme ich an einem stattlichen Pferd vorbei. Leute beschweren sich, daß das Pferd zu laut sei, vor allem nachts.

Ich gehe in ein Haus, um meine Frau abzuholen; es liegt auf einem Hügel neben einem Wäldchen. Ein älterer Mann wohnt hier, möglicherweise ein Verwandter meiner Frau. Es ist etwas unheimlich im Haus, vor allem vom Dachboden geht eine magische Anziehung aus. Ich kann dem Drang, dort hinaufzugehen, jedoch widerstehen und will schnellstmöglich mit meiner Frau das Haus verlassen. Als wir gehen wollen, finde ich meine Schuhe plötzlich nicht mehr. Ich suche nach ihnen in allen Ecken, auf dem Fußboden, unter dem Bett, kann sie jedoch nicht finden.

Szenenwechsel: Ich bin mit meiner Frau jetzt im Auto unterwegs, halte an einer Stelle und finde meine Handschuhe wieder. Statt der Schuhe sind es jetzt die Handschuhe, die ich verloren hatte und nun wiedergefunden habe.

Lebenssituation

Der Träumer ist ein Ehemann in den Dreißigern. Er hat starke berufliche Ambitionen und in der letzten Zeit viel zu tun. Auch in der Freizeit war er in Gedanken oft bei der Arbeit und in seinen Ideen versunken. Seine Frau fühlte sich dadurch vernachlässigt und warf ihm vor, unaufmerksam und desinteressiert an ihr zu sein. Er wiederum fühlte sich von ihr mißverstanden, angeklagt und einem Erwartungsdruck ausgesetzt. Über Tage gab es ein Hin und Her zwischen versöhnlichen und aggressiven Tönen, bis dem Träumer schließlich der Kragen platzte und er eine heftige Überreaktion zeigte. Er entgleiste förmlich, warf ihr unschöne Dinge an den Kopf und zog aus dem gemeinsamen Schlafzimmer aus. Den Traum hatte er in der darauffolgenden Nacht.

Traumverständnis

Im Traum hat sich der junge Mann auf den Weg gemacht, um seine Frau abzuholen. Hier schildert der Traum sein Anliegen, ihr nach der Entzweiung wieder näherzukommen, und zeigt ihm durch seine Bildersprache, was eigentlich geschehen ist. So ist es sicher nicht alltäglich, eine Straßenbahn auf einer Wiese stehen zu sehen. Die Schlußfolgerung liegt nahe, daß sie aus der Bahn geworfen sein muß und von den Gleisen abgekommen ist.

Auch mit dem nächsten Traumbild ist etwas nicht in Ordnung: Leute beschweren sich über ein zu lautes Pferd, das vor allem nachts ihre Ruhe störe. In der Kombination dieser beiden Traumbilder wird die Entgleisung des Träumers deutlich. Das Pferd ist ein Sinnbild für Vitalität und Triebhaftigkeit, wenngleich dies allgemein als kultivierter angesehen werden kann als zum Beispiel beim Traumsymbol eines Raubtieres. Doch auch Pferde schlagen zuweilen über die Stränge, wie hier der Traum zeigt. Anders ausgedrückt: Es sind dem Träumer die Pferde durchgegangen, und in der Auseinandersetzung mit seiner Frau ist er deshalb von der Bahn abgekommen und wie die Straßenbahn auf der Wiese gelandet.

Was hat den Träumer so in Rage gebracht, daß er sich zu einer Überreaktion hat hinreißen lassen? Seine Frau hat ihn anscheinend an einer sehr verwundbaren Stelle getroffen. Um äußere wie innere Verletzungen zu vermeiden, bedarf es eines geeigneten Schutzes. Kleidung schützt uns zum Beispiel vor Kälte und steht im Traum nicht selten auch für einen psychischen Schutzmantel, für eine zweite Haut. Im Traum sind dem jungen Mann die Schuhe abhanden gekommen, und er kann sie trotz intensiven Suchens nicht finden. Sein Auftreten und seine Standfestigkeit haben darunter gelitten, die »Achillesferse« war ungeschützt. Und das in einem Haus, das dem Träumer gar nicht geheuer ist, das eine magische Ausstrahlung hat und in dem vor allem vom Dachboden eine starke Sogwirkung ausgeht. Gerade wenn man sich in solch bedrohlichen Gefilden aufhält, ist es nötig, gewappnet zu sein.

Das Haus und die Zimmer im Traum sind auf seelischer Ebene als innere Räume zu verstehen. Die düstere, bedrükkende Atmosphäre in dem Traumhaus erinnerte den Träumer an Kindheitsgefühle. Da in seinem Elternhaus Aggressionen meist verdrängt wurden, entstanden wiederholt Spannungen, die ihm als Kind fast unerträglich erschienen und die er als unterschwellige beziehungsweise magische Angriffe gegen sich empfand. Ähnlich fühlt es sich für den Träumer auch in diesem verhexten Haus an, in dem er seiner Schuhe beraubt wurde. Die permanent unklare und gespannte Situation im Elternhaus hat es dem jetzt Erwachsenen erschwert, einen für die psychische Gesundheit notwendigen inneren Schutzmantel aufzubauen.

Einen weiteren Hinweis auf diesen Zusammenhang gibt der

Traum durch die Verschmelzung seiner Ehefrau mit der Exfreundin. Letztere war für ihn in großem Maße Mutterersatz gewesen und verweist daher auf seine Mutterproblematik. Was ihn als Kind oft verwirrte, war das zwiespältige Verhalten der Mutter ihm gegenüber und deren paradoxe Kommunikation. Was sie sagte und was sie eigentlich meinte, widersprach sich nicht selten. Vor allem, wenn er das Gefühl hatte, ungerecht behandelt zu werden, reagierte er sehr heftig, wie er uns bei der Traumbesprechung berichtete.
Hier ist auch der Zusammenhang zum Konflikt mit der Ehefrau zu sehen: Er fühlte sich als unschuldiges Opfer der undankbaren Frau. Obwohl er sich von seiner bewußten Einstellung her Klarheit und eine faire Auseinandersetzung wünscht, wollen ihn alte Verhaltensmuster, die negativen Gedanken (Dach = Kopf, Verstand) in ihren Bann ziehen. Da er sich letztendlich aber doch davon befreien kann, aktiv handelt und sich auf die Suche nach den verschwundenen Schuhen macht, findet er wieder, was er verloren hat. Zwar sind es jetzt Handschuhe, doch auch in ihnen steckt das Prinzip des Schutzes vor Kälte und Verletzung. Ausgerüstet mit dieser zweiten Haut, bekommt der Träumer die Situation schließlich in den Griff. Und als er das Auto im Traum lenkt, hat er, das heißt sein bewußtes Ich, das Steuer wieder in der Hand.

Es ist nicht alles Gold, was glänzt

Mit diesem Sinnspruch wird dem Menschen vermittelt, daß die wahren Werte oft im Unscheinbaren oder Schlichten verborgen liegen und wir uns nicht vom äußeren Schein blenden lassen sollen.

Traum

Ich gehe mit meinem Mann spazieren. Nach einer Weile tritt er beiseite, und ein großer, schlanker Mann kommt auf mich zu. »Ich möchte mit dir eng umschlungen gehen«, sagt er und legt seinen Arm um mich.
Das gefällt mir sehr, und ich denke: »Wie kann ein so junger, schöner Mensch sich in mich verlieben?« Er sieht mich an und sagt: »Ich will dich tragen«, und hebt mich auf seine Schultern.
Es ist einfach herrlich, dort oben zu sitzen. So stehen wir vor einem Schmuckgeschäft. Das Schaufenster ist übersät mit schönstem Mode- und Goldschmuck in den Farben Weiß und Gold. Überall glitzert, glänzt und funkelt es. Ein junger Mann ist dabei, die Schmuckstücke auszulegen und zu sortieren. Ein weißer Schmetterling, über und über mit Silber bestreut, fällt mir besonders auf. Das Geschäft selbst ist leer, ohne Mobiliar. »Heute morgen war es noch ein Blumengeschäft«, denke ich verwundert, »und jetzt hat man einen Juwelierladen daraus gemacht.« Ich wache auf.

Lebenssituation

Pfarrersfrauen teilen, ob sie wollen oder nicht, den Beruf ihres Ehemannes. Ihr Aufgabengebiet ist nicht nur privater Natur, sondern geht über den engen Kreis der Familie hinaus und bezieht die Fragen, Sorgen und Nöte einer Kirchengemeinde mit ein. Dies gilt vor allem, wenn es sich um eine ländliche, noch alten Traditionen verhaftete, kleine Gemeinde handelt. Die Träumerin meistert diese Aufgabe zur Zufriedenheit aller und ist ihrem Mann eine rechte Stütze.
Was früher nicht möglich war, als ihre Mädchen noch klein waren und der fünfköpfige Haushalt allein bewältigt werden mußte, kann nun verwirklicht werden, da die Kinder erwachsen und zum Teil aus dem Haus sind. Eine Veränderung steht

bevor, allerlei Pläne werden entwickelt, und die Übernahme einer Pfarrei in einer nahegelegenen Stadt wird erwogen.
Ein Ortswechsel mit beruflicher Veränderung heißt, sich vom Alten und Vertrauten, auch Liebgewordenen zu trennen und einer neuen, ungewissen, aber auch verlockenden Zukunft entgegenzusehen. Die Spannung, die solchen Umbruchzeiten vorausgeht, das Abwägen von Vor- und Nachteilen, das Prüfen, Bestätigen und wieder Verwerfen, schafft eine Atmosphäre der Ungewißheit, die eine Zerreißprobe für die Nerven darstellt. In dieser Zeit können Träume hilfreich sein und Fingerzeige geben, die, wohlverstanden, wertvolle Hilfe leisten.

Traumverständnis

Die Träumerin geht mit ihrem Mann spazieren, womit Gemeinsamkeit und Übereinstimmung ausgedrückt sind. Jetzt tritt er beiseite, und auf die Träumerin kommt ein wunderschöner Jüngling zu, der den Arm liebevoll um sie legt. Sie ist verwundert, als reife Frau von einem Jüngling geliebt zu werden. Aber vielleicht fehlt ihr zu ihrer Reife noch das unverbrüchliche Vertrauen, von einer höheren Macht, die in Christus verkörpert ist, geliebt, getragen und verstanden zu werden. In Zeiten des Umbruchs, in denen sich Unsicherheit, Zweifel und Ängste zu Wort melden und sich der Mensch schwach und hilflos erlebt, kann eine solche Traumbotschaft Ruhe und Frieden auslösen. Das Glücksgefühl, dessen sich die Träumerin in dem Traum bewußt war, wird unvergeßlich sein und ihr helfen, künftige Schwierigkeiten und Notzeiten zu überstehen. Sie hat im Traum, wo die Gefühle viel intensiver sind, hautnah erlebt, daß sie nicht alles allein bewältigen muß. Mit den überpersönlichen Mächten im Bunde darf sie sich sicher und geborgen fühlen.
Wie sich die nächste Zukunft gestalten wird, zeigt ihr der Juwelierladen. Früher war er ein Blumengeschäft, womit auf die

Tätigkeit ihres Mannes in einer ländlichen Gemeinde angespielt wird. Obwohl in der Realität noch nichts entschieden ist, signalisiert das Traumbewußtsein bereits die Veränderung, die erst in einigen Monaten stattfinden wird.
Die neue Aufgabe, in einer großen Stadtgemeinde zu wirken, hat in der Vorstellung etwas Funkelndes und Verlockendes und wird durch die reichen Schmuckstücke symbolisiert. Zugleich taucht aber auch der Gedanke auf, die neuen Möglichkeiten realistisch zu sehen. Das findet seinen Ausdruck in dem jungen Mann, einem Wesenszug der Träumerin. Er ist damit beschäftigt, die Dinge zu prüfen, auszuwählen, zu sortieren und jedem seinen richtigen Platz einzuräumen. Wie im Leben, so liegt auch hier alles dicht beieinander. Sie erkennt den edlen Goldschmuck, der ein Sinnbild für Wahrheit, Güte und Beständigkeit ist. Es gibt Wahrheiten, die zu allen Zeiten und bei allen Völkern Gültigkeit hatten und haben werden und solche, die genau wie der Modeschmuck der Vergänglichkeit unterworfen sind. Hier unterscheiden zu lernen, zu erkennen, daß nicht alles Gold ist, was glänzt und das Wesentliche vom Unwesentlichen zu trennen, ist eine immerwährende Aufgabe, der wir uns nicht entziehen können. Sie hat mit Entwicklung und Reifwerden zu tun und ist in dem Schmetterling angedeutet, auf den die Träumerin aufmerksam wird. Ahnt sie, daß der Schmetterling ein Wandlungssymbol ist und durch ihn das Stirb und Werde verkörpert wird? In seiner biologischen Entwicklung macht der Schmetterling eine Reihe von Verwandlungen durch. Aus dem Ei entwickelt sich eine Raupe, diese verpuppt sich, bis eines Tages ein Schmetterling die tote Hülle sprengt. Darum ist er Symbol der Auferstehung und Wiedergeburt – eine Möglichkeit, die in den Religionen aller Völker der menschlichen Seele zuerkannt wird.
Dieser Traum hat, wie jeder spüren wird, eine besondere Qualität. C. G. Jung würde ihn zu den »großen Träumen«

zählen, in denen das Jenseits in unsere Wirklichkeit einbricht und erfahrbar wird. Mit dieser Erfahrung, die aus den Urgründen der eigenen Seele stammt, erhält der von Eltern und kirchlichen Institutionen vermittelte Glaube ein Fundament, das trägt und alle Erschütterungen, denen wir ständig ausgesetzt sind, überdauert.

Laß die Sonne nicht über deinem Zorn untergehen

»Zürnet und sündiget nicht, lasset die Sonne nicht über eurem Zorn untergehen« (Paulus, Brief an die Epheser): Die Weisheit biblischer Texte rührt etwas Elementares in uns an, trifft direkt ins Herz und bedarf keiner Erklärung. Allein das Wort Sonne löst die vielfältigsten Gefühle in uns aus. Die Sonne ist die Quelle aller Schöpferkraft und mit Gott gleichzusetzen, der uns ins Leben rief und um den wir zusammen mit der Erde kreisen, ob es uns nun bewußt ist oder nicht.

Traum

Ich sitze im Auto und fahre nach Hause. Daheim angekommen steige ich aus und wundere mich über den Dreck, der überall herumliegt. Es sieht so aus, als habe jemand mit Erdklumpen um sich geworfen. Ich fühle mich von einem Mann beobachtet, der sich im Hintergrund des Gartens aufhält. Dann gleitet mein Blick an der Hausfassade nach oben, und ich sehe etwas, das mir angst macht. Über die Sonne, die eben noch hell strahlte, schieben sich dunkle Wolken, bis sie völlig dahinter verschwunden ist.

Lebenssituation

Das Miteinander, Nebeneinander und Gegeneinander in einer Ehe bekommt Frau B. oft zu spüren, und es gelingt ihr nicht, damit umzugehen. Ihr Versuch, sich neben dem Haushalt, einer halbtägigen beruflichen Tätigkeit sowie der Mitarbeit in der Werkstatt ihres Mannes auch noch einen Freiraum zu schaffen, um eigenen Interessen nachzugehen, erscheint undurchführbar. Aufgrund seiner autoritären Haltung vertritt ihr Mann die Meinung, sie müsse genau wie er ihre ganze Kraft einsetzen, um die auf dem Haus liegende Schuldenlast so schnell wie möglich zu verringern. Mit diesem Leistungszwang und der nur materiellen Einstellung zum Leben glaubt er, sich von seiner Alkoholsucht befreit zu haben, und versteht nicht, daß sie sich in Arbeitssucht umgewandelt hat. Das macht ihn reizbar, unzufrieden mit sich selbst, und er wird zum Nörgler an Frau und Tochter sowie an ihren in der Nähe wohnenden Eltern und Geschwistern.

Zum Leidwesen von Frau B., die inzwischen über ihre Situation nachgedacht hat, kommt es immer wieder zu heftigen Auseinandersetzungen. Sie liebt ihren Mann genauso, wie sie ihren Vater geliebt hat, mit dem sie eng verbunden war und von dem sie sich verstanden fühlte. Vor zwei Jahren kam der Vater durch einen Unfall ums Leben, und die heimliche Angst, sie könnte auch noch ihren Mann verlieren, wenn sie eigene Bedürfnisse anmeldet, verhindert ihre Emanzipation.

Sie ist sich ihrer selbst nicht sicher, hat keinen festen Standpunkt, und das Schwanken zwischen Abhängigkeit und Selbständigkeit verunsichert sie beide. Keiner weiß so recht, woran er ist. Die Aussprachen klären nicht, sondern stiften, weil unsachlich geführt, nur Verwirrung. Die sich daraus ergebenden Trotzreaktionen, einfach davonzugehen oder sich umzubringen, werden von ihr in Gedanken durchgespielt und wieder verworfen. Danach folgt meist eine Versöhnung, die von guten Vorsätzen begleitet ist. Im Grunde genommen wissen sie, daß sie zueinander gehören und daß die gemeinsam erlebten Freuden und Leiden einer zwölfjährigen Ehe Bedeutung haben und nicht so einfach abgetan werden können. Die Unfähigkeit, Wünsche, Bedürfnisse und Empfindlichkeiten einander mitzuteilen und einen Streit auf faire Weise zu führen, braucht heute nicht mehr zu einem Dauerproblem zu werden. Wozu haben wir Eheberatungen mit geschulten Fachkräften, die genügend Erfahrung besitzen, helfend einzugreifen? Wer den Mut aufbringt, Hilfe in Anspruch zu nehmen und gewillt ist zu lernen, Neues, Unbekanntes in sein Leben aufzunehmen und nicht davor zurückschreckt, das eigene negative Verhalten in der Partnerschaft zu erkennen, bekommt eine günstige Veränderung zu spüren. Es gibt immer und überall einen Ausweg, um mit Schwierigkeiten fertig zu werden. Wir dürfen nur nicht zu stolz sein, um Hilfe zu bitten, wenn wir aus verwickelten Situationen nicht herausfinden. Wer außerdem noch Trost im Gebet findet wie Frau B., die eine gläubige Katholikin ist und einen guten Zugang zu ihren Träumen hat, in denen die überpersönlichen Mächte in Bildern zu uns sprechen, kann sich nicht mehr verlieren und wird immer wieder zu sich selbst finden.

Traumverständnis

Der Traum bringt eine Botschaft, und um sie zu entschlüsseln, überlegte Frau B., was sich in den letzten Tagen ereignet hatte. Sie weiß, daß Geschehnisse des Vortages Auslöser für die Traumgestaltung sein können. Was sie erlebt, gedacht und gefühlt hat, findet seinen Niederschlag im Unbewußten, wird dort verarbeitet, mit Fakten und Daten angereichert und erscheint dann in Bilder und Symbole gekleidet auf ihrem nächtlichen Bildschirm. Beim gefühlsmäßigen Eintauchen in die Traumszenen fiel ihr der Streit vom Vortag ein, den sie mit ihrem Mann hatte, als sie im Auto unterwegs waren. Sie spürte noch einmal Wut und erinnerte sich an die

haßerfüllten Worte, mit denen sie sich gegenseitig kleingemacht hatten. Ihr Streit war in einen Kampf ausgeartet, und es ging nicht mehr um die Sache, sondern um das Kräftemessen, um das Behaupten der Machtpositionen, mit dem Ziel, den Schwächeren zu unterdrücken. Es waren harte Brocken, die sie sich gegenseitig an den Kopf geworfen hatten. Frau B. sieht sie in ihrem Traum als Erdklumpen. Mit dem Beobachter im Hintergrund, der sowohl ihr eigener Mann als auch ein männlicher Teil in ihr sein kann, läßt sich die unausgesprochene Frage verbinden, welche Gefühle die Verwüstung in ihr auslösen werden. Auch sie ist sprachlos und blickt an ihrem Haus empor, das als Heim, Schutz und warmes Nest gedacht ist, zum Wohl aller, die darin wohnen.
Ihr wird ängstlich zumute, als sie mit ansehen muß, wie die Sonne, eine Quelle der Wärme und Lebenskraft, hinter drohenden Wolken verschwindet. Ein Gewitter ist im Anzug, das sich mit Blitz und Donner entladen wird und das Zerstörung hinterläßt. Hier ist aufgenommen, was sich am Vortag zwischen Frau B. und ihrem Mann ereignet hatte: eine Entladung von Haß, Wut und Zorn, die einem Donnerwetter gleichkommt. Was es angerichtet hat, zwang Frau B. zur Aufmerksamkeit und zum Nachdenken. Sie war traurig, daß alle guten Vorsätze, die sie sich nach dem sonntäglichen Kirchenbesuch vorgenommen hatte, so schwer umzusetzen sind. Wie im Traum die Sonne, so verfinsterte sich ihr Bewußtsein, und sie war nicht mehr Herr ihrer selbst. Durch den Traum wird sie sich ihres triebhaften Verhaltens bewußt, sorgt sich, wie es weitergehen soll, und hat damit den ersten Schritt zur Veränderung getan. In kleinen Schritten wird es weitergehen, wenn Aufmerksamkeit und Wille nicht erlahmen. Der Erwerb von Fähigkeiten, seien sie nun körperlicher oder seelischer Art, verlangt ein Training, und wer die Anstrengung nicht scheut, dem ist der Erfolg gewiß.

Um sich verständlich zu machen, bedient sich das Traumbewußtsein der Bilder und Symbole, die aus dem Erlebnis-, Berufs- und Interessenbereich des Träumers stammen. Eine Erzieherin, die aus Liebe zu Kindern den Beruf ergriffen hat, wird diese auch in ihren Träumen wiederfinden. Handwerker, die mit Werkzeugen und Maschinen umgehen, erhalten Szenen aus diesem Bereich. Ein Sportlehrer oder Fußballfan hat es mit Sinnbildern zu tun, die diesem Bereich entstammen und die er leicht verstehen wird. Frau B., die mit der Bibel vertraut ist, erhält einen in Bilder umgesetzten Bibeltext, dem sie einen Ratschlag entnehmen kann. Er unterstützt ihre guten Vorsätze, sich von Wut, Zorn und Haß nicht überwältigen zu lassen, weil sie inzwischen eingesehen hat, daß mit diesem Verhalten keine Probleme zu lösen sind.

Jemandem das Wasser reichen

Diese Redensart stammt aus dem frühen Mittelalter. Damals gab es zum Essen kein oder wenig Besteck. Vor und nach dem Essen wurde deshalb in Schalen Wasser zum Händewaschen gereicht, was einer der niedrigsten Dienste war. Wir gebrauchen diese Redensart deshalb auch heute noch, wenn wir unsere Geringschätzung ausdrücken wollen. Wir sagen dann zu demjenigen, den wir für unfähig oder unwürdig halten, daß er uns das Wasser nicht reichen könne.

Traum

Ich bin mit einer Gruppe von Freunden im Urlaub. Wir gehen in unserer Pension zum Frühstück. Die Männer sitzen mit der Wirtin schon am Tisch und haben Getränke, die Wirtin eine Tasse heißes Wasser. Die Wirtin macht keinerlei Anstalten, um uns Frauen auch etwas zu trinken zu

bringen. Elvira greift nach der Tasse mit heißem Wasser, um Pulverkaffee hineinzutun; die Wirtin nimmt ihr die Tasse aber wieder weg.
Szenenwechsel: Ich zünde im Häuserblock meiner Eltern ein Haus an, umrunde dann den Block, sehe überall Efeu und Immergrün zwischen den lodernden Flammen. Dann bin ich im Garten meiner Eltern. Meine Mutter will, daß ich ihr ein Glas Mineralwasser bringe, und sagt: »Nur mal sehen, ob du das kannst.«

Lebenssituation

Die Träumerin ist eine junge Frau, die sich gerade intensiv mit der Beziehung zu ihrer Mutter auseinandersetzt. Auslöser dafür war zum einen, daß sie seit kurzem selbst Mutter geworden ist und dadurch die Beziehung zu ihrer Mutter in neuem Licht sieht. Zum anderen fühlte sie sich durch den Umgang der Mutter mit dem Enkelsohn stark an ihre eigene Kindheit erinnert, in der die Liebe und Zuwendung der Mutter in erster Linie dem älteren Bruder galt. Sie erzählte uns, daß in ihrer Familie der Bruder immer an erster Stelle stand und beispielsweise beim Mittagessen immer die besten Stücke bekam. Viele ihrer Träume kreisten um den Mittagstisch, wobei wir Nahrungsaufnahme auch im seelischen Sinne verstehen können; so sind Liebe, Zuwendung und Anerkennung Nahrung für unser seelisches Wachstum.
Zur Zeit ist der Kontakt zur Mutter sehr distanziert, und die Träumerin erkennt mehr und mehr die Beziehungsmuster, die seit der Kindheit wirksam sind. Dieser schmerzhafte Prozeß der Desillusionierung, bei dem viele verdrängte Gefühle wie Wut, Enttäuschung oder Angst hochkommen, ermöglicht eine schrittweise Abnabelung von der Mutter, die nötig ist, damit wir schließlich zu uns selbst finden und Eigenverantwortung für unser Leben übernehmen können.

Traumverständnis

Die junge Frau, die zu Beginn der Traumarbeit ihre Kindheit, Familie und vor allem die Mutter sehr idealisierte, wird durch die Träume allmählich ihrer Illusionen beraubt. Zuerst konnte sie kaum annehmen, daß sie vieles Negative nicht sehen wollte, doch inzwischen ist sie froh um jeden Traum, der ihr weitere Klarheit bringt, auch wenn das oft nicht ohne Tränen vonstatten geht. Aber jede wirkliche Ablösung ist auch eine Trauerarbeit, die unsere Gefühle bewegt.
Besonders schmerzlich war der Träumerin das Eingeständnis, daß die Mutter den Bruder vergötterte, sie aber, die Tochter, wie ein Aschenputtel behandelte. Der vorliegende Traum schildert das auf seine Art. Die Mutter verlangt von der Träumerin, daß sie ihr ein Glas Wasser bringen solle, und ihre abfällige Bemerkung, sie wolle nur mal sehen, ob sie das könne, zeigt ihre Einstellung zur Tochter. Sie ist der Meinung, daß die Tochter ihr wohl das Wasser nicht reichen könne, stellt sich dadurch selbst auf ein Podest und degradiert die Träumerin, der sie nicht einmal einen so geringen Dienst zutraut.
Aber die Träumerin machte dieses Spiel nicht mehr mit, was in der Realität dazu führte, daß die Beziehung zwischen Mutter und Tochter so gut wie eingefroren war. Im Traum zündet sie das Elternhaus an, verbrennt dadurch die alten Muster, die sie so lange gequält hatten. Die reinigende Symbolik des Feuers ist Ausdruck einer grundlegenden Erneuerung. Efeu und Immergrün sind Grabpflanzen, die hier anzeigen, daß zu Grabe getragen wird, was von dem Reinigungsprozeß, also den Flammen, erfaßt wurde.

Jetzt verstehen wir auch den ersten Traumteil, der in verkleideter Form das Problem der Träumerin darstellt. Sie muß feststellen, daß die Männer ihrer Reisegruppe bereits bedient wurden, während die Wirtin keine Anstalten macht, ihr und den anderen Frauen etwas zu trinken zu bringen. Wie in ihrer

Familie die männliche Seite, der Bruder, bevorzugt wurde und sie zurückstehen mußte, so werden hier im Traum die Männer bewirtet, und die Frauen scheinen leer auszugehen. Die Wirtin, eine ältere, resolute Frau, erinnert an die versagende Mutter. Sie zieht die Tasse Wasser, das hier für das Wasser des Lebens steht und fruchtbares Gedeihen bedeutet, der Freundin sogleich wieder weg, als diese danach greift. Hier wird dargestellt, was die Mutter ihrer Tochter vorenthält: Es ist die seelische Nahrung, es sind Gefühle, die in dem Wasser ihren symbolischen Ausdruck finden. Die weibliche Seite der Träumerin, die seelische Ebene also, im Traum durch ihre Freundin Elvira dargestellt, mußte dürsten, die »Seelenpflanze« kümmerte vor sich hin und beginnt jetzt, wo sie diesen verinnerlichten Prozeß erkennt – sie selbst behandelte ihre Gefühlswelt nicht besser als die Mutter –, langsam wieder zu wachsen und gedeihen. Je mehr die reinigenden Flammen der bewußten Erkenntnis die Hindernisse beseitigen und je mehr von all dem durch Trauerarbeit zu Grabe getragen wird, was sie hinderte, sich selbst anzunehmen und zu lieben, desto besser wird sie fähig sein, sich ihre (Seelen-)Nahrung selbst zuzubereiten und ihren Durst nach Zuwendung und Geborgenheit zu stillen.

Eine harte Nuß zu knacken haben

Auf wem ein schweres Geschick lastet oder wer eine schwierige Aufgabe zu bewältigen hat, der muß im sprichwörtlichen Sinne eine harte Nuß knacken. Schwierigkeiten, die man zu überwinden hat und an denen man sich auch die Zähne ausbeißen kann, wurden bereits im Mittelalter in dem Bild der Nuß, deren Frucht durch eine harte Schale geschützt ist, dargestellt. Auch Rätsel werden gern als Nüsse bezeichnet, die es zu knacken gilt.

Traum

Ich besuche einen jungen Mann, der einen Wald aus Walnußbäumen besitzt. Der Boden ist moosig und wirkt märchenhaft. Mir fällt auf, daß keine Nüsse am Boden liegen. Etwas später sind dann doch Nüsse heruntergefallen. Ich will ein paar davon aufsammeln und mit heimnehmen. Ich hebe eine Nuß auf, die jedoch schon offen ist.
Szenenwechsel: Ich schwimme im Meer mit mehreren Männern. Da entdeckt einer eine Wasserschlangenfamilie. Schon gibt es einen Kampf und am Schluß einen Toten.
Szenenwechsel: Ich sehe, daß das Laub an den Bäumen schon wieder braun geworden ist. Im nächsten Bild ist es abgefallen. Es liegt Schnee, und die Sonne scheint. Ich aber bin sehr traurig, daß der Sommer so kurz war und es schon wieder kalt ist.
Szenenwechsel: Ich sitze Karin und Petra gegenüber. Beide haben ein gelbes T-Shirt an. Ich sage, daß ich kein weiteres Kind mehr will. Karin ist etwas erstaunt.

Lebenssituation

Wir haben es hier noch einmal mit der jungen Frau zu tun, der wir bereits durch den Traum »Jemandem das Wasser reichen« begegnet sind und die sich in einer intensiven Phase der Auseinandersetzung und Ablösung von ihrer Mutter befindet. Nach dem damaligen Traum hatte sie seit längerer Zeit wieder eine Begegnung mit ihrer Mutter, bei der sie sich Klärung und Harmonisierung erhoffte. Nach dem Treffen war sie jedoch enttäuscht und mußte feststellen, daß ihre Mutter nach außen hin zwar das Bild der verständigen und abgeklärten Mutter zeigte, bei etwas genauerer Betrachtung jedoch deutlich zu erkennen war, daß sie die Tochter als eigenständigen, freien Menschen nicht akzeptierte. Früher ist die junge Frau an solchen für sie scheinbar unlösbaren, widersprüchlichen Situationen fast verzweifelt. So wollte sie, inzwischen erwachsen geworden, ihre Eigenständigkeit gewinnen, war aber andererseits nach wie vor auf die Anerkennung durch die Mutter angewiesen. Durch die bewußte Auseinandersetzung mit diesem Thema kam ein Entwicklungs- und Ablösungsprozeß in Gang, der es ihr ermöglichte, allmählich auf eigenen Beinen zu stehen und die äußere Abhängigkeit durch einen inneren Halt zu ersetzen. Die Träume waren und sind dabei ihre treuesten Begleiter, die sie bei ihrem Anliegen unterstützen – durch Ermutigungen, Warnungen, Ratschläge, Hinweise und durch das Aufdecken der realen Situation. So auch in diesem Traum.

Traumverständnis

Da der Traum aus mehreren kurzen Szenen besteht, die auf den ersten Blick nichts miteinander zu tun zu haben scheinen, ist es hilfreich, zuerst den roten Faden zu suchen, der die Teile verbindet. Bei der Träumerin ist es aufgrund ihrer Lebenssituation naheliegend, die Spurensuche bei der Mutterbeziehung zu beginnen.

Die Stimmung von Traurigkeit in der Herbst- beziehungsweise Winterszene, in der sich das Laub verfärbt und Schnee liegt, deckt sich auffällig mit dem Gefühl der Enttäuschung nach dem ernüchternden Treffen mit der Mutter. Der Sommer war kurz, und es ist schon wieder kalt, ein Zeichen dafür, daß die Träumerin mit ihrer Mutter nicht mehr warm geworden ist. Treffend kleidet der Traum die Frustration über die erkaltete Beziehung zur Mutter in das Bild vom Schnee, der ja gefrorenes Wasser ist und, wörtlich übersetzt, gefrorene Gefühle bedeutet.

Parallel dazu wird die Träumerin Zeuge eines mörderischen Kampfes von Wasserschlangen mit Menschen. Es bietet sich in diesem Zusammenhang an, die Schlange als verschlingenden, verführenden Aspekt des Weiblich-Mütterlichen zu deuten, wie wir ihn zum Beispiel in der Bibel im Sündenfall begegnen. Der Träumerin wird hier noch einmal vor Augen geführt, wie sehr sie sich bisher von der äußeren wie auch von der verinnerlichten Mutter verschlingen, also in das Unbewußte und damit in die Handlungsunfähigkeit hat ziehen lassen. Der Kampf fordert einen Toten, und wir dürfen vermuten, daß es sich dabei um eine männliche Wesensseite der Träumerin handelt, ist sie doch in Männerbegleitung, als sie im Meer schwimmt. Wenn wir diesen Wesensteil mit männlichen Eigenschaften wie Durchsetzungsvermögen, Abgrenzungsfähigkeit und dem Impuls nach Selbständigkeit gleichsetzen, dann hat die Wasserschlange bislang verhindert, daß sich diese Qualitäten bei der Träumerin manifestieren konnten. Doch das ist inzwischen anders geworden.

Einen großen Teil der schwierigen Aufgabe, sich aus dem Gefangensein in mütterlichen Normen und Werten zu befreien, hat sie bewältigt, und diese für sie harte Nuß scheint geknackt. Grund zu dieser optimistischen Annahme gibt uns die erste Traumszene, in der die Träumerin eine offene, also bereits geknackte Nuß vom Boden aufhebt. Wieder ist ein Mann mit im Spiel, und diesmal erscheint er gesund und lebendig und besitzt zudem einen ganzen Wald aus Walnußbäumen. Der Befreiungskampf hat ihre männlichen Anteile wieder aktiviert, mit deren Hilfe es schließlich gelang, die Nuß zu knacken und sich aus den inneren wie äußeren Verstrickungen zu befreien.

Sie wirkte auch sehr gelassen, als sie über ihre Mutter sprach, kann nun akzeptieren, wie es früher war und jetzt ist, ohne sich selbst dabei zu verlieren. Sie ist eben kein Kind mehr, ist nicht mehr ausgeliefert, kann sich selbst helfen. Daß sie ihren beiden Bekannten mitteilt, kein Kind mehr haben zu wollen, ist in dieser Hinsicht zu verstehen. Sie will nicht mehr in die Rolle des Kindes verfallen und arbeitet daran, ihre infantilen Vorstellungen und Einstellungen umzuwandeln. Aber wir können die Geburt eines Kindes auch symbolisch als neues Leben und Werden betrachten. Im Gesamtzusammenhang dieses Traumes ist wohl die Beziehung zur Mutter gemeint, in der zur Zeit keine weiteren Kinder geboren werden und die nicht weiterwachsen kann, da es der Mutter einfach noch nicht gelingt, ihrerseits die veränderten Vorzeichen zu akzeptieren und die Tochter zu nehmen, wie sie ist.

Eine stagnierende beziehungsweise eingefrorene Beziehung zur Mutter scheint der Preis für die Träumerin zu sein, ihren Weg zu gehen. Nicht selten geraten Menschen, die an ihrer seelischen Entwicklung arbeiten, in solche Entscheidungssituationen, in denen sie zwischen der Sympathie, Zuwendung und Akzeptanz von Verwandten, Freunden und Bekannten einerseits und dem erkannten eigenen Weg andererseits wählen müssen. Einen solchen Widerspruch zu ertragen, ist im wahrsten Sinne des Wortes eine harte Nuß, an der man zu knacken hat. Dabei ist es wichtig, weder in das Extrem von symbiotischer Identifikation mit den betreffenden Mitmenschen noch in das Extrem von intoleranter Ablehnung zu verfallen. Das Erwachsenwerden läuft eben nicht ohne Geburtswehen ab und verlangt eine schrittweise Abnabelung, ein Loslassen von unfrei machenden emotionalen Anhaftungen an andere Menschen. Die Abnabelung von der Mutter spielt dabei eine zentrale Rolle und entscheidet darüber, inwieweit wir noch Kind beziehungsweise kindlich sind oder sein wollen oder aber bereit sind, Eigenverantwortung für unser Leben zu übernehmen, was auch bedeutet, nicht in einseitigen Schuldzuweisungen steckenzubleiben, sondern bewußt zu erkennen, zu verstehen, zu verwandeln und zu verzeihen.

Da guckt der Pferdefuß heraus
Die Sache hat einen Haken

Im Volksglauben ist der Teufel mit dem Attribut des Pferdefußes ausgestattet. Wenn der Teufel seine Hand im Spiel hat und in einer Angelegenheit plötzlich eine bisher verborgene Hinterlist oder Unannehmlichkeit offenbar wird, dann verwenden wir gern diese Redensart.
Wenn bei einer Sache unerwartet eine versteckte Schwierigkeit auftaucht, dann hat sie einen Haken. Diese Redensart stammt aus dem Fischereiwesen und meint den Angelhaken, an dem sich ein Köder befindet. Aber nicht nur Fische, sondern auch wir Menschen werden oft mit scheinbar günstigen Angeboten geködert, sehen zunächst nur den Vorteil und übersehen die schädlichen Folgen, wenn die Sache einen Haken hat.

Traum

Ich sehe im Traum ein kräftiges braunes Pferd vor mir. Wenn man eine Stahlfeder oder einen Haken an seinem Fuß betätigt, bleibt man auf ihm sitzen.

Lebenssituation

Krisenzeiten im Leben eines Menschen sind Umbruchzeiten, die keinem erspart bleiben. In ihnen wird er orientierungslos, fühlt sich eingeengt, ist niedergeschlagen und weiß weder ein noch aus. In diesem Zustand befindet sich die Träumerin und sucht verzweifelt nach einem Ausweg. Die Enttäuschungen in der Liebe und die wiederholten Trennungen lassen sie in ihrer sonst so geliebten Arbeit in eigener Werkstatt keinen Trost mehr finden. Quälende Gedanken über eigenes Versagen, über die Sinnlosigkeit allen Geschehens verdüstern den Tag und machen alle bisher errungenen Einsichten über Sinn und Aufgaben des Lebens zunichte.

Um ihr aus dem desolaten Zustand herauszuhelfen, tritt der Freundeskreis mit guten Ratschlägen auf den Plan, die vertrauenerweckend erscheinen. Freundinnen, mit Therapiegruppen vertraut, sind mit allerlei Vorschlägen bei der Hand, die manchmal sogar Wunder bewirken sollen. Was heute alles in der Therapieszene und besonders in Großstädten angeboten und – man kann schon sagen – vermarktet wird, bedarf der kritischen Betrachtung. Neben den echten Gurus gibt es ebenso viele falsche, die von sich abhängig machen, die Lebensrichtlinien bestimmen wollen und sich dabei obskurer Mittel bedienen. Die Verlockung, einer mühseligen und langwierigen Arbeit an sich selbst auszuweichen und schnelle Hilfe von einem Geistheiler, einer Handauflegerin oder einer Hellseherin zu erwarten, ist groß, mindert die nötige Skepsis und den gesunden Menschenverstand, die hier angebracht wären.

Die Träumerin geriet an eine Frau, die mittelalterliche Magie wiederaufleben läßt und damit gutes Geld verdient. Sie redet ihren Kunden ein, daß sich verstorbene Seelen, die im Jenseits keine Ruhe finden, in den Organen lebender Menschen eine Behausung suchen und hier ihr Unwesen treiben. Während der Sitzung soll die mit viel Geheimnistuerei in einen vernebelten Zustand versetzte Kundin herausfinden, in welchem ihrer Organe sich eine »schwarze Seele« eingenistet habe. So könnte beispielsweise in der Gebärmutter ein Mann sitzen, der auf Erden seine Frau umgebracht hat, oder in der Leber eine Frau, die eine Rabenmutter war. Es gelte nun, diesen armen, verirrten Seelen bei der Erlösung zu helfen, indem man

sie freundlich und liebevoll herauskomplimentiert und sie ins Licht schickt.
Der Gedanke, andere für schuldig zu erklären, wenn es einem schlechtgeht, scheint unausrottbar zu sein. Die Suche nach dem Sündenbock ist zu allen Zeiten erfolgreich gewesen und bedeutet eine Entlastung für eigenes schuldhaftes Versagen. Selbst die Toten mußten und müssen noch heute diesen Part übernehmen, ohne sich dagegen wehren zu können. Wer den Schwindel durchschaut und sich nicht täuschen läßt, ist das Traumbewußtsein, und seine knappe Bildkomposition kann nachdenklich machen.

Traumverständnis

Das kraftvolle braune Pferd, mit dem die Träumerin konfrontiert wird, verkörpert ihre Lebenskraft. Feinnervig, klug und empfindsam, wie Pferde im allgemeinen sind, zeichnet sich dieses durch eine Besonderheit aus. Es besitzt einen Haken am Fuß, der, wenn man ihn umlegt, bewirkt, daß die Träumerin auf dem Pferd sitzen bleibt, das heißt, Roß und Reiterin können sich nicht mehr von der Stelle bewegen. Wer aber sitzenbleibt, kommt nie ans Ziel. Er hat das, was er lernen sollte, verpaßt und muß die Lektion wiederholen. Für die Träumerin bedeutet das zu erkennen, wann, wo und wie sie andere für ihre seelischen Leiden verantwortlich macht. Sie erwartet Hilfe von einer Frau, die auch sitzengeblieben ist, nämlich im Mittelalter, wo das Pferd zum Sinnbild dunkler, bedrohlicher Mächte wurde und man dem Teufel einen Pferdefuß nachsagte. Wie man damals annahm, versuchte der Teufel den Menschen in allerlei Gestalt, konnte aber sein wahres Wesen nicht verbergen, denn der Pferdefuß verriet ihn.
Die Hoffnung der Träumerin, durch die Seelenaustreibung geheilt zu werden, stellt der Traum in Frage. Er macht sie auf

den Haken aufmerksam, den diese Sache hat. Wir glauben heute, daß alles machbar sei, fühlen uns gottähnlich und manipulieren auf »Teufel komm raus«. Der Teufel versucht uns in allerlei Gestalt, und an uns liegt es, den Pferdefuß zu erkennen. Die Psychologie lehrt, daß wir den Teufel, das abwegige Dunkle und Böse in uns, nicht wahrhaben wollen und verdrängen, bis es uns nicht mehr bewußt ist. Was unbewußt ist, unterliegt der Projektion, einem Mechanismus, der automatisch abläuft und uns scheinbar von unseren Übeln entlastet. Wir erleben sie dann am anderen, ohne zu wissen, daß dieser nur ein Spiegel für uns ist, der zurückwirft, was wir in ihn hineinverlegt haben.

Wenn unsere Selbsterkenntnis so weit gediehen ist, daß wir diese Spiegelung wahrnehmen, können wir die Projektion zurücknehmen. Dies ist ein sehr bewußter Vorgang, der eine gewisse Reife voraussetzt, während das Projizieren ein unbewußter Vorgang ist, automatisch funktioniert und schon beim Kleinkind zu finden ist. Wollten wir uns *bewußt* von einer unliebsamen Eigenschaft wie Neid, Geiz oder Eifersucht durch Projektion befreien, wäre das unmöglich, weil das, was bewußt ist, was wir erkannt haben, sich nicht mehr projizieren läßt. Nur unbewußte Inhalte werden projiziert, wozu durchaus auch positive Eigenschaften gehören können. Obwohl der Träumerin diese Tatsachen längst bewußt waren, läßt sie die augenblickliche Lebenskrise in eine Regression fallen und auf abgelegte, infantile Verhaltensweisen zurückgreifen. Das wird von der Traumkraft sofort registriert und durch ein Traumbild verdeutlicht.

Der Zug ist abgefahren

Obwohl diese Redensart etwas Negatives ausdrückt – es ist bereits zu spät, man hat zu lange herumgetrödelt, eine Chance ist verpaßt worden –, kann sie sich in manchen Träumen ins Positive verkehren, wie die spätere Deutung erkennen läßt.

Traum

Ich fahre mit einem Jugendfreund im Zug. Als Bestimmungsort klingt mir beim Aufwachen Schöneich und Schönkirch im Ohr. Auf einem Bahnhof steigen wir aus, um umzusteigen. Ich komme nicht mehr rechtzeitig in den Zug, und er fährt mit meinem Begleiter ohne mich fort. Ich renne hinter ihm her, gebe es aber bald auf. Ein Bahnbediensteter meint auf meine Frage, wie ich nun an mein Ziel komme, daß ich am besten mit dem Taxi fahre, es würde nur eine Minute dauern, da der Ort gleich in der Nähe sei. Ich laufe jedoch und komme in ein schönes Tal, durch das ein Bach fließt. Ich deponiere mein Gepäck in einem nahegelegenen Haus und gehe zum Bach, um mich zu erfrischen. Unterwegs begegnet mir eine Frau, etwa Mitte dreißig, eine rassige Spanierin oder Mexikanerin. Ich frage mich, ob sie wohl etwas dagegen hat, daß ich mein Gepäck in ihrem Haus untergestellt habe. Aber sie nimmt keine Notiz von mir und geht weiter. Ich wasche mich am Bach und gehe zum Haus zurück, um mein Gepäck zu holen und weiterzuwandern. In meinem Gepäck befindet sich neben mehreren Handtüchern auch meine Querflöte.

Lebenssituation

Der Träumer, ein junger Mann von dreißig Jahren, ist in einem kleinstädtischen Milieu in der Obhut seiner Großeltern und Urgroßeltern aufgewachsen. Das blieb nicht ohne

Wirkung auf seine Entwicklung. Die Hinfälligkeit und Morbidität der Alternden gaben dem äußerst sensiblen Kind nicht genügend Sicherheit, vertrauensvoll auf das Leben zuzugehen. Es spann sich in eine magisch-mythische Welt ein, in der Hexen, Dämonen und Teufel ihr Unwesen trieben und durch selbstausgedachte Rituale beruhigt werden mußten. Der Umgang mit den Nachbarskindern und die Schule lösten die introvertierte Phase ab und weckten die intellektuellen Kräfte, die ein müheloses Lernen ermöglichten. Der Wissensdrang regte sich mächtig und ließ Schulschwierigkeiten nicht aufkommen. Er hatte Erfolg, war bei seinen Mitschülern angesehen und wurde bei Spielen zu ihrem Anführer. Nur einer, der genauso ehrgeizig war wie er selbst, machte ihm den Platz streitig, und es kam zu einem Konkurrenzkampf, bei dem jeder versuchte, der Beste, Angesehenste und Erfolgreichste zu sein. Wenn der Ehrgeiz überhandnimmt und in Machtkämpfen ausgetragen wird, ist es mit der Mitmenschlichkeit vorbei, und der Charakter verhärtet sich.

Als Erwachsener versuchte der Träumer, sich Klarheit über sich selbst zu verschaffen und begann, sein Verhalten, die Einstellung zu sich selbst und zum Mitmenschen zu reflektieren. Wo komme ich her, wo stehe ich jetzt, und wo gehe ich hin? Das waren Fragen, die ihm auf der Seele brannten. Reisen führten ihn nach Indien, Griechenland und Indonesien sowie in verschiedene Camps, in denen tibetanische Mönche Christen in buddhistischer Weisheit unterweisen. Sich durch das Erleben einer fremden Kultur mit der eigenen auseinanderzusetzen erweitert den Gesichtskreis und hilft, die eigene Mentalität zu finden. Außen zu suchen, was man nur im Innern finden kann, ist eine Vorstufe, auf der man aber nicht stehenbleiben darf.

So wandte sich der Träumer der Esoterik zu. Er vertiefte sich in astrologische Literatur und nahm Kontakt zu seinen Träumen auf. Nach und nach lernt er nun, ihre in Bildern verschlüsselten Botschaften zu verstehen und erhält Antwort auf seine Fragen. Er ist ein Suchender, und seine Bereitschaft zu lernen, zu verstehen und die Geduld nicht zu verlieren, wenn sich die Idealvorstellungen nicht so leicht verwirklichen lassen, ist sein tägliches Bemühen, das kleine Erfolge zeitigt. An diesem Punkt setzt der Traum ein und zwingt ihn, vom übertriebenen Ehrgeiz und vom Konkurrenzkampf, die ihm mehr schaden als nützen, Abschied zu nehmen.

Traumverständnis

Der Träumer sitzt im Zug und befindet sich auf der Lebensreise. Er wird auf vorgeschriebenen Gleisen weiter in das Leben hineingeführt. Der Begleiter ist sein ehemaliger Schulfreund, den er längst aus den Augen verloren hat. Einstige Freunde und Bekannte kommen nicht von ungefähr in unsere Träume. Sie werden gezielt vom Traumbewußtsein ausgewählt, um ein Stück unbewältigter Vergangenheit lebendig zu machen. Was für ein Bild habe ich mir von meinem Freund gemacht? Wie sah die Beziehung aus, die ich zu ihm hatte? Diese Fragen muß der Träumer nun klären. Es fiel ihm ein, daß der Freund kreativ und intelligent gewesen ist, jedoch auch egozentrisch und sehr von sich eingenommen: »Wir konkurrierten miteinander«, erinnerte sich der Träumer, »und jeder wollte auf allen Gebieten der Beste sein.«

Wie wir sehen, ist dieser Freund ein Spiegelbild des Träumers, der sich nun mit seinem eigenen Ehrgeiz und Konkurrenzdenken auseinandersetzen muß. Beim Umsteigen geschieht es dann. Er kommt nicht rechtzeitig zu dem anderen Zug, zum Glück möchte man sagen, in dem der Jugendfreund davonfährt. Sein Hinterherrennen ist nur ein schwacher Versuch, und er steigt nicht mehr ein, nämlich auf einen

Konkurrenzkampf und auf ein Wetteifern längst ungültig gewordener Ideale. Dieser Zug ist endgültig für ihn abgefahren.

Seine Entscheidung, auf eigenen Füßen weiterzugehen und nicht im Taxi zu fahren, wird belohnt. Geduldig, nicht mehr angetrieben vom Ehrgeiz, setzt er einen Schritt vor den anderen, ist offen für alles, was um ihn herum vorgeht, und gelangt in ein fruchtbares Tal. Die heitere, friedvolle Stimmung verlockt ihn zum Bleiben, und nach einer Weile befreit er sich von seinem Rucksack, um sich am Bach zu erfrischen. Ab und an braucht die Seele eine kleine Reise, eine kleine Sommerfrische, ein Aufatmen und Loslassen der strengen Anforderungen des Alltags. Man kann das grüne Tal auch gleichsetzen mit dem gelösten und friedlichen Zustand, in dem sich der Träumer befindet, nachdem er den übertriebenen Ehrgeiz fahrenließ.

In der Begegnung mit der Südländerin, einer Gefühl, Wärme und Temperament ausstrahlenden Frau, einem Bild von Weiblichkeit, das er in sich trägt, zu dem er aber noch keinen Bezug hat und weswegen er im Traum auch von ihr nicht beachtet wird, spricht sein Traumbewußtsein ein Problem an. Wenn er gelernt hat, mit seiner Flöte umzugehen, das heißt die Gefühle zum Klingen zu bringen, wird sich die Beziehung zu Frauen verändern. Er weiß, daß noch manches zu bereinigen ist, und hat deshalb auch die Handtücher im Gepäck nicht vergessen.

Sein Ziel, das ihm beim Aufwachen vorschwebt, ist Schöneich und Schönkirch. Beide Vorstellungen entsprechen dem, was ihn innerlich bewegt und antreibt. Schöneich, die Eiche, der Baum überhaupt, ist ein uraltes Symbol des Lebens. Bei fast allen Völkern hat er die Bedeutung des Lebensbaumes. Als Traumsymbol weist er auf das Wachstum und die seelische Entfaltung des Träumers hin. In dem Bild der Kirche, einem

Ort des Glaubens, geht es um religiöse Erfahrungen, die jedem zugänglich sind, wenn er dafür offen ist.

Das ist mir Wurscht

Wenn wir einer Sache gleichgültig gegenüberstehen, dann gebrauchen wir dafür gern die Wendung »Das ist mir Wurscht«. Diese Redensart spielt darauf an, daß es egal ist, an welchem Ende eine Wurst angeschnitten wird.

Traum

Ich bin in meinem Büro. Es sieht aus wie immer, nur die Beleuchtung ist ziemlich dunkel. Zwei junge Männer kommen. Ich weiß, daß es die neuen Praktikanten sind. Wir stehen im Vorraum des Büros. Ich kenne die beiden von früher. Der eine ist ein Typ, der sich noch nie viel hat sagen lassen, der immer gemacht hat, wozu er Lust hatte, ohne sich um die Meinung von anderen Leuten zu kümmern. Der andere ist blaß und schmal, er hält sich im Hintergrund. Obwohl ich weiß, daß er ein junger Mann ist, überlege ich später, ob es sich nicht doch um ein Mädchen handelt, das ich auch von früher her kenne. Er hat lange, lockige Haare. Ich will den beiden etwas über die Arbeit erklären und frage, was sie wissen möchten. Darauf sagt der erstere: »Eigentlich will ich bloß wissen, wo ich meine 350 Gramm Göttinger Wurst hinlegen kann.« Ich zeige ihm den Kühlschrank, und er legt das Päckchen mit der Wurst hinein. Die Wurst ist in einer durchsichtigen Tüte verpackt und in Scheiben geschnitten; sie sieht eigentlich nach weniger aus. Ich bin nicht besonders überrascht und gehe gleich auf den Wunsch ein.

Lebenssituation

Die Träumerin ist eine junge Frau Ende Zwanzig, die im sozialen Bereich arbeitet und ihre Stelle – die erste seit Abschluß ihres Studiums – seit zwei Jahren innehat. Ihre Eltern sind geschieden, und sie lebte nach dieser Trennung, damals neunjährig, bei der Mutter. Sie berichtete, daß sie vor allem nach der Scheidung ihrer Mutter eine besonders perfekte Tochter sein wollte und versucht hat, jedem alles recht zu machen. Diesen seit damals eingeübten Perfektionismus übertrug sie auch auf ihre Arbeit, und ihre Vorgängerin, die sie eingearbeitet hatte, diente ihr dabei als Vorbild. Inzwischen hat sich die Arbeitssituation jedoch grundlegend geändert und die Zahl der Klienten praktisch verdreifacht.
Das Berufsideal, das ihr die Kollegin vorlebte und mit dem sie sich heute identifiziert, gerät mehr und mehr unter Druck. Der Perfektionismus, den sie von sich fordert und der im Alltag nicht realisierbar erscheint, steigert die Situation ins Unerträgliche. Als Folge davon fühlt sich die junge Frau inkompetent und maßlos überfordert. Zu allem Übel kommen auch noch Probleme mit der Geschäftsleitung hinzu, von der sie nicht nur im Stich gelassen, sondern noch zusätzlich unter Druck gesetzt wird, nachdem man ihr empfahl, sich doch eine andere Arbeit zu suchen, wenn sie sich dieser Aufgabe nicht gewachsen fühle.

Traumverständnis

Die Träume kreisen schon längere Zeit um das für die Träumerin so existentielle Thema ihrer beruflichen Situation. Das Unbewußte versucht, ihr durch die Traumbotschaft beizustehen und den richtigen Weg aus der Misere zu weisen. So auch in diesem Traum. Sie ist im Büro, das von einem schummrigen Licht nur ungenügend erhellt wird. Das ist die Ausgangssituation, die aufzeigt, daß das Problem bereits

dämmert, aber doch noch recht dunkel, also unbewußt ist und einer Erhellung bedarf.
Was ihr fehlt, um der Situation gewachsen zu sein und sich ihrer Haut zu wehren, sind männliche Energien beziehungsweise Wesensseiten wie Durchsetzungsvermögen, Abgrenzung oder Selbstwertgefühl. Da sie den Vater durch die Scheidung verloren hat, ist dieses Vorbild für sie weggefallen, und sie machte sich damals schwere Vorwürfe, glaubte, nicht gut oder brav genug gewesen zu sein. Der kindliche Geist ist noch nicht in der Lage, solche Situationen zu verstehen und die Zusammenhänge zu durchschauen. So ist es nicht verwunderlich, wenn ein Kind das Weggehen eines Elternteils als Strafe für eigenes Versagen interpretiert. Dies wiederum führt zu Schuldgefühlen, die auch dem inzwischen erwachsenen Menschen noch Lebensenergien rauben und ihn handlungsunfähig machen können.
Die Träumerin jedenfalls fühlt sich überfordert und weiß dem nichts entgegenzusetzen. Im Traum kommen zwei junge Männer, Praktikanten, zu ihr ins Büro. Da die Träumerin mit beiden in der Realität nichts mehr zu tun hat, werden wir sie als Wesensteile der Träumerin auf der Subjektstufe ansehen. Es sind zwei sehr unterschiedliche junge Männer. Der erste ist recht forsch und selbstbewußt. Er verkörpert eine Seite in der Träumerin, der sie bisher nicht viel Raum gegeben, sondern die sie eher abgelehnt hat. Sie identifizierte sich mehr mit dem ruhigen, sich im Hintergrund haltenden zweiten Praktikanten, denn sie war gewohnt, sich selbst eher im Hintergrund zu halten. Der zweite Praktikant wirkt wie ein Mädchen und symbolisiert dadurch eine verweiblichte männliche Seite, der es schwerfällt, sich durchzusetzen und für die eigenen Interessen einzutreten. Es sind eben Praktikanten, die noch einiges dazulernen müssen. Letztlich muß die Träumerin eine Synthese dieser beiden Extreme finden, ein Gleichgewicht zwi-

schen dem Chaoten, der auf andere keine Rücksicht nimmt, und dem Angepaßten, der sich nichts zu sagen traut. Insgesamt gesehen ist es für ihre momentane berufliche Situation vorrangig, eine größere Gelassenheit zu entwickeln. Die Träumerin steigert sich zu sehr in die Probleme der Klienten und in ihren perfektionistischen Helferdrang hinein. Um dieses Extrem auszugleichen, benötigt sie den jungen Chaoten. Sie sollte sich sein Abgrenzungsvermögen und Selbstbewußtsein zu eigen machen. Er bringt eine Wurst mit, die in Scheiben geschnitten ist und die er im Kühlschrank deponieren will. Drei Redensarten lassen sich daraus ableiten. Zum einen sollte sie sich eine Scheibe von der Gelassenheit des jungen Mannes abschneiden, zum anderen sollten ihr die Arbeit und die damit verbundenen Probleme etwas mehr Wurscht sein, denn dann könnte sie den Anforderungen mit mehr Gleichmut begegnen. Es wäre für sie besser, wenn sie »cooler« wäre, kühlen Kopf bewahren würde, worauf der Kühlschrank, in dem die Wurst deponiert wird, verweist. Daß die Wurst nach weniger aussieht, als der junge Mann ihr sagt, kann sie als Mahnung verstehen, die Wurstigkeit nicht zu übertreiben, wie dies der chaotische Praktikant in der Schulzeit tat. Sie sollte sich eben nur die richtige Portion davon abschneiden, soviel wie sie braucht, um den beruflichen Anforderungen gewachsen zu sein.

Die Stiefel anhaben

Stiefel waren schon immer ein Herrschaftssymbol, und wir sagen auch heute noch, daß jemand die Stiefel anhabe, wenn er andere dominiert. Nach früherem Brauchtum setzte der Sieger eines Kampfes dem Besiegten zum

Ausdruck der völligen Niederwerfung den Fuß auf den Nakken und demonstrierte dadurch seinen Herrschaftsanspruch.

Traum

Ich sitze mit meiner Mutter und meinem Bruder an einem Tisch in einem weiten Raum, der aussieht wie eine Theaterkulisse. Zuerst sehe ich uns aus der Distanz von hinten. Meine Mutter sitzt mir gegenüber, mein Bruder sitzt rechts von mir an der Schmalseite des Tisches. Wir trinken Bier. Ich bin gerade von der Arbeit gekommen und bin ziemlich fertig, so fertig, daß ich mein Weizenbier vom Glas in die Flasche schütten will und nicht umgekehrt. Ich erzähle etwas von meiner Arbeit. Mein Bruder macht eine Bemerkung, deren Sinn ich nicht verstehe. Es ist etwas Abfälliges, Negatives. Ich sage, daß er mir erklären solle, was er damit meine. Mein Bruder geht nicht darauf ein. Daraufhin sagt meine Mutter, daß er seine Bemerkung erklären solle, ich hätte ein Recht darauf zu wissen, was er damit meine. Er könne nicht einfach etwas sagen und mich dann damit stehenlassen.
Plötzlich sprechen wir von meinen Stiefeln. Es sind rote Stiefel, die ich in der Realität schon vor mehr als zehn Jahren von meiner Mutter bekommen habe. Vorher haben die Stiefel ihr gehört. Sie sind weinrot. Im Traum sind sie im ersten Augenblick auch weinrot, aber dann auf einmal knallrot. Mein Bruder sagt, daß die Stiefel noch sehr gut aussähen, dafür, daß sie schon so alt seien. Ich sehe unter den Tisch auf meine Stiefel und stimme zu. Dann sagt meine Mutter, daß sie aber vorne an der Spitze schon ziemlich abgestoßen seien. Als sie es sagt, sehe ich es auch. Und dann sehe ich plötzlich immer mehr und immer größere Löcher in den Stiefeln. Sie sind so groß, daß man die Socken, die ich anhabe, sehen kann. Die Socken sind in der Grundfarbe blau und haben ein Karomuster.

Lebenssituation

Die Träumerin ist dieselbe junge Frau, deren Traum mit der Redensart »Das ist mir Wurscht« wir bereits besprochen haben. Diesen Stiefel-Traum hatte sie kurz darauf.

Traumverständnis

Auch dieser Traum greift das berufliche Problem der jungen Frau auf und zeigt recht deutlich die Ursachen und Zusammenhänge. Die Handlung spielt auf einer Bühne. Hier wird der Träumerin vorgeführt – in ihrem persönlichen Traumtheater –, wie ihre Beziehung zur Mutter und zum Bruder war und ist. Sie sieht die Szene erst aus einer gewissen Distanz, blickt sozusagen wie ein Theaterbesucher auf die Bühne des Lebens. Sie hat also bereits Abstand zu dem ihr gezeigten Thema. Ihr Zustand ist geprägt von Erschöpfung und Verwirrung, ein Resultat ihres heutigen Arbeitstages. Wieder einmal scheint sie sich unter Druck gesetzt und zuwenig abgegrenzt zu haben; ein Problem, das in ihrem vorigen Traum bereits ausführlich dargestellt wurde. Hier nun ist sie mit einer Familiensituation konfrontiert, die, wie sie uns erzählte, auch in der Realität so hätte ablaufen können.

Die Beziehung zum Bruder empfand sie als sehr schwierig, und sie konnte sich nur daran erinnern, daß sie als Kinder ständig miteinander gestritten und sich geprügelt hätten. Sie gab zu, daß sie eigentlich um seine Anerkennung gekämpft hat, sie wollte ihm imponieren und es ihm gleichtun. Vor allem als der Vater nach der Scheidung die Familie verließ, war der ältere Bruder als männliche Bezugsperson für die Träumerin sehr wichtig. Um so mehr muß es für sie ein erneuter schwerer Schlag gewesen sein, als auch er etwa ein Jahr später die Restfamilie verließ und zum Vater zog. Jetzt war sie mit der Mutter allein, und der große Einfluß, den die Mutter schon vorher auf sie hatte, verstärkte sich noch. Sie war der

Mutter treu ergeben, froh, wenigstens bei ihr den Halt und die Geborgenheit zu finden, die ihr der Vater und Bruder nicht geben konnten oder wollten. Es wundert nicht, daß sich die Träumerin nach alldem viel stärker mit der weiblichen, das heißt passiven, empfindsamen, hingebungsvollen Seite in ihrer Psyche identifizieren konnte und männliche Prinzipien wie Durchsetzungsvermögen, Kampfbereitschaft, Entscheidungsfähigkeit unterentwickelt blieben, die ihr nun zur Bewältigung ihrer Probleme fehlen.

Im Traum greift der Bruder, Symbol auch für eine ihrem bewußten Ich gegensätzliche, männliche Wesensseite, sie an. Er macht eine abfällige, negative Bemerkung über sie, als sie von der Arbeit erzählt. An dieser Stelle wird ihr Verhaltensmuster deutlich, sich selbst anzugreifen. Die unentwickelte männliche Seite erlebt sie nicht als Helfer und Ratgeber, sondern als Gegner, der über sie herfällt. Die dominierende Person im Leben der Träumerin war und ist die Mutter, deren Stiefel sie im Traum trägt. Anstatt eigene Stiefel anzuhaben, also Herr im eigenen Haus zu sein, steht sie unter dem Pantoffel der mütterlichen Normen und Werte und wird zu sehr von diesen beherrscht. Es ist verständlich, daß sie sich als Kind an die Mutter klammerte und Zuflucht bei ihr suchte, als Vater und Bruder der Familie den Laufpaß gaben. Männlich und weiblich erlebte sie als unversöhnlichen Gegensatz und nahm ihre Position auf der Seite der Mutter, also des Weiblichen, ein. Wenn das Weibliche aber die männliche Rolle übernimmt und das männliche Prinzip verweiblicht, dann gerät alles durcheinander. Wie durcheinander die Träumerin ist, sehen wir in ihrem Versuch, das Weizenbier vom Glas in die Flasche zu schütten. Diese Umkehrung bedeutet hier ein Verwechseln von Gefühl und Verstand, von aktiver Handlung und passiver Hingabe, von Durchsetzung und Geschehenlassen.

Daß es der Träumerin an der nötigen Autonomie mangelt,

wird durch das Eingreifen der Mutter deutlich, die ihre Tochter in der Auseinandersetzung mit dem Bruder verteidigt und in Schutz nimmt. Auf der Subjektstufe sind es die verinnerlichten Werte der Mutter, auf die sich die junge Frau zurückzieht, anstatt aus eigener Kraft heraus zu agieren. Die ehemals weinroten Stiefel verfärben sich knallrot, eine Farbe, die Kampf, Leidenschaft, Lebendigkeit und Emotionalität symbolisiert. Diese Qualitäten gehen der Träumerin ab, solange sie Mutters Stiefel trägt, also fremdbestimmt ist. Der Schluß des Traumes läßt jedoch erkennen, daß die Herrschaft der mütterlichen Werte, dargestellt in den roten Stiefeln, in der Auflösung begriffen ist. Die Träumerin entdeckt immer größere Löcher in den Stiefeln, die jetzt am Zerfallen sind. In der Realität ist es der seit einiger Zeit eingeschlagene Weg der Selbsterkenntnis, auch mit Hilfe der Traumarbeit, der ihr aufzeigt, wo sie steht und in welche Fußstapfen sie getreten ist. Erst das oft schmerzliche Erkennen, wo etwas im argen liegt, sowie der Mut, die Bereitschaft und die Geduld, daran zu arbeiten, führen uns letztendlich zu uns selbst, zu Eigenverantwortung, Realitätssinn und Lebensbewältigung.

Der Geduldsfaden reißt

Das Motiv des Fadens begegnet uns auch in dem Lebensfaden, den die Nornen spinnen, oder in dem Ariadnefaden, der Theseus wieder aus dem Labyrinth des Minotaurus heraushalf und der uns als roter Faden dient, um Zusammenhänge zu erkennen. Wenn uns aber der Geduldsfaden reißt, ist es mit unserer Nachsicht vorbei.

Traum

Ich glaube, meine Tochter Gertrud soll mit dem Flugzeug fliegen, um Höhenluft zu bekommen, also nicht um eine Reise zu machen. Danach bin ich mit meinen beiden Töchtern und Herrn A. in der Küche. Es soll Abendbrot vorbereitet werden. Herr A. steht etwas hilflos am Tisch, bis ich darauf komme, ihn in das Wohnzimmer zu bitten, bis das Essen fertig ist. Ich nehme mein Federbett weg, das auf der Couch liegt, und biete ihm an, daß er sich auch gern etwas hinlegen könne. Er will dies gern tun und sagt mir, daß er sehr müde sei. Dann hat er eine Schustergarnrolle in der Hand und prüft ihre Festigkeit, und erst nach langem, starkem Ziehen reißt der Faden. Er zeigt das auch einem neben ihm sitzenden Mann. Beim Abendbrotmachen möchte ich, daß meine Töchter mir helfen. Jetzt erzählt Herr A., daß er von einer Frau wisse, die eine unglaublich wertvolle Maschine besitze, nämlich eine Schustermaschine. Ich überlege eine Weile und kann das »unglaublich wertvoll« nicht nachvollziehen. Zu Herrn A. sage ich, daß meine nur achtzig Mark gekostet habe.

Wir sitzen dann beim Abendbrot, und plötzlich kommt meine Nachbarin herein und sagt, daß wir in weniger als einer Stunde flüchten müßten, und wir sollten auf keinen Fall weiteressen. Ich überlege, was am besten anzuziehen und was einzupacken sei. Ich entschließe mich, daß jeder einen Rucksack mit den für ihn wichtigsten Sachen und auch ein Stück Brot bekommt, falls wir uns unterwegs verlieren sollten. Gertrud will Clogs, ihre Holzpantoffeln, anziehen, und ich sage ihr, daß das nicht gut sei, denn angenommen, sie verliert in der Eile einen Schuh, habe sie nichts mehr an den Füßen. Sie solle Schnürschuhe aus Leder anziehen und ein paar Schuhe zum Wechseln in den Rucksack tun. Dann wende ich mich zur Nachbarin und sage ihr, sie solle uns gleich Bescheid geben, falls wieder neue Nachrichten kämen. Dann mache ich aber selbst das Radio an. Es ist mir sicherer, und ich denke, wie wichtig es ist, die Stimme aus dem Radio nicht außer acht zu lassen, zumal jetzt, wo so eine wichtige Nachricht von der Flucht durchgekommen ist.

Lebenssituation

Von den unterschiedlichsten Gedanken wird die Träumerin bewegt, die sich wieder einmal in einer Umbruchphase ihres Lebens befindet. Viele innere Kämpfe müssen ausgefochten werden, seitdem ihr bewußt geworden ist, daß es so in ihrem Leben nicht mehr weitergehen kann. Die Vorwürfe, die von der Seite ihrer erwachsenen Töchter kamen, noch verstärkt durch die ihres Mannes, gaben den Anstoß, daß sie sich mit sich selbst auseinanderzusetzen begann. Wenn sie ihren inneren Frieden wiederfinden wollte, gab es kein Ausweichen mehr, und sie mußte sich klar darüber werden, was an den Vorwürfen, Anklagen und Haßausbrüchen anderer berechtigt war und was auf Projektionen beruhte. Daß es ein schmerzlicher Prozeß sein würde, lag auf der Hand, und sie suchte nach Möglichkeiten, wie er durchzuführen sei. Sie entschied sich für Gruppengespräche und Traumberatungen, die in einer Atmosphäre gegenseitigen Vertrauens ablaufen und in denen Impulse, Denkanstöße und Fragen ein Mittel sind, eigene Probleme wahrzunehmen und Lösungsmöglichkeiten zu finden.

Die Träume zeigen ihr, wie sie Entwicklungsschritte vollzieht, die Augen nicht mehr vor der Realität verschließt und langsam beginnt, ihr Verhalten zu sich selbst und zu anderen zu durchschauen. Mit maßloser Ungeduld, Dominanz und einer oft unangebrachten Protesthaltung verletzte sie andere und fand bei ihrer Familie kein Verständnis für ihre Bedürfnisse und Probleme. Es lag nahe, sich darüber Gedanken zu machen, ob das negative Verhalten einem in der Kindheit erlernten Verhaltensmuster entsprach. Dieser Blick zurück, der in Etappen geschieht, erfordert viel Zeit, wirbelt viel Staub auf und verschlägt uns oft den Atem, doch läßt er sich nicht umgehen, wenn Selbstfindung und Selbstverwirklichung gelingen sollen.

Die Träumerin versuchte, sich ihre Kindheit wieder lebendig zu machen und Erlebnisse mit Mutter und Geschwistern wachzurufen. Was sich ihr aufdrängte, war die Beziehung zu ihrer Mutter, die sie als stark, hart, männlich und dominierend erlebt hatte. Die Mutter war frühzeitig zur Kriegerwitwe geworden, mußte dann noch mit den kleinen Kindern flüchten, um anderswo eine Heimat zu suchen. Verständlicherweise entwickelte sie autoritäre Eigenschaften, die in günstigen Zeiten maßvoll geblieben wären. Gefühle hatten wenig Platz, und der Mangel an Zuwendung, Zärtlichkeit und Verständnis ließen ein Defizit entstehen, das schwer aufzufüllen war. Daß die Träumerin sich diesen Enttäuschungen und Entbehrungen noch einmal stellte, sie durchlebte und durchlitt, war kein leichtes Unterfangen. Nun wurde sie, die von ihren Töchtern angeklagt worden war, selbst zur Klägerin gegen ihre Mutter, die sie seelisch hatte hungern lassen. Die Phasen der Wut, des Zorns und später der Trauer können wie eine Katharsis wirken und von Ängsten und Spannungen befreien.

Dabei bleibt es aber nicht. Irgendwann einmal mußte sich die Träumerin fragen, ob und wie der Einfluß der Mutter zum Vorbild für eigenes Verhalten geworden war. Mit der Ehrlichkeit gegen sich selbst, die sie inzwischen als hilfreich erkannt hatte, stellte sie mit einigem Erschrecken fest, wie sie ihr eigenes Leben und Weltbild nach der Mutter ausrichtete. Genau wie diese verdrängte sie ihre Gefühle, strebte nach Stärke und Männlichkeit und glaubte, nur auf diese Weise das Leben bewältigen zu können. Sie hatte wesentliche Bereiche ihrer

Gefühlswelt verdrängt, und das macht selbstgerecht und unduldsam.
Wieder befand sie sich in einer Übergangssituation und begann, sich mit ihren Gefühlen auseinanderzusetzen. Sowohl positive als auch negative Gefühle im Unbewußten, die also verdrängt worden waren, mußten wieder herangeholt und in das Alltagsleben eingegliedert werden. Dabei erfuhr sie, daß Gefühle Antriebskräfte und Energien sind, die, nicht geäußert, Unlust erzeugen. Wer seine Gefühle unterdrückt, ahnt gar nicht, daß seine leichte Ermüdbarkeit, Unlust oder Antriebslosigkeit von unterdrückten und nicht geäußerten Gefühlen herrühren können. Diese gebundenen Kräfte wieder zu mobilisieren, verändert den Menschen auf erstaunliche Weise. Das bekam auch die Träumerin zu spüren. Ihre Unsicherheit nahm ab, und sie begann ein Selbstwertgefühl zu entwickeln, aus dem heraus ein nicht so leicht zu erschütterndes Selbstvertrauen entstehen konnte. Dieses Selbstvertrauen ist bedeutsam, weil es dazu führt, daß der Mensch seine Schwächen und Stärken besser akzeptieren kann, sich von eigenen Fehlern nicht entmutigen läßt und sie als Aufforderungen erlebt, zu lernen. Die Motivation, sich selbst zu erkennen und Erfahrungen mit anderen zu reflektieren, was durchaus nicht selbstverständlich ist und leider oft als Selbstbespiegelung verdammt wird, schuf einen Wandel im Leben der Träumerin, der sie froh machte. Nun hatte es sich gezeigt, daß, sobald Veränderungen im eigenen Innern geschehen, sich auch das Äußere wandelt und ein völlig neues Gesicht erhält.

Traumverständnis

Wenn wir nicht von den Details des Traumes ausgehen, sondern mehr die Gesamthandlung mit den agierenden Personen im Blick behalten, bietet sich die Deutung auf der Subjektstufe an. Sowohl die Töchter der Träumerin als auch

Herr A. und die hinzukommende Nachbarin stehen für Teile der eigenen Persönlichkeit, an denen die Träumerin erkennen wird, was für eine Beziehung sie zu ihnen hat. Die beiden Töchter haben das Elternhaus in Wirklichkeit seit geraumer Zeit verlassen. Die ältere Tochter gründete eine eigene Familie, und die jüngere Tochter, Gertrud, befindet sich noch in der Ausbildung. Sie war immer ein wenig das Sorgenkind der Mutter und daher auch ein im Auge zu behaltender labiler Wesensteil der Träumerin, der, wie es im Traum heißt, Höhenluft erhalten soll. Dieser Flug nach oben, dem Himmel entgegen, meint die Verbindung mit dem Geistigen und ist ein Hinweis, wo Kraft und Hilfe jederzeit zu erlangen sind.
Das Traumgeschehen spielt sich am Anfang in der Küche ab, einem Ort sowohl des Weiblich-Mütterlichen als auch der Information und der Wandlung. Der Tag neigt sich dem Ende zu, und das Abendbrot wird vorbereitet. Dies ist ein erster Hinweis, daß im Leben der Träumerin etwas zu Ende geht, auch abgeschlossen werden muß, damit ein neuer Tag anbrechen kann, der weitere Entwicklungsschritte ermöglicht. In diesem Bild wird bereits auf die Flucht angespielt, die später unumgänglich ist. An der Traumhandlung läßt sich erkennen, wie sich das ungeduldige und herrische Wesen der Träumerin verändert hat. Einfühlsam und verständnisvoll kümmert sie sich um Herrn A., einen Lehrer, den es wirklich gab. Jung, dynamisch und voller Begeisterung für seinen Beruf wurde er sowohl von ihren Kindern als auch von ihr selbst verehrt und geliebt. Auch er ist auf der Subjektstufe zu deuten, da ihn die Träumerin längst aus den Augen verloren und keinen Kontakt mehr zu ihm hat. In ihm erlebt sie den männlichen Anteil in sich, eine lehrende und prüfende Instanz, die einen etwas strapazierten Eindruck macht. Er hat sie auf dem Weg des Lernens und Erkennens begleitet, und nun ist sie aufgefordert, ihr neuerworbenes Wissen in die Tat umzusetzen.

Das gelingt ihr jetzt, und es fällt auf, wie sich ihr weiblicher Erlebnisbereich erweitert hat. Sie nimmt den ermüdeten Zustand des Herrn A. wahr, bittet ihn als sorgende und mütterliche Frau in das Wohnzimmer und bietet ihm an, sich dort auszuruhen. Sie ist wach geworden für die Bedürfnisse anderer und entfernt schnell das Federbett, das auf die alte, nun überwundene Verschlafenheit anspielt. Was sich danach ereignet, ist wieder ein Beweis für die Wandlungsfähigkeit der Träumerin.

Herr A., in seiner Funktion als Lehrer, prüft die Reißfestigkeit des Schustergarns und kann mit dem Ergebnis zufrieden sein. Die Träumerin besitzt also den im Volksmund gerühmten Geduldsfaden und hat gelernt, ihre Unduldsamkeit, ihre Affektausbrüche und die kraftraubenden Proteste zu zügeln. Sie besitzt auch die Schustermaschine, deren Wert sie noch nicht erkannt hat und von der ihr der Lehrer berichtet. Er, der als ein Wissender sie restlos versteht, wählt das Symbol der Maschine für die seelische Kraft, die ihr innewohnt und zur Stärkung des Ichs beiträgt, doch noch nicht genügend geschätzt wird. Sie habe nur achtzig Mark gekostet, sagt sie, und wäre sie mit der Zahlensymbolik etwas vertrauter, würde sie diese Summe beglücken. Wie alle geraden Zahlen ist auch die Acht ein Symbol des Weiblichen und Empfangenden, und mit ihr findet sie die Bestätigung für den geleisteten Beitrag, mit ihren weiblichen Kräften besser in Kontakt gekommen zu sein.

Warum von der Traumkraft eine Maschine gewählt wurde, die Schuhe herstellt, hat folgende Bewandtnis: Wir sprechen in bezug auf Entwicklung häufig von Schritten, die getan werden müssen. Es ist ein Aufbruch in die Freiheit, ein Unterwegssein, um aus alten Verhältnissen herauszukommen und um neue Möglichkeiten des Lebens zu entdecken. Die Wegstrecke, die die Träumerin zurückgelegt hat, war oft nicht einfach zu begehen. Dazu bedurfte es fester Schuhe, die Schutz boten, einen gewissen Halt gaben und auf unwegsamen Strekken ihre Festigkeit behielten. In vielen Träumen war sie auf der Suche nach passenden Schuhen. Durch den Besitz der Schustermaschine zur Eigenanfertigung von Schuhen, die ein Symbol für Eigenständigkeit und Freiheit sind, gelingt es ihr, auf Schusters Rappen voranzukommen und sich für jede ihrer Lebenssituationen zuständig zu fühlen. Die erworbene Sicherheit erlaubt eigenverantwortliches Handeln und macht es unmöglich, bei einem Mißlingen anderen die Schuld zuzuschieben.

Zu den neuen Einsichten gehörte auch die Entdeckung, daß sie nicht alles alleine bewältigen muß und den helfenden und heilenden Kräften in sich vertrauen darf. Dieser Gewinn an Sicherheit läßt sie Hilfe sowohl aus dem eigenen Innern als auch von außen annehmen. Im Traum bittet sie die Töchter, die ihr bisher nichts schnell und nichts gut genug gemacht haben, um Hilfe bei der Zubereitung des Abendbrots. Nachdem sich ihre eigenen helfenden Eigenschaften entwickelt haben, kann sie sich auch erlauben, Hilfe von anderen anzunehmen.

Von innerer Stärke getragen und belebt, ist sie sogar dramatischen Ereignissen, die plötzlich auf sie zukommen, gewachsen. Die von der Nachbarin übermittelte Nachricht, daß sie alle fliehen müßten und die zunächst wie eine Hiobsbotschaft aussieht, nimmt sie gelassen entgegen. An ihrer Reaktion erweist sich, wie autonom sie geworden ist. Früher hätte sie, von Panik ergriffen, die Nerven verloren und weder ein noch aus gewußt. Heute weiß sie genau, was sie zu tun hat. In der Nachbarin, einer hilfsbereiten, gewandten und nicht leicht zu erschütternden Frau, sieht sie sich gespiegelt und erlebt deren Fähigkeiten als die eigenen. Sie meistert die Situation, indem sie die Führung übernimmt, ein umsichtiges Verhalten zeigt und klare Anweisungen gibt. Jeder erhält einen Rucksack, in den nur das Lebensnotwendigste hineingeht und der, auf dem Rücken getragen, das Vorwärtskommen nicht behindert. Sie vergißt auch nicht die Mitnahme von Brot, das eines der wichtigsten und urtümlichsten Nahrungsmittel und in tieferer Bedeutung eine göttliche Speise ist. Ebenso wird an das Schuhwerk gedacht. Die eigenwillige Tochter Gertrud, die immer Schwierigkeiten macht, will Clogs anziehen, die zum Wandern denkbar ungeeignet sind. Nicht gereizt oder befehlend reagiert die Träumerin auf diesen Wunsch, was nur den Widerstand verstärkt hätte. Inzwischen hat sie gelernt, ihre Worte klug, behutsam und überlegt zu wählen und hat damit mehr Erfolg. Sie wendet den neuen Ton auch im Umgang mit sich selbst an, denn im Traum ist ja die Tochter unter anderem ein Wesenszug von ihr. Diese einfühlsame und liebevolle Haltung spart Energie und erleichtert die Bewältigung der täglichen Aufgaben.

Was die weiteren Durchsagen im Radio über die Flucht betreffen, verläßt sie sich nicht nur auf die Nachbarin, denn sie will auch selbst informiert sein. Unter den vielen Stimmen ist eine existentiell bedeutsame, auf die sie zu hören gelernt hat: Der Radioapparat ist auf der Subjektstufe als symbolischer Klangkörper zu verstehen. Hier ertönen die unterschiedlichsten Stimmen aus dem persönlichen Unbewußten, zu dem die Träumerin eine zufriedenstellende Beziehung herzustellen vermochte. So versteht sie auch die wichtige Nachricht von der Flucht und weiß, was damit gemeint ist. Sie muß das Haus – ihr Seelengehäuse – verlassen, an das sie gewöhnt war, in dem sie sich einigermaßen auskannte und wo vieles, zu Routine geworden, fast von selbst lief.

Mit den Erfolgen auf seelischem Terrain, die sie zu verzeichnen hat und die ihr im Traum vorgeführt werden, dürfte sie zufrieden sein. Sie könnte sich nun auf ihren Lorbeeren ausruhen, doch das Leben erlaubt keinen Stillstand, und da alles

Lebendige nur in der Bewegung existiert, angefangen vom Atom bis hin zum Himmelskörper, und wir genau wie sie den kosmischen Gesetzen unterliegen, ist uns immer nur eine kurze Rast vergönnt. Wir müssen weiterschreiten, neuen Horizonten entgegen, die uns neue Einsichten eröffnen, die uns wandlungsfähig erhalten und hoffen lassen, daß wir unserem wahren Wesen, so wie wir vom Schöpfer gedacht sind, näherkommen.

Mit jemandem ein Hühnchen zu rupfen haben

Wer sich von jemandem verletzt fühlt, hat mit ihm noch etwas auszutragen. Man wird die Sache nicht auf sich beruhen lassen, sondern den anderen zur Rede stellen. Unstimmigkeiten müssen geklärt werden, damit die angestauten und krank machenden Emotionen abgebaut werden können. Die Redensart enthält noch eine andere Bedeutung, wenn man davon ausgeht, daß in früheren Zeiten das Wort »rupfen« häufig im Sinne von schmähen, tadeln und schelten gebraucht wurde.

Traum

Ich befinde mich mit meiner Frau in einem großen Gebäude, das in einer mir bekannten Ortschaft liegt. Wir gehen durch einen langen, von Fenstern erhellten Gang. Die Landschaft draußen gefällt mir. Ich trete allein in einen Raum ein, der mit abgezupften weißen Fliederblüten über und über bedeckt ist. An der Wand hängt ein Rosenkranz. »Hier haben sie das Fliederfest gefeiert«, sage ich, und der Hauch von Vergänglichkeit, der im Raum liegt, macht mich traurig. Ich fühle mich einsam und verlassen. Als ich den nächsten Raum betrete, fällt mein Blick auf ein gebratenes Hühnchen, das in der Mitte des Tisches auf einem Teller liegt. Meine Frau geht hin, zupft vom Flügel zweimal etwas ab und wirft es aus dem Fenster. Zu den Leuten, die in das Zimmer kommen, sagt sie, daß man auf den Hühnchenteller keine Knochen lege.

Lebenssituation

Das bewußte Bemühen des Träumers um Selbsterkenntnis, von den Träumen verständnisvoll unterstützt, läßt ihn seine starke Mutterbindung erleben. Viele Träume kreisten um dieses Thema und zeigten ihm die Auswirkungen seiner Abhängigkeit. Unsicherheit, ein schwaches Selbstwertgefühl und die Unfähigkeit, selbst Entscheidungen zu treffen, überschatteten sein Leben und ließen seine vielfältigen Talente nicht zum Zuge kommen.

In der Auseinandersetzung mit dem inneren Mutterbild, das immer subjektiv gefärbt ist und nicht der objektiven Realität entspricht, wurden ihm in vielen Träumen immer wieder neue Aspekte der Beziehung zur Mutter bildhaft vor Augen gestellt. Für ihn, der sehr religiös erzogen wurde, hatte sie die Gestalt der Mutter Maria angenommen, und infolge dieser Überbewertung mußte er alle negativen Gefühle ihr gegenüber verdrängen. So entstand im Unbewußten ein negatives Frauenbild, das, entsprechend der maßlosen Erhöhung der Frau zur Heiligen, als Gegengewicht die unterste Stufe der Frau, die Prostituierte erzeugte. Dieses unrealistische, gestörte Verhältnis zur Mutter übertrug sich später auf jede Beziehung zum Weiblichen und führte zu schwer lösbaren Konflikten. Die anbetende Haltung des Träumers seiner Frau gegenüber kompensierte er mit einem zwanghaften Interesse für Porno und Prostitution, und er war sich seiner infantilen Abhängigkeit nicht bewußt. Erst die intensive Beschäftigung mit den Träumen brachte ihm Einsichten in sein Problem.

In einem früheren Traum kämpfte er mit den Wellen und versuchte, eine untergehende Muttergottesstatue zu retten. In einem anderen begegnete er seiner Mutter, deren Kopf plötzlich auf die Erde fiel. Ein Zeichen, daß sie ihre steuernde Funktion zu verlieren begann, was der Bemühung des Träumers, sich mit seinem Mutterbild einzulassen, zuzuschreiben ist. Dann wieder ein Traum, der ihn in einen langen, dunklen Tunnel führte, der als ein Geburtskanal zu deuten war. Sein Bemühen, dort wieder herauszukommen, hatte Erfolg. Er entdeckte eine Tür, konnte sie öffnen und fand den Weg ins Freie.

Dieser Mut machende Traum spornte ihn an, auf dem Weg zur Eigenständigkeit voranzuschreiten, frei zu werden von Hemmungen, um zu erkennen, wo er noch der Fremdbestimmung und Fremdsteuerung unterlag. Mit der Bewußtmachung des Problems war der erste Schritt getan, dem nun weitere folgen müssen. Der anfangs geschilderte Traum läßt die Endphase des Problems erkennen, und an dem Träumer liegt es nun, die mühsam erarbeiteten Einsichten im Alltag umzusetzen.

Traumverständnis

Der lange, von vielen Fenstern erhellte Gang knüpft an den Traum an, in dem sich der Träumer aus einem dunklen Tunnel befreien konnte. Hier ist er hell, ein Zeichen, daß Bewußtheit da ist und Einsicht in das Mutterproblem. Der Ausblick auf die schöne Landschaft läßt die Verbundenheit mit dem Leben und der eigenen Natur erkennen. Der Raum, den er dann betritt, hat etwas von einer Kapelle an sich. Anstatt des Kreuzes und der Marienstatue nimmt der Träumer nur einen Rosenkranz wahr, der an der Wand hängt. Mit ihm wird das Vaterunser gebetet, und als Symbol des Glaubens verbindet er uns mit dem Vater und Sohn im Himmel. Die Überbetonung des Weiblichen im Sinnbild der Mutter Kir-

che ist im Schwinden, und das Gewicht liegt auf dem männlichen Prinzip, zu dem sich der Träumer langsam durchzuringen beginnt.
Ein Fest, das Fliederfest, wurde gefeiert, und im Raum ist noch die Zeremonie spürbar. Kleine abgezupfte Fliederblüten nur von weißer Farbe – einem Symbol der Reinheit, der Unschuld, aber auch der Lebensferne und des Todes – verbreiten eine Atmosphäre der Vergänglichkeit. Der Träumer trauert, weil er an Abschied denkt. Er hat das überhöhte, ihn so faszinierende Mutterbild opfern müssen und ist um eine Illusion ärmer, dafür aber realitätsbewußter geworden. Wir müssen viele Male im Leben von etwas Abschied nehmen, das uns teuer und wichtig war, und das bedeutet immer ein kleines Sterben. Doch liegen in jedem Tod auch wieder die Auferstehung und das Leben, das nun, nachdem der Träumer sich gewandelt hat, intensiver, freier und bewußter gelebt werden kann. Die Beziehung des Träumers zum Weiblichen und besonders zu seiner Frau wird sich entscheidend verändern.
Im Traum begegnet er seiner Frau im nächsten Raum, wo sich auf dem Tisch, in die Mitte gerückt, deutlich sichtbar ein gebratenes Hühnchen befindet. Er beobachtet, wie sie zweimal etwas davon abbricht und aus dem Fenster wirft. Diese Handlung zeigt deutlich, daß sie mit ihrem Mann noch etwas auszutragen hat und nicht gewillt ist, die Beziehung wie bisher weiterzuleben. Es geht um die Auseinandersetzung mit der lächerlichen Rolle, die er ihr gegenüber spielt. Sie will nicht, daß er sie nur anbetet, keine eigene Meinung hat und notwendige Entscheidungen ihr überläßt. Sie wünscht sich einen selbstsicheren, gleichberechtigten und verständigen Partner, der sie realistisch sieht, annimmt mit allen Schwächen und Stärken, die zum Menschsein gehören, und nicht von ihr verlangt, eine Göttin zu sein.
Aus der therapeutischen Praxis wissen wir, daß Männer, die

Frauen auf einen hohen Sockel stellen, das nur tun, weil sie Angst vor ihnen haben. Es ist die heimliche Befürchtung, von ihnen umgarnt, festgehalten und nicht nur der Freiheit, sondern auch der Potenz beraubt zu werden. Völlig unbewußt, ganz tief in ihrem Innern steckt die Angst. Sie wird verstärkt durch das noch immer wirksame archetypische Symbol der verschlingenden Mutter, die ihre Kinder nicht in die Freiheit entläßt, sondern in den Mutterschoß zurückholt. Um dieser Gefahr zu entgehen, suchen sie die Frau entweder zu idealisieren oder zu erniedrigen. Die minderwertige Frau ist die Prostituierte, deren Gefühlsleben defekt ist und die sich mit dem Tierischen auf eine Stufe stellen läßt. Sie muß klein sein, ein kleines Tier, vielleicht ein Hühnchen, dessen Fleisch sich bis auf die Knochen abnagen läßt. Diese unbewußt ablaufenden Phantasien befreien den Mann von seinen Ohnmachtsgefühlen und erlauben ihm, sich wenigstens für eine Zeitlang überlegen zu fühlen. Auch in manchen Träumen üben Männer Macht aus, vergewaltigen Frauen, legen sie in Fesseln und quälen sie. Es ist ihnen dann gestattet, das auszuleben, was sie in der Realität nie tun würden. Indem der Traum ausgleicht und sie von ihrer Angst befreit, nimmt er ihnen wenigstens für eine Nacht die Vorstellung, von Frauen verschlungen zu werden. Dennoch sollten die Betroffenen sich von derartigen Träumen aufrütteln lassen, ihr zwanghaftes Empfinden den Frauen gegenüber, das viel Kraft kostet, nicht einfach nur hinzunehmen.

Auch für den Träumer war die Zeit gekommen, dieses Problem in Angriff zu nehmen und sich mit den Zwängen und aggressiven Impulsen auseinanderzusetzen. Nachdem er die illusionäre Mutterbeziehung, die ihn eingeengt und viel Energie gekostet hat, durchschaute und zu verarbeiten begann, gewann er an Ich-Stärke, mit der sich neue Verhaltensweisen ausprobieren lassen. Jetzt wird er dem Problem, das im

Traum im Bild des Hühnchens seinen Niederschlag fand, gewachsen sein und mit Hilfe weiterer Träume auf einen endgültigen Abschluß hinarbeiten.

Feuer fangen · Feuer und Flamme sein

Mit dem Feuer verbinden wir hitzige Gefühle und starke Emotionen. Wenn wir im sprichwörtlichen Sinne Feuer gefangen haben und Feuer und Flamme für etwas oder jemanden sind, ist das ein Ausdruck großer Begeisterung, die uns jegliche Vorbehalte oder Vorsicht vergessen läßt. Wir verlieren im Wirbel der Emotionen unseren Realitätssinn und werden so von dem Feuer unserer Begeisterung geblendet, daß wir nicht mehr fähig sind, der Situation angemessen zu handeln.

Traum

Ich stehe in der Küche. Wo jetzt in Wirklichkeit die Bank steht, befindet sich ein Gasherd, und es brennen zwei Flammen. Ein junger Mann mit blauem Polohemd beugt sich über den Herd. Ich bekomme einen Schrecken und kann ihn gerade noch umklammern und von den Flammen wegziehen. Es ist ein schönes Gefühl, den Arm um ihn zu haben. Der Mann hat Ähnlichkeit mit Egon, er ist es aber nicht.
Ein anderer Mann, der plötzlich neben mir steht, fängt an, mich zu küssen, was ich sehr genieße. Langsam werde ich wach, bin aber immer noch im Traum, und ich liege neben meinem Ehemann im Bett. Er ist es, der mich küßt. Das ekelt mich an, und ich drücke ihn weg. Das Bett, worin wir liegen, ist sehr groß und steht in einer Durchgangshalle. Nach links ist alles offen. Ein paar häßliche, ungepflegte Leute gehen an uns vorbei zum Strand.

Lebenssituation

Diesen Traum erzählte uns Frau B. im Traumseminar. Sie ist Anfang Dreißig und verheiratet. Sie fühlt sich sehr unglücklich in ihrer Ehe, die sie ausschließlich negativ beurteilt. An ihrem Mann kann sie kein gutes Haar lassen, da er ihrer Meinung nach überhaupt nicht auf sie und ihre Bedürfnisse eingeht. Er scheint noch sehr an seine Mutter gebunden zu sein, die in der Familie des Sohnes ein und aus geht und Unruhe und Zwietracht stiftet. Ihre Wut darüber richtet Frau B. gegen den Ehemann, der anscheinend als Projektionsfläche für ihre Aggressionen herhalten muß. Dagegen schwärmte sie von ihrer Kindheit und der Ehe ihrer Eltern, die sie im Übermaß idealisierte, wogegen die eigene Partnerschaft natürlich in keiner Weise standhalten konnte.

Im Laufe von verschiedenen Träumen, die alle um dieses explosive Thema kreisten, wurde sie mit der Schwarzweißmalerei konfrontiert, die einer solchen Einstellung zugrunde liegt. Da wir in einer polaren Welt der Gegensätze leben, finden wir zu jeder Seite eine Gegenseite. Bei emotionsloser Betrachtung entdecken wir auch die Schattenseiten in scheinbar rein positiven Erscheinungen und wiederum gute beziehungsweise hilfreiche Aspekte in negativen Erfahrungen. Gut und böse, positiv und negativ sind wie Tag und Nacht und bedingen sich gegenseitig.

Bei näherem Hinsehen entpuppten sich die Schwachstellen ihrer heilen Kindheitswelt, die Frau B. zuerst nicht als solche erkannte. Ihre Eltern hatten Schwierigkeiten, mit der starken Emotionalität der Tochter umzugehen, da sie selbst nie gelernt hatten, Gefühle zu leben. Um die Eltern nun nicht mit Gefühlen wie Wut, Ärger, Haß, Ausgelassenheit oder Leidenschaftlichkeit zu belasten, lernte sie, diese als ungebetene Gäste zu verdrängen und von sich selbst abzuspalten. Dieser Verdrängungsvorgang reicht bis in die Gegenwart und ist die

Ursache dafür, daß sie mit ihrer Aggressivität nicht umgehen kann, weil sie diese an sich selbst nicht sieht und wahrhaben will. Über den Partner wird sie dann durch den Abwehrmechanismus der Projektion mit diesen in ihrer Psyche abgespaltenen Seelenteilen konfrontiert. Eine solche Herausforderung ist kein Kinderspiel, und es ist nicht erstaunlich, daß sie ihr lieber aus dem Weg gehen will. Es ist eben viel bequemer, im anderen all das Böse und Widerwärtige zu sehen, das selbst ein Teil der eigenen Seele ist. In ihrer Vorstellung schwärmt sie vom idealen Partner, und in dem eben verlebten Urlaub ohne Ehegatten verliebte sie sich auch prompt und konnte ihrem neuen Liebhaber ebenso starke Liebesgefühle entgegenbringen wie Haßgefühle dem Ehemann.

Traumverständnis

Der Ort der Traumhandlung ist die Küche der Träumerin, ein Ort der Nahrungszubereitung, sozusagen ein alchimistischer Bereich der Umwandlung der verschiedenen Zutaten in Mahlzeiten. Es ist der Bereich der Frau oder, symbolisch ausgedrückt, ein weiblicher Seelenraum, in dem sie sich in diesem Traum bewegt. Am Gasherd brennen zwei Flammen, doch nicht um Speisen zu kochen oder zu braten – eigentlich ist das eine Energieverschwendung und gefährlich noch dazu. Ein junger Mann, der sich über den Herd beugt, droht vom Feuer erfaßt zu werden und kann in letzter Sekunde von der Träumerin gerettet werden. Der junge Mann steht stellvertretend für ihre Urlaubsbekanntschaft Egon, bei dem sie ja auch Feuer gefangen und sich stürmisch in ihn verliebt hat. Der Schrecken über den gerade noch abgewendeten Feuerunfall im Traum findet seine Entsprechung in der für sie schockierenden Erfahrung einer großen Gefühlsintensität, die sie mitgerissen hat und der ihre sonst so kühle und nüchterne Verstandesseite nichts entgegenzusetzen vermochte.

Wieder zu Hause, ist sie sehr deprimiert, nicht mehr bei ihm sein zu können, zugleich aber entsetzt, wie sie so den Kopf verlieren konnte. Sie fühlt sich geborgen in seinen Armen und genießt auch die Küsse eines anderen Mannes, der Egon im Traum jetzt ablöst. Solche innigen Gefühle kennt sie ihrem Mann gegenüber nicht, weshalb sie um so mehr erstaunt und verwirrt sein muß, als sie im Traum erwacht und ihren Ehegatten neben sich liegend vorfindet. Zu erwachen ist immer ein Sinnbild für Bewußtwerdung und dämmernde Erkenntnis. Für sie ist es ein böses Erwachen. Es ekelt sie, wo vorher Genuß und Einverständnis war. Sie muß sich aber fragen, ob sie ihren Mann überhaupt kennt und ihn so wahrnimmt, wie er wirklich ist, oder ob sie sich nicht vor einer Vorstellung, einem projizierten Bild ekelt, das sie in ihm sieht, ja vielleicht auch sehen will. Immerhin erkennt sie ihn zuerst nicht, und ihr positives Gefühl diesem Mann gegenüber ändert sich erst, als es ihr dämmert, daß es ja ihr Gatte ist.

Liebe verwandelt sich schlagartig in Haß und Ekel, ein deutliches Beispiel dafür, wie nahe die beiden so gegensätzlich erscheinenden Emotionen beieinanderliegen. Sie verfällt in ihre bereits genannte unbewußte Neigung der Schwarzweißmalerei und verteufelt ihren Ehemann in dem Maße, in dem sie die Urlaubsbekanntschaft idealisiert. Sie lehnt die Zuwendung und Zärtlichkeit des Mannes ab, weist ihn barsch zurück, und es ist anzunehmen, daß die häßlichen, ungepflegten Leute, die sie im Traum vorbeilaufen sieht, Seelenteile der Träumerin sind. Es sind Personifikationen ihrer Häßlichkeit gegenüber dem Partner, den sie ablehnt, weil er nicht ihren Vorstellungen, nicht ihrem Idealbild entspricht.

Sie begegnet hier ihrer Schattenseite, die sie als Kind nicht leben durfte und abgespalten hat. Da sie sich dieser entwicklungsbedürftigen Wesensteile nicht angenommen hat, sind sie häßlich und ungepflegt geblieben. Da sie zum Zeitpunkt dieses Traumes noch nicht fähig war, diese häßliche Seite als Teil ihrer eigenen Innenwelt zu erkennen, erlebt sie diese, in ihrer Projektion gefangen, beim Ehemann. Die Durchgangshalle, in der das Ehebett im Traum steht, ist nicht gerade ein gemütlicher, intimer Ort und völlig ungeeignet als eheliches Schlafzimmer. Nach all dem Gesagten ist es nicht verwunderlich festzustellen, daß es in der Ehe an Intimität und Innigkeit fehlt; in einer Durchgangshalle wird man sicher oft gestört, zum Beispiel durch die häßlichen Passanten, und es ist kalt und zugig.

Die Träumerin erachtet ihre Ehe auch bestenfalls als unglückseliges Durchgangsstadium, aus dem sie zur Zeit keine Möglichkeit des Entrinnens sieht. Sie fühlt sich durch die gemeinsamen Kinder festgenagelt, ist aber nicht bereit, etwas in die Familie zu investieren, um eine neue Basis, ein neues, stabileres Fundament aufzubauen. Es spielen im Moment noch zu viele unbewußte negative Komplexe in ihre Entscheidungen und Handlungen mit hinein. Der Traum stellt das in der Öffnung der Halle nach links dar. Die linke Seite entspricht symbolisch dem Unbewußten; ist sie geöffnet, ohne daß wir uns dessen bewußt werden, stehen sozusagen Tür und Tor offen für unbewußte, meist unerlöste Verhaltensmuster, die dann bestimmend auf die Lebenssituation einwirken. Im Traum sind es eben die häßlichen Leute, die ungehindert am Ehebett vorbeimarschieren.

Durch beständige Arbeit an ihren ungelösten Problemen, die in vielen Träumen auf mannigfaltige Weise ihre Darstellung fanden, wurde der jungen Frau langsam bewußt, wie sehr sie sich in Haßgefühle verrannt hatte, und eine heilsame Betroffenheit darüber stellte sich ein. Auch dieser Traum läßt erkennen, daß die Träumerin entsetzt und erschrocken ist über diese Gefühlsintensität, im positiven wie im negativen Sinne. Der Mann, den sie vor den Flammen wegzieht, ist – auf der

Subjektstufe gedeutet – als eine männliche Seite der Träumerin zu verstehen. In dem Maße, in dem sie diesen Seelenteil vor den verzehrenden Flammen rettet, gewinnt sie langsam die nötige Distanz zu ihren verzehrenden Emotionen sowie Bewußtheit über ihre Neigung, Feuer zu fangen.

Die Tiroler sind lustig

»Die Tiroler sind lustig, die Tiroler sind froh, sie verkaufen ihre Betten und schlafen auf Stroh.« Liedtexte aller Art, von denen sich der Mensch angesprochen fühlt, können die Traumgestaltung mitbestimmen und die Deutung erleichtern helfen; hier ein Beispiel aus dem Buch *Mit Träumen leben – Einsichten* von mir, HILDEGARD SCHWARZ.

Traum

Ich bin unterwegs und wandere auf einem Wiesenpfad, der rechts von mir durch den Wald begrenzt ist. Einen Moment verharre ich, weil ich Mutter in Gestalt einer buntgeblümten Daunendecke auf mich zuwandeln sehe. Sie kommt näher, breitet sich dann wie selbstverständlich über mich, wobei ich von einem Gefühl der Liebe und Wärme durchströmt werde.

Die Szene wechselt. Jetzt befinde ich mich in meinem Kindergarten, bin umgeben von fünf- bis siebenjährigen Jungen und Mädchen, die aufgeregt um mich herumtollen. Um sie zu beruhigen, versuche ich, mit ihnen den Volkstanz »Die Tiroler sind lustig« einzuüben, aber entweder bin ich zu ungeschickt oder die Kinder sind zu ungelehrig, so daß in der allgemeinen Unruhe und in dem Durcheinander nichts Rechtes zustande kommt. Erhitzt und mißgestimmt über mein Versagen wache ich auf.

Lebenssituation

Hier handelt es sich um meinen »Daunendecken-Traum« und die Kindergartenszene mit dem Lied »Die Tiroler sind lustig«. Die Träumende ist verheiratet, vom Wesen her vergleichsweise jung, lebendig, sensibel, verletzbar, lern- und veränderungsfähig. Liebe spielt in ihrem Leben eine wichtige Rolle, Liebe, die sie von der Mutter empfangen hat, deren Tod sie seinerzeit nur schwer verwinden konnte, Liebe auch vom und zum Lebenspartner. Selbstkritisch überprüft sie ihr eigenes Verhalten ihrem Mann gegenüber, bereit, es zu korrigieren und sich zu wandeln, um ihn nicht zu verletzen, denn die Vorstellung einer lieblosen Ehe ist für sie entsetzlich.

Traumverständnis

Im ersten Moment erschienen mir die zwei Traumszenen wie zwei Kurzfilme, die nichts miteinander zu tun haben. Nachdem ich mich länger in sie vertieft und die Eindrücke geordnet hatte, erkannte ich überrascht meinen Irrtum. Was sich in der zweiten Traumhälfte abspielt, stellt den mißglückten Lösungsversuch des Problems dar, das in der ersten Hälfte aufgerollt und entwickelt worden ist. Zunächst habe ich mich auf den Weg gemacht, bereit und offen für Erlebnisse und Begegnungen. Es gleicht also einem geistigen Abenteuer, zu dem mich die Träume verlockt haben.

Von Bedeutung ist auch hier wieder der Landschaftsraum, der meine seelische Verfassung spiegelt. Der Wald ist, wie uns die Märchen erzählen, ein geheimnisumwitterter Ort, in dessen Helldunkel es ungestört wächst und wuchert, von magischen Kräften gezeugt und wieder verschlungen. Der Wald bietet jedoch auch Schutz und Geborgenheit. Alles in allem ist er ein Gleichnis des Unbewußten für das Herrschaftsgebiet der Mutter. So gehört die lichtüberflutete weite Wiesenfläche mit ihrem hoffnungsfreudigen Grün einem bewußtseinsnäheren seelischen Bereich an. Ich bewege mich zwischen beidem und erlebe demnach einen Grenzzustand, wo die Wirksamkeit des Alten nachläßt und die des Neuen erst beginnt. Rechts von mir, auf der hellen und bewußten Seite, sehe ich ahnungsvolles Walddunkel, das mit der Beziehung zur Mutter zu tun hat. Zur Linken dagegen, meiner dunklen unbewußten Seite, strahlende Helle, als seien die Rollen vertauscht. Gemeint ist damit, daß der dunkle unbewußte Mutterkomplex, die noch teilweise Bindung an die Mutter ins Bewußtsein getreten ist und nun von mir erkannt wird. Diese Erleuchtung half mir zu einem Verstehen der sich nun abspielenden Begegnung.

Mein heimlicher Wunsch nach mütterlicher Wärme, Liebe und Geborgenheit, nach einem Zustand, wo einem die gebratenen Tauben in den Mund fliegen und alles von selbst geht: Läßt er sich anschaulicher ausdrücken als in dem Bild der Daunendeckenmutter, die mich zärtlich umfängt? Eigentlich verrückt, das alles, denke ich; jemand, der zwei Weltkriege durchgestanden hat, soll noch von so infantilen Erwartungen bestimmt werden? Doch vergehen Empörungen über bittere Wahrheiten ziemlich schnell, wenn man ehrlichen Mut aufbringt, sein Wollen und Tun an der Realität zu überprüfen.

Mir wurde klar, daß die übermäßigen Ansprüche, die ich an das Leben stellte, auch meinen Mann betrafen. »Es bei ihm so warm haben wollen wie einst im Kinderwagen«, nennt es CHRISTA MEVES in dem Essay *Die Frau in der zweiten Lebenshälfte*, das aus einem ihrer lesenswerten psychologischen Taschenbücher mit dem Titel *Traum und Wirklichkeit* stammt. Sie ist auch der Ansicht, daß unser triebhaft unbewußtes Handeln durch Nachdenken bewußtgemacht werden sollte, um zu einem besseren Verständnis seiner selbst und der anderen zu kommen. Mich unterstützen dabei die Träume mit ihren Botschaften, gegen die ich mich so oft sträubte, weil sie mir mein wahres Wesen enthüllten.

In der zweiten Traumhälfte bekomme ich es nun, nachdem mein infantiler Wunsch erfüllt worden ist, mit Mädchen und Jungen in einem Kindergarten zu tun. In diesem speziellen Fall, bestimmt durch das, was vor sich geht, versinnbildlichen die Kinder Triebhaftes, das sich im Kindergarten, einem meiner seelischen Innenräume, abspielte. Es sind recht ungebärdige, unerzogene Triebkinder, die mir Disziplinschwierigkeiten bereiten. Mein Bemühen, mit ihnen einen Volkstanz einzuüben, um sie im Spiel zu gemeinsamem Tun zu einen, mißlingt kläglich. Daß sie nicht auf mich hören, entsprach sicher meiner Unfähigkeit, mit ihnen richtig umzugehen. Was man jedoch führen und leiten will, muß man zunächst einmal genau kennen. Das gilt in der Erziehung von Kindern genauso wie in der von Trieben. Im Erfassen der Bedürfnisse, Möglichkeiten und Fähigkeiten verwirklicht sich eine gute Erziehung, die den Notwendigkeiten gerecht wird. Herrschsucht ist dabei von Übel. Es gilt nicht, wenn behauptet wird, man müsse seine Triebe beherrschen. Ein Herrscher oder Diktator setzt immer zu Beherrschende voraus, was nur mit Gewalt geschieht. Deshalb sollte man lieber seine Triebe »führen«, das heißt behutsam, einfühlend, verstehend mit dem Psychischen und Physischen umzugehen, das uns anvertraut wurde. Wenn man Empathie gelernt hat, so wird man einfühlsam mit sich und den Mitmenschen umgehen können.

Daß es ein Lernprozeß ist, zeigte mir die Traumszene, in der mein Versagen mit den Trieben nicht nur negativ zu werten ist. Bereits die Hinwendung zu ihnen und die Einsicht, daß sie der Erziehung bedürfen, ist ein Fortschritt, der durch den einzuübenden Volkstanz beschrieben wird. Im Lied heißt es: »Die Tiroler sind lustig, die Tiroler sind froh, sie verkaufen ihre Betten und schlafen auf Stroh.« Ob Federbett oder Daunendecke, auf meine Situation bezogen ist es dasselbe. Wer sich des Lebens freut, hat Mut und Selbstvertrauen, entwikkelt Eigeninitiative, verlangt nicht nach mütterlicher Nestwärme. Mir fiel ein, wie oft ich nach dem Tode meiner Mutter im Traum mit einem Federbett unter den Armen dahingewandert war, von dem ich mich trotz arger Behinderung nicht zu trennen vermochte.

Wenn es in dem Lied weiter heißt: »Erst dreht sich das Weibchen«, so hat es damit eine eigene Bewandtnis. Ich fand einmal bei C. G. JUNG den Gedanken ausgesprochen, Selbsterkenntnis verlange ein Herumgehen um sich selbst, damit man sich von allen Seiten betrachten könne, um auf diese Weise auch seine Rückseite, seine Schattenseite zu sehen. Ist es nicht genau das, womit ich begonnen hatte, nämlich meine peinliche und minderwertige Seite zu entdecken und mich mit ihr auseinanderzusetzen? Wie eigentlich redest du mit deinem Partner, begann ich zu fragen: freundlich, sachlich, geduldig, liebevoll oder herrschsüchtig, gereizt, wehleidig, anklagend? Mein geschärftes Ohr lernte zu unterscheiden, und an der Reaktion meines Mannes erkannte ich bald, wenn ich mich im Ton vergriffen hatte. Sich auf den anderen bewußt einstellen und sich auf die Art und Weise des miteinander Redens aufmerksam machen – nicht so sehr auf das Was, sondern auf das Wie –, ließ mich gemäß der Aussage »Der Ton macht die Musik« meine falschen Töne erkennen. Neben Gestik und Mimik ist die Stimme ein Ausdrucksmittel, von dem sich der andere meist unbewußt beeinflussen läßt und sich dementsprechend verhält. Noch jetzt überläuft mich ein kalter Schauer, wenn ich an die Frau auf der Parkbank denke, wie sie mit ihrem blinden Mann sprach. Hart, voll Überdruß und als habe sie ein unmündiges Kind vor sich, waren ihre Antworten und Verweise. Der Mann sprach wenig, wirkte niedergeschlagen und resigniert. Ohne es zu wissen und es zu wollen, hatte die

Frau, wahrscheinlich in der festen Überzeugung, ihren Mann gut zu betreuen, sich allein durch ihren Tonfall bloßgestellt und die lieblose Beziehung verraten. Was für eine Ehe! Hellhörig geworden, erkannte ich immer und immer wieder, wie bestimmend sich die Sprechweise auf die Beziehung zum Partner, mit dem wir unser Leben gestalten, auswirkt. Er wird an dem Bemühen, sich seine Fehler einzugestehen und bei Entgleisungen um Entschuldigung bitten zu können, Liebe spüren, die in ihm ebenfalls den Wunsch nach Selbsterkenntnis wecken kann. Denn beide sind aufeinander bezogen und bestimmen wechselseitig ihr Verhalten.

»Dann dreht sich der Mann«, heißt es im Lied, nachdem die Frau damit begonnen hat. Indem sie ihre Schwächen und Unzulänglichkeiten erkennt und diese, von immerwährendem Mißerfolg nicht entmutigt, schrittweise zu überwinden sucht, werden Toleranz und Verstehen wachsen und die gegenseitige Beziehung vervollkommnen, bis es endlich einmal, vielleicht in ferner Zukunft, dazu kommt, wie es das Lied so erfrischend einfach ausdrückt: »Dann tanzen sie beide, juheirassasa.«

Da kennt man nun Dutzende von Volks- und Kinderliedern, und das Unterbewußtsein wählt ausgerechnet dasjenige aus, das der augenblicklichen Bewußtseinsreife am angemessensten ist. Darin offenbart sich uns ein geheimer Sinn, der uns immer wieder anspornt, trotz aller Widerstände mit der Arbeit an den Träumen fortzufahren. Sie ist für uns ein Vehikel, das uns zu den Quellen zurückführt, um verbrauchtes Leben zu erneuern.

Eine Show abziehen

Es gibt Situationen im Leben, in denen wir besonders gut dastehen wollen und einen günstigen Eindruck hervorrufen möchten. Das ist völlig in Ordnung, und die innere Sicherheit, die wir besitzen, wird uns vor Übertreibungen bewahren. Nur wer sich seiner selbst nicht sicher ist und seine Minderwertigkeitsgefühle kompensieren muß, trumpft auf, stellt sich zur Schau oder zieht, wie man auch sagt, eine Show ab.

Traum

Jemand aus der Schule schickt nach mir und fordert mich auf, in das Sekretariat zu kommen. Da ich barfuß bin, schlüpfe ich zunächst in einen meiner schwarzen Wanderschuhe, ziehe ihn aber sofort wieder aus und probiere eine meiner sexy Sandaletten, die meine roten Zehennägel gut zur Geltung bringen. Da mir der Anblick zu kühn erscheint, greife ich wieder nach dem Wanderschuh und streife ihn über die Sandalette. Rechts barfüßig und links doppelt beschuht, gehe ich einige Schritte und merke, daß ich so nicht auftreten kann. Mir fällt ein, daß ich mich für eine der drei Möglichkeiten entscheiden muß.

Lebenssituation

Wer auf einem Bauernhof aufgewachsen ist wie die Träumerin, wird frühzeitig mit allen dort anfallenden Arbeiten vertraut und kann den Eltern bald in Haus, Hof und Garten zur Hand gehen. Aus der Freude am Tun und der Liebe zu allem, was blüht, wächst und gedeiht, wählte sie den Beruf der Haushalts- und Handarbeitslehrerin. In ihrer fröhlichen Art und bei ihrem oft überschäumenden Temperament gelingt ihr diese Aufgabe nicht nur zur vollen Zufriedenheit der Kinder, sondern auch zu der des Schuldirektors. Doch dieser geht in Pension, und es stellt sich ihr die Frage, wie sie vor dem neuen Direktor auftreten soll, um seine Gunst zu gewinnen. Die Traumkraft reagiert auf ihre Frage und kleidet die Antwort in eine anschauliche Handlung.

Traumverständnis

Genauso wie sich eine gute Lehrerin verhalten würde, bringt auch die Traumkraft nicht sofort die Lösung, sondern läßt die Träumerin die verschiedenen Möglichkeiten des Auftretens ausprobieren. Durch Versuch und Irrtum zu lernen ist eine Methode, die Eigenkräfte des Menschen zu stärken und ihn dabei nicht zu bevormunden. Wie könnte er sonst das befriedigende Gefühl erleben, selbst eine Lösung gefunden und eine Entscheidung getroffen zu haben. Im Üben dieser Fähigkeiten gewinnt das Ich an Stärke, und die Angst, Fehler zu machen, von der viele Menschen geplagt werden, verringert sich. Sind doch gerade die Fehler, wenn sie reflektiert werden, eine unerschöpfliche Quelle des Lernens. Sobald wir diesen Wert erkennen, gelingt uns die positive Einstellung zu ihnen. Durch ängstliches Vermeiden von Fehlern engen wir uns ein und blockieren das Lernen. Es ist berechtigt, daß Träume, worüber so oft geklagt wird, keine fertigen Lösungen unserer Probleme und Schwierigkeiten bringen. Sie regen uns zum Fragen an, ermutigen uns zum Ausprobieren, und wenn wir damit manchmal auf die Nase fallen, sollten wir an unsere Kindheit denken, wo zerschundene Knie uns nicht an der Eroberung der Welt hinderten.

Kommen wir auf den Traum zurück, in dem die Träumerin erwägt, wie sie auftreten muß, um Eindruck zu machen. Sich barfüßig zu präsentieren wie das schlichte Naturkind, das sie einmal war, gehört wohl der Vergangenheit an und erscheint ihr unpassend. Ebenso geht es ihr mit der sexy Sandalette, die ein charmantes und selbstsicheres Auftreten voraussetzt. Noch fehlt ihr der Mut dazu, und sie schlüpft mitsamt der Sandalette in den soliden Stiefel, mit dem sich energisch auftreten läßt, merkt aber, daß beides zusammen nicht geht. Der Ausgang bleibt offen, und als sie nach der Traumerzählung gefragt wurde, wozu sie sich nun entscheiden würde, kam spontan die Antwort: »Natürlich für die sexy Sandalette.«

Beschäftigen wir uns noch ein wenig mit den Schuhen, die ein häufiges Symbol in unseren Träumen sind. Sie treten in den Mittelpunkt des Geschehens, wenn die Träumenden sich auf den Weg gemacht haben und ihre Beziehung zu sich selbst und der Umwelt zu reflektieren beginnen. Durch das Schuhsymbol werden der Standort verdeutlicht und die augenblicklich seelisch-geistige Einstellung, die beim Träumer vorherrscht. Ist der Träumer mit zwei verschiedenfarbigen Schuhen unterwegs, geht er noch mit fremden Füßen, vielleicht mit denen von Vater oder Mutter. Es könnten auch Kinderschuhe sein, wenn kindliches Verhalten die notwendige Lösung einer Aufgabe verzögert. Das Bemühen, aus einem Berg von Schuhen die eigenen herauszusuchen oder beim Einkauf in einem Schuhgeschäft nichts Passendes zu finden, sind Traumszenen, die nachdenklich machen sollten. Die Aufforderung, Bergstiefel anzuziehen, enthält den Hinweis, sich vor dem Auf und Ab der verschiedenen Lebenssituationen zu schützen. Mit Sommerschuhen im Schnee oder Stöckelschuhen auf einer Wanderung ist kein Fortkommen möglich. Verstaubte Schuhe und zerrissene Schuhbänder lassen auf Nachlässigkeit gegen sich selbst und andere schließen. Und mit dem Stehvermögen ist es nicht weit her, wenn man aus den Pantinen kippt.

Aus der Geschichte erfahren wir, daß der Schuh Herrschaft symbolisierte. In früheren Zeiten setzte der Sieger dem Besiegten den Fuß auf den Nacken, zur Bestätigung seiner Kraft

und Potenz. Im alten Rom mußten die Sklaven barfuß gehen, und noch im 15. Jahrhundert galt der Schuh als Zeichen der Macht. Es bestand die Sitte, daß mit der Heirat der Bräutigam statt des Vaters die Vormundschaft über seine Braut übernahm und dem Schwiegervater zur Ablösung ein Paar Schuhe sandte. Bis in unsere heutige Zeit ist in manchen Dorfgemeinden etwas von dieser Sitte lebendig. Der Traum einer Klientin, in dem sie beobachtete, wie ein Rabe auf einem Fensterbrett sich in einen Stiefel verwandelte, blieb so lange undurchsichtig, bis wir wieder das seit Wochen anstehende Thema der Vater-Tochter-Beziehung aufnahmen. Ihr fiel ein, daß sie am Hochzeitstag ihren Vater um Verzeihung bitten mußte, weil sie mit ihrem Bräutigam zusammen das elterliche Haus verließ. Die Übersendung der Schuhe war in Vergessenheit geraten, dafür aber die Vormachtstellung des Vaters erhalten geblieben. Allerdings ist der verheirateten Frau in Form eines Pantoffels ebenfalls ein Herrschaftssymbol zugedacht worden. Mit dem sprichwörtlichen »unter dem Pantoffel stehen« wird die Abhängigkeit des Mannes von der Frau dargestellt. In seltenen Fällen und unter Berücksichtigung des Gesamttextes sind Fuß und Schuh mit Sexualität in Verbindung zu bringen. Wie das männliche Glied in die Vagina, so schlüpft der Fuß in den Schuh.
In welche Schuhe wir schlüpfen, ist letztlich eine Frage des Entwicklungsstandes und der momentanen Lebenssituation.

Etwas in sich hineinfressen

Im sprichwörtlichen Sinne fressen wir etwas in uns hinein, wenn wir Gefühle und Emotionen unterdrücken oder verdrängen. Anstatt ein Problem anzugehen und sich einer Konfrontation zu stellen, ziehen wir uns in unser Schneckenhaus zurück und wollen nichts damit zu tun haben, wenn wir es in uns hineinfressen. Sehr schnell jedoch wird uns das ins Unbewußte verdrängte Problem auf den Magen schlagen, da sich die durch das Bewußtsein zensierten, unerwünschten Emotionen gegen uns selbst richten.

Traum

Ein Überfall wird verübt. Ich habe irgendwie auch damit zu tun. Jemand von uns macht ein Foto vom Überfall, dann flüchten wir. Die Szene spielt sich an einer Hauptstraße neben einem Fußgängertunnel ab.
Später in einer Wohnung. Die Dias, von denen eines auch den Überfall zeigt, sind fertig; es sind hauptsächlich Motive unseres Babys. Da kommt plötzlich eine Polizeirazzia. Jemand von uns wirft den Stapel Dias hinter den Schrank. Es ist unser Schlafzimmerschrank; die Szene scheint sich also in unserem Schlafzimmer abzuspielen. Die Polizisten durchsuchen das Zimmer, finden jedoch nichts Belastendes, da sie nicht hinter den Schrank blicken. Sie gehen, kehren jedoch gleich darauf noch einmal zurück. Rechtzeitig huscht jemand von uns hinter den Schrank und befindet sich jetzt unter dem Schlafzimmer. Er hebt eine Glasplatte, die der Fußboden ist, hoch, um sich die Dias zu nehmen. Jetzt bin ich es, der dort unten ist; es ist eine ganze Etage großflächiger Räumlichkeiten. Ich suche das Dia vom Überfall heraus, das uns überführen würde, kann es aber nicht gleich finden. Inzwischen hat die Polizei den Zugang zu dieser Untergrundebene gefunden und naht. Endlich habe ich das Dia ausfindig gemacht. Es ist eine Doppelbelichtung: Überfall und noch ein Motiv. Ich nehme das Dia in den Mund, zerkaue es und schlucke es hinunter, damit es den Polizisten nicht in die Hände fällt.

Lebenssituation

Der Träumer, ein junger Familienvater, arbeitet bereits seit einiger Zeit mit Hilfe der Träume an der Erlösung und Auflösung seiner inneren Problematiken. Er hat dabei schon viele Fortschritte erzielt, fällt aber von Zeit zu Zeit zurück in alte Verhaltensstrukturen. Regressionen sind aber bei der therapeutischen Arbeit eher die Regel als die Ausnahme, und so sollte man sich nicht entmutigen lassen, sondern erkennen und akzeptieren, daß eine gründliche Seelenreinigung eben ihre Zeit braucht.

Ein Hauptthema ist für den Träumer der Umgang mit Aggressionen, vor denen er früher zumeist flüchtete, sich in sein Schneckenhaus zurückzog und die Umwelt anklagte. Am Vorabend des genannten Traumes hatte er einen heftigen Streit mit seiner Ehefrau, den er jedoch nicht bis zur Klärung mit ihr austrug, sondern bei dem er sich vorher beleidigt zurückzog. Er fühlte sich von ihr ungerechtfertigt angegriffen und konterte ebenso massiv.

Er hatte den Eindruck, daß sie über ihn herfiel, weil er sich angeblich nicht genug um das Kind kümmere, was er aber als gegenstandslose Anschuldigung zurückwies. Er verspann sich in seine eigene Deutung des Vorfalls und wollte nicht wahrhaben, daß er an diesem Konflikt ebenso beteiligt war wie seine Frau.

Traumverständnis

Es ist naheliegend, den Überfall im Traum mit dem Streit der Eheleute in Beziehung zu bringen. Ob es ihm gefällt oder nicht – der Träumer muß feststellen, daß auch er an dem Überfall beteiligt ist. Eigentlich hat er das Wissen, da ein Foto gemacht wurde, doch dann entscheidet er sich für die Flucht, die wir als eine Verdrängung des Problems in die dunklen Regionen des Unbewußten verstehen können. Der Fußgänger-

tunnel, der sich unter der Oberfläche befindet, ist ein Bild, in das der Traum die Flucht nach unten kleidet.
In der Wohnung ist der Träumer dann mit den Dias beschäftigt, von denen auch eines den Überfall zeigt. Wieder möchte er sich ein Bild von dem machen, was da vorgefallen ist. Da es sich um ein Lichtbild handelt, ist er zudem aufgefordert, Licht in diese Angelegenheit zu bringen. Das Kind des Träumers ist auf allen übrigen Dias abgebildet; damit wird der Träumer mit dem Thema des Streites konfrontiert. Als dann jedoch plötzlich die Polizei erscheint, läßt er das belastende Bildmaterial verschwinden. Im Träumer sind alte Ängste erwacht, die ihn zu einem Handeln zwingen, das er bewußt bereits als Fehlverhalten erkannt hat, nämlich den Impuls, unangenehme Dinge unter den Teppich zu kehren oder, wie hier, hinter dem Schlafzimmerschrank zu verstecken. Er mißtraut noch den Polizisten, die im Traum als Ordnungskräfte der Psyche fungieren und die aus dem Lot geratene Situation klären wollen.
Die Seelenpolizei sucht also vergebens nach dem belastenden Material, gibt sich damit jedoch nicht zufrieden und kehrt gleich nach dem Verlassen der Wohnung noch einmal zurück. Hier wird der innere Widerstreit des Träumers deutlich. Einerseits will er sich von dem unglücklichen Vorfall ein Bild machen, doch er fürchtet sich andererseits davor, sein Fehlverhalten einzugestehen. Sein Schuldgefühl, gepaart mit der Angst vor Strafe, veranlaßt ihn erneut dazu, das Corpus delicti verschwinden zu lassen, diesmal unterhalb des Schlafzimmers.
Die Biographie des jungen Mannes gibt Aufschluß über seine Ängste vor Bestrafung, die deshalb überdimensionale Ausmaße angenommen hatten, da er von den Eltern viele Strafandrohungen erhielt, die jedoch nie wahrgemacht wurden. So lebte er in ständiger Anspannung, daß das gefürchtete Gewit-

ter noch kommen werde; eine klärende Aussprache und ein Verzeihen fanden meist nicht statt, da sowohl der Vater als auch die Mutter nicht gelernt hatten, ihrerseits mit Aggressionen umzugehen. Von den Eltern übertrug sich dieses Übel auf den Träumer, und er ist nun mit der schwierigen Aufgabe konfrontiert, diesen Teufelskreis des »Weitervererbens« destruktiver Verhaltensmuster zu stoppen.

Wie hartnäckig solche über Jahre hinweg eingespurten »Verhaltensrillen« wirken, spürt der junge Familienvater am eigenen Leib. Die guten Vorsätze, sich falsches Verhalten einzugestehen und sich auch selbst zu verzeihen, können nicht verhindern, daß der Träumer in diesem Fall wieder seiner Schwäche erliegt und versucht, das Problem, hier in Form des Überfalldias, in sich hineinzufressen. Da sich diese Szene auf einer Untergrundebene abspielt, dürfen wir annehmen, daß dem jungen Mann nicht so recht bewußt ist, was er da eigentlich tut. An der durchsichtigen Glasplatte, die als Decke zur Oberwelt dient, läßt sich aber ersehen, daß die Sache wohl doch langsam transparent wird.

Die Traumpolizei hat auch Verdacht geschöpft und den Zugang zu dieser Unterwelt entdeckt. Der Träumer schluckt zwar rechtzeitig vor ihrem Eintreffen das belastende Material hinunter, doch hat er danach Probleme, es auch zu verdauen. Die Besprechung dieses Traumes hat ihm dann die Augen geöffnet. Sein Vertrauen in die Träume ist mittlerweile stärker als die Widerstände und Abwehrmechanismen, was wiederum eine Grundvoraussetzung für eine erfolgreiche Traumarbeit darstellt. Durch eine kontinuierliche Beschäftigung mit den Träumen wird das Vertrauen zu ihnen wachsen, und wir werden ihre Botschaft als hilfreiche Winke annehmen.

Durch dick und dünn gehen

Wer ein Ziel verfolgt, das ihm wichtig ist, wird keine Hindernisse scheuen. Er läßt sich nicht beirren, überwindet alle Schwierigkeiten und geht zielbewußt durch dick und dünn.

Traum

Ich befinde mich in einem halbrunden Schwimmbassin. Hinter mir läuft am Rand entlang eine Stange, an der ich mich festhalte. Links neben mir stehen noch andere Menschen zusammen mit einem achtjährigen Mädchen. Das Wasser ist grün und tief. Mir zugewandt steht eine freundliche Frau, die mir schon einmal im Traum begegnet ist. Hinter ihr befindet sich ein Mann, der kaum in Erscheinung tritt. Die Frau sagt mehrere Male zu mir: »Wenn Sie schreiten durch dick und dünn, können Sie nicht untergehen.«
In meiner rechten Hand habe ich eine runde Seife, sie rutscht mir weg und trudelt in die Tiefe. Es gelingt mir, sie mit den Füßen ein Stückchen anzuheben, aber sie entgleitet mir wieder. Die freundliche Frau dreht den Kopf, schaut den Mann über ihre Schulter hinweg an und taucht dann selbst nach der Seife. Ich erhalte sie von ihr zurück. Jetzt schaue ich nach dem achtjährigen Mädchen und habe Angst, daß es nicht durch das Wasser, welches ich für sehr tief halte, gehen kann. Da wache ich auf.

Lebenssituation

Voller Zuversicht war Frau D., als sie mit vierzig Jahren ihren Beruf als Krankenschwester aufgab, einen zehn Jahre älteren Mann heiratete und in sein Haus einzog, das er mit zwei älteren Schwestern teilte. Ihr ständiges Bemühen, ihm zuliebe zu den Schwägerinnen einen guten Kontakt herzustellen, mißlang, und sie blieb die eingedrungene Fremde, die ihnen den Bruder weggenommen hatte. Die täglichen Begegnungen brachten Zusammenstöße, mit der Neigung, aus der Mücke einen Elefanten zu machen und einen nie abreißenden Konfliktstoff zu erzeugen. Dem Ehemann, der sich in erster Linie für seine Schwestern verantwortlich fühlte, gelang es, die verschiedenen Konfliktsituationen zu entschärfen, ohne das Grundübel zu erkennen und sich bewußtzumachen, mit wem er eigentlich verheiratet ist. Den Konsequenzen, die sich daraus ergeben hätten, wich er aus, obwohl ihm seine gute finanzielle Lage genug Möglichkeiten zur Veränderung bot.

Frau D., eingeübt in die vom Elternhaus geforderte spezifische Geschlechtsrolle der Frau, liebevoll, bescheiden, freundlich und zurückhaltend zu sein, unterlag als erste der angespannten Atmosphäre im Haus und begann zu kränkeln. Ihr Zustand besserte sich, als sie einer psychologischen Gruppe beitrat, durch die sie sich selbst und ihrer Probleme bewußt wurde und daran zu arbeiten begann. Langsam, viel zu langsam veränderte sich ihr Zustand, und die Gefühle der Ohnmacht, des Ausgeliefertseins, der Unterlegenheit und Schwäche minderten sich. Dafür wuchs ihre Sicherheit, und kleine Erfolge machten ihr Mut, die verfahrene Situation mit Mann und Schwägerinnen selbst in die Hand zu nehmen und nach Lösungen zu suchen. Mit welch deutlichen Bildern ihre Traumkraft sie darin unterstützt, bringt dieser Traum zur Geltung.

Traumverständnis

Als wir Frau D. fragten, welche Traumszene sie besonders beeindruckt habe, war es der zweimalige Verlust der Seife, der sie außerordentlich beunruhigte. Daher versuchte sie, sich über die Bedeutung der Seife klarzuwerden. Im

Traum ist sie ein Signal dafür, daß eine Situation bereinigt oder ein Problem fortgeräumt werden soll. Wie ihr die Seife aus der Hand schlüpft, so entgleitet ihr auch immer wieder die Situation, die sie bereinigen möchte. Die Kraft zu handeln, ihre Angelegenheit in der Hand zu haben und vernünftig damit umzugehen, ist noch geschwächt. Das ist verständlich, wenn wir die Ausgangsposition beachten, in der sie sich befindet. Sie steht zur Hälfte im Wasser, einem Teil ihres Unbewußten, und ist in ihrer Bewegungsfreiheit eingeschränkt. Da sie die Ursachen ihrer mißlichen Lage nicht voll und ganz durchschaut, kann sie sich auch nicht artikulieren, um den anderen deutlich zu machen, welche Bedürfnisse sie hat und wie sie ihre Ehe zu führen gedenkt. Noch fühlt sie sich hilflos und klammert sich an eine Stange, um festen Halt zu gewinnen. Dazu paßt auch ihr ängstliches Verhalten, mit den Füßen nach der Seife zu angeln. Sie wagt nicht zu tauchen, in die Tiefen ihres Unbewußten zu gehen, wo die Antworten bereitliegen auf ihre das Eheleben betreffenden Fragen: Welchen Beitrag sie beispielsweise zur Ehe geleistet hat und ob der Beziehungswirrwarr nicht auch ihr emotionales, unkontrolliertes Verhalten widerspiegelt.

Durch eine freundliche Frau, die schon einmal in ihren Träumen aufgetaucht ist, erhält sie Unterstützung. Diese ist mit dem hinter ihr stehenden Mann verbunden. Sie hat Mut, taucht in die Tiefe, findet und überreicht Frau D. die verlorengegangene Seife. An ihr, die voller Mut und Kraft ist, erlebt Frau D. eine Teilpersönlichkeit ihres Wesens, an die sie noch nicht glauben kann. Vielleicht fühlt sie sich angesprochen, nun ihrerseits die männliche, aktive, willensstarke Seite in sich zu entwickeln und aus ihrer nachgiebigen, passiven, betont weiblichen Rolle herauszufinden.

»Du mußt vorwärtsschreiten!« heißt es weiterhin in dem Traum, »durch dick und dünn!« Und der Ratschlag ließe sich ergänzen: »Wenn du nicht auf der Stelle trittst, wenn du wagemutig vorangehst und kein Risiko scheust, dann wird sich dein Leben positiv verändern.« Für Frau D. wäre es hilfreich, sich an diese Traumszene immer wieder zu erinnern und in Stunden der Mutlosigkeit den Satz »Ich muß durch dick und dünn gehen« öfter laut auszusprechen. Sie darf ihn als eine Zauberformel betrachten, die unbedingt wirksam ist und ihr die Möglichkeit gibt, die in ihrem Kopf kreisenden Ängste, Sorgen und Befürchtungen zu stoppen. Sie wird sich besser fühlen, ist den panikartigen Gedanken, die sie blockieren, nicht mehr unterlegen, sondern überlegen, und der Weg ist frei für gute Einfälle, die Lebenssituation zu verändern. Dann wird auch der unscheinbare, hinter der freundlichen Frau verborgene Mann in Erscheinung treten. Ist er doch zum einen ein Teil ihrer männlichen Seite, die noch entwicklungsbedürftig ist, zum anderen symbolisiert er aber auch die unbewußte Beziehung zwischen ihr und ihrem Mann, der sich noch hinter ihrem Rücken aufhält. Sobald sie ihren Mann und die Realität besser versteht, sie nüchtern betrachtet und akzeptiert, tritt ein beruhigter, emotionsloser Zustand ein, der es ihr erlaubt, gelassen zu bleiben. Diese neue Verfassung bringt Gefühle der Schwäche und des Ausgeliefertseins zum Verschwinden. Dafür regen sich neue Kräfte, die, öfter mit Erfolg ausprobiert, ihr Mut machen werden.

Nachdem sie sich ihres Kräftepotentials bewußt geworden ist, kann sie Klugheit und Umsicht walten lassen und kommt endlich in den Beziehungsschwierigkeiten für alle Seiten zu akzeptablen Lösungen. Der Traum will ihr Mut machen und zeigt ihr an dem halbrunden Becken, wieviel ihr schon gelungen ist und daß sie sich jetzt in der Halbzeit befindet und noch einmal alle Kräfte einsetzen muß, damit sich der Kreis schließt und aus ihrem Leben etwas Volles, Rundes und Ganzes wird. Dieses Thema wird bereits in der runden Seife ange-

sprochen, denn die Kugel ist ein Symbol der Ganzheit, die alle Inhalte in sich einschließt und in der die Gegensätze aufgehoben sind.
Frau D. darf Mut fassen. Alles wird ihr gelingen, denn sie besitzt junge, unverbrauchte Kräfte, dargestellt in dem achtjährigen Mädchen, einem entwicklungsfähigen Wesensteil in ihr, der Zukunft bedeutet. Ein achtsames und feinfühliges Umgehen mit den Kindern, die nicht nur im Traum, sondern auch in der Realität Sinnbilder sind für Werden, Wachsen und Entfaltung, verhilft zu Erfahrungen, die dem Leben einen Sinn geben. Noch zweifelt sie an ihren jugendlichen Kräften und fragt sich, ob sie stark genug seien, sie auf ihrem Weg durch dick und dünn zu begleiten. Aber sie lernt aus ihren Erfahrungen, weiß, daß es immer wieder einmal Krisenzeiten gibt, die, wenn sie durchgestanden sind, den nachfolgenden, arbeitsreichen Wochen und Monaten mehr Schwung verleihen.

Das Steuer in die Hand nehmen

Wer das Steuer fest in der Hand hält, kann seine Ziele konsequent verfolgen und muß sich auf seinem Weg durch nichts und niemanden beirren lassen. Ursprünglich bezieht sich die Redensart auf das Steuer eines Schiffes, mit dem man den Kurs bestimmt. In übertragener und erweiterter Bedeutung dient sie zur Umschreibung von Herrschaft, Leitung, richtungweisendem Handeln und Eingreifen überhaupt, vornehmlich im öffentlichen Leben, in Wirtschaft und Politik. Wir sprechen dann von am Steuer sitzen, das Steuer führen, an der Regierung sein, den Staat lenken, die Richtung in der Politik bestimmen oder am Ruder sein.

Traum

Ich wasche mich in einer Einrichtung in der Schulstraße, weil bei uns zu Hause die Wasserleitung defekt ist. Ich habe den Morgenmantel abgelegt, bin nackt, und als Leute kommen, versuche ich, ihn schnell wieder anzuziehen. Als ich Frau Z. in einen Kleinbus einsteigen sehe, gebe ich ihr zu verstehen, daß sie meinem Mann nicht sagen solle, daß ich mich hier nackt gewaschen habe. Dann aber ist es mir nicht mehr recht, daß ich sie darum gebeten habe.
Plötzlich bin ich auch in einem Kleinbus, merke aber sofort, daß ich in eine andere Richtung muß und steige wieder aus. Zu Fuß gehe ich nach Hause. Unten in der Straße kommt mir mein Mann entgegen, wie ich sehe, im Stechschritt. Er lädt die Campingausrüstung in unser Auto ein.
Ich gehe weiter, sehe dann vor unserem Haus mehrere Boote liegen. Die Farbe ist ein wunderschönes helles Rot, unten sind sie weiß. Ein kleiner Junge turnt dazwischen herum, und sonst sind auch noch einige Leute da, von denen mir der Sohn des Nachbarn besonders auffällt. Mit gefällt die Atmosphäre, und ich empfinde ein Gefühl der Freude und Verbundenheit. Ich steige über eines der Boote hinweg, um in unseren Hof zu kommen. Jetzt steht mein Mann neben mir. Ich will noch etwas holen, als mir der Nachbarssohn das Steuer eines Bootes in die Hand gibt. Das war es wohl, was ich noch holen wollte. Ich bitte meinen Mann, ein Foto zu machen, weil alles so wunderschön aussieht. Ich selbst kann es nicht tun, sage ich, weil ich im Haus noch etwas zu erledigen habe. Doch mein Mann wollte nicht fotografieren.

Lebenssituation

Wieder einmal hängt der Haussegen bei Familie G. schief, und die sich daraus ergebende Funkstille dauert bereits einige Tage an. Seitdem die Kinder erwachsen sind und das

Haus verlassen haben, entstand eine Lücke, ließ Gefühle der Leere und Verlassenheit entstehen sowie Gedanken über die Fragwürdigkeit einer seit fünfundzwanzig Jahren bestehenden Ehe. In solchen Umbruchzeiten treten die Gegensätze einer Zweierbeziehung wieder stärker hervor, und insgeheim wägt jeder ab, wie es zu Beginn der Ehe aussah, ob sich Sympathien, Ansichten, Einstellungen und Interessen entgegenkamen.

Frau G., temperamentvoll, dominierend, künstlerisch begabt, aber undiszipliniert und immer im Streß, ihre Ideen zu verwirklichen, bemüht sich seit einigen Jahren, ihre in der Kindheit erworbene Prägung zu durchschauen, in der Hoffnung, Unvollkommenheiten, Schwierigkeiten und Beschränkungen zu überwinden. Geduld ist nicht gerade ihre Stärke, deshalb kommt es bei Auseinandersetzungen mit ihrem Mann zu Temperamentausbrüchen, die auf beiden Seiten seelische Verletzungen hinterlassen. Es bringt sie zur Weißglut, wenn er, der ein Pedant ist, auf einseitigen, kollektiven Wertvorstellungen beharrt, stets an ihr herumnörgelt und sie es ihm niemals recht machen kann. Diese Sturheit, mit der er auch alles Andersartige und Lebendige in sich selbst zerstört, ist ein in der Kindheit erworbenes Verhaltensmuster, mit dem er sich vor Angst, Unsicherheit und leichter Verletzbarkeit zu schützen versucht. Diese eingeübte Rolle, die er, ihm selbst nicht mehr bewußt, spielt, gibt ihm einen gewissen Halt und das Gefühl, sein Leben im Griff zu haben.

Sturheit, nicht im Extrem, sondern in abgemilderter Form, könnte durchaus etwas Positives haben und ließe sich in Ausdauer, Beharrungsvermögen und Zuverlässigkeit verwandeln. Das setzt aber Bewußtheit über das eigene Verhalten voraus und die Fähigkeit, Positives und Negatives abzuwägen, um die eigenen hinderlichen Energien zu erkennen, mit dem Versuch, sie abzuschwächen. Hilfe und Unterstützung für dieses Erkennen bieten uns die dynamischen Bildszenen der Träume, durch die wir eigene Reaktionen und die unserer Mitmenschen besser verstehen lernen, so daß uns viel Ärger erspart bleibt.

Traumverständnis

Was im Hause von Frau G. einmal wieder nicht funktioniert, ist die Wasserleitung. Das Wasser fließt nicht, etwas ist defekt, und keiner weiß, woran es liegt. Nur das Traumbewußtsein ist im Bilde und signalisiert, daß ein Fluß, in diesem Fall ein Redefluß, ins Stocken geraten ist. Frau G. fielen die Auseinandersetzungen mit ihrem Mann vom Vortag ein, wo ein sachliches und nüchternes Gespräch über Alltagsschwierigkeiten nicht möglich war, sondern mit gegenseitigen Schuldzuweisungen ausgetragen wurde. In der Hitze des Gefechts fielen Worte, die besser ungesagt geblieben wären, da sie längst Vergebenes und Vergessenes anrührten und erneut verletzten. Das verschlug beiden die Sprache, und es dauert nun einige Tage, bis sie wieder mit liebevollen und verzeihenden Gedanken aufeinander zugehen können.
Im Traum versucht Frau G., sich außerhalb des Hauses reinzuwaschen, nicht von ungefähr in der Schulstraße, die besagt, daß sie noch einiges zu lernen hat. Es geht um die Bereinigung des Streits, wozu ihr noch die Bereitschaft fehlt. Stillschweigend möchte sie darüber hinweggehen und ihren Anteil nicht sehen, mit dem sie dazu beigetragen hat. Deshalb geniert sie sich vor den hinzukommenden Leuten (Wesensseiten in ihr) und bittet eine im Kleinbus sitzende Bekannte, die ihr zugeschaut hat, um Stillschweigen. Eigentlich müßte sich für Frau G. die Frage stellen, warum sie Heimlichkeiten vor ihrem Mann hat. Es ist das typische Verhalten in einer Gesellschaft, die sich nach allgemeinen Normen und Wertvorstellungen ausrichtet, ohne zu prüfen, auf welche Situationen solche Re-

geln zutreffen. Es ist bequemer, sich anzupassen und immer so zu tun, als sei alles in bester Ordnung und sich so darzustellen, wie man von der Umgebung gesehen werden möchte. Irgendwie dämmert es Frau G., daß es nicht in Ordnung ist, die Bekannte zu Heimlichkeiten zu verpflichten. Noch zögert sie, mit ihrem Mann darüber zu sprechen, was nur sie beide angeht, um schließlich den Unfrieden zu beenden.

Erst die Fahrt im Kleinbus, die kollektives Verhalten spiegelt, bringt ihr zum Bewußtsein, daß sie wieder eine falsche Richtung eingeschlagen hat. Kollektives Verhalten besteht darin, Unstimmigkeiten nicht auszutragen, sondern unter den Teppich zu kehren und Harmonie vorzutäuschen. Daher verläßt sie den Bus, geht zu Fuß nach Hause und begegnet ihrem Mann, der die Campingausrüstung in das Auto einlädt. Merkwürdigerweise tut er das im Stechschritt. Es ist ein typisches Verhalten für einen Menschen, der sich einem soldatischen Reglement unterordnet und mit diesem uniformen Verhalten sein Leben zu meistern versucht. Er hat von früher Kindheit an Normen und Anweisungen, die von außen kamen, verinnerlicht und läßt sich von ihnen steuern, ohne daß ihm diese Automatik auffällt. Dieses starre Verhalten bringt eine Entfremdung von sich selbst und macht sehr einsam. Das Leben stirbt ab, wenn sich nichts mehr bewegt und verwandelt. Vielleicht findet er, ihm sicherlich unbewußt, einen Ausgleich auf seinen Urlaubsreisen mit Zelt, Faltboot und Rucksackwanderungen, die er gemeinsam mit seiner Familie unternimmt und, wie könnte es anders sein, übervorsichtig plant, um allen Eventualitäten gewachsen zu sein.

Es ist das starre Festhalten an dem einmal Geplanten, das Frau G., die gern improvisiert, zu schaffen macht und immer wieder zu Affektausbrüchen verleitet. Im Traum wird sie wieder mit diesem Verhalten ihres Mannes konfrontiert. Sie geht aber an ihm vorbei dem Haus zu, wo vor der Tür einige

Boote liegen, auf denen ein kleiner Junge herumturnt. Darunter befinden sich auch die eigenen, die – oben rot und unten weiß – einen fröhlichen Eindruck machen. Dieser Anblick erinnert sie an die vielen Fahrten, die sie mit Mann und Kindern gemacht hat. Sie spürt Freude in sich aufsteigen, und vergessen ist das Unschöne, was damit zusammenhing. In dieser Atmosphäre des Wohlwollens verspürt sie eine Verbundenheit mit ihrem Mann, und Hoffnung entsteht, ihn trotz aller Eigenschaften, die ihr auf die Nerven gehen, einmal so annehmen zu können, wie er ist. Inzwischen haben sich einige Leute eingefunden und schauen zu. Der Sohn des Nachbarn gibt ihr das Steuer eines Bootes in die Hand. Damit wird ihr die Aufgabe übertragen, ihr Leben wie ein Schiff zu steuern, es bewußt zu lenken sowie Richtung und Ziel anzugeben. Eigentlich weiß sie ja längst, was ihr ungeduldiges und aufbrausendes Temperament auslöst und wieviel Kraft und Zeit nötig sind, das Einverständnis zwischen ihr und ihrem Mann wiederherzustellen. Jedoch mit dem Wissen allein ist es nicht getan. Es muß so lange praktiziert und umgesetzt werden, bis die übermäßigen Gefühlsausbrüche rechtzeitig erkannt und gelenkt werden können. Das wird ihr gelingen, sobald sie Situationen und Dinge nicht nur emotional und subjektiv, sondern sachlich, nüchtern, vernünftig und objektiv zu betrachten lernt. Diese unpersönliche Betrachtungsweise fällt den Frauen schwer, und deshalb bekommt auch Frau G. das Steuer nicht von einer Frau, sondern von einem männlichen Wesen, dem Sohn des Nachbarn, überreicht. Er kann zusammen mit dem kleinen Jungen, der auf den Booten herumturnt, als männliche Komponente verstanden werden, die in ihrer Psyche noch in der Entwicklung begriffen ist und von C. G. Jung mit Animus umschrieben wird. Diese männlichen Anteile im eigenen Innern wahrzunehmen, ihre Werte zu erkennen und sie in das Leben zu integrieren ist für die Frau eine große Hilfe in der Beziehung zu einem realen Mann und fördert das Verständnis für ihn. Frau G. spürt diese Zusammenhänge, ist im Traum freudig gestimmt und bittet ihren Mann, diese glückliche Stunde im Bild festzuhalten. Sie würde selbst fotografieren, hat aber im Haus noch etwas zu tun, wahrscheinlich will sie die Wasserleitung wieder in Fluß bringen. Doch der Ehemann verweigert das Fotografieren. Vielleicht mißtraut er den guten Absichten seiner Frau, weil er zu oft enttäuscht worden ist.

Da ist der Wurm drin

So manche Angebote oder Angelegenheiten, die auf den ersten Blick sehr verlockend und vorteilhaft erscheinen, lassen beim näheren Hinschauen verdeckte oder verheimlichte Nachteile erkennen. Wie der Holzwurm, der lautlos, aber beständig das Holz der Möbel oder des Gebälks zernagt und dessen Stabilität zerstört, so wird auch uns der sprichwörtliche Wurm, der in einer Sache steckt, nicht gut bekommen. Es ist dann irgendwann etwas faul daran und stimmt nicht so, wie es dargestellt wird. Auch in unserem Verhalten ist zuweilen der Wurm drin, wenn wir andere oder uns selbst willentlich oder unbewußt täuschen.

Traum

Morgen ist der Erste Mai, und am Mittwochabend will ich zu meinem Bekannten F. gehen. Doch jetzt fällt mir plötzlich ein, daß ich ja heute abend auch schon bei ihm eingeladen bin, denn er hat Geburtstag. Ich kann aber nicht kommen, denn ich bin bei meinem Schwager K. eingeladen, der ebenfalls heute Geburtstag hat. Dann wird F. einmal sehen, wie es ist, wenn einem nicht zum Geburtstag gratuliert wird.

Plötzlich steht F. mit Frau und Kind vor unserer Tür. Es ist Sonntag oder Feiertag, jedenfalls ist mein Mann zu Hause. Ich bin total überrascht, wir bitten sie herein. Mein Mann schaut ganz komisch. Wir trinken alle Bier, was mich sehr wundert, denn F. und seine Frau trinken doch sonst bloß Tee. Jetzt sagt F., daß es ihm nicht gefallen habe, daß ich ihm nicht gratulierte. Ich sage achselzuckend: »Na, dann siehst du mal, wie das ist.«
Es kommt nur zähflüssig eine Unterhaltung in Gang. Ich frage die beiden, ob ihnen meine Truhe gefalle. F. meint skeptisch: »Ich finde, die Ornamente (Beschläge) sind zu protzig. Die Truhe sollte einfach aussehen, und der Lack glänzt zu sehr.« Seine Frau meint, es sei auch wichtig, wie sie innen aussehe. Ich mache sie auf, und F. sagt: »Siehst du, wo diese Würmer rauskommen und die kleinen Krabbeltiere, da wird die Truhe zerstört. Die hättest du anders behandeln müssen.« Seine Frau gibt mir die Bierflasche, die leer ist. Ich gehe, um eine neue zu holen. Wir haben aber kein Bier mehr. Verlegen biete ich ihr die offene Sektflasche von gestern an. Doch da entschließen sie sich aufzubrechen. Im Kassettenrecorder läuft die Musik von F. so laut, daß man sich nicht richtig versteht. Ich stehe auf und mache sie leiser. F. sagt, daß sie noch in ihren Garten müßten. Ich habe ein Kleid an, worauf F. mir sagt, daß ich jetzt schon weiblicher aussehe.

Lebenssituation

Die Träumerin ist eine junge Ehefrau und Mutter Mitte Zwanzig. Mit ihrer Ehe und ihrem Ehemann ist sie unzufrieden, vor allem auch, weil ihr Mann keine Interessen mit ihr teilt und überhaupt ihr gegenüber recht verschlossen zu sein scheint. Ganz anders erlebt sie da die Beziehung ihres Bekannten F. mit dessen Frau, die sie als offen, lebendig, abwechslungsreich und harmonisch beschreibt. Mit F. verbinden sie zudem gemeinsame geistige Interessen wie die Traumarbeit oder die Astrologie, über die sie sich bei regelmäßig stattfindenden Treffen mit ihm austauscht. Da ihr Mann diesen Interessen eher feindselig gegenübersteht, ist sie sehr frustriert. Verschiedene Versuche, ihn durch hartnäckiges Bohren, quasi mit Gewalt, zu interessieren, waren zum Scheitern verurteilt und vertieften die innere Kluft und das Mißtrauen zwischen den Eheleuten. Aber auch dadurch, daß die Träumerin den Bekannten und dessen Ehe sehr stark idealisierte, empfand sie ihr eigenes Eheleben als immer unerträglicher. In dem Maße, in dem sie das perfekte Paar in ihren Bekannten sieht, erscheint ihre Beziehung unperfekt und indiskutabel. Was sie dabei übersehen hat und worauf sie jetzt dieser Traum anspricht, ist eben dieser Perfektionismus, den sie auf F. und dessen Partnerschaft projiziert und der nicht der Realität entspricht.

Traumverständnis

Dieser Traum hat in großem Maße kompensatorische Funktion und desillusioniert das Bild, das die Träumerin von F. und dessen Ehe hat. Zunächst ist sie enttäuscht, daß F. vergaß, ihr zum Geburtstag zu gratulieren, was auch in der Wirklichkeit geschehen ist. Ihre große Enttäuschung wird verständlich, wenn man weiß, wie sehr sie F. idealisiert. Sie hatte ihn für aufmerksamer gehalten und ihm nie zugetraut, etwas so Wichtiges wie ihren Geburtstag zu vergessen. Eine solche Unaufmerksamkeit hätte sie eher von ihrem Mann erwartet. Im Traum folgt sie dann auch nicht der Geburtstagseinladung ihres Bekannten, sondern sie will lieber den Schwager besuchen, den Bruder ihres Mannes. Es scheint fast so, als habe die Vergeßlichkeit von F. dazu geführt, daß sie sich wieder mehr zu ihrer eigenen Familie hingezogen fühlt.

Der unerwartete Besuch ihres Bekannten und seiner Frau ver-

wirrt die Träumerin, da sich die beiden ganz anders verhalten, als sie es von ihnen erwartet hat. Vor allem ist sie darüber verwundert, daß Bier getrunken wird, ein volkstümliches Getränk, das durch seinen Alkoholgehalt auch berauschende Wirkung hat. Im Gegensatz dazu empfindet sie den Tee als ein feineres, vornehmeres und geistig niveauvolleres Getränk. Die Eigenschaften, die sie dem Tee zuschreibt, findet sie in ihrer Vorstellung auch in den Bekannten wieder. Sie schätzt vor allem deren geistiges Niveau und intellektuelle Interessen, die sie idealisiert und mit denen sie sich identifiziert. Daß diese scheinbar vergeistigten Zeitgenossen auch eine eher gewöhnliche, etwas derbere, gemüthafte Seite in sich tragen, die sich in dem Wunsch, Bier zu trinken, äußert, geht der Träumerin nur schwer ein. Dieser Aspekt des Lebens, das gemütliche Genießenkönnen ohne geistigen Anspruch fällt ihr nicht leicht. Eine Unterhaltung kommt auch nur zähflüssig in Gang. Bei der Traumbesprechung bestätigte sie, wie schwer es ihr fällt, ihre Neigung zum Problematisieren zurückzuhalten und ihren Drang, Fehler aufzudecken, zu bremsen. Sie will den Dingen immer gleich auf den Grund gehen, benimmt sich dabei aber oft wie der sprichwörtliche Elefant im Porzellanladen, da sie Feinfühligkeit im Umgang mit anderen vermissen läßt.
Daß sie zuviel Wert auf Äußerlichkeiten legt, zeigt der Traum in dem Bild der Truhe, deren Ornamente ihr Bekannter als zu protzig und deren Lack er als zu aufdringlich glänzend bezeichnet. An dieser Bemerkung hat sie zu kauen, vor allem auch deshalb, weil sie sich in der Realität diese Truhe kaufte, nachdem sie eine ähnliche in der Wohnung von F. gesehen hatte. Man kann also sagen, daß sie es ihm gleichtun will, sich seine Einstellungen zu eigen macht, aber zu aufdringlich, zu protzend damit umgeht. Dabei wäre es besser, sie würde die geistigen Interessen und Erkenntnisse, die sie von F. übernommen hat und mit ihm teilt, in ihrem Innern bewahren und

in Ruhe reifen lassen, anstatt damit hausieren zu gehen. Die Traumarbeit, mit der sie sich zum Beispiel beschäftigt, dient in erster Linie der eigenen inneren Entwicklung. Missionarischer Eifer, der darauf abzielt, andere dafür zu bekehren, kann diese leicht verschrecken, wenn zu aufdringlich geworben wird. Die Frau von F. weist die Träumerin mit Recht darauf hin, sich auch um das Innere der Truhe zu kümmern. Wie leicht vergessen wir doch den inneren Gehalt einer Sache, weil wir uns zu sehr darum sorgen, was sie nach außen hermacht. Wir haben es hier mit einer bedenklich stimmenden Zeiterscheinung zu tun, daß heutzutage so großes Gewicht auf die äußere Seite des Lebens, den Schein, das Prestige, die Rolle, die wir spielen, gelegt wird, anstatt auf innere Qualitäten, die den Wert des Menschen erst ausmachen.
Die Truhe symbolisiert einen weiblichen Aspekt der Psyche, eine Seite des Fühlens und Aufnehmens, die sorgfältig gepflegt werden will, um vor Schädlingen gefeit zu sein. Die Träumerin wird aufgefordert, sich der inneren Seite zuzuwenden, statt zu versuchen, ihre Umwelt mit ihren Erkenntnissen zu beeindrucken. Sie täte dabei jedoch gut daran, nicht zu streng mit sich ins Gericht zu gehen. F. können wir, auf der Subjektstufe gedeutet, auch als einen inneren Wesensteil der Träumerin verstehen. Es ist eine Seite in ihr, die nach Geistigem strebt, sich über tiefgründige Angelegenheiten Gedanken macht, hinter die Kulissen blicken will. Daß dieser Wesensteil aber auch zu Uneinfühlsamkeit und unangemessenen Reaktionen neigt, zeigt uns der Traum. Es zeugt nicht gerade von einem feinen Gefühl der Gastgeberin gegenüber, die stolz eine Kostbarkeit präsentiert, in skeptischem Tonfall deren Mängel zu verkünden. Kein Wort des Lobes kommt von seinen Lippen, und man muß sich fragen, wie sehr sich die Träumerin dabei vor den Kopf gestoßen fühlt.
Die Träumerin mußte nicht lange überlegen, um diese über-

kritische Verhaltensweise in sich selbst zu entdecken, und bestätigte, von einem Drang beseelt zu sein, der sie nach Fehlern und Schwächen bei anderen Ausschau halten läßt. Aber auch im Umgang mit sich selbst neigt sie dazu, sich niederzumachen, wenn sie meint, nicht perfekt oder gut genug zu sein. Ursache für dieses selbstzerstörerische Verhalten ist ein überstrenger Vater, der sie seelisch und körperlich mißhandelte und ihr damit permanent einbleute, daß sie nicht liebenswert sei. Ohne es zu wissen oder gar zu wollen, geht sie mit sich so streng ins Gericht, wie es der Vater mit ihr zu tun pflegte. Natürlich ist auch in einer Verhaltensweise selbst der Wurm drin, die ständig danach sucht und bohrt, einen Wurm, also Fehler, zu finden.

Wenn wir zum Beispiel mit Hilfe der Träume an unserer Entwicklung arbeiten, dann stoßen wir von selbst auf unsere unerledigten Geschäfte, auf alle möglichen Probleme und Verwicklungen. Da unsere Seele aber um unser Vermögen, mit Problemen klarzukommen, weiß, werden uns nur Träume gegeben oder bewußt, die unser Bewußtsein auch verarbeiten kann und die uns nicht überfordern. Wir sollten also nichts forcieren oder erzwingen wollen, das noch nicht reif ist und noch nicht zur Bearbeitung ansteht. Und anstatt uns selbst noch zu bestrafen, wenn sich die Schattenseite offenbart, wenn unsere Unvollkommenheit überdeutlich wird, wäre es hilfreicher, die gefundene Schwachstelle erst einmal zu sondieren und vor allem auch zu akzeptieren. Wenn wir uns ihr dann liebevoll und verständnisvoll zuwenden und daran arbeiten, werden wir die Schädlinge vertreiben und deren zerstörerisches Werk beenden.

Es liegt dabei auf der Hand, daß es kein leichtes Unterfangen ist, seiner eigenen Uneinfühlsamkeit einfühlsam zu begegnen. Wie die therapeutische Praxis aber immer wieder zeigt, lassen sich seelische Probleme nur auf seelischer Ebene lösen; ein

rein intellektuelles Verständnis genügt nicht, um zu einer wirklichen und dauerhaften inneren Heilung zu gelangen. Wenn wir uns einer Methode zuwenden oder eine Therapie beginnen, mit deren Hilfe wir innere Entwicklungsblockaden lösen und Disharmonien beseitigen wollen, so müssen wir uns immer vor Augen halten, daß wir entsprechend unserer seelischen Problematik dabei vorgehen werden. Das kann zum Beispiel bedeuten, daß wir, wenn wir zu Zwangsverhalten neigen, eben zwanghaft an unserer Zwanghaftigkeit herumtherapieren oder, wie im Fall der Träumerin, überkritisch und uneinfühlsam auf die erkannte eigene Tendenz zur Uneinfühlsamkeit und Kritiksucht reagieren. Diesen Teufelskreis negativer Reaktionen auf negative Verhaltensstrukturen und der damit verbundenen permanenten Verstärkung werden wir nur dann beenden, wenn wir es schaffen, innerlich umzuschalten, wenn wir aufhören, das Spiel mit uns selbst weiterzutreiben, das einst durch Eltern, Erzieher oder Umwelteinflüsse initiiert wurde, und wir lernen, liebevoller mit uns selbst umzugehen.
Zurück zum Traum. Die Träumerin reagiert mit Verlegenheit darauf, daß sie kein Bier mehr hat, das sie dem Besuch anbieten könnte. Sie sollte sich vielleicht weniger Gedanken darum machen, was andere von ihr erwarten könnten, und dazu stehen, was sie zu geben vermag oder was ihr eben nicht möglich ist zu geben. Immerhin handelt es sich im Traum um einen spontanen Besuch, bei dem die Besucher nicht erwarten können, daß die Gastgeber alles im Hause haben, was sie begehren. Ins Auge sticht auch noch die Tatsache, daß die Musik zu laut ist. Bezeichnenderweise ist es Musik, die sie von F. bekommen hat und deren Lautstärke eine Verständigung erschwert. Übersetzt bedeutet dieses Traumbild die Verständigungsschwierigkeiten, die die Träumerin mit ihrer Umwelt und hier speziell mit ihrem Ehemann hat. Sie rückt zu sehr die

Angelegenheiten in den Vordergrund, die sie mit ihrem Bekannten teilt und die sie ihrem Mann gewaltsam aufdrängen will: Selbsterfahrung, Traumarbeit, Astrologie. Das hat die junge Frau aber inzwischen bewußt erkannt, nicht zuletzt durch diesen Traum, in dem sie die störende, weil zu laute Musik leiser stellt. Sie berichtete uns auch, daß sie nun besser auf ihren Mann eingehen könne und ihn nicht mehr mit aller Gewalt und Lautstärke mit ihren Anliegen bedränge. Sie hat also an Einfühlungsvermögen und Geduld gewonnen und diese weiblichen Prinzipien beziehungsweise Tugenden integriert. Der Traum zeigt sie deshalb auch in einem Kleid, welches ihren Bekannten dazu veranlaßt, ihr ein Kompliment über ihre Zunahme an Weiblichkeit zu machen. Indem sie inneren Zwängen und innerem Drängen widersteht und es schafft, bei sich, bei ihren Gefühlen zu bleiben, sich so annimmt, wie sie ist, liebevoll mit ihren und den Fehlern anderer umgeht, wird sie das notwendige Feingefühl entwickeln, die Geduld und Ausdauer, die in einer Ehe so wichtig sind.

Jemanden in die Tasche stecken · Es ist Gras über die Sache gewachsen

Die Redensart »Jemanden in die Tasche stecken« hat ihren Ursprung im mittelalterlichen Ringkampf. Zur Belustigung des Volkes wurde der Besiegte vom Sieger in einen Sack gesteckt. Wenn wir diesen Ausdruck heutzutage verwenden, drücken wir ebenfalls damit aus, daß wir Macht über jemanden ausüben und das arme, gedemütigte Opfer keine Möglichkeit zur Gegenwehr hat.

Die Wendung »Es ist Gras über die Sache gewachsen« stammt aus der Rechtsprechung früherer Zeiten. War über einen Flurschaden Gras gewachsen, so daß man ihn nicht mehr sehen konnte, war es auch nicht mehr möglich, diesen einzuklagen, und der Vorfall war damit erledigt. Im übertragenen Sinne gebrauchen wir diese Redensart, wenn ein unangenehmer Zwischenfall in Vergessenheit geraten ist, wenn eine seelische Wunde geheilt ist und ehemalige Kontrahenten sich wieder versöhnt haben.

Traum

Ich bin in einem Waschraum und gehe an ein Waschbecken. Da nimmt mich mein Exfreund, und wir schieben eine Nummer im Stehen. Über dem Waschbecken ist kein Spiegel, und ich möchte an das nächste rutschen, an dem ein Spiegel ist, um alles genau zu beobachten. Es ist sehr aufregend. Da fragt mich mein jetziger Freund, ob wir die Wassermann-Stellung einnehmen wollen. Da mir diese Stellung nicht bekannt ist und mir die derzeitige gut gefällt, will ich nicht.
Ich bin jetzt in einem Duschraum. Ein paar Frauen erzählen sich gerade ihre Sexerlebnisse vom letzten Abend. Ich ziehe mich aus, steige in ein Becken hinab und dusche. Es gesellen sich immer mehr Menschen dazu, aber alle sind angezogen. Ich fühle mich sehr wohl und frei. Alle schauen auf meinen wogenden Busen.
Später: Im Garten meiner Eltern werde ich von einem großen Hund angesprungen. Ich weiß, daß er nur Spaß macht, und spiele mit ihm. Er scheint in mich verliebt zu sein, aber ich muß ihn mir dann doch vom Leib halten. Ich sehe, daß das Elternhaus immer mehr von Efeu überwuchert wird und entdecke am Schlafzimmerfenster meiner Eltern ganz besonders große Blätter; außerdem sind die Gardinen zugezogen. Ich möchte eines der riesigen Blätter abmachen, um es meinen Eltern zu zeigen.
Später: Der Filmschauspieler Dustin Hoffman geht einen

Berg hinauf und wird plötzlich von Feinden in eine Tasche, die aussieht wie ein Schminkkoffer, gesteckt. Ich kann in die Tasche hineinsehen. Er kämpft sich zwischen den Schminksachen hindurch und versucht zu entfliehen. Es gelingt ihm auch, aber seine Brille geht dabei kaputt. Er rennt den Berg hinunter, und seine Feinde scheinen ihn nicht zu verfolgen.

Lebenssituation

Die Träumerin ist eine junge Frau, die eine enge Bindung an ihr Elternhaus hatte. Es ist deshalb nicht verwunderlich, daß viele Lebensbereiche und Einstellungen stark von elterlichen Normen und Werten geprägt sind, so auch ihr Bezug zur Sexualität. Da ihre Mutter die eheliche Treue nicht so ernst nahm und die Tochter in ihre Affären einweihte, stürzte sie diese schon in jungen Jahren in schwere seelische Krisen. Mittlerweile hat die Träumerin selbst eine langjährige unbefriedigende Beziehung hinter sich gelassen und einen neuen Partner gefunden, durch den Bewegung in ihr Leben gekommen ist. Über ihn fand sie zur Traumarbeit und begann, sich mit Hilfe der Träume der eigenen Weiterentwicklung und Aufarbeitung ungelöster seelischer Konflikte zu widmen. Da sie auch unvermeidliche Rückschläge nicht von diesem Weg abbrachten und sie die Konfrontation mit lange verdrängten Gefühlen und Problematiken aushielt, zeigten sich langsam die ersten Erfolge, zum Beispiel in Form von Befreiung aus alten Zwängen und infantilen Verhaltensmustern.

Traumverständnis

Dieser Traum schildert die Befreiung ihrer Sexualität von elterlichen Normen und Prägungen. Er besteht aus drei unterschiedlichen Traumszenen, die im Zusammenhang gesehen werden müssen. Die chronologische Reihenfolge der Traumstücke in einer Nacht ist jedoch nicht unbedingt auch die sinnvolle Reihenfolge, da die Träume einer Seinsebene entspringen, die nicht an Raum und Zeit gebunden ist. In diesem Fall bietet es sich an, mit dem Mittelteil zu beginnen. Die Träumerin hält sich hier im Garten ihrer Eltern auf und wird von einem großen Hund angesprungen, der in sie verliebt ist und mit ihr spielen will. Da Hunde im Traum als Verkörperung unserer Triebseite gedeutet werden können, geben ihr Verhalten und unsere Beziehung zu ihnen in der Traumhandlung Aufschluß über den Zustand unserer Triebnatur und beleuchten die Einstellung, die wir zu diesem animalischen Erbe in unserer Psyche haben. Daß sie mit dem Hund spielt und dieser in sie verliebt ist, läßt auf eine verspielte, lebendige Triebseite und einen natürlichen Bezug zu diesem Wesensteil ihrer Psyche schließen. Sie kann gut mit dieser Seite umgehen und sie auch, wenn nötig, wenn sie sich wie der Hund zu vehement aufdrängt, in Schranken weisen. Dies war nach ihren Darstellungen aber nicht immer so gewesen, und sie meinte, daß sie von ihren Eltern eher blockiert als ermutigt wurde, aus sich herauszugehen. Am Anfang der Traumarbeit äußerte sich das in einer übergroßen Zurückhaltung und Introvertiertheit, die inzwischen aber einer lebendigen Anteilnahme Platz gemacht haben. Der negative, frustrierende Einfluß des Elternhauses ist im Schwinden begriffen, es wächst sozusagen Gras über die alten Geschichten. Der Traum kleidet diesen inneren Prozeß in das Bild des von Efeu überwucherten Elternhauses, einer Grabpflanze, die anzeigt, daß etwas erledigt oder gestorben ist. Nicht zufällig befinden sich die größten Blätter am Schlafzimmerfenster der Eltern und ziehen die Aufmerksamkeit der Träumerin auf sich. Ihre eigenen »Schlafzimmerprobleme«, also Probleme mit Sexualität oder Beziehung überhaupt, sind am Zuwachsen begriffen. Der Einfluß der äußeren, aber auch der verinnerlichten Eltern ist am Verschwinden; sie berühren sie nicht mehr so stark. Die zugezogenen Gardinen am Schlafzimmerfenster verstärken diese Tatsache. Aus dem elterlichen Schlafzimmer kann nun nichts mehr nach außen dringen, die Träumerin bleibt unbeeinflußt.

Als sinnvolle Fortsetzung dieses Themas bietet sich die letzte Traumszene an. Im Traumkino der jungen Frau tritt jetzt der bekannte Filmschauspieler Dustin Hoffman auf die Bühne. Die Träumerin charakterisierte ihn als einen Typ, der in der Regel Verliererrollen spielt und von kleinem Körperwuchs ist. Er verkörpert für sie eine schwache, verweiblichte Männlichkeit, was sich in seinem Film »Tootsie« am deutlichsten ausdrückt. In dieser Komödie verkleidet er sich als Frau, da er als Mann keinen Erfolg hat. Seine Schwäche und Hilflosigkeit wird noch dadurch unterstrichen, daß er im Traum buchstäblich in die Tasche gesteckt wird. Wenn sich jemand in die Tasche stecken läßt, dann hat man leichtes Spiel mit ihm, ist ihm überlegen, vereinnahmt ihn und hat ihn in seiner Gewalt. Der Schminkkoffer, in den Dustin gesteckt wird, erinnerte die Träumerin an den ihrer Mutter. An dieser Stelle drängte sich die Frage auf, wie denn die Beziehung zwischen Mutter und Vater gewesen sei. Ihre Antwort, daß die Mutter das Sagen hatte und der Vater sich bei Konfrontationen in sich zurückgezogen hat, erstaunt nach diesem Traumbild nicht, ein Zusammenhang zwischen dem Traum-Dustin und dem Vater, der auch nicht selten von der Mutter in die Tasche gesteckt wurde, wird deutlich.

Wenn man bedenkt, daß die Art und Weise des elterlichen Beziehungslebens Modellcharakter für das Kind hat und prägend für dessen eigenes Beziehungsleben ist, wird einem klar, wie schnell sich unangemessene Verhaltensstrukturen »weitervererben«, da Kinder nicht die Möglichkeit haben, neurotisches Elternverhalten zu durchschauen und sich davon zu distanzieren. Der Umgang der Eltern miteinander beeinflußt aber nicht nur die Beziehung des Kindes äußerlich, sondern parallel dazu die Fähigkeit, Beziehungen zwischen den einzelnen inneren Wesensteilen herzustellen, zum Beispiel, wie sich männliche und weibliche Aspekte der Psyche zueinander verhalten. Beziehungsprobleme in der Außenwelt korrespondieren somit mit entsprechenden inneren Disharmonien und können deshalb nur dann gelöst werden, wenn wir mit uns selbst ins reine kommen und Widersprüche oder Blockaden zwischen Gefühl, Verstand, Triebkräften, Idealen und Bedürfnissen klären.

Die Träumerin verinnerlichte ein schwaches Männerbild – vermittelt durch den in die Tasche gesteckten Vater – und auf der anderen Seite ein übermächtiges Bild vom Weiblich-Mütterlichen. Als Folge dieser vertauschten Rollen, dieser Verdrehung von Polarität, verwechselte sie männliche und weibliche Seiten, weshalb sie unangemessen auf Situationen reagierte. Wenn es galt, einfühlsam zu sein, schaltete sie den Verstand ein, der ihr Empfinden blockierte, und umgekehrt öffnete sie nicht selten ihre »inneren Tore«, wenn es gesünder gewesen wäre, auf Distanz zu gehen. Aber wie der Traum zeigt, beginnt sich die in die Tasche gesteckte männliche Wesensseite, die Durchsetzungsvermögen, Selbstbewußtsein, Distanzierungsfähigkeit und weitere entsprechende Qualitäten beinhaltet, bereits zu befreien. Der Schauspieler Dustin Hoffman kämpft sich im Traum zwischen den Schminksachen durch und kann entkommen. Die Schminke geht langsam ab, und die Träumerin ist fähig, das zugrundeliegende Problem ungeschminkt zu erkennen. Bei der Befreiungsaktion zerbricht außerdem Dustins Brille. Der Gesamtzusammenhang des Traumes läßt darauf schließen, daß es sich dabei um eine sogenannte rosarote Brille handelt, die eine illusionäre Sichtweise der Wirklichkeit vermittelt, parallel zur Schminke, deren Zerbrechen ebenfalls einen Zuwachs an Klarheit symbolisiert. Dieser neugewonnene Blick für die Realität ermöglicht dem bislang Gefangenen die Flucht in die Freiheit. Daß es sich in diesem Fall nicht um ein Davonlaufen vor Problemen handelt, sondern um eine echte Befreiung, zeigt nicht zuletzt die Tatsache, daß seine Feinde ihn nicht verfolgen. Er rennt den Berg hinunter und ist damit »über den Berg«, was sprichwörtlich bedeutet, daß das Hindernis überwunden ist.

Bleibt noch die Anfangsszene der Traumfolge zu deuten, die hier den Abschluß bilden soll. Die Träumerin befindet sich in einem Waschraum und hat sexuellen Verkehr mit ihrem Exfreund. Hier wird der Traum nun sehr konkret und zeigt der Träumerin ihre Beziehung zum Mann beziehungsweise zum Männlichen an sich auf. Am Anfang, als sie mit dem ehemaligen Partner sexuell verkehrt, kann sie sich nicht im Spiegel sehen. Bedeutet der Blick in einen Traumspiegel Selbsterkenntnis, so fehlte ihr in dieser Partnerschaft diese Fähigkeit. Sie selbst beschrieb ihre erste Beziehung als äußerst unklare und mit vielen Illusionen behaftete Angelegenheit, wobei sie den Exfreund als weiblichen Typen empfand und einen Zusammenhang zum Vater und Traum-Dustin herstellen konnte. Im Traum rückt sie nun weiter zum nächsten Waschbecken, das jetzt allerdings mit einem Spiegel ausgestattet ist. Jetzt ist sie mit ihrem neuen Freund zusammen und empfindet es als sehr aufregend, beim Geschlechtsverkehr mit ihm in den Spiegel zu schauen. Sie ist jetzt im Bilde, was geschieht, und kann sich selbst und der Situation ins Gesicht blicken. Während sie, wie sie selbst sagte, sich früher kaum Gedanken über sich selbst gemacht hatte und ihre Lebenssituation eher als schicksalhafte Fügung betrachtete, hat sich ihre Sichtweise inzwischen grundlegend verändert. Als Spiegel dienten und dienen ihr die Träume, in denen wir uns selbst und unser Leben, so wie es wirklich ist, entdecken können. Wie der Traum zeigt, ist die junge Frau dabei, ihre Weiblichkeit zu entfalten und

Lust zu empfinden. Die Waschbecken dienen in diesem Zusammenhang als Symbole des weiblichen, empfangenden Prinzips.
Zu guter Letzt interessierten uns noch die Einfälle der Träumerin zu der im Traum genannten Wassermann-Stellung, die sie nicht einnehmen will. Mit dem astrologischen Tierkreiszeichen Wassermann verband sie vor allem Befreiung, Erneuerung und das Sprengen von Grenzen. Im Traum will sie dagegen zunächst noch beim Alten und Vertrauten bleiben; eine endgültige sexuelle Befreiung von gesellschaftlichen Normen, Werten und Konventionen steht noch aus. Entwicklung ist eben ein schrittweiser Prozeß, der seine Zeit dauert und Geduld und Ausdauer erfordert. Da ein negativer Aspekt des Luftzeichens Wassermann die Tendenz hat, vom Boden der Realität abzuheben und Luftschlösser zu bauen, läßt sich andererseits auch vorstellen, daß die Träumerin bei allem Fortschritt und aller Weiterentwicklung am Boden bleibt und ihren Realitätssinn bewahrt, während der neue Freund sie zwar in geistiger Hinsicht sehr inspiriert, aber selbst dazu neigt, sich in geistigen Höhenflügen zu verlieren. Ein weiterer Hinweis, ihre Weigerung, diese Stellung einzunehmen, nicht als Versagen zu deuten, sind die Erlebnisse der Träumerin anschließend im Duschraum. Sie zieht sich aus, zeigt sich, wie sie ist, und kann zu ihrer Nacktheit, zu sich selbst stehen, fühlt sich wohl und frei dabei. Sie duscht, was als Erfrischung und Reinigung von den Schlacken und dem Schmutz zu verstehen ist, die sie einst bedeckten, als sie sich selbst und ihre Weiblichkeit abgelehnt hatte. Die Frucht der inneren Arbeit, die sie hier erntet, ist eine natürliche und angstfreie Einstellung zu sich selbst als weiblichem Wesen. Sie genießt es, daß die anderen Frauen auf ihren wogenden Busen blicken und sie vielleicht auch ein wenig darum beneiden, wie selbstbewußt sie sich zeigen kann.

Sich ins Schneckenhaus zurückziehen

In das sprichwörtliche Schneckenhaus ziehen wir uns zurück, wenn wir beleidigt sind, uns verletzt fühlen und zur Überempfindlichkeit neigen.
Anstatt uns mit einer Situation auseinanderzusetzen, gehen wir der Konfrontation aus dem Weg und flüchten in unser Schneckenhaus. Die Schnecken, die zu den Weichtieren gehören, sind besonders empfindlich und verletzbar, weshalb einige Sorten mit einer festen Schale, dem Schneckenhaus, ausgestattet sind, in das sie sich zurückziehen, wenn sie sich bedroht fühlen.

Traum

Ich bin vor kurzem in Neuseeland angekommen; es regnet in Strömen. Obwohl ich noch nicht viel von der Gegend gesehen habe und nicht weiß, wie es hier ist, überlege ich, hierher auszuwandern. Ich frage mich, ob ich hierbleibe und ohne Aufenthaltserlaubnis einfach untertauche. Andererseits will ich auch nicht illegal hier sein, und ich entscheide mich dafür, einen offiziellen Antrag auf Aufenthaltsgenehmigung zu stellen. Ich versuche, die notwendigen Papiere dafür zusammenzubekommen.
Szenenwechsel: Ich muß ins Gefängnis, ohne eigentlich den Grund dafür zu wissen. Neben meinem Matratzenlager kriecht eine Schnecke mit Schneckenhaus am Boden entlang. Wenn sie mir näher kommt, setze ich sie wieder etwas weiter von mir weg. Ich habe noch Mitinsassen. Sie wollen nicht fliehen, da sie mit einer entsprechenden Droge behandelt wurden. Ich versuche abzuhauen. Als mir unterwegs ein Gefängniswärter begegnet, sage ich zu ihm, um ihn abzulenken, daß es hier das beste Essen gäbe, das ich je in einem öffentlichen Gebäude gegessen habe. Dazu halte ich demonstrativ ein

Vollkornbrötchen in der Hand. Später taucht im Gefängnis eine attraktive Frau auf.

Lebenssituation

Den Traum erzählte uns Herr K., dreißig Jahre, in der Traumgruppe. Er arbeitet schon längere Zeit mit Hilfe der Träume an seinen ungelösten Kindheitstraumen. Er hatte als Kind nicht die Möglichkeit zu lernen, Konflikte auszutragen und zu ertragen, da in seiner Familie Streitigkeiten meist unter den Teppich gekehrt wurden. So bestand nach außen hin eine heile Welt, aber dafür brodelte es unter der Oberfläche um so mehr. Da die Eltern ihrerseits nicht fähig waren, Auseinandersetzungen zuzulassen, stauten sich die Aggressionen, und es herrschte eine permanent angespannte Atmosphäre, die für die kindliche Psyche immer bedrohlicher wurde. Aggressionen nahmen für den Träumer eine überdimensional negative Form an, so daß die einzige Bewältigungsmöglichkeit in der Verdrängung lag. Da dieses Problem bisher noch nicht ganz verarbeitet werden konnte, wirkt es bis in die gegenwärtige Lebenssituation des Träumers hinein. So reagiert er nicht selten mit dem kindlichen Verhaltensmuster des beleidigten Rückzugs ins Schneckenhaus, wo eine klärende Auseinandersetzung oder einfach ein Annehmen und Ertragen einer für ihn problematischen Situation erforderlich wären. Denn nur auf diese Weise entwickeln wir eine innere Stärke, die es uns ermöglicht, Erschütterungen standzuhalten und infantile Überempfindlichkeiten aufzulösen.

Den Traum hatte Herr K. nach einer unglücklich verlaufenen Auseinandersetzung mit seiner Frau.

Traumverständnis

Der Träumer befindet sich im Traum in Neuseeland. Er betritt sozusagen Neuland am anderen Ende der Welt. Seit

er sich mit seinen Träumen beschäftigt, ist er auf dem Weg, inneres Neuland zu entdecken. Wenn wir aus alten, für uns nicht mehr adäquaten Verhaltensmustern, Denkweisen und Gefühlskonditionierungen herauskommen wollen, müssen wir den Mut aufbringen, uns in neue seelische Gefilde vorzuwagen. Wir müssen die Sicherheit der alten Gewohnheiten aufgeben, wenn wir neues Verhalten einüben wollen. Der Träumer ist also bereits auf neues Terrain vorgedrungen, ist allerdings noch nicht sehr erfahren mit den Sitten und Gebräuchen, mit Land und Leuten, da er aufgrund der Kürze seines bisherigen Aufenthalts noch nicht viel von der Gegend gesehen hat. Viel Zeit und eine unermüdliche Ausdauer werden notwendig sein, bis er zum »Staatsbürger« dieser neuen Welt geworden ist. Immerhin entscheidet er sich dafür, hierher auswandern zu wollen und die Vergangenheit hinter sich zu lassen. Aber er muß schon bereit sein, eine legale Aufenthaltsgenehmigung zu erwerben, anstatt einfach unterzutauchen, wie er es anfangs in Erwägung zieht. Wir müssen bereit sein, die entsprechenden Schritte zu unternehmen, die notwendige Arbeit zu leisten, um die erforderlichen »Papiere«, also Legitimationen, zu bekommen.
Woran muß der Träumer nun besonders arbeiten, wie soll er Energien einsetzen, wo will er Neuland betreten? Die nächste Traumszene gibt Aufschluß darüber. Er befindet sich jetzt im Gefängnis, ist also in etwas gefangen. Und wie der Traum weiter zeigt, ist er gefangen in seiner Überempfindlichkeit. Das Schneckenhaus, in das er sich zurückzieht, wirkt wie ein Gefängnis, ist er doch darin nicht mehr ansprechbar, nicht mehr zu erreichen. Die Schnecke im Traum, die sich ihm nähern will, ist ein deutlicher Hinweis auf das Problem. Aber er will es gar nicht wissen und entfernt die Schnecke, wenn sie ihm zu nahe kommt.
Statt dessen versucht er zu fliehen, während die Mitinsassen

durch Drogen ruhiggestellt sind. Sein bewußtes Selbst, im Traum durch das Traum-Ich dargestellt, will handeln und aus der mißlichen Lage des Eingesperrtseins, des Gefangenseins in sich selbst entkommen. Andere Wesensteile seiner Psyche, verkörpert durch die Mitinsassen, sind dazu jedoch (noch) nicht fähig, da sie durch die Drogen ihrer Handlungsfähigkeit und Klarheit beraubt sind. Es handelt sich hier um psychische Anteile des Träumers, die noch in Illusionen (Drogen) gefangen und dadurch unbewußt und passiv sind. So war die Situation früher im Elternhaus für ihn sehr lähmend gewesen; der Selbstausdruck seiner Gefühle wurde durch Androhung von Liebesentzug blockiert. Er lernte, Wut in sich hineinzufressen und Rückzug anstatt Ausdruck seiner Bedürfnisse zu wählen. Das daraus resultierende Fluchtverhalten entspricht den Drogen im Traum, die ja auch immer Flucht aus der Wirklichkeit in eine Scheinwelt bedeuten, eine Flucht in eine heile, paradiesische Welt ohne Konflikte, die einfach unrealistisch ist. Es handelt sich um ein Zurückwollen in den Mutterschoß, in die Geborgenheit, aber gleichzeitig auch in die totale Abhängigkeit und Unselbständigkeit.

Die Herausforderung des Individuationsweges (C. G. JUNG) anzunehmen heißt, größtmögliche Eigenverantwortung für sein Leben zu übernehmen, erwachsen zu werden, sich abzunabeln vom psychischen Mutterschoß. Dieser Weg ist anstrengend und oft auch schmerzhaft. Eine »gute Ernährung« ist dabei sicher sehr hilfreich. Das gute und gesunde Essen (Vollkornbrötchen), das der Träumer in dem Traum hervorhebt, bedeutet auf der psychischen Ebene gesunde seelische Nahrung. Das wären zum Beispiel die Hinwendung zu positiveren Gedanken, das Erkennen und Vertrauen auf eine innere (göttliche) Führung sowie das Entdecken und Entwickeln seiner Fähigkeiten und Talente.

Mit dem Erscheinen einer attraktiven Frau klingt der Traum

aus. Er hat noch keine eindeutige Lösung. Das Problem ist noch nicht aufgearbeitet, er ist noch nicht aus seinem Gefängnis freigekommen. Aber er ist auf dem Weg, und die Frau, ein weiblicher Wesenszug, seine Gefühlsseite, kommt ihm entgegen und ihm zu Hilfe. Wenn er auf seine Gefühlsseite mehr achtet, seinen Gefühlen mehr folgt und vertraut, sie überhaupt zuläßt, dann findet er innere Gefährten, die ihm Wegweiser sind aus dem Labyrinth der Psyche.

Jemandem das Wasser abgraben

Wird der eine Wassermühle antreibende Bach abgeleitet, so ist die Mühle ruiniert. Im übertragenen Sinne bedeutet die Redewendung jemandes Existenzgrundlage vernichten oder, etwas weniger dramatisch, jemanden verleumden und seinen guten Ruf verletzen.

Traum

Ich folge meiner Mutter in die Ortschaft T., wo sie auf dem Grundstück einer Gastwirtschaft beginnt, Erde aufzugraben. »Komm, hole dir auch etwas für deine Orchideen«, sagt sie und fährt in ihrer Arbeit fort. Ich habe kein gutes Gefühl dabei, und tatsächlich kommt eine alte Frau aus der Gastwirtschaft, die zu meiner Mutter sagt, wenn sie weitergrabe, würde ihr der Boden entzogen und das Wasser abgegraben.

Lebenssituation

Von den Familienverhältnissen her gesehen könnte die Träumerin zufrieden sein. Sie ist mit einem Lehrer verheiratet, Mutter dreier Kinder, die im eigenen Haus und Garten viel Bewegungsfreiheit haben und sich gut entwickeln. Doch genügen ihr die Mutter- und Hausfrauenpflichten nicht. Sie ist hin und her gerissen von dem Gedanken, sich selbst zu verwirklichen, und sucht nach Ausbildungsmöglichkeiten, um später in einem therapeutischen Beruf tätig zu sein. Obwohl ihr bewußt ist, daß die drei Kinder von neun, vier und einem Jahr sie noch dringend brauchen, besteht die Angst, im Leben etwas zu versäumen.

Sie weiß, daß ihre Unzufriedenheit der Familienatmosphäre schadet. Deshalb bietet die in der Nähe wohnende Mutter, die jetzt nicht mehr berufstätig ist, ihre Hilfe an. Erfreut, wieder gebraucht zu werden, stürzt sie sich mit Tatkraft auf alle anfallenden Aufgaben und sieht nicht, wo ihr Grenzen gesetzt sind, da die Tochter ja inzwischen erwachsen geworden ist. Immer öfter merkt die Träumerin, in welche Rolle sie hineinzurutschen beginnt. Ihre Reflexionen über ihr Leben, ihre Bedürfnisse, Gefühle und Verhaltensweisen machen sie hellhörig. Sie spürt, wo sie noch Angst vor der Mutter hat, braves Kind sein möchte, um deren Liebe nicht zu verlieren. Die Abnabelung von der Mutter und das Finden der eigenen Form ist eine notwendige, aber mühselige Aufgabe, die Wachsamkeit und Mut erfordert; Mut, zu sich selbst zu stehen, eigene Verantwortung zu tragen, Risiken auf sich zu nehmen und mit umsichtiger Aktivität die Lebensaufgaben zu bewältigen.

Diese innere Auseinandersetzung, der sich die Träumerin bewußt unterzieht, läßt sie den Entschluß fassen, ihre beruflichen Wünsche noch eine Zeitlang zurückzustellen und sich voll und ganz der bedeutsamen, augenblicklich anstehenden Aufgabe als Hausfrau und Mutter zu widmen. In unserer von den unterschiedlichsten Erschütterungen heimgesuchten Zeit ist es eine gewichtige Aufgabe, wenigstens in der Familie eine Atmosphäre der Ruhe, der Geduld, des Vertrauens und des gegenseitigen Verständnisses zu schaffen. Natürlich wird das immer nur zeitweise gelingen, denn die Familie kann sich nicht abschotten und heile Welt spielen. Hinweise und Unterstützung bieten die einschlägige psychologische Literatur sowie die überall stattfindenden Workshops und die zahlreichen psychologischen Beratungen in den Medien. Wohlverstanden und reflektiert lassen sich die neuesten Einsichten in der Familie praktizieren, und damit ergäbe sich die beste Vorbereitung auf einen späteren therapeutischen Beruf. Im Augenblick steht das Mutterproblem im doppelten Sinne im Vordergrund, und es ist der Traum, der ihr bildhaft einen Aspekt dieser Beziehung vermittelt.

Traumverständnis

Das Traumbild zeigt ihr gleich zu Anfang die Beziehung, die sie zu ihrer Mutter hat. Anstatt neben ihr zu gehen, trottet sie wie ein Kind hinter ihr her. Am Ziel angekommen, beginnt die Mutter sofort, Erde aufzugraben, während die Tochter passiv zusieht. Daraufhin wird sie aufgefordert, das gleiche zu tun, um Erde für ihre Orchideen zu haben. In Wirklichkeit besitzt sie keine Orchideen, und es fiel ihr auch nichts zu dieser Blume ein. Da im Traum jedes Motiv gezielt eingesetzt wird und etwas Bestimmtes aussagt, müssen wir hier auf allgemeine Vorstellungen zurückgreifen. Die Orchidee ist auf unseren Breitengraden eine sehr kostbare, teure und schwer zu pflegende Pflanze. Wie jede andere Blume im Traum bedeutet sie Entwicklung und Entfaltung seelischer Kräfte. Die wertvolle Traum-Orchidee, deren Pflege viel Energie kostet, steht für die Idee der Träumerin, ihre Fähigkeiten zu entwickeln und sie später in einem therapeutischen Beruf einzusetzen. Leider stützt sie sich dabei auf die Hilfe ihrer Mutter, die, wie der Traum zeigt, ihre ehemals leitende Funktion wiederaufgenommen hat. Zum Glück wird es der Tochter dabei ungemütlich, und ihr fällt etwas auf, was die Traumkraft beabsichtigt hat.

Die alte Frau von der Gastwirtschaft beschwert sich, daß durch das Abgraben der Erde ihre Existenz vernichtet werde. Die Gastwirtschaft ist ein Ort der Mütterlichkeit. Hier sitzt man am Tisch des Lebens, bekommt Speise und Trank vorgesetzt, hat es warm und gemütlich, und die familiäre Atmosphäre trägt zum Wohlbehagen bei. So gesehen erhält die Gastwirtsfrau den Rang einer fürsorglichen, umsichtigen und nahrungspendenden Mutter – wie die Mutter Natur, die auch hier im Traum gemeint ist. Sie allein besitzt die Lebenskraft oder das lebenspendende Wasser, das, wenn man es ihr abgräbt, nicht mehr wirken kann. Wer es ihr wegnimmt, wird vom Traumbewußtsein eindringlich vorgeführt. Es ist die leibliche Mutter der Träumerin, die wieder alles an sich reißt, dirigiert und die Leitung übernommen hat. Natürlich, und das darf man nicht übersehen, in der besten Absicht zu helfen. Aber die Tochter, das Traum-Ich, spürt, daß da etwas nicht stimmt und daß beste Absichten allein nicht genügen, sondern, unwissend praktiziert, Schaden anrichten. Der Kontakt zur eigenen Natur, zur eigenen Mütterlichkeit und zur Mutter Natur, von C. G. Jung auch mit »Großer Mutter« bezeichnet, kann nicht gelingen, wenn man sich nur auf die leibliche Mutter stützt und von ihr bemuttert werden will.

Abhängigkeit macht unfrei, schwächt das Vermögen zu handeln, sich auseinanderzusetzen, Entscheidungen zu treffen und ein Wagnis einzugehen. Außerdem fördert sie den Hang zur Bequemlichkeit und Trägheit, der uns allen innewohnt. Wer das Leben der Eltern gedankenlos nachlebt, auf alten, längst verbrauchten und erneuerungsbedürftigen Wertvorstellungen verharrt und wer sich nicht bewußt ist, daß Leiblichkeit Vergänglichkeit bedeutet, übt Verrat an seinem ihm angeborenen Lebensplan, der verwirklicht werden will. Bestätigt doch jedes Kind als etwas Neues, Werdendes die Hoffnung, Wege aus dem Herkömmlichen zu finden, weitreichende Ideen zu entwickeln und an dem Wandlungs- und Schöpfungsprozeß des Lebens kreativ mitzuwirken.

Werfen wir noch einmal einen Blick auf die Gastwirtschaft, denn alles, was im Traum erscheint, wird mit Bedacht ausgewählt und ist vieldeutig zu verstehen. In jener Gegend hat die Träumerin ihren Mann kennengelernt, hat mit ihm in der Gastwirtschaft gegessen, Gedanken ausgetauscht und Pläne für die Zukunft geschmiedet. Die sich entfaltende Liebe und das gegenseitige Verständnis führten dann zur Eheschließung. Das Neue, das hier für die Träumerin begonnen hat, ist von starken Gefühlen begleitet und wird für immer seinen Zauber behalten. Darum setzt der Traum hier an, mit der heimlichen Frage: »Wie steht es heute mit der Liebe zu deinem Mann?« Soll eine Beziehung gelingen und zur echten Partnerschaft werden, fordert sie für beide das Abschiednehmen von Vater und Mutter. Diese Trennung, diese innere Ablösung von den Eltern vollzieht sich erst allmählich und hat mit der Einsicht zu tun, für sich selbst zuständig zu sein und nicht mehr Liebe, Fürsorge, Unterstützung von den Eltern erhalten zu wollen. Vorläufig wird dieser kindliche Wunsch auf den Partner oder die Partnerin übertragen, und man möchte es bei ihm oder bei ihr so warm und gemütlich und bequem haben wie einst im Elternhaus. Wo ein Rückfall in kindliches, infantiles Verhalten zu beobachten ist, greift das Traumbewußtsein mit eindringlichen Bildern ein, um die Träumenden zu warnen. Jeder Mensch hat derartige Träume, denn es ist kein individuelles, sondern ein kollektives Problem, das die Menschheit zu allen Zeiten betroffen hat und daher auch in Märchen, Mythen und Träumen abgehandelt wird. Mit nie erlahmender Geduld geben uns die Träume wertvolle Einblicke in Konflikte, die wir augenblicklich durchmachen.

Jemanden mundtot machen

Wer versucht, bestimmend auf einen anderen einzuwirken und ihn damit zum Schweigen bringt, entmachtet ihn. Er beraubt ihn seiner Handlungsfreiheit und degradiert ihn zum unmündigen Kind. Diese Redensart bezieht sich ursprünglich auf das alt- und mittelhochdeutsche Wort »munt«, das Gewalt, Schutz bedeutet. Im Altdeutschen heißt »munt« aber auch genauso Hand. Im altgermanischen Recht versinnbildlichte die Hand Macht, wie sie sich noch heute im Vormund darstellt, der über seinen Schutzbefohlenen die Hand hält und Gewalt über ihn hat. Was das Sprichwort »Morgenstund hat Gold im Mund« betrifft, so ist hier das Gold in der Hand gemeint, eine Kostbarkeit, die den Frühaufstehern zuteil wird.

Traum

Ich liege in der Schlafnische meines Zimmers auf die rechte Seite gestützt im Bett. Neben mir befindet sich mein Freund Dagi, und wir unterhalten uns mit anderen, die im Raum am Boden sitzen, unter denen sich auch mein Freund Fritz befindet. Dagi spricht zu allen, hört sich die einzelnen Antworten an, und ich beteilige mich mit am Gespräch, sage meine Meinung, mache Vorschläge und vervollständige manchen Gedanken. Darüber ist Dagi ungehalten. »Sonst warst du nie daran beteiligt«, sagt er, »mit einemmal bist du da.« »Willst du mir das Wort abschneiden?« antworte ich ihm, »endlich bin ich da!« Das macht Dagi wütend, er greift nach einem Kissen, drückt es mir auf das Gesicht und engt mich bedrohlich ein. Ich bekomme Angst vor dem Ersticken, rufe: »Hilfe, Hilfe!« und wache auf.

Es ist fünf Uhr früh, und ich habe Schweiß auf der Stirn. Ich schlafe wieder ein und träume: Ich befinde mich in einer

Höhle, in der hellrotes Feuer brennt. Einige Menschen und ich stehen etwas entfernt davon. Um uns herum ist eine mystische, geheimnisvolle und seltsame Atmosphäre. Eine dunkle Gestalt, ein Magier und Feuerschürer, holt einige Leute näher an das Feuer heran. »Wollt ihr denn nicht an das Feuer?« sagt er zu ihnen.
Auch ich trete hinzu, um nicht von ihm selbst herangeholt zu werden. Es sind Rauchschwaden in der Höhle, grau, dunstig, diesig. Ich sehe, wie sich einige Leute redend und feixend aus dem Staub machen und dem Ausgang der Höhle zustreben. Ich entferne mich auch vom Glutfeuer und gehe nach hinten weg in den Rauchdunst. Von dort kann ich dann rechts an der Seite nach draußen kommen.

Lebenssituation

»Wer immer strebend sich bemüht, den können wir erlösen.« Dieses Zitat von Goethe paßt auf den jungen Lehrer, der sich auf dem mühseligen Weg der Selbsterkenntnis befindet. Begleitet von seinen Träumen, die als Ratgeber, Mahner, Warner, Tröster, Arzt und Lehrer fungieren und mit nie versagender Geduld ihre Hilfe anbieten. Das sich daraus entwickelnde Vertrauensverhältnis bildet die Basis jeglicher Traumarbeit, wozu auch das regelmäßige Eintragen der Träume in ein Traumtagebuch gehört. Für den Träumer ist die Ausgestaltung dieses Buches zu einer Lieblingsbeschäftigung geworden. Er reichert die Eintragungen noch mit Zeichnungen an oder setzt einen Traum, der ihn besonders angeregt hat, in mit Wasserfarben oder Ölkreiden ausgeführte Bildkompositionen oder auch in Collagen um. Gedichte und Zitate aus psychologischen Büchern kommen vor sowie gepreßte Blüten, Blätter und Gräser. Was die Träume in ihm anrühren, wird aufgegriffen und auf die vielfältigste Art umgesetzt, wobei der lebhafte Austausch zwischen dem Bewußten und Unbewußten immer neue Nahrung erhält.

Die von den Träumen vermittelten Botschaften berühren zuallererst das Verhaltensmuster, das der Träumer in der Kindheit erworben hat und als Erwachsener weiterlebt, ohne zu merken, daß daraus alle seine Schwierigkeiten entstehen. Der Träumer hat bereits erkannt, daß seine Prägung darin bestand, sich vom Leben zurückzuziehen, allen Konflikten aus dem Weg zu gehen und immer kampflos das Feld zu räumen. Als jüngster von drei Brüdern und einer Schwester fühlte er sich von den Geschwistern unterdrückt und verkroch sich in sich selbst. Er spann sich ein in Phantasien und Wunschvorstellungen, die mit der Lebenswirklichkeit nichts mehr zu tun hatten. In der Schule überließ er das Zupacken, Kämpfen und Sichdurchsetzen den anderen und gewann einen Freund, Dagi genannt, der diese Aufgaben übernahm und ihn selbst oft genug unter Druck setzte. Das konnte er nur, weil der Träumer so gut in die Rolle des Unterdrückten eingeübt war und keinen Widerstand leistete. Diese ungünstige Haltung wurde dem Träumer bereits in vielen seiner Träume vermittelt, und er war bemüht, sie zu verändern. Wie weit der Bewußtwerdungsprozeß gediehen ist, läßt sich an den beiden geschilderten Träumen erkennen.

Traumverständnis

Der Träumer befindet sich mit Freunden in seinem Zimmer. Während diese auf dem Boden sitzen, liegt er im Bett, was recht passiv anmutet. Allerdings hat er sich schon auf die rechte, auf seine bewußte Seite gestützt und wendet sich dem neben ihm liegenden Dagi und den anderen zu und beteiligt sich an der in Gang gekommenen Unterhaltung. Diese Hinwendung und das Interesse für die anderen ist bereits als Fortschritt anzusehen. Auch die Reaktion »Willst du mir das Wort abschneiden?« auf die provozierenden Reden des Freundes gehört dazu. Nur als dieser wütend wird und ihm ein Kissen auf das Gesicht drückt, verläßt ihn der Mut, und er schreit um Hilfe. Dieser dramatische Ausgang will den Träumer aufrütteln und ihm zeigen, wie er sich immer mundtot machen ließ. Die Szene brachte ihm die Erkenntnis, und er sagte in der Besprechung: »Dieser Dagi läßt mich nicht ich selbst sein. Er kommt mir dazwischen mit intellektuellen Spitzfindigkeiten, unterdrückt meine Gefühle und behindert meine Entfaltung. Ich erkenne, wie meine Impulse erstickt werden. Ich muß mich endlich befreien zu eigenem Handeln und zu eigener Entscheidung. Ich kann Dagi, den Freund aus der Kindheit, zu dem ich gar keine Verbindung mehr habe, auch auf der Subjektstufe deuten. Er ist eine dominierende Wesensseite in mir, mit der ich mich auseinandersetzen muß. Als Gegensatz zu meiner Schwäche, meiner Kampfunlust und Mutlosigkeit konnte er sich in meinem Innern festsetzen und seine Schikanen ausüben.«

Um sich von derart schikanösen Teilpersönlichkeiten im eigenen Innern zu befreien, hat sich die Dialogmethode am erfolgreichsten erwiesen. Diese von C. G. JUNG entwickelten und von der modernen Psychologie übernommenen Dialoge können, wenn öfter geübt, Wunder wirken. Zwanghafte Prägungen und erstarrte Verhaltensweisen lockern sich, Ängste werden abgebaut, und damit wächst der Mut, Schritte in Richtung Neuland zu wagen.

Die Dialoge werden folgendermaßen praktiziert: »Ich sitze auf einem Stuhl, schließe die Augen und entspanne mich. Auf einem in einiger Entfernung vor mir stehenden zweiten Stuhl sitzt die Figur, mit der ich mich auseinandersetzen will. Ich versuche, sie mir vorzustellen, und mache mir ein Bild von ihr. Dabei steigen Gefühle in mir auf, die ich, seien sie nun positiver oder negativer Art, nicht werte, sondern einfach zulasse. Sie bedrängen mich, rufen Situationen in mir wach, die etwas mit der Person zu tun haben. Alte Wunden brechen auf, und ich fühle, wie oft ich verletzt, beleidigt und erniedrigt worden bin. Davon bis zum Bersten angefüllt, öffne ich die Augen und beginne, meinem Gegenüber all das ins Gesicht zu schleudern, was so lange verdrängt worden war und heimlich an mir genagt hat. Wenn ich mich ohne viel nachzudenken in die Situation hineinbegeben kann, mit dem ganzen Körper agiere und die Situation gefühlsmäßig durchlebe, oft bis zur Erschöpfung, ist etwas in Bewegung gebracht, was weiterwirkt.«

Wir haben es zunächst mit einem Monolog zu tun, aus dem sich dann später, wenn öfter geübt, ein Dialog entwickeln kann. Nachdem man die Rede eröffnet und seinem Gegenüber alles gesagt hat, wechselt man den Stuhl, ist selbst der Angesprochene und reagiert auf das Gesagte. Je mehr man dabei in Fahrt kommt, je spontaner man reagiert, um so leichter wird man sich nachher fühlen. Nach mehrfacher Wiederholung besteht dann die Möglichkeit, sich mit dem Gegner zu versöhnen oder ihn sich sogar zum Freund zu machen. Diese Dialoge lassen sich nicht nur mit Personen, sondern auch mit Tieren und Dingen durchführen, die uns in den Träumen besonders aufgeregt und angerührt haben.

Kommen wir nun zum zweiten Traum, der anscheinend mit dem ersten gar nichts zu tun hat. Doch das täuscht. Die Träume oder einzelne Traumteile einer Nacht sind immer aufeinander bezogen, wir müssen nur den roten Faden finden, der sie miteinander verbindet. Ging es in dem ersten Traum um Erlebnisse, die dem Lebenskreis des Träumers entstammten und auf eigenen Erfahrungen beruhten, so dringt der zweite Traum aus seelischen Tiefenschichten empor, die C. G. Jung das kollektive Unbewußte nannte und die nichts mehr mit subjektiven Erlebnissen zu tun haben. Diese

Traumbilder muten oft fremdartig an, und der Schauer, der uns manchmal bei ihrem Anblick überfällt, rührt an magisch-mythische Bereiche, durch die wir in unserer stammesgeschichtlichen Entwicklung hindurchgegangen sind.

Der Träumer findet sich in unterirdischen Bereichen, in einer von einem Magier verwalteten Höhle wieder und nimmt mit anderen, sich unterschiedlich verhaltenden Menschen, die Wesensteile von ihm verkörpern, an einer Zeremonie teil. Die sich noch im Dunkeln Herumdrückenden werden aufgefordert, näher an das Feuer heranzutreten, um mit einem Element vertraut zu werden, das verwandelt und erneuert. Neben dem Wasser, der Luft und der Erde ist das Feuer ein archetypisches Symbol von starker psychischer Energie, die sowohl positiv als auch negativ eingesetzt werden kann. Positiver Gebrauch würde bedeuten, daß der Träumer durch die Glut innerseelischen Feuers hindurchgeht, um dann gereinigt, verwandelt und erneuert wie ein Phönix der Asche zu entsteigen. Kein intellektueller Vorgang ist hier gemeint, sondern ein schmerzliches Erleben und Erleiden, begleitet von Verzweiflung, Empörung und Tränen über die eigene Unvollkommenheit, mit der uns die Träume konfrontieren. Wenn die Kirche vom Fegefeuer spricht, ist dasselbe damit gemeint.

Nachdem der Träumer im ersten Traum mit seinem unglücklichen Verhaltensmuster konfrontiert wurde, macht ihn der weise Magier mit einer Möglichkeit bekannt, sich aus diesem Dilemma zu befreien. Nun liegt es an ihm, all seine Kräfte zu sammeln und sie auf das Ziel der Persönlichkeitsveränderung auszurichten. Wenn er diesen viel Geduld erfordernden Prozeß ganz erlebt, erleidet und in das Bewußtsein integriert, wird er bald spüren, wie sich auch sein Leben verändert. Vieles gelingt ihm jetzt, um das er sich vergeblich bemüht hatte. Neue Kontakte entstehen, und der Austausch mit anderen bereichert, weckt Fähigkeiten, die verkümmert waren, und trägt zur Lebensfreude bei. Wenn solche Früchte winken, lohnt es sich schon, seinen Träumen zu vertrauen und den Weg durch das Feuer zu wagen.

Ins Wasser fallen

Wir verstehen darunter, daß etwas mißlingt oder daß eine Hoffnung nicht verwirklicht werden kann. Auch daß etwas vereitelt wird oder verlorengeht wie ein Gegenstand, der unwiederbringlich ins Wasser fällt. Von einer Veranstaltung, die wegen schlechten Wetters nicht stattfindet, heißt es auch scherzhaft, sie sei ins Wasser gefallen.
Die Wendung wurde umgeformt aus dem älteren »in den Brunnen fallen«.

Traum

Ich überblicke einen Acker mit schöner, brauner, glänzender Erde und erlebe, wie er von Wasser überschwemmt wird. Es entsteht ein See, an dessen Ufer ich auf Steinen herumbalanciere. Es ist nicht einfach, das Gleichgewicht zu halten. Dann sehe ich, wie Äpfel von den in der Nähe stehenden Bäumen fallen und vom Wasser hinweggeschwemmt werden. Eine Frau, die im Wasser schwimmt, zieht mich an. Ich springe hinein, schwimme an ihrer Seite, von liebevollen und zärtlichen Gefühlen bewegt.

Lebenssituation

Die Theorie, daß eine Ehe nach sieben Jahren in eine Krise gerät, bewahrheitet sich auch für diesen Träumer. Seine beiden kleinen Töchter, die ihn abgöttisch lieben, können die Kluft nicht überbrücken, die sich zwischen ihm und seiner

Frau aufgetan hat. Am Beginn ihrer Ehe standen die Gründung einer selbständigen Existenz, der Aufbau eines Heims sowie die Geburt der Kinder, woraus sich ein Gefühl der Zusammengehörigkeit und Sicherheit entwickelte. Dann kam eine Zeit, in der es verletzende Auseinandersetzungen, Untreue, Tränen und Treueschwüre gab, die oft bis an die Grenze des Erträglichen führten. Ihr Modell einer Ehe, in der jeder frei ist und das Recht hat, seine Bedürfnisse, auch die sexuellen, voll auszuleben, ist jedoch gescheitert. Der Versuch, den Freund oder die Freundin in das Eheleben einzubeziehen, ließ zusätzliche Komplikationen entstehen, die alles nur noch schlimmer machten. Die Frau war die erste, die das einsah, und sie löste sich von ihrem Freund in der Hoffnung, ihr Mann möge ihrem Beispiel folgen und sich von seiner Freundin trennen, die mit im eigenen Haus wohnte. Doch so einfach ist das nicht. Der Träumer, ein starker, leidenschaftlicher Typ, kämpft wie ein Löwe um die einmal ausgemachte Freiheit. Er denkt an Scheidung, verwirft diese Idee aber immer wieder, wenn er sich seiner Kinder erinnert, von denen er sich als liebender und geliebter Vater nie trennen könnte. Der Aufruhr in seinem Innern gleicht einer Feuersglut, durch die er wird hindurchgehen müssen, wenn sich seine Lage verändern soll.

Seine Freundin, die sich nicht länger dieser Zerreißprobe aussetzen wollte, verließ das Haus und fand eine neue Unterkunft. Um den brennenden Schmerz zu lindern, verbrachte der Träumer eine Nacht mit einer anderen Frau, von der er aber enttäuscht wurde. Es war wieder ein Versuch, sich der eigenen Verantwortung zu entziehen und etwas mit Sex zuzudecken. Und zum erstenmal spürte er dumpf, noch nicht faßbar, daß an seiner Beziehung zu Frauen etwas nicht stimmt. Dennoch ließ er sich, von seiner Leidenschaft bedrängt, immer wieder zu kurzen Liebesabenteuern verführen.

Ein Traum zeigte ihm, welche verheerenden Folgen dieser leichtfertige Umgang mit dem Sex hat. Im Traum wurde er mit einem in eine Grube gefallenen Löwen konfrontiert, der völlig verdreckt, verlaust und mit Wunden bedeckt war. Deutlicher kann die unbewußte Traumkraft auf sein selbstzerstörerisches Verhalten nicht reagieren. Der Löwe, der König der Tiere, ist auch ein Symbol der Sonnenkraft. Dieses Feuerwesen, Ausdruck der Triebseite und inneren Befindlichkeit des Träumers, ist heruntergekommen und in eine Grube gefallen.

Menschen mit dieser Anlage haben es schwer, ihre unbändige Naturkraft zu zähmen und sie angemessen einzusetzen. Bleiben sie wie der Träumer diesem Extrem verhaftet, verankert sich in ihrem Innern die Gegenposition, und sie werden zeitweise von Faulheit, Trägheit und Langeweile heimgesucht. Von diesen widerstreitenden Tendenzen hin und her gerissen, gerät der Träumer immer wieder in unheilvolle Verwicklungen, die ihn zermürben und schwächen. Der letzte seiner aufgeschriebenen Träume ist voller Symbolik, die ihm seine verfahrene Situation vor Augen führt und Möglichkeiten anbietet, eine Lösung zu finden.

Traumverständnis

Der Träumer erlebt, wie fruchtbare Ackererde überspült wird und ein Gewässer entsteht. Er fühlt sich bedroht und balanciert am Rande auf Steinen herum. Er hat wie in der Realität keinen festen Boden mehr unter den Füßen und ist aus dem Gleichgewicht gekommen. Seine zahllosen Liebesbeziehungen haben ihn wie eine Woge überspült und sind nicht mehr zu bändigen. Anstatt daß er seine Gefühle in der Hand hat und eigenverantwortlich mit ihnen umgeht, haben sie ihn in Besitz genommen und machen mit ihm, was sie wollen. Der Acker als Sinnbild einer fruchtbaren Phase in seinem Leben,

die ihm viel Erfolg brachte, ist von Wasser bedeckt, sozusagen vernichtet worden. Die Unkenntnis seiner Lage und die Hilflosigkeit, mit der er ihr begegnet, findet in dem Wasser, einem Symbol des Unbewußten, seinen prägnantesten Ausdruck. Zugleich bedeutet das Wasser aber auch Lebenskraft. Wer sich in seinen Träumen in der Nähe von Wasser aufhält, macht bedeutsame, sein Leben verändernde Erfahrungen.
Der Träumer sieht die in das Wasser fallenden Äpfel, und hiermit ist ein weiterer Hinweis gegeben, in welche Konfliktsituation er durch seinen leichtfertigen Umgang mit der Liebe geraten ist. Die Früchte seines Lebenswerkes, Beruf und Familie, die er sich mühsam aufgebaut hat, sind gefährdet, fallen ab und werden vom Wasser fortgeschwemmt.
Eine negative Bedeutung des Apfelsymbols finden wir in der Geschichte vom Sündenfall, die von der Verführbarkeit Adams durch Eva und alle Evastöchter bis in unsere heutige Zeit berichtet. Auch der Träumer ist ihnen erlegen. Er ist stets auf der Suche nach einer Frau, die seinen Hunger nach Liebe stillen soll, so wie ihn einst die Mutter gestillt hat mit ihrer ausschließlichen Liebe, Fürsorge und Hingabe. Er versucht also, etwas zu bekommen, was ihm keine Frau geben kann.
Er hatte eine verzärtelnde Mutter, die ihrem hübschen, lebhaften und anschmiegsamen Jungen sehr zugetan war und ihn verwöhnte. Sie gab das Bild ab, das er sich von der Frau macht und das sich tief in ihm eingeprägt hat. Diese Prägung verlief unbewußt und bleibt noch unbewußt, wenn auch mit ungeheurer Wirkung. Sie unterliegt der Projektion, einem Mechanismus, der automatisch abläuft und darin besteht, das Mutterbild nach außen in andere Frauen zu verlegen, mit dem Verlangen, von ihnen gestillt zu werden. Nach einiger Zeit stellt sich dann heraus, daß die Frau in keiner Weise der Projektion entspricht, eine völlig Unbekannte ist, mit ei-

genen Gefühlen, Bedürfnissen und Verhaltensweisen, also nur eine Täuschung war, die dann zur Enttäuschung wird. Soll eine Partnerschaft gelingen, muß die Projektion erkannt und zurückgenommen werden. Wer diesen Mechanismus nicht durchschaut, entwickelt keine Eigenkräfte, sondern bleibt ewig das bedürftige Kind, das den anderen als Mutterersatz braucht und von ihm abhängig ist. Erwachsen zu werden heißt, sich von infantilen Verhaltensweisen zu lösen, die auf der Vorstellung beruhen, daß alle meine Bedürfnisse befriedigen und sich so verhalten müssen, wie es mir genehm ist. Das bedeutet ein schweres Stück Seelenarbeit, die sich aber lohnt. Aus ihr entwickeln sich ein echter Realitätsbezug und das Gefühl eigener Kraft und Sicherheit. Ein Klient fand dafür die Worte: »Ich stehe zu mir, zu meinen Gefühlen, zu meinen Gedanken und zu dem, was ich tue. Ich brauche keinen anderen in dem Sinne, ich bin seiner nicht bedürftig, und so komme ich auch nicht in Versuchung, ihn zu mißbrauchen.«

Für den Träumer geht die Suche nach der Frau weiter, und er springt in das Wasser, angelockt von einer, die dort schwimmt und ihm liebenswert erscheint. Sie ist ihm unbekannt, und weil sie das ist, entspricht sie einem Teil seines Wesens, zu dem er Kontakt aufnimmt. Im Hinblick auf die Polaritäten könnten wir das Weibliche gleichsetzen mit Empfänglichkeit, Reaktion, Passivität, während für das Männliche Initiative, Willenskraft oder Kampfbereitschaft gelten, und diese Anlagen durch das jeweilige Vorherrschen der Gene bestimmt werden. Wenn es dem Träumer gelingt, einige der weiblichen Eigenschaften in sich zu entwickeln, die darin bestehen, sich selbst und dem Weiblichen mit mehr Einfühlungsgabe und Verständnis zu begegnen und offen für die unausgesprochenen Botschaften zu sein, relativiert sich der maßlose Drang nach sexueller Befriedigung, und der sich daraus ergebende natürliche Rhythmus von Geben und Nehmen schafft einen befriedigenden Zustand.

Jemandem aufs Dach steigen · In die Luft gehen

Wenn wir jemandem im sprichwörtlichen Sinne aufs Dach steigen, dann deshalb, weil wir ihn tadeln, beschimpfen oder mit Vorwürfen überschütten wollen. Diese Redewendung stammt aus altem germanischem Recht. Damals galten das Haus im allgemeinen und das Dach des Hauses im speziellen als heilig und unverletzlich. Hatte jemand gegen Rechtsnormen verstoßen, wurde ihm zur Bestrafung das Dach seines Hauses abgedeckt.
In die Luft gehen wir nicht nur, wenn wir eine Flugreise antreten, sondern im übertragenen Sinne auch dann, wenn uns etwas sehr wütend macht, uns diese Wut wie eine Rakete hochgehen und dabei den Kontakt zum Boden der Tatsachen verlieren läßt.

Traum

Meine Freundin ärgert mich. Mittels sechs großer Luftballons läßt sie mein Auto in die Höhe steigen. Um das Auto wieder herunterzuholen, steige ich auf das Dach einer Hütte, komme dabei jedoch nicht an mein Fahrzeug heran. Zudem ist das Dach zu empfindlich und instabil, um darauf herumzuklettern. Es ist auch frisch gestrichen, und ich bekleckere meine Hose mit Farbe. In der Ferne sehe ich meine Freundin. Ich verfolge sie, worauf sie flüchtet und ich ihr mit Geschrei nachrenne. Ich werfe Erde nach ihr.

Lebenssituation

Der Träumer ist ein junger Mann Ende Zwanzig, der momentan in einer konfliktträchtigen Zeit mit seiner relativ neuen Freundin steckt. Er reagiert dabei häufig sehr empfindlich und fühlt sich leicht von ihr angegriffen und verletzt. Er wirft ihr mangelndes Einfühlungsvermögen vor, übersieht dabei aber allzugern seinen Teil an der Misere. Seine Empfindlichkeit erlaubt ihm nicht, sich in Ruhe mit ihr über strittige Fragen und verletzte Gefühle auseinanderzusetzen. Statt dessen reagiert er entweder mit Rückzug oder emotionaler Entgleisung, wie der Traum von dem Auto an den Luftballons nach einem erneuten Krach zwischen den beiden zeigt.

Traumverständnis

Der Traum kommt gleich zur Sache: Der junge Mann fühlt sich von der Freundin geärgert. Recht drastisch und mit einer gewissen Situationskomik zeigen die Traumbilder, wie die junge Frau ihren Freund hochnimmt beziehungsweise hochgehen läßt. Mit sechs großen Luftballons läßt sie sein Auto in die Höhe steigen, das wir symbolisch als Persönlichkeitsgefüge des Träumers deuten. Luftballons sind ein Kinderspielzeug und weisen auf ein kindlich-verspieltes Verhalten der Freundin hin. Der junge Mann versteht bei der Sache aber keinen Spaß und steigt ihr im sprichwörtlichen Sinne aufs Dach, das heißt, er greift sie an und will sie wegen ihres respektlosen Verhaltens bestrafen.

Das Dach, auf das er klettert, stellt sich als sehr empfindlich heraus und ist ein Bild für die Empfindlichkeit des Träumers wie auch der noch recht jungen Beziehung. Flexibilität und Wendigkeit, die helfen, mit Streßsituationen kreativ umzugehen, fehlen. Die jungen Leute haben noch nicht genügend Übung darin, Spannungen spielerisch abzubauen. Im Traum drückt sich das in der Instabilität des Daches aus, auf dem man nicht herumklettern kann, da es sonst einbrechen würde. Allerdings ist es frisch gestrichen, was darauf hinweist, daß die Beziehung einen neuen Anstrich bekommen hat, oder, auf der Subjektstufe gedeutet, daß sich auch in der Psyche des Träumers eine Erneuerung abzeichnet. Diese Erneuerung wird sich auf Wertmaßstäbe, Einstellungen und Erwartungen beziehen. Der Träumer scheint noch nicht so recht mit dieser Erneuerung, mit diesem frischen Anstrich der Beziehung umgehen zu können und beschmutzt etwas unbeholfen seine Hose mit Farbe. Man kann nicht gerade behaupten, daß er sich in dieser Angelegenheit mit Ruhm bekleckert. Anstatt sich die Situation mit Ruhe und Gelassenheit zu betrachten und über den Schabernack mit den Luftballons zu lachen, bewirft er die Freundin dann auch noch mit Dreck und macht ein großes Geschrei. »Viel Lärm um nichts«, könnte man mit SHAKESPEARE sagen. Bleibt zu hoffen, daß der Traum den jungen Mann aufrüttelt und ihn ermutigt, sich sein eigenes ungeschicktes Verhalten einzugestehen und sich seiner Humorlosigkeit bewußt zu werden, anstatt Wut und Frust auf die Freundin zu projizieren.

Nach dem Löffel greifen · Seinen Löffel abgeben

Der Löffel symbolisiert die Vitalfunktion der Nahrungsaufnahme. Wir alle sind uns wohl bewußt, wie sie mit Leben und Tod verknüpft ist, denn »Essen und Trinken hält Leib und Seele zusammen«. Wenn wir nach dem Löffel greifen, stillen wir einerseits unseren Hunger und speisen unsere Energien. Andererseits kommunizieren wir mit der Welt, indem wir das, was sie an Pflanzen, Früchten und Tieren hervorbringt, aufnehmen und assimilieren. Dadurch wird die Außenwelt ein Stück von uns selbst. Der einfache Vorgang der Nahrungsaufnahme weitet sich aus zur Annahme und Bejahung des Lebens. Wer dagegen seinen Löffel abgibt, ist lebensmüde und nimmt Abschied von dieser Welt.

Traum

Ich stehe am Fenster im Kindergartenzimmer der Kuglerstraße und betrachte kleine Blumentöpfe, in denen Pflanzen grünen. Dann ergreife ich eine große, welke Kugelkaktee, halbiere sie horizontal, werfe das Wurzelende fort und stelle den Rest zögernd auf das Fensterbrett zurück. Draußen hat es zu regnen begonnen, und da mich die vorbeieilenden Menschen mit den schwarzen Schirmen traurig stimmen, schließe ich das Fenster. Danach begleite ich zwei kleine Buben, die mit einer Holzeisenbahn spielen, auf den Korridor hinaus. Als ich wieder in das Zimmer trete, höre ich die Stimme meines Mannes, ohne ihn zu sehen. »Eine Kindergartenmutter ist dagewesen«, sagt er. »Sie hat das Fenster wieder geöffnet und aus der Ofenröhre eine Tüte herausgeholt.«
Ich öffne die Tüte, sehe darin die weiße Schirmmütze meines Mannes, darunter meine helle Baskenmütze und zuunterst Mutters zerdrückten grauen Strohhut. Ich schließe die Tüte wieder und lege sie an ihren alten Ort zurück. Die Kinder, die jetzt wie Orgelpfeifen an der Wand aufgereiht stehen, fordere ich auf, sich zu setzen, weil ich ihnen eine Geschichte erzählen will. Ehe ich damit beginne, fällt mein Blick auf eine Szene, die meine volle Aufmerksamkeit in Anspruch nimmt: Auf dem Boden krabbelt ein kleines Kind, das tastend seinen Arm ausstreckt, um einen Löffel zu ergreifen. Ich spüre förmlich die Anstrengung, mit der die kleine Hand den Stiel umfaßt, um den Löffel in Besitz zu nehmen.
Die Zimmertür öffnet sich, und ein junges Elternpaar tritt ein, um das kleine Kind abzuholen. Der Vater nimmt es auf den Arm, und ich erzähle beiden, was sich soeben zugetragen hat,

und ermuntere sie, sich intensiv um die Entwicklung des Kindes zu kümmern, damit es weiterhin Mut, Aktivität und Selbstvertrauen entwickelt. Während die Mutter noch ihre Zustimmung gibt, wache ich auf.

Lebenssituation

Die erblindete, verheiratete und kinderlose Frau S. beschäftigt sich intensiv mit ihren Träumen, die ihr die Außenwelt spiegeln und die damit ihr Leben wieder hell machen.
Im Rückgriff auf die Vergangenheit durchlebt und durchleidet sie noch einmal traumatische Situationen aus der Kindheit, die sie schwächten und entmutigten. Sie erkennt, daß Schüchternheit und Ausweichen vor dem Leben einerseits sowie gestörtes Selbstvertrauen und Minderwertigkeitsgefühle andererseits die Entwicklung auf falsche Bahnen lenkten und ihre Lebendigkeit blockierten. Welche Erfolge die Arbeit mit sich selbst bringt, beweist der geschilderte Traum, der in Bilderbotschaften Einsichten vermittelt über das, was in Frau S. vorgeht, und neue Wege erkennen läßt, die durch eine intensive Auseinandersetzung mit anderen Träumen vorangetrieben wurden.

Traumverständnis

Hätte das Unbewußte ein eindrucksvolleres Bild wählen können, um eine positive Entwicklung darzustellen, als in dem Kind, das nach dem Löffel greift? Endlich ist es aus seinem Schmollwinkel herausgekrochen und holt mit Eifer nach, was es versäumt hat. Voraussetzung ist, daß sich Frau S. mit dem Wesensteil auseinandersetzt, der, vom Leben enttäuscht, auf der Oralstufe verharrt und aus Angst vor dem Neuen den Schritt in die anale Phase nur halbherzig wagt.
Sigmund Freud konzipierte in seiner Psychoanalyse drei Entwicklungsschritte des Kindes, die er oral, anal und genital

nannte. Es sind Phasen, die jeder Mensch in seiner Entwicklung durchlaufen muß und in denen hemmende und störende Einflüsse von Milieu und Umwelt sich ungünstig auswirken. In der oralen Phase, die ungefähr die ersten beiden Lebensjahre umfaßt, geht es um all das, was mit dem Mund zusammenhängt. Was das Kind mit der Muttermilch einsaugt, bestimmt seine Entwicklung. Hier werden die Weichen für das spätere Leben gestellt. Vom zweiten Monat bis zum zweiten Lebensjahr durchläuft das Kind, wie die Psychologen herausgefunden haben, eine sensible Phase, und was es in dieser Zeit erfährt, prägt sich ihm tief ein. Es folgt die anale Phase, die ungefähr vom zweiten bis vierten Lebensjahr dauert. Auch sie ist von äußerster Wichtigkeit, weil das Kind in ihr große Entwicklungsschritte macht. Es erobert seine Umwelt und entdeckt, daß es einen eigenen Willen hat, den es durchzusetzen gilt. Stößt es auf Widerstände, so reagiert es mit Trotz, ein für viele Eltern schwer zu ertragendes Verhalten, das Geduld und Einfühlungsvermögen verlangt. In der dritten, der genitalen Phase wird das Kind auf seine Geschlechtsorgane aufmerksam und beginnt, sich Gedanken zu machen, woher die kleinen Kinder kommen. Die Unterschiede von männlich und weiblich werden geahnt und differenzieren die Beziehung zu den Eltern. Die vermehrte Hinwendung des Mädchens zum Vater und die des Jungen zur Mutter gaben Freud den Anlaß, darin einen Ödipuskomplex zu erkennen. Von dem positiven oder negativen Erleben der gegengeschlechtlichen Beziehung, die sich über Pubertät und Adoleszenz fortsetzt, hängt das Lebensglück jedes einzelnen ab. Daß diese stürmischen Entwicklungsjahre ohne Reifungsrückstände ablaufen, ist nicht anzunehmen. Wer sich genauer über diese wesentliche Zeit seiner Entwicklung informieren möchte, dem sei das Buch von Walter Toman, *Dynamik der Motive*, empfohlen.

Selbsterkenntnis erfordert den Umweg über die Kindheit,

und für den, der sich den Träumen verschrieben hat, ist er selbstverständlich, weil die Träume ihn in vielen anschaulichen Szenen immer wieder damit konfrontieren. Frau S. weicht dieser Auseinandersetzung nicht aus und empfängt durch die Bilder und Symbole die Kraft, sich von destruktiven Verhaltensweisen zu distanzieren und neue auszuprobieren.

Im Traumbild des Kindergartenzimmers ist dieser Verlauf geschildert. Wie in dem ehemaligen Kindergarten von Frau S., in dem junges Leben heranwuchs, das im Spiel und in der Begegnung mit anderen nach Entfaltung drängte und unter behutsamer Leitung seine Fähigkeiten und Möglichkeiten auszuprobieren lernte, so geschieht es nun auch in ihrem Innern, ihrem Seelengarten, den sie zu pflegen versteht. Die heranwachsenden Pflanzen auf dem Fensterbrett mit ihrem strotzenden Grün künden ebenfalls von seelischem Wachstum. Sie gedeihen, weil sie genügend Zuwendung erfahren und eine einfühlsame Hand sie pflegt. Im Gleichnis von Kind und Pflanze erkennt Frau S., wieviel Neues in ihr zum Licht drängt und gelebt werden will. Selbstsicherer geworden, kann sie auch den geheimen Anspruch an das schwer ausrottbare, infantile Mutterbild aufgeben. Es besagt nämlich, daß man nur von der Mutter Wärme und Geborgenheit erlangt.

Im Traum kommt dieser kindische Anspruch mit der dem Ofen entnommenen Huttüte zur Sprache, wo die Reihenfolge der Kopfbedeckungen die Beziehungen zwischen ihren Besitzern andeutet: Zuunterst befindet sich der zerdrückte Strohhut der Mutter, zuoberst der Hut ihres Mannes und dazwischen ihre Kappe. Hier liegt der Beweis für ihre Abhängigkeit, weshalb sie auch die Huttüte in die Ofenröhre zurücklegt, an einen Ort, wo durch Verbrennung Verwandlung geschieht.

Noch ein anderer Gegenstand im Traum zeugt von der Mutterbindung, die sich aber aufzulösen scheint. Das Unbewußte wählte, genau wie bei den Kopfbedeckungen, wieder nur einen Gegenstand, der mit der Mutter in Zusammenhang steht, und nicht diese selbst. Es ist ein abgekürztes Verfahren, das von der Psychologie mit »pars pro toto« bezeichnet wird und dem wir auch im Alltag begegnen. Beispielsweise wenn der Anblick eines ererbten Schmuckstücks von einer besonders geliebten Großmutter wieder Gefühle aufleben läßt, die uns einst mit ihr verbanden. Im Traum ist es die Kugelkaktee, eine Pflanze, mit der die Mutter von Frau S. eng verbunden war. Sie liebte diese bizarren Geschöpfe, hütete sie wie Kleinodien, schleppte sie von einem Sonnenfenster zum anderen und pflegte sie hingebungsvoll, und zwar in derselben Weise, wie sie es mit Frau S. als Kind getan hatte. Dieses ängstliche Behütetwerden hatte aus ihr einen schüchternen, zurückhaltenden und überbescheidenen Menschen gemacht, der wenig Selbstvertrauen besaß und den eigenen Kräften mißtraute. Zögernd stellt sie im Traum die andere Kakteenhälfte auf das Fensterbrett zurück und kann sich noch nicht von ihr trennen. Von Eingewöhntem und Liebgewordenem Abschied zu nehmen, ist schwer. Draußen regnet es, der Himmel weint, und die Menschen haben schwarze Schirme aufgespannt. Mit Traurigkeit im Herzen schließt sie das Fenster, zieht sich wie immer bei solchen Gelegenheiten in sich selbst zurück, um mit dem Schmerz fertig zu werden.

Doch der weitere Verlauf der Handlung zeigt, daß dieses Verhalten im Schwinden ist, denn eine Kindergartenmutter, ein fortschrittlicher Wesensteil in ihr, hat das Fenster wieder geöffnet. Sie weiß, wenn im Leben eine Schlechtwetterperiode herrscht, gibt es Schirme zum Aufspannen und Mäntel, die man zuknöpfen kann. Auch an dem, was die Träumerin dann erlebt und fasziniert beobachtet, wird ein Stück ihrer Entwicklung sichtbar: das Kind, das nach dem Löffel greift! Dieser bisher von der Muttermilch abhängige Teil in ihr wird zu einem Kind, das selbst zugreift, alle Energien auf ein Ziel richtet, um das in Besitz zu nehmen, was ihm das Leben anbietet. Es wartet nicht mehr darauf, daß ihm die gebratenen Tauben in den Mund fliegen. Es hat seine Lebensangst überwunden und vertraut der eigenen Kraft.

Im allgemeinen ist das Kind im Traum eines jeden Menschen ein Symbol neuer Möglichkeiten. Es ist auch ein Erlösungssymbol, wenn wir an die Rolle des göttlichen Kindes in allen Religionen der Menschheit denken. In der Regel ist es ein äußerst positives Traumsymbol, doch sind bei der Deutung alle Begleitumstände sorgfältig zu beachten. Ein krankes oder gebrechliches Kind stellt ein entsprechendes Warnsignal für seelische Störungen dar.

Kommen wir zu der Ausgangssituation des Traumes zurück. Frau S. rät dem jungen Elternpaar, das ihr Kind abholt, ihm weiterhin Sorgfalt und Pflege angedeihen zu lassen, damit es in der Entwicklung nicht steckenbleibe. Es bestehen aber die besten Aussichten für weitere Fortschritte, denn auch das junge Elternpaar, eine Vereinigung des Männlichen und Weiblichen in der Träumerin, ist neu und entspricht nicht mehr dem heimlichen Wunsch nach überlegener Männlichkeit. Ein Ausgleich zwischen den widerstreitenden Kräften in ihrem Innern ist damit geschaffen, und das Leben kommt wieder in Fluß.

In der Rückwendung zum innerseelischen Bereich, den die Träume Nacht für Nacht spiegeln, liegt eine Möglichkeit, die schwächenden und blockierenden Fehlhaltungen zu erkennen und abzubauen. Frau S. sagte zu ihrem Traum: »Ich fühlte mich nach ihm wie neugeboren. Denn die angedeuteten Möglichkeiten, die bisher immer den Charakter des Vorläufigen trugen, waren hier in dem Sinnbild des nach dem Löffel greifenden Kindes Wirklichkeit geworden.«

In etwas hineinschlittern · Ins Schleudern kommen

Wenn wir in etwas hineingeschlittert sind, dann sind wir in eine Situation geraten, die uns nicht entspricht, die wir so nicht gewollt haben, und es ist oft schwierig, hier wieder herauszukommen. Oftmals sind es Unklarheiten, falsche Versprechungen oder unrealistische Erwartungen, die uns den festen Stand auf dem Boden der Tatsachen rauben und uns ins Schleudern bringen. Schlittern ist ein umgangssprachlicher Ausdruck und bedeutet soviel wie rutschen oder ausrutschen. Ein solcher Ausrutscher passiert uns meist dann, wenn wir auf eine Situation oder auf ein Angebot nur gefühlsmäßig oder nur mit dem Verstand reagieren und dadurch die ganze Tragweite unserer Entscheidung nicht überblicken können.

Traum

Ich fahre in einem offenen Auto auf der Straße, in der mein Elternhaus steht. Als ich am Elternhaus vorbeifahre, komme ich ins Schlittern. Irgendwie habe ich das Fahrzeug nicht mehr richtig unter Kontrolle. Das Auto dreht sich, ich fahre etwa zweihundert Meter am Haus vorbei, und nach einer erneuten Wendung schlittere ich zum Anbau des Hauses, wo ich stehenbleibe.
In dem Hausanbau ist ein Elektroladen, in den ich hineingehe. Ich will etwas zurückbringen. Es ist dunkel und etwa 23.30 Uhr. Jetzt kommen Leute herein, die aus der DDR sind. Ein Mann will ein Kabel für ein Gerät kaufen. Ich erkläre ihm, daß der Laden jetzt geschlossen sei und ich mich nur ausnahmsweise hier befinde. Ich schreibe die Bestellung auf und verspreche, daß ich sie morgen früh an den Ladenbesitzer weiterleite. Inzwischen kommen mehr und mehr DDR-Bürger in den Laden. Ich verspüre eine Wut im Bauch. Meiner

Meinung nach ist es eine Unverschämtheit anzunehmen, daß um diese Zeit noch ein Geschäft offen hat.

Lebenssituation

Die Träumerin ist eine junge, verheiratete Frau und Mutter einer einjährigen Tochter. Zur Zeit bewegt sie das Problem, ob sie und ihr Mann einen Anbau an ihr Haus in Auftrag geben sollen. Vieles scheint dafür zu sprechen, nur die finanzielle Seite macht ihr Sorgen, da sie zusätzliche Schulden in Kauf nehmen müßten. Eventuell wäre es dann erforderlich, daß sie, trotz ihres Kleinkindes, etwas dazuverdienen muß.

Vor kurzem war sie auf einer Verkaufsparty bei Bekannten, auf der Haushaltsgegenstände angeboten wurden. Von den Bekannten wurde sie regelrecht bearbeitet, doch auch in diese Verkaufstätigkeit einzusteigen. In den schillerndsten Farben wurden die finanziellen Erfolgsaussichten dargestellt, und die Träumerin wußte anschließend nicht mehr, wo ihr der Kopf stand. Obwohl sie kein gutes Gefühl zu der Sache hatte, fragte sie sich, ob sie es nicht doch tun sollte. Ausschlaggebend für diese Überlegungen waren die Kosten, die wegen des geplanten Anbaus auf sie zukommen würden. Durch diese Gedanken unterdrückte sie für eine Weile ihren inneren, gefühlsmäßigen Widerstand.

Doch schließlich erkannte sie nach Gesprächen mit anderen Bekannten, die negative Erfahrungen mit dieser Art von Arbeit gemacht hatten, daß sie lieber die Finger davon lassen sollte. Schlagartig ging es ihr besser, und der Druck wich von ihr, als sie diese Entscheidung getroffen hatte. Der Traum, den sie in der darauffolgenden Nacht hatte, zeigt, daß sie fast in eine Sache hineingeschlittert wäre, die ihr viel Zeit und Nerven abverlangt hätte.

Traumverständnis

Die Träumerin ist mit einem Cabriolet unterwegs. Das Wetter scheint schön zu sein, da sie ihr Verdeck heruntergelassen hat. Der Traumanfang zeigt also, wie sie offen ihren Lebensweg geht. Alles scheint in Ordnung zu sein. Doch als sie am Elternhaus vorbeifährt, gerät sie ins Schleudern, hat nicht mehr die Kontrolle über ihr Fahrzeug, beherrscht also nicht mehr die Situation. Nicht selten werden wir aus unserer Bahn geworfen, wenn uns unverarbeitete Kindheitskonflikte überrollen, wenn uns die verinnerlichten Normen und Werte der Eltern und Erzieher von unserem Weg abbringen.

Was hat die Träumerin ins Rutschen gebracht? Sie schlittert direkt zum Anbau des Hauses, in dem sich ein Elektroladen befindet. Der Traum spielt hier also auf den geplanten Hausbau an, der ihr wegen der finanziellen Unsicherheit Kopfzerbrechen macht. In dem Anbau des elterlichen Hauses befindet sich im Traum ein Elektrogeschäft, das in Wirklichkeit nicht existiert. Was will der Traum dadurch zum Ausdruck bringen, daß er den Anbau mit einem Laden in Verbindung bringt? Wir wissen von der Träumerin, daß sie wegen der Finanzierung ihres Hausanbaus mit dem Gedanken gespielt hat, als Vertreterin für Haushaltswaren tätig zu werden. Der Elektroladen im Anbau des Elternhauses steht symbolisch für den Verkaufsjob; recht drastisch zeigt der Traum, auf was sie sich dabei eingelassen hätte, wo sie hineingeschlittert wäre.

Es ist dunkel, kurz vor Mitternacht. Eigentlich erwartet man um diese Zeit keine Kunden mehr, die Zeit um Mitternacht ist ja zum Schlafen und Erholen da. Der ihr angebotene Verkaufsjob hätte sie wohl um einigen Schlaf gebracht, denn ihre Vertreterbesuche und Verkaufspartys hätten sich hauptsächlich in den späten Abendstunden abgespielt. Im Traum empfindet sie es als Unverschämtheit, daß um diese Zeit noch Kunden kommen. Auf die Frage, wie sie zu den DDR-Besu-

chern und -Übersiedlern stehe, antwortete sie spontan, daß sie es als eine Frechheit empfinde, wie fordernd diese seien. Sehr fordernd waren ja auch die Bekannten der Träumerin, die ihr gern diese Tätigkeit aufgeschwatzt hätten. Doch sie setzt sich zur Wehr, verweist auf den Ladeninhaber und die regulären Geschäftszeiten, drückt aus, daß sie mit diesem Geschäft eigentlich nichts zu tun habe. Sie ist eben keine Verkäuferin, und zu solchen Zeiten schon gar nicht. Auch die Tatsache, daß sie in diesem Traum etwas in den Laden zurückbringt, läßt darauf schließen, daß der Verkaufsjob für sie gestorben ist. Sie gibt zurück, was ihr nicht gehört.
Warum ist sie dann eigentlich ins Schleudern geraten und wäre fast in etwas hineingeschlittert? Das Elternhaus, in dem sich das Geschehen abspielt, zeigt an, daß es sich um verinnerlichte Werthaltungen ihrer Eltern handelt. Ihren Vater beschrieb die Träumerin als Menschen, der für Geld seine Seele verkauft hätte, dem es nicht so sehr auf das Wie, sondern vielmehr auf das Wieviel ankam. Sehr massiv wurde sie mit der Einstellung ihres Vaters konfrontiert, als sie eine Staatsstelle aufgab, weil sie diese gefühlsmäßig nicht verkraften konnte: Anstatt Verständnis und Einfühlungsvermögen zu zeigen, bestrafte er sie mit totaler Ablehnung.
Die Bekannten, die der Träumerin den Vertreterjob aufschwatzen wollten, schlugen in diese Kerbe und verwirrten sie damit sehr. Und so sind die aufdringlichen DDR-Kunden auch als Wesensteile ihrer eigenen Psyche zu verstehen. Es sind Impulse in ihr, die scheinbar keine Grenzen kennen, wie ja auch für ihren Vater keine Grenze für das Geldverdienen existierte: Hauptsache, die Kasse stimmte. Interessant ist dabei, daß der Traum auf Bilder mit Symbolcharakter zurückgreift, die sich erst in der letzten Zeit entwickelt haben: die vormals fast unüberwindliche DDR-Grenze, die jetzt nicht mehr existiert. Auf seelischer Ebene bedeutet eine geöffnete

Grenze auch immer das Problem zu wissen oder zu erspüren, wo die eigenen Grenzen liegen.
Für die inzwischen entwickelte bewußte Einstellung der Träumerin markieren neben der rationalen Beurteilung einer Situation auch seelische Empfindungen persönliche Grenzen. Nicht zuletzt ist es auch eine Frage des Energieeinsatzes; der Traum kleidet dies in das Bild eines Elektroladens, in dem ja Geräte und Zubehör verkauft werden, die mit elektrischer Energie arbeiten. Da dieser Elektroladen im Anbau des Elternhauses untergebracht ist, liegt die Vermutung nahe, daß sie bisher ihre Energieeinteilung nach elterlichen Richtlinien bemessen hat und daß sie damit energetisch fremdbestimmt war. Dadurch kommt sie auch ins Schleudern und kann ihr Auto, ein Symbol für individuelle Antriebskraft, nicht mehr steuern.
Daß sie sich letztlich durchzusetzen vermag, erfüllt die Träumerin mit Befriedigung und stellt zudem einen Zuwachs an Energie dar. Wenn wir zu uns selbst, unseren Gefühlen und Impulsen stehen, befinden sich unsere Energien im Fluß. Unterdrücken wir unsere inneren Regungen, dann blockieren wir uns selbst, wir leben fremdbestimmt, und uns fließen die Energien davon. Nach einer Zeit des inneren Kampfes zwischen elterlichen Normen und eigener Einstellung, zwischen Gefühl und Verstand, erringt sie einen Sieg, weil sie sich selbst treu bleibt.

Wie man sich bettet, so liegt man · Wer sich nicht nach der Decke streckt, dem bleiben die Füße unbedeckt

Diese beiden Sprichwörter betonen, daß es einzig und allein von uns abhängt, wie wir uns im Leben einrichten und ob es uns gelingt, unser Wollen und Können in Einklang zu bringen. Wer erhöhte Ansprüche hat, ohne sie verwirklichen zu können, sich also nicht nach der Decke streckt, wird immer frustriert und unzufrieden sein. Wer jedoch die Realität wahrnimmt, wie sie ist, kann auch angemessen reagieren. Er trägt die Folgen seines Handelns, versteht, sich sein Leben einzurichten und liegt richtig. Er ist nicht bequem, sondern setzt seine Kräfte optimal ein und hat es nicht nötig, sich ins gemachte Bett zu legen.

Traum

Ich liege im Krankenhaus in einem Einzelzimmer in einem verlängerten Bett. Ich habe mich zurückgezogen, um Ruhe zu haben und mich zu erholen. Mein Mann deckt mich zu, und ich rolle mich in die warme Decke ein. Zu meinen Füßen schlafen meine beiden kleinen Kinder friedlich. Plötzlich geht die Tür auf, und ein Arzt kommt mit einer Spritze herein. Er schlägt die Decke zurück und spritzt mich bereits in den Rücken, ehe ich mitbekomme, was passiert. Ich schreie: »Ich will das nicht«, aber da ist es schon zu spät.

Lebenssituation

Frau E., in engen Verhältnissen aufgewachsen und durch die Nachbarschaft mit einer höheren Gesellschaftsschicht in Verbindung gekommen, ist von Glanz und Reichtum geblendet, und der unbewußte Wunsch, einmal eine große Dame zu sein, scheint Wirklichkeit zu werden. Sie ist ein Kind mit strahlenden Augen, dem alle Herzen zufliegen und das sich gern verwöhnen läßt. Sie heiratete einen Realschullehrer, dessen sichere Existenz ihnen bald einen Hausbau ermöglichte. Nach dem zweiten Kind gab sie ihre Berufstätigkeit auf, widmet sich nun der Familie und nutzt ihre freie Zeit zur Weiterbildung. Ihr Wissensdurst, eine gute Beobachtungsgabe und der Hang zum Reflektieren spornen sie an, das in Kindheit und Jugend Versäumte nachzuholen. Der gedankliche Austausch mit ihrem Mann und seine bereitwillige Mithilfe im Haushalt geben ihr den nötigen Freiraum, sich an Kursen, Traumarbeit und Seminaren zu beteiligen.

Anläßlich eines Gesprächs in einer psychologischen Gruppe wurde Frau E. gesagt, daß sie stark sei, Forderungen stelle und viel erwarte. Das sind Eigenschaften, die, wie übrigens auch alle anderen, positiv oder negativ eingesetzt werden können. Für Frau E. bedeuten sie Lob, und das Gelobtwerden belastet sie, weil sie darin eine Verpflichtung sieht, immer stark sein zu müssen. Viel lieber möchte sie schwach sein, geliebt, bemitleidet und umsorgt werden. Ein bißchen lebt sie noch in einer Traumwelt, und mit dem Hang, sich verwöhnen zu lassen, schiebt sie viele ihrer Aufgaben, die sie selbst erledigen könnte, ihrem Mann und ihrer Mutter zu. Der in der Kindheit erträumte Wunsch, eine große Dame zu sein, der alles zu Füßen gelegt wird, ohne daß sie einen Finger rühren muß, ist noch immer, obwohl schon von ihr belächelt, wirksam und läßt oft die Hausfrauenpflichten zur drückenden Last werden. Die Abneigung vor dem täglichen Einerlei, den sich immer wiederholenden Arbeiten wie Kochen, Waschen, Bügeln, Aufräumen sowie das Eingehen auf die Bedürfnisse von Mann und Kindern kompensiert sie mit Vorstellungen von einem interessanten, abwechslungsreichen Beruf, von dem sie sich mehr Befriedigung verspricht. Sie vergißt aber dabei, daß jeder Beruf zum Alltag wird, der sich aus Minuten, Stunden

und Tagen zusammensetzt und den es zu bewältigen gilt. Vielleicht lernt sie, den Beruf der Hausfrau zu schätzen, wenn sie einmal spürt, daß es in ihren Händen liegt, eine Atmosphäre im Haus zu schaffen, in der sich alle wohl fühlen. Die Frau ist noch immer die Seele des Hauses, die es versteht, daraus ein Heim zu machen, und jeder, der es betritt, spürt sogleich den darin waltenden Geist.
Obwohl Frau E. vieles eingesehen hat, machen ihr die periodischen Anwandlungen zu schaffen, rauben ihr viel Kraft, und sie ist noch weit davon entfernt, Anspruch und Realität unter einen Hut zu bringen. Ihr Hang zur Bequemlichkeit und die Angst, Verantwortung auf sich zu nehmen, lassen sie das Leben oft als hart, ungerecht und unerträglich empfinden. Dann ist das Bett ihr Zufluchtsort, und sie kehrt in den pränatalen Zustand zurück, in dem alles von selbst geht. Diese Angst, eigenverantwortlich zu handeln, muß ein Relikt aus der Kindheit sein, hervorgerufen durch furchteinflößende Erlebnisse, die unverstanden blieben, so daß Selbstvertrauen und emotionale Sicherheit im Ansatz verkümmerten. Sie erkennt diesen Mangel und hält Zwiesprache mit ihren Träumen, denen sie voll und ganz vertraut. Sie verdeutlichen, was sich zur Zeit in ihr abspielt, und sie lernt zu verstehen, ob ihr reales Verhalten den inneren Tatsachen entspricht oder völlig konträr abläuft.

Traumverständnis

Eine seelische Unpäßlichkeit, ein Ungleichgewicht der Kräfte trägt dazu bei, daß sich Frau E. im Krankenhaus wiederfindet. Das Bett, in dem sie liegt, ist viel zu groß, und ihr Unvermögen, es auszufüllen und sich darin wohl zu fühlen, wird deutlich. Ihr Mann muß sie zudecken, wie einen Säugling einwickeln, und die beiden kleinen Kinder müssen den leeren Raum am Ende des Bettes ausfüllen, um ihr die Füße zu wärmen. Mit dem zu großen Bett wird auf die Ansprüche angespielt, die sie an das Leben stellt, und auf die Erwartung, ihre Wünsche möglichst bequem erfüllt zu bekommen. Der eigene Einsatz, in der Kindheit wenig geübt, da mit ihrem Charme leichtere Erfolge zu erzielen waren, läßt zu wünschen übrig. Ein mit Erfolg erprobtes Verhalten hat sich eingeschliffen und wird unbewußt immer wieder angewendet. Es ist ein ungesundes Verhalten, das schwächt, abhängig macht und kein Selbstvertrauen entstehen läßt. Daher der Aufenthalt im Krankenhaus, wo Kranken und Schwachen geholfen und nach den Ursachen ihres Leidens geforscht wird.

Ohne sie erst lange zu fragen, verpaßt ihr der Arzt mit einer Spritze ein Medikament, das sie mobilisieren soll. Es ist ihr innerer Arzt, der zu den Selbstheilungskräften des Körpers gehört und der sie besser kennt als sie sich selbst. Wir alle tragen diesen Heiler in uns, und nur der sich mit ihm verbündende reale Arzt wird seinen Patienten helfen können. Der innere Arzt kennt den wunden Punkt von Frau E., und der Einstich in den Rücken geschieht blitzschnell. Der Rücken, der Sicherheit gibt und dem Körper Halt bietet, ist bei der Träumerin behandlungsbedürftig. Der Arzt kennt den Widerstand von Frau E., ihr Zögern, das Bedürfnis, sich nach allen Seiten abzusichern sowie das Zurückschrecken vor Entscheidungen aus Angst, einen Fehler zu begehen und dessen Folgen tragen zu müssen. Obwohl sie die Überrumpelung des Arztes mit Empörung quittiert, wird sie, einsichtiger geworden, erkennen, wie alles zu ihrem Besten geschieht.

Die Traumhandlung, die an Deutlichkeit nichts zu wünschen übrig läßt, hatte sie betroffen gemacht. Die Mitteilung, nicht erwachsen zu sein und das Selbstwertgefühl und die emotionale Sicherheit noch über Mann und Kinder zu beziehen, war für Frau E. schwer auszuhalten. Trauer, Schmerz und Verzweiflung waren die Folge, ein Zustand, der feinfühlig und für die Impulse der Seele empfänglicher macht. Sie verstand, daß sie aus ihrer Lethargie kommen muß und zu Eigeninitiative aufgefordert ist, zu einer Arbeit an sich selbst und durch sich selbst, die, wenn sie gelingen soll, viel Geduld und Zeit verlangt. Doch lohnt sich der Einsatz, denn von inneren Zwängen frei zu werden und ein belastendes Verhaltensmuster abzubauen, erzeugt neben Mut und Sicherheit auch ein gesteigertes Lebensgefühl.

Hoch hinauswollen

Der Ausdruck bezieht sich auf ein hochgestecktes Ziel; er kann aber auch Hochnäsigkeit bedeuten. Damit verbunden sind in der Regel hochmütiges Auftreten, Anspruchsdenken und vor allem Ehrgeiz. Von ähnlicher Bedeutung ist die Aussage »auf dem hohen Roß sitzen«.

Traum

Wir besuchen einen mit uns verwandten Professor, der vier Kinder hat, zwei Buben und zwei kleine Mädchen. Die Wohnung ist nur über eine Treppe aus Würfeln, die mit Schaumstoff bezogen sind, zu erreichen. Alles befindet sich in schwindelnder Höhe. Ich frage, wie die Kinder da je hinauf- und hinunterkommen wollen. Es scheint Übungssache zu sein. Aber die Kinder sind sehr blaß und machen einen lustlosen Eindruck.
Plötzlich befinde ich mich in einem Laden. Er scheint in Spanien zu liegen und wird von meiner Tante geführt. Ich wundere mich über ihre Arbeit. Auf dem Verkaufstisch stehen Haaröle, die mich besonders interessieren. Ich greife danach, und meine Mutter kommt mir mit ihrer Hand zuvor.
Ich liege mit meinem Freund in einer Faschingsnacht im

Freien in einer Stadt. Von dem über uns ausgespannten Sternenhimmel bewegt, lieben wir uns. Mit einemmal sehe ich, daß das Hochhaus in unserer Nachbarschaft brennt. Ein Hund springt in die Tiefe, und jungen Männern gelingt es, auf einem anderen Dach zu landen, um mit einem Sprungtuch die Menschen zu retten. Am Himmel sind lauter Luftballons.
Wir sind in einem südlichen Land auf Urlaub. Wir machen eine Bergbesteigung; oben ist es wolkig. Wir wohnen bei einer einheimischen Familie, anscheinend in Italien. Ich merke, daß ich schwanger bin. Mein Freund meint, daß ab jetzt alles ich bestimmen solle.

Lebenssituation

Wie war mein Elternhaus und wie habe ich Vater und Mutter, Bruder, Onkel, Tanten, Cousinen und die Omas erlebt, fragt sich die sechsundzwanzigjährige Träumerin in der Hoffnung, Aufschlüsse über ihr Gewordensein, ihre Prägung und das Grundmuster ihres Verhaltens zu erlangen. Angeregt durch die Träume, kommt in monatelangen Gesprächen wieder ans Licht, was vergessen, verdrängt und beiseite geschoben worden war. Sowohl Freudiges als auch Schmerzliches, Trauriges und Tragikomisches, Dunkles, Abwegiges und allzu Menschliches, vom Kind intensiv erlebt, doch unverstanden geblieben, bricht wieder auf und kann nun verarbeitet werden.
Ihre Eltern und Verwandten gehören dem gehobenen Mittelstand an, sind in leitenden Positionen tätig und haben, wie man zu sagen pflegt, es zu etwas gebracht. Auf das erreichte Niveau sind sie stolz, was sie eigene Unzulänglichkeiten und Schwächen vergessen läßt. Das schwierige Eheverhältnis der Eltern und die Bevorzugung des älteren Bruders, der die Prinzenrolle einnahm, belasten die Träumerin noch heute. Mit Schaudern denkt sie an die Zeiten, in denen Streit, Tränen,

Untreue, echte und falsche Schwüre sowie gegenseitige Mißachtung die Überhand gewannen und jahrelang andauerten. Daneben kommen die positiven Einflüsse, die durchaus vorhanden waren, nicht recht zum Tragen. Wanderungen mit den Eltern, ausgedehnte Reisen mit Einführungen in Natur und Kunst, den Interessengebieten des Vaters, sowie gemeinsames Basteln, das Erwecken der Liebe zu Büchern und die musikalische Förderung durch Klavierunterricht verlieren an Glaubwürdigkeit.
Das zeitweise überhitzte Klima im Elternhaus ließ keine Kontinuität der Entwicklung zu und wirkte verunsichernd auf die Kinder. Doch gibt es kein vollkommenes Elternhaus, und so bleibt es niemandem erspart, sich in der Auseinandersetzung mit der Vergangenheit seiner Biographie bewußt zu werden, um ein autonomes Handeln zu entwickeln. Es gehört viel Mut dazu, sich den Ängsten und Schmerzen der Kindheit erneut auszusetzen, sie noch einmal zu durchleiden, um ihre zerstörende und krank machende Wirkung aufzuheben. Es ist in erster Linie der Gefühls- und nicht der Verstandesbereich, mit dem das Kind die Welt aufnimmt und sich zu orientieren versucht. Daher versprechen nur das Wiedereintauchen in diese Gefühlswelt von einst und die damit verbundenen Erschütterungen eine Heilung an Leib und Seele. Auf diesem mühseligen und oft steinigen Weg befindet sich die Träumerin und hat bereits einige Leidensstationen überwunden, was ja immer einen Zuwachs an Kraft bedeutet und zum Weitergehen ermutigt. Diese Arbeit an sich selbst und durch sich selbst bringt Erkenntnisse innerseelischer Abläufe, erweitert das Bewußtsein und läßt blinde Flecke verschwinden. Davon liefert der Traum einen deutlichen Beweis.

Traumverständnis

Der Traum besteht aus mehreren Szenen, die alle zueinander gehören und sich auf die seelische Entwicklung der Träumerin beziehen. In der ersten Szene wird sie mit ihrer Verwandtschaft, einem Professor und seinen vier Kindern, konfrontiert. Er verkörpert sozusagen die Familie im weitesten Sinne, zu der die Eltern der Träumerin sowie ihre Onkel, Tanten, Cousins, Cousinen und Großeltern gehören, die sie imponierend fand. Es sind alles gutbürgerliche Existenzen, die stolz auf ihre Leistungen und ihren materiellen Besitz sind. Wie stolz, das demonstriert der Professor, der für alle steht und zu dem man nur über hohe Treppen gelangen kann. Dort oben thront er, fühlt sich über alles erhaben, und nur sein Kopf mit den logischen Vernunftschlüssen regiert. Die Überheblichkeit wird noch verdeutlicht durch die mit Schaumstoff überzogenen Treppenstufen, die auf Schaumschlägerei hinweisen, auf ein aufgesetztes, unechtes Verhalten, das zu hinterfragen ihm nicht in den Sinn kommt. Er mag in seinem Beruf durchaus tüchtig sein, doch liegen in dem Herabsehen auf andere, die es nicht so weit gebracht haben wie er, viel Menschenverachtung sowie die Unkenntnis, daß es außer intellektuellen Fähigkeiten noch andere gibt, die ebenso wichtig und wertvoll sind. Es gibt dafür den schönen Begriff Herzensbildung, der in unserer wenig gefühlsbetonten Zeit leider aus der Mode gekommen ist.

Die angekränkelten und blassen Kinder versprechen nicht viel an Zukunft, denn die Atmosphäre, in der sie aufwachsen, schließt viele Bereiche des Lebens aus, die eine gesunde Entwicklung garantieren. Was der Träumerin hier vorgeführt wurde, machte sie nachdenklich und regte sie zum Fragen an. Sie nimmt heute nicht mehr alles unbesehen hin, sondern macht sich Gedanken über sich selbst, über das Milieu, in dem sie aufgewachsen ist, und über die Einflüsse, denen sie unterlag und die ihre Einstellung zu Menschen und zum Leben bestimmt haben. Mit einer einzigen Szene werden ihr die Augen geöffnet über das menschliche Verhalten, dem sie als Kind ausgesetzt war und das sie prägte.

In der zweiten Szene trifft die Träumerin mit einer Tante zusammen, die einen Laden führt, was nicht der Realität entspricht. Der Laden ist ein Sinnbild für ihre umgängliche, geschäftige, menschenfreundliche und den alltäglichen Dingen des Lebens zugewandte Lebensart, die sie von der übrigen Verwandtschaft absondert. Sie verkauft unter anderem auch Haaröl, nach dem die Träumerin und ihre Mutter gemeinsam greifen. Letztere befindet sich ebenfalls auf dem Weg der Selbsterkenntnis. Mit dem Wissen, daß Haare ein Symbol ursprünglicher Triebkräfte sind, die, noch primitiv und ungeformt, der Kultivierung bedürfen, wählen beide das Öl, das glättet und geschmeidig macht. Wer nicht nur im anderen, sondern auch in sich selbst das Primitive und Dschungelhafte entdeckt hat, ist zu einem verständnisvollen Miteinander fähig und bemüht sich um den Ausgleich sozialer Gegensätze. Mit der Achtung und dem Respekt vor dem anderen, der ebenso ein Geschöpf Gottes ist wie man selbst, beginnt das wahre Menschsein.

In der dritten Szene begegnet die Träumerin ihrem Freund, mit dem sie sich in aller Öffentlichkeit in einem Liebesakt verbindet. Sie steht voll und ganz zu ihm, obwohl er von ihrem Vater nicht anerkannt wird. Ihn stören die fortschrittlichen Ideen des jungen Mannes, der als Sozialpädagoge noch keinen Arbeitsplatz gefunden hat und sich mit einer Teilzeitbeschäftigung begnügen muß. Die beiden jungen Menschen reflektieren ihr Leben, stellen materiellen Besitz und Leistungsstreben in Frage, und ihr Blick hinauf zu den Sternen hilft ihnen, das Wesentliche vom Unwesentlichen zu unterscheiden. Mit dem Freund vereint und den unliebsamen Einflüssen des

Elternhauses entronnen, erlebt die Träumerin den Brand des Hochhauses, und das anschauliche Bild des »Zu hoch hinaus und nichts dahinter« wird sie vor jeder Überheblichkeit warnen.

Junge Männer gleichen Schlages retten, was wichtig ist zu retten, und auch der Hund, eine natürliche Triebseite der Träumerin symbolisierend, weiß, wohin er gehört; er springt hinunter auf die Erde und hat wieder Boden unter den Füßen. Alles kommt wieder ins Gleichgewicht, und die kindlichen Illusionen, in den Luftballons versinnbildlicht, werden vom Wind davongeweht und zerplatzen.

In der Schlußszene wird der Träumerin und ihrem Freund ein wohlverdienter Urlaub in einem südlichen Land gewährt. Auf ihrer gemeinsamen Bergwanderung sind sie in Wolken eingehüllt, dem Zeichen einer ungewissen Zukunft. Sie wohnen, bescheiden wie sie sind, bei einer einheimischen Familie, als die Träumerin entdeckt, daß sie schwanger ist, was ein Jahr später Realität wurde. Die Ausrichtung auf eine neue Lebensphase, eine Metamorphose an Körper, Seele und Geist, ist hier vorweggenommen – zur Ermutigung der Träumerin, den eingeschlagenen Weg der Selbsterkenntnis fortzusetzen, um frei von den negativen Einflüssen des Elternhauses ein selbstverantwortetes, den eigenen Wertvorstellungen entsprechendes Leben zu führen.

Etwas im Griff haben

Wenn wir eine Sache im Griff haben, dann machen wir sie aus Gewohnheit und Routine richtig. Ursprünglich ist bei dieser Redensart an die Griffe des Musikers gedacht worden, etwa des Geigers oder Gitarristen. Im umgekehrten Fall, wenn wir etwas nicht in den Griff bekommen oder nicht richtig im Griff haben, mangelt es uns in der Regel an Erfahrung, und die Situation droht uns zu entgleiten, da wir sie nicht beherrschen können.

Traum

Ich besorge meiner Frau und mir ein Leichtgewichtmotorrad, das schnell fährt, aber wenig wiegt. Es ist deshalb leicht zu handhaben und zu tragen. Wir wollen es auch im Urlaub verwenden. Als ich das Motorrad besorge und damit nach Hause fahre, ist es dunkel und die Straße matschig vom aufgeweichten Schnee. Ich fahre jedoch gleich relativ sicher und kann das Gleichgewicht gut halten. Als etwas gefährlich stellt sich heraus, daß die Griffe nicht fest angebracht sind, sondern durch Federzüge angedrückt werden. Bei falscher Betätigung knicken die Griffe dann ab, und man hat das Gefährt nicht mehr fest im Griff. Jemand sagt, daß ein Sturz selbst bei einer Geschwindigkeit von fünfzig Stundenkilometern tödlich verlaufen könnte. Ich entgegne, daß ich früher Moped gefahren sei, mit dem ich auch öfters gestürzt bin, ohne problematische Verletzungen zu erleiden.
Szenenwechsel: Ich bin jetzt mit meiner Frau zusammen. Sie verwandelt sich plötzlich in ihre Mutter, mit der ich jetzt verheiratet bin. Dies erfüllt mich mehr und mehr mit Unbehagen, vor allem wegen ihres Alters. Ich mag sie zwar einerseits, aber der Gedanke, eine Ehe mit ihr zu führen, wird mir immer unerträglicher. Auch auf sexuellem Gebiet blockiert mich das. Ich halte es nicht mehr aus und will mit ihr darüber sprechen. Sie ist dadurch sehr verunsichert und will das Gespräch abblocken. Ich muß es aber loswerden, will eine Frau, die jünger ist und zu mir paßt.

Lebenssituation

Der Träumer, Herr B., ist ein junger Mann, der vor kurzem Familienvater geworden ist. Das erste Kind bedeutet für ihn und seine Frau eine große Umstellung. Die bisherige Zweierbeziehung verwandelte sich sozusagen über Nacht in eine Familie, für die Ehepartner eine Herausforderung, sich selbst und ihre Partnerschaft in der ungewohnten Situation neu zu finden, die Veränderungen anzunehmen und sich damit zu arrangieren. Daß dies leichter gesagt ist als getan, erfahren sie täglich, und sie haben sich mit den daraus entstehenden Problemen auseinanderzusetzen. Der junge Mann hat jetzt seine Frau nicht mehr allein für sich, sondern muß viel Zeit und Aufmerksamkeit, die seine Frau bisher für ihn reserviert hatte, an das Kind abtreten – eine Tatsache, die ihm zuweilen zu schaffen macht. Auch die Sexualität in der Ehe muß nach Monaten der Enthaltsamkeit wiederentdeckt und in die veränderte Lebenssituation integriert werden. Ungewohnt ist für den Träumer auch der Umgang mit dem Säugling, der massiv seine Bedürfnisse durch Schreien verkündet und ungeteilte Aufmerksamkeit fordert. Für die Eheleute gilt es, die neue Lage in den Griff zu bekommen und ihr mit Selbstsicherheit und Gelassenheit zu begegnen.

Traumverständnis

Dieser Motorrad-Traum will dem Träumer deutlich machen, wo er in seinem schwierigen Neufindungsprozeß steht. Im Traum möchte er mit seiner Frau in Urlaub fahren, und in der Tat hat er Erholung nötig, da die ersten Wochen mit dem Neugeborenen eine große physische und psychische Belastung waren. Es geht also darum, aus dem Zustand der Anspannung und Erschöpfung herauszukommen und sich an die neue Situation zu gewöhnen. Der Träumer sollte sich aber fragen, ob er mit dem richtigen, seiner Lebenslage angemessenen Gefährt unterwegs ist. Das Leichtgewichtmotorrad, das er für sich und seine Frau erwirbt, macht nicht gerade den Eindruck, daß es für die junge Familie geeignet ist. Es ist eher ein Fahrzeug für Jugendliche, die noch nicht mit den Pflichten des Ehe- und Familienlebens konfrontiert sind.

Übersetzen wir das Motorrad auf der Subjektstufe als Symbol für die Antriebskraft, die Energie, die ihn auf seinem Lebensweg vorwärtsbringt, wird klar, daß er für die veränderte Situation nicht genügend ausgerüstet ist, was sich im weiteren Traumverlauf darin zeigt, daß es ihm schwerfällt, die Maschine im Griff zu haben. Das Motorrad scheint zu leicht, zuwenig tragfähig für ihn und seine Familie zu sein, und es wird wohl auch zuwenig PS haben, um alle schnell voranzubringen. Die Traumbotschaft sagt zwar, daß es schnell fahre, aber wahrscheinlich nur, wenn ein junger Mensch darauf sitzt, so wie einst auch der Träumer in seiner Jugend ein leichtes Motorfahrzeug, ein Moped, gefahren hat.

Das leichte Gewicht, das den Vorteil hat, daß das Motorrad mühelos zu tragen ist, hat auch den Nachteil, daß es im Sturm des Lebens leichter umgeblasen wird. Und tatsächlich hat die Geburt des Kindes den ungenügend trainierten und ausgerüsteten Träumer schier umgeweht, da es ihm an Gelassenheit, Vertrauen, innerer Stärke und vor allem an Abgrenzungsvermögen gemangelt hat. Parallel zum Traum-Motorrad, dessen Griffe leicht abknicken, da sie nicht fest angebracht sind, hatte der junge Vater die Lage eben nicht im Griff. Die Traumszenerie der von Schneematsch bedeckten Straße, die er in der Dunkelheit entlangfährt, entsprach seinem damaligen Lebensgefühl, das weitgehend geprägt war von Unbewußtheit (Dunkelheit) und Frustration (Schneematsch).

Zum Zeitpunkt des Traumes war er noch im Dunkel seiner Lebenssituation gefangen und mußte aufpassen, nicht auszurutschen und zu stürzen. Auch hier erweist sich das leichte

Gewicht seines Gefährts als Handicap, da es sicher nicht einen so guten Halt und eine so gute Straßenlage wie eine schwere Maschine hat. Er meint zwar im Traum, das Gleichgewicht halten zu können, dürfte sich damit aber verschätzt haben, da die Griffe jederzeit abknicken können und er mit einem Sturz rechnen muß. Es ist wahrhaftig ein Balanceakt, den der junge Mann hier vollbringen muß, und eine gewisse Geschicklichkeit kann man ihm sicher nicht absprechen. Er versucht sein Bestes, setzt sich aber einer unnötigen Gefahr aus, anstatt auf ein Gefährt umzusatteln, das keine derartigen Schwachstellen besitzt.

Im Traum hört er eine warnende und zu mehr Vorsicht mahnende Stimme, und es werden ihm drastische Konsequenzen, sogar ein tödlicher Unfall bei einer relativ geringen Geschwindigkeit angekündigt. Hier spielt wohl auch die Neigung des Träumers mit hinein, Probleme zu dramatisieren und zu übersteigern. Er hat es zwar im Moment nicht leicht und leidet unter den Anpassungsschwierigkeiten, doch wird er wohl nicht daran zugrunde gehen. Sein Traum-Ich, das seiner bewußten Persönlichkeit entspricht, läßt sich jedoch nicht verunsichern, und er entgegnet, daß er schon manch anderen Sturz überstanden habe. Hier kann er einen Erfolg gegenüber den ihn früher so leicht überwältigenden negativen Gedanken verbuchen, was einen Zuwachs an Selbstbewußtsein und Selbstvertrauen bedeutet. Ganz in den Wind schlagen sollte der Träumer die Warnung aber nicht, da er sonst von dem einen Extrem der Überbewertung der Ängste und Probleme in das andere Extrem der Unterschätzung von Schwierigkeiten gerät.

Die Frustrationen, die im Traum meist durch Schnee, also durch gefrorenes Wasser, dargestellt werden und den momentanen Lebensweg des Träumers bedecken, sind zwar schon im Tauen begriffen; sie stellen als Schneematsch aber nach wie vor eine Beeinträchtigung dar. So mancherlei Gefühle, Wünsche und Bedürfnisse mußten durch die veränderte Situation sozusagen auf Eis gelegt werden. Seine Frau, die er vorher für sich allein hatte, muß er jetzt mit dem »Rivalen« Kind teilen, ja zuweilen auch völlig an das Kind abtreten. Der sexuelle Verkehr ruhte, bedingt durch die Schwangerschaft und Geburt, mehrere Monate, und der neue Erdenbürger fordert nun Tag und Nacht Zuwendung und Aufmerksamkeit. Längst vergessene oder verdrängte Gefühle wurden im Träumer wach, die ihn an die Geburt seines drei Jahre jüngeren Bruders erinnerten, der ihm damals die Mutter streitig machte. Hier liegt wohl die tiefere Wurzel, das eigentliche Problem, denn die gegenwärtige Situation zwingt den Träumer, sich wieder mit der bisher noch nicht völlig gelösten Mutterbindung auseinanderzusetzen.

An dieser Stelle der Analyse wird auch der zweite Traumteil durchsichtig und verständlich. Die Szenerie wandelt sich, und der junge Mann ist jetzt mit der Ehefrau zusammen. Das weitere Geschehen, das wir im Zusammenhang mit dem ersten Traumstück und der Lebenssituation des Träumers deuten, zeigt nun recht drastisch, daß das Problem, das er in den Griff bekommen will, in der Mutterschaft seiner Frau liegt. Die Ehefrau verwandelt sich plötzlich in deren eigene Mutter, also in die Schwiegermutter des Träumers, den diese Verwandlung mit großem Unbehagen erfüllt. Die Vermutung liegt nahe, daß er seine Frau, die jetzt Mutter ist, unbewußt mit seiner Mutter assoziiert und dadurch gefühlsmäßig, aber auch sexuell durch das Inzesttabu, blockiert ist. Andere Träume haben auf diese Deutung hingewiesen und bestätigt, daß die freie Entfaltung seiner Sexualität, und damit auch der Zugang zur Partnerin überhaupt, durch die noch nicht vollständig aufgearbeitete Mutterbeziehung behindert wird. Der Träumer ist durch diese Traumbilder aufgefordert, sich bewußtzumachen, wo er, statt mit der realen Frau, mit dem Bild, das er von seiner Mutter hat, verheiratet ist, das er dann natürlich in die Partnerin hineinprojiziert. Die Tragik einer solchen Projektion liegt im Verkennen des Partners, der nicht erlebt und gesehen wird, wie er oder sie wirklich ist, und deshalb falsch eingeschätzt und behandelt wird.

Eine echte und befriedigende Partnerschaft ist nur möglich, wenn sich die Partner so sehen und annehmen, wie sie ihrem Wesen und ihrer Entwicklungsstufe nach tatsächlich sind, wenn sie infantile Projektionsmechanismen erkennen und ablegen. Der Träumer hält diesen unbefriedigenden Zustand nicht mehr aus und will im Traum mit der Mutter-Ehefrau darüber sprechen. Er erkennt, daß die Mutter nicht die richtige Partnerin für ihn ist, und wünscht sich eine jüngere Frau, die zu ihm paßt. Die Mutterschaft der Ehefrau wirkt als Katalysator für die Ablösung des Träumers von der verinnerlichten Mutter. Sie fordert ihn heraus, setzt ihn unter Druck und bewirkt dadurch Erkenntnis und das Bedürfnis nach Veränderung. Noch wehrt sich die Mutter, die ein psychisches Eigenleben führt und ein energetischer Teil der Gesamtpsyche des jungen Mannes ist. Sie will nicht so einfach von dieser Symbiose loslassen, ist sehr verunsichert und will eine Auseinandersetzung mit dem Traum-Ich von Herrn B. verhindern. Der Träumer scheint aber nicht lockerzulassen, denn der Leidensdruck ist zu groß; er muß es loswerden. So schließt der Traum, der noch keine endgültige Lösung zeigt. Herr B. ist aufgefordert, die begonnene Auseinandersetzung mit dem Mutterbild fortzusetzen, damit die befreiende Abnabelung gelingen kann. Der Gewinn dieses Ablösungsprozesses wird sich in einem gesteigerten Selbstwertgefühl und damit in einem Zuwachs an Dynamik ausdrücken und als kräftigeres, stabileres Motorrad oder Auto im Traum erscheinen.

Etwas spukt noch herum

Es spukt nicht nur in alten Schlössern. Auch in unserer ganz gewöhnlichen Wohnung, die uns vertraut ist und uns Geborgenheit schenkt, kann etwas sein Unwesen treiben. Ein Bekannter oder Unbekannter macht sich auf diese Weise bemerkbar, will Aufmerksamkeit erregen, weil vielleicht eine alte Vorstellung noch nicht überwunden ist.

Traum

Ich habe eine kurze Latzhose zum Anziehen gewählt und fahre mit meinem Auto zu unserem Haus. Auf dem Nebengrundstück sitzt ein Mann, auf den ich wohl ein bißchen Eindruck machen will. Ich setze mich vor unser Haus, suche in meiner Handtasche nach dem Hausschlüssel und sage: »Das fehlte noch, daß ich den Schlüssel nicht dabeihabe.« Ich finde ihn aber dann doch in der Handtasche. Es ist ein schönes, großes, gut ausgestattetes Haus.
Ich sitze dann mit meiner Nachbarin im Wohnzimmer und bin froh, daß sie da ist, denn ich habe Angst vor einem Geist, den ich im Haus vermute. Mein Mann kommt dazu. Ich spreche von meiner Angst und erzähle meiner Nachbarin von seiner Reaktion auf den Spuk. Er sagt immer: »Jetzt mach erst einmal eine Liste, in der du genau aufführst, zu welcher Zeit du den Geist hörst oder siehst.« Das ist mir aber keine Hilfe. Auf einmal sehe ich einen Schatten ausgestreckt auf allen vieren lautlos die Treppe hochgehen, und ich rufe: »Da ist er ja!« Dieser Schatten erinnert mich an den auf dem Nebengrundstück sitzenden Mann. In der Realität erinnert er mich an einen gutaussehenden Mann in etwa meinem Alter aus der Stadt, den ich nicht näher kenne, der mir aber sehr egozentrisch vorkommt.

Lebenssituation

Die Träumerin, Frau K., eine Mittvierzigerin, ist unzufrieden mit ihrer Lage und versucht, sie zu verändern. Angerührt von den Gedanken, daß es einzig und allein von uns abhängt, wie wir uns im Leben einrichten und ob es uns gelingt, Wollen und Können in Einklang zu bringen, versucht sie, den bisherigen Verlauf ihres Lebens zu überblicken. Kindheit und Jugend, in denen die Weichen für die Lebensreise gestellt werden, sind reflektiert worden, und mancher Konfliktstoff scheint bewältigt zu sein. In der Gegenwart angekommen, geht es um Schwierigkeiten, die mit dem Eheleben zu tun haben. Nachdem die Kinder erwachsen sind und das Haus verlassen haben, ist eine Lücke entstanden, die anderweitig aufgefüllt werden muß. Die abgegebenen Aufgaben schaffen zunächst ein Gefühl der Freiheit, eine Befreiung von den Ängsten, Nöten und Schwierigkeiten, die die Kindererziehung mit sich bringt.

Frau K. freut sich, endlich ihre Begabung in die Praxis umsetzen zu können; Seidenmalerei, Töpfern, Flechten und andere Hobbys bilden den Auftakt für ein erfülltes Dasein. Hinzu kommen regelmäßige Besuche von Kursen, Vorträgen und Vernissagen, die anregen und zur Weiterbildung notwendig sind. Das alles könnte wunderschön sein, wenn da nicht ein Ehemann wäre, der wenig Verständnis für ihre Interessen zeigt. Er selbst besitzt kein Hobby, ist ein Einzelgänger und meidet Kontakte mit anderen. So fühlt er sich vernachlässigt, wenn seine Frau öfter außer Haus ist, und quittiert diesen Zustand mit tagelanger übler Laune und Unansprechbarkeit. Er hat nicht gelernt, sich zu äußern, verkriecht sich in sich selbst und macht mit diesem stummen Signal seine Frau dafür verantwortlich, daß es ihm schlechtgeht. Frau K., gesprächig, lebhaft und voller Temperament, wehrt sich mit aggressiven Ausbrüchen gegen diese Zumutung, gibt die Schuldzuweisung an ihren Mann zurück, womit dann beide in einer Sackgasse landen. Viele vergebliche Versuche, den Sachverhalt zu ändern, brachten Frau K. auf den Gedanken, das eigene Verhalten zu prüfen. Sie wurde aufmerksam auf den Beitrag, den sie zur jeweiligen Situation leistete, nicht unbedingt im Sinne einer Schuld, aber im Sinne einer Beteiligung an dem Vorgang. Und indem sie damit anfing, entspannte sich das Verhältnis. Die Frage von Frau K. nach ihrer Verantwortlichkeit ist ein Ansatz, der die Art des Sprechens völlig verändert. Es heißt nicht mehr: Ich habe recht. Ich weiß, woran du schuld bist, und wenn du dich da nicht änderst, geht gar nichts mehr. Sondern: Ich höre zu. Ich versuche, dich zu verstehen. Ich teile dir mit, wie es mir geht und was ich mir wünsche. Wenn wir in der ersten Person sprechen und immer von uns ausgehen, ohne den anderen zu zwingen, unseren Wünschen zu entsprechen, lassen wir ihm einen Freiraum und drängen ihn nicht in die Defensive. Es nützt auch nichts, unsere Wut in Beschimpfungen und sarkastischen Bemerkungen auszudrücken, mit denen wir nicht nur den anderen, sondern auch uns verletzen. Wir können die richtige Art des Ausdrucks unserer Gefühle lernen, indem wir versuchen, ernsthaft unserer eigenen Betroffenheit Ausdruck zu verleihen. Und ob wir den richtigen Ton getroffen haben, zeigt uns die Reaktion des anderen. Jedenfalls ist so ein konstruktiver Dialog möglich, der klärend wirkt und vielleicht zu einem beiderseitig annehmbaren Resultat führt.

Traumverständnis

Treffsicher sind gleich am Anfang die Informationen des Traumgeschehens, mit denen das Persönlichkeitsbild der Träumerin umrissen wird. Natürlich, selbstsicher und mit einer Latzhose bekleidet, wie sie gern von Handwerkern getragen wird, steht sie »ihren Mann« und steuert nach mancherlei

Besorgung ihr Auto heimwärts. Ihre selbstsichere männliche Art hindert sie nicht, auch ihren weiblichen Charme spielen zu lassen, um auf einen unbekannten Mann im Garten des Nachbarn Eindruck zu machen. Dann sitzt sie vor ihrem schönen, großen, gut ausgestatteten Haus, an dem sowohl ihr äußerer als auch ihr innerer Wohlstand sichtbar werden, wenn wir es auf der Objekt und der Subjektstufe betrachten. Um in das Haus zu gelangen, sucht sie nach dem Schlüssel, der nach einer Schrecksekunde, sie könnte ihn nicht bei sich haben, in der Handtasche gefunden wird, wo er auch hingehört. Symbolisch verstanden besitzt sie mit ihm die Schlüsselgewalt, denn der Schlüssel, als männliches Gegenstück zu Schloß, ist auch ein Herrschaftssymbol. In früheren Zeiten wurde dem siegreichen Angreifer der Stadtschlüssel überreicht. Und nach alter Sitte wird bei Hochzeiten neben Salz und Brot auch der Schlüssel angeboten. In den Märchen und im allgemeinen Sprachgebrauch ist er auch ein Offenbarungssymbol. Darüber hinaus wird er, der etwas erschließt, Symbol für Erkenntnis und künftigen Erfolg verstanden. In den Träumen spielt er eine stets zu beachtende Rolle.

Als sich Frau K. im Innern des Hauses befindet, begegnet sie der Nachbarin und ist froh darüber, denn etwas Unheimliches spukt im Haus herum, das sie ängstigt und nicht zu erklären ist. Mit ihrem Mann hat sie schon über ihre Angst gesprochen, doch er versteht sie nicht. Er begegnet – typisch männlich – der Angelegenheit zuerst mit dem Verstand, wägt ab, zählt, ordnet und listet auf und versucht, auf diese Weise dem Phänomen näher zu kommen. Das hilft Frau K. wenig, weil Ängste dem Gefühlsbereich entspringen und sich nicht mit Hilfe der Logik bewältigen lassen. Daher wendet sie sich auch der Nachbarin, einer Frau, zu, die wie alle Frauen die Welt anders wahrnimmt als der Mann, nämlich mit Gefühl und Intuition. Auch bei Frau K. haben sich diese vorher abgelehnten

Fähigkeiten, von Erkenntnisprozessen begleitet, entwickeln können. Sie ahnt, wittert und nimmt wahr, was ihr früher entgangen wäre. Sie hat ein feines Gespür für das entwickelt, was nicht mit Händen zu greifen und mehr im Bereich des Seelischen angesiedelt ist.

»Da ist er ja!« ruft sie aus, als sie einen Schatten auf allen vieren lautlos die Treppe hinaufsteigen sieht. Dieser Schatten erinnerte sie später an den auf dem Nebengrundstück sitzenden Mann, mit dem sie im Traum kokettiert hat. Ihr fiel auf, daß er Ähnlichkeit mit jemandem hat, dem sie ab und zu in der Stadt begegnet und von dem sie glaubt, daß er sehr egozentrisch sei. Nachdem wir im Gespräch etwas ausführlicher auf die beiden Männer eingegangen waren, entdeckte sie, daß sie Ähnlichkeit mit ihrer großen, vor zwanzig Jahren in die Brüche gegangenen Liebe haben. Beide sind groß, stattlich, attraktiv und selbstsicher und gleichen dem Mann, an den sie ihr Herz verlor. Ihr Ehemann entspricht diesem Typus nicht, und insgeheim steht zwischen ihm und ihr immer noch die Liebe zu dem anderen Mann, die sich als Spuk im Haus bemerkbar macht. Ihr bisher unbewußt, zog sie Vergleiche, die für den Ehemann nicht gut ausgingen. Im Abstand vieler Jahre werden vergangene Beziehungen oft verschönt und lassen Schwierigkeiten sowie erlittene Kränkungen in Vergessenheit geraten. Der Traum gibt Frau K. die Möglichkeit, sich noch einmal mit der Vergangenheit auseinanderzusetzen, um sie dann endgültig abschließen zu können. Erst danach wird es ihr möglich sein, sich ihrem Mann voll und ganz zuzuwenden und ihn so anzunehmen, wie er ist.

Es war bisher ihr vergebliches Bemühen, den Ehemann nach eigenen Vorstellungen umzumodeln. Das macht aber eine Ehe so schwierig, wenn jeder meint, der Partner müsse den eigenen Vorstellungen entsprechen. Wenn jemand für sich einen der esoterischen Wege entdeckt hat, ihn zielstrebig verfolgt und den Partner bedrängt, ihn auch zu beschreiten, ist er auf dem Holzweg. Der Freiraum, den sich der eine nimmt, muß auch dem anderen zugestanden werden. Niemand sollte gezwungen werden, den Wünschen des Partners zu entsprechen, da dieser selbst nicht so genau wissen kann, was sich in ihm noch alles entwickeln wird.

Eine Beziehung zu leben ist eine geistige Aufgabe, und es gibt Sprichwörter, die uns zu neuen Einsichten verhelfen wollen. Doch dürfen wir ihnen nicht ungeprüft trauen. Da heißt es zum einen: »Gegensätze ziehen sich an« – und zum anderen: »Gleich und gleich gesellt sich gern«. Der erste Ausspruch geht davon aus, daß es Menschen gibt, die immer nur einen Teil ihrer Person leben und einen anderen Teil durch den Partner verwirklicht sehen möchten. Es ist die Lücke, die sie in sich spüren und die durch den anderen gefüllt werden soll. Damit entsteht aber ein sehr labiles Gleichgewicht, weil einer von beiden dann immer bestimmte Aufgaben für den Partner erfüllen muß. Es würde dazu kommen, daß der mehr weiblich fühlende, der mehr reagierende und sich anpassende Partner dem anderen das Agieren und die Initiative überläßt und ihn in seiner Dominanz bestärkt. Das andere Sprichwort meint, daß ein hohes Maß von Gemeinsamkeiten eine recht gute Grundlage für eine Beziehung sein kann. In diesem Fall lautet das negative Gedankenmuster: »Ich vertrage nur, was so ist wie ich selbst, sonst bekomme ich Angst. Also etwas, das ich in mir akzeptieren kann, kann ich auch in dir akzeptieren, aber wenn du anders bist, dann geht es nicht.«

Wir sehen, daß extreme Forderungen an den Partner der Tod jeder glücklichen Beziehung sind.

Jemanden zappeln lassen

Zu den Zeiten von Martin Luther und Hans Sachs war diese Redensart schon im Umlauf. Sie bedeutet zum einen, daß man jemanden in Ungewißheit über eine Situation läßt, und zum anderen, daß man ihn in peinlicher Lage hinhält und die notwendige Aussprache nicht wagt. Es fehlt einfach der Mut, und man läßt den anderen warten.

Traum

Ich befinde mich an einem mir unbekannten Ort. Viele Menschen sind da, und es herrscht eine erwartungsvolle Stille. Ein Galgen wird herangeschoben, an dem ein Mensch baumelt. Entsetzt schaue ich hin und erkenne in ihm einen Kollegen meiner Firma.

Lebenssituation

Die Liebe, so oft als Himmelsmacht besungen, kann in der Realität schmerzliche Formen annehmen. Von Liebe ist dann nicht mehr viel zu spüren, übrig bleibt allein die Macht, die einen Menschen in ein emotionales Wechselbad treibt. Manchen trifft diese Illusion noch einmal nach der Lebensmitte, und die durch sie verursachten Leiden durchzustehen ist ein schmerzlicher Prozeß, den auch die Träumerin zu spüren bekam. Ihr Leben war nicht leicht, und die Enttäuschungen, die sie hinnehmen mußte, ließen sie oft verzweifeln und machten sie bitter und hart.

Begonnen hatte es in der Kindheit, wo Liebe nur durch Bravsein, Leistung und vollen Arbeitseinsatz zu erringen war. Ihren nie gestillten Hunger nach Liebe kompensierte sie mit dem übermäßigen Verantwortungsgefühl für ihre Geschwister und vergaß dabei eigene Wünsche und Bedürfnisse, bis sie sich selbst kaum noch wahrnahm. Immer stellte sie sich zurück, war viel zu bescheiden und zog nur solche Menschen an, die etwas haben wollten und ihre Hilfe brauchten. Es ging so weit, daß sie eine Beziehung aus Mitleid knüpfte und acht Jahre brauchte, um zu erkennen, daß sich auf dieser Basis keine Partnerschaft gründen läßt. Die leidvollen Erfahrungen waren nötig, damit ihr zu Bewußtsein kam, was für eine Rolle sie spielte und welchen Beitrag sie in jede Beziehung einbrachte.

Von der Einsicht bis hin zur Veränderung des Verhaltens ist es ein weiter Weg, und sie tat das Vernünftigste, das man in dieser Lage tun kann: Sie suchte sich Hilfe und fand sie in einer Therapie- und Traumgruppe, um sich endlich von dem aus einem Helfersyndrom bestehenden Kindheitsmuster zu befreien. Viele mühsame Lernschritte mußte sie gehen, im Umgang mit Menschen beiderlei Geschlechts ihr Verhalten prüfen, bis sie endlich aus den alten Gleisen des Verhaltens herausfand. Doch noch immer lief sie als Single herum, und der Wunsch nach einer harmonischen Partnerschaft wurde immer stärker. Obwohl sie noch attraktiv und anziehend war, befand sie sich doch in einem Alter, wo die meisten Männer in festen Händen sind. Für sie kam jedoch die Beziehung zu einem verheirateten Mann nicht in Frage.

Sie verliebte sich dann in einen Witwer, mit dem sie beruflich zu tun hatte, und hoffte aufgrund der freundschaftlich-kollegialen Gespräche auf seine Gegenliebe. Da der Kollege Abstand wahrte, empfand sie seine Zurückhaltung als liebenswerte Tugend, die ihn ihr noch wertvoller machte. Je weniger man von einem Menschen weiß, um so mehr kann man in ihn hineininterpretieren, und so dauerte es nicht lange, bis sie ihren Kollegen mit einem Nimbus umgeben hatte, der ihn vor allen Männern auszeichnete. Phantasien, die in Schwärmerei ausarten, verselbständigen sich, nehmen unheilvolle Ausmaße an und überschwemmen den Menschen mit Emotionen, die kaum noch zu steuern sind. In diesem Zustand befand sich die Träumerin und war für alle vorsichtigen Andeutungen über die irrationale Art ihrer Beziehung unzugänglich. Sie mußte noch eine Weile Luftschlösser bauen und, dem grauen Alltag enthoben, darin spazierengehen. Ob ihr Schwarm etwas von ihren Phantasien ahnte, sei dahingestellt. Jedenfalls machte er keinerlei Versuche, die Beziehung zu intensivieren, unterließ es aber auch, ihr mitzuteilen, daß er sich wieder gebunden hatte. So konnte die Träumerin weiterträumen und alles, was sich zwischen ihnen beiden an Gesprächen, Arbeitskontakten und Begegnungen ergab, zu ihren Gunsten auslegen. Und wenn ein Herzenswunsch übermächtig wird, kann jedes Mittel recht sein, ihn zu erfüllen. In einem Anfall von Hoffnungslosigkeit und Verzweiflung machte die Träumerin einem anderen Kollegen, der sie umwarb, Hoffnungen, die sie aber nicht einlösen wollte. Wie ernst die Situation zu nehmen ist, die sich aus diesem Verhalten ergibt, macht ihr der Traum sehr deutlich.

Traumverständnis

Eine Gruppe von Menschen, auf der Subjektstufe gedeutet sind es Wesensanteile der Träumerin, hat sich an einem unbekannten Ort zusammengefunden, um ein Schauspiel zu erleben. Es ist ein makabres Geschehen, das die Träumerin zum Hinschauen zwingt. In dem Gehängten erkannte sie den sie umwerbenden Kollegen, der nicht aufgibt und versucht, ihre Liebe zu gewinnen. Das erschreckende Traumbild soll ihr bewußtmachen, wie sie mit dieser Liebe umgeht. Anstatt die Situation zu klären und ihm offen und ehrlich zu sagen, daß sie einen anderen liebt, genießt sie das Gefühl des Begehrtseins, läßt ihn hängen oder zappeln, und so bleibt alles zwischen ihnen in der Schwebe. Diesen Zustand glaubt sie dazu benutzen zu können, den angebeteten

Kollegen eifersüchtig zu machen und dadurch zum Handeln zu bewegen.
Dieser Traum war ein erstes Mahnzeichen, und es hat noch einige Monate gedauert, bis sie erfuhr, daß ihr Phantasiefreund längst eine Freundin gefunden hatte.
Heute befindet sich die Träumerin, die ihre Liebe so schmerzlich durchleben mußte, bereits im Zustand der Genesung. Sie nimmt Abschied von ihrer Illusion und erlebt die Trauerphase. Ihr ist bewußt, daß die Emotion der Trauer, nachdem etwas zu Bruch gegangen ist, nicht übergangen werden darf, weil sich in ihr die Heilung vorbereitet. Abschied von Liebgewordenem zu nehmen, ob es nun Menschen, Traditionen, die Heimat oder Gewohnheiten sind, bringt eine tiefe Erschütterung, aus welcher der Mensch, wenn er sich ihr stellt, gewandelt und gereift hervorgeht.

Der Ofen ist aus

Wenn es kurz und bündig heißt, der Ofen sei aus, scheint im Leben eines Menschen nichts mehr zu gehen, und übrig bleibt nur Resignation. Jemand ist am Ende, weil sich Hoffnungen nicht erfüllt haben, eine Partnerschaft versandet oder sonst etwas schiefgegangen ist.

Traum

Ich schaue in den Ofen und sehe, daß der Zylinder verschwunden ist und die Flamme offen brennt. Dann wird sie kleiner und kleiner, bis nur noch ein Funke übrigbleibt. Mir fällt auf, daß alles total verrußt ist, und ich will den Ofen abstellen, um den Schmutz herauszusaugen.

Lebenssituation

In einer zweijährigen Beziehung haben Frau T. und ihr Freund ausprobiert, gemeinsam den Alltag zu bewältigen und miteinander auszukommen. Sie nahmen sich Zeit, einander wirklich kennenzulernen. Es gab Höhe- und Tiefpunkte in ihrem Zusammensein, Zeiten voller Streit und Auseinandersetzungen wurden von friedlichen Phasen abgelöst, die jedoch nicht lange anhielten und aufs neue zu Diskussionen führten. Jeder wurde durch das Verhalten des anderen mit seinen eigenen Schwächen und Stärken konfrontiert und erlebte sich nicht nur als Opfer, sondern auch als Täter, so daß Schuldzuweisungen an Wirksamkeit verloren.

Beide haben erkannt, daß eine gute Beziehung nicht von selbst entsteht und es der Bereitschaft auf beiden Seiten bedarf, um eine tragfähige Basis für eine spätere Ehe zu schaffen. Deshalb geben sie nicht auf, bemühen sich, miteinander zu reden, sich ihre Bedürfnisse, Gefühle und Erwartungen mitzuteilen, mit dem Wunsch, sich selbst und den anderen besser verstehen zu lernen. Dazu gehört auch die Achtsamkeit gegenüber den eigenen Gefühlen, um zu erfahren: Was macht mich traurig? Was ärgert mich? Bin ich leicht verletzbar? Wovor habe ich Angst? Bin ich eifersüchtig, mißtraue ich mir und dem anderen? Kann ich meine Wut zeigen, und wie drücke ich Freude aus?

Wach zu werden für die eigenen Gefühle und der Versuch, sie zu leben, setzt eine Entwicklung in Gang, die von inneren Zwängen und Verkrampfungen befreit. Aufgrund unserer Erziehung haben wir meist allzu früh Gefühle und Bedürfnisse verdrängen müssen, anstatt sie auszudrücken, sie zu erfahren und kennenzulernen, um sie dann in den jeweiligen Situationen sinnvoll einzusetzen. Das ernsthafte Bemühen des jungen Paares, einander zu verstehen, sowie das gemeinsame Vertrauen zu den Träumen, die als wegweisender Kompaß erlebt werden, bilden die Basis zu einer späteren Ehe. Es ist der Traum, der Frau T. ermuntert, erneut ihren Gefühlen nachzuspüren, um sie von eingeschliffenen Verhaltensweisen, die sie als einengend erkennt, zu befreien.

Traumverständnis

Der wärmespendende Ofen, der eine Atmosphäre des Wohlbefindens und der Gemütlichkeit schafft, kann seine Funktion nur erfüllen, wenn er richtig behandelt wird. Die Frau, von alters her Hüterin des Feuers und der Flamme, ist geradezu für diese Aufgabe prädestiniert. Sie strahlt wie der Ofen belebende Kräfte aus, wenn sie ihre warmherzige und gefühlsbetonte Natur nicht verleugnet. Sie wird zum Mittelpunkt, so daß die Menschen, Tiere und Pflanzen, die sich in ihrer Umgebung wohl fühlen, auch gedeihen. Allerdings bedarf der Wärmespender einer gewissen Aufmerksamkeit und Pflege. Auch hier kommt es auf die richtige Dosierung an. Wird er zu heiß, zu leidenschaftlich, verbrennen sich andere an ihm. Wenn die Flamme jedoch nur noch glimmt, erfriert mancher, und hier ist besonders der Partner gemeint, der zeitweise unter einer kühlen, distanzierten Atmosphäre zu leiden hat.

Auf die unterschiedliche Art, Gefühle auszudrücken, wird die Träumerin verwiesen. Sie stellt fest, daß die Flamme ohne Zylinder brennt und alles verrußt hat. Der Zylinder grenzt die Flamme ein und ermöglicht ihr ein ruhiges und gleichmäßiges Brennen, während sie ohne ihn jedem Luftzug ausgesetzt ist, unruhig flackert oder aggressiv auflodert, um dann wieder bis zum Glimmen herabzusinken. Aus diesen extremen Schwankungen entsteht eine Rußschicht, die klebt und schwer zu entfernen ist. Die Träumerin erfährt durch das Sinnbild des Ofens, wie unausgeglichen ihr Gefühlsbereich noch ist und der Harmonisierung bedarf. Leidenschaftliche Ausbrüche

wechseln mit unterkühlter Distanz und depressiven Stimmungen, woraus sich ein Wechselbad der Gefühle ergibt, das nicht nur sie selbst, sondern auch ihrer Umgebung und vor allem ihrem Partner schadet.
Aus der Erfahrung heraus, daß Träume wichtige Fingerzeige geben, um das Leben zu erleichtern, kann sie die Botschaft über ihr Gefühlsverhalten akzeptieren, ohne sich darüber zu ärgern. Sie erkennt, wie es um sie steht, sagt ja dazu, und es entsteht eine Ausgeglichenheit, die es möglich macht, extremes Verhalten rechtzeitig zu erspüren und es nach und nach abzuschwächen, um das innere Gleichgewicht zu wahren.

Zugeknöpft sein

Es handelt sich um einen Zustand, den wir meistens bei Menschen finden, die vom Leben enttäuscht worden sind. Sie haben negative Erfahrungen gemacht, die bis in die Kindheit zurückreichen können, und sind in ihren Gefühlen verletzt worden. Ihr Mitteilungsbedürfnis ist gering, weil sie meinen, nicht verstanden zu werden. Eine Folge davon ist, daß Gefühle nicht gelebt, sondern verdrängt werden, und die Gefahr der Gefühlsarmut entsteht, weil ungelebte Gefühle verkümmern wie auch jede andere Fähigkeit, die nicht zum Einsatz kommt. Wer sich verschließt, sich von der Welt zu sehr abschottet, engt seine Erlebnisfähigkeit ein und erleidet einen Realitätsverlust.

Traum

Ich bin unterwegs und will mir Wachsmalkreiden kaufen. Jemand hat mir einen Tip gegeben, und so laufe ich über einen Marktplatz und sehe links einen Laden und rechts eine Marktbude. Ich gehe in den Laden und bringe meinen

Wunsch vor. Ein ganzer Satz Malkreiden kostet zweiundfünfzig Mark, ein kleiner ist etwas billiger. Ich überlege, daß es sie an der Marktbude einzeln gab. Die ganze Zeit schon hat mich ein junger Mann verfolgt, und zwar ziemlich offensichtlich. Ich genieße es einfach. Später kommt mir im Halbschlaf die Idee, daß er ein Seelenfreund sein könne, aber da finde ich ihn nicht mehr.
Ich bin dann am Marktplatz in einem Wollgeschäft und will zwei Pullis anprobieren. Ich trage ein rotes T-Shirt mit Knöpfen, aus dem ich nicht herauskomme. Durch mein vergebliches Bemühen gerate ich ins Schwitzen und spüre auch meine kurzen, fettigen Haare. Endlich komme ich auf die Idee, die Knöpfe aufzumachen und kann nun anprobieren. Dann gefallen mir aber die Pullis nicht, denn sie sind mir zu dunkel. Die Verkäuferin ist ungehalten und sagt, daß sie die Pullis jetzt waschen müsse. Ich nehme an, sie will Geld dafür, habe aber nicht vor, etwas zu bezahlen. Jetzt sehe ich meine Freundin Irene, die Zucchini kauft, und treffe mit ihr zusammen.

Lebenssituation

Noch einmal ist es Frau T., die, von ihrem Ofen-Traum sehr angerührt, ihre Gedanken tagsüber um ihn kreisen ließ und gefühlsmäßig wiederum nachvollzog, was sich in ihm abgespielt hatte. Die Begegnung mit sich selbst im Traum und die spätere Auseinandersetzung mit dem Traumgeschehen schaffen eine Verbundenheit zwischen dem Bewußten und Unbewußten und fördern die Einsicht in ein ungünstiges Verhaltensmuster.

Traumverständnis

An diesem Traum, den Frau T. nach dem Ofen-Traum hatte, wird diese neue Einsicht deutlich sichtbar. Sie hat sich auf den Weg gemacht, um Wachsmalkreiden zu kaufen. Im

Traum unterwegs zu sein oder irgendwelche Aktivitäten zu entwickeln, sind günstige Vorzeichen für einen in Gang gekommenen Prozeß, der auf Veränderung im Verhalten abzielt.
Frau T. will sich Material zum Malen kaufen. Sie möchte gestalten, etwas darstellen, was sie bewegt und angerührt hat. Auf den künstlerischen Wert kommt es hierbei nicht an. Ein lockeres Spiel mit Farben, Tönen oder Worten ist gemeint, das der Phantasie freien Lauf läßt und völlig zweckfrei einfach Spaß macht, von inneren Spannungen befreit und ein Gefühl der Zufriedenheit erzeugt. Noch zögert Frau T. bei ihrem Einkauf, wägt Preise ab und kann sich weder für das große noch für das kleine Set entscheiden. Leider gibt es nichts umsonst, denn wer etwas kauft, muß dafür zahlen und muß seine Energie, im Sinnbild des Geldes ausgedrückt, einsetzen, um seine Pläne verwirklichen zu können. Noch überlegt sie den billigeren Einkauf in der Marktbude, wo sie auch die Farben selbst zusammenstellen könnte. Wenn ihr erst bewußt wird, daß Farben einen außerordentlichen Gefühlswert besitzen und ihr mit dem Erwerb des großen Sets die gesamte Skala der Gefühle zur Verfügung stünde, wäre ihr der Preis sicher nicht zu hoch.
Angeklungen ist das Thema bereits im Ofen-Traum und findet nun eine weitere Ausstrahlung in der Suche nach Wachsmalkreiden und der Wahrnehmung eines jungen Mannes, der ihr nachsteigt, was sie offensichtlich genießt. Sie erkennt ihn nicht, weiß nicht, daß es ihr Freund ist, und erst später im Halbschlaf kommt ihr der Gedanke, daß er ein Seelenfreund sein könnte. Die Rolle, die sie hier einnimmt, und ihre Gefühle ihm gegenüber sind noch unbestimmt und, wie der Halbschlaf erkennen läßt, erst zur Hälfte geweckt.
Doch sie will ja diesen Zustand verändern und findet sich dann beim Einkauf eines Pullovers in einem Laden wieder.

Auch hier sind die Gefühle angesprochen, die wir dem von T-Shirts und Pullovern bedeckten Herz-Bauch-Bereich zuordnen. In der Kleidung kommt zum Ausdruck, wie sich jemand unbewußt gibt, wie er sich darstellt und welche Rolle er spielt. Ablesbar ist das Bild, das er von sich entworfen hat und von dem er glaubt, daß ihn andere auch so sehen. Meistens läßt sich der Sinn der Bekleidung im Traum aus vergleichbaren Alltagssituationen erschließen. Bei der schweißtreibenden Anprobe dauert es eine Weile, bis Frau T. die zu öffnenden Knöpfe entdeckt. Wahrscheinlich muß noch einige Zeit vergehen, ehe sie sich ihrer Gefühle bewußt wird und abwägen kann, wo Offenheit oder wo Distanz im Umgang mit anderen angebracht ist. Noch ist die Angst vor seelischen Verletzungen, denen sie in der Kindheit ausgesetzt war, zu groß, um sich auch dem Freund vertrauensvoll öffnen zu können.
Auch mit den Pullis, das heißt mit der Rolle, die sie spielen möchte, stimmt etwas nicht. Die Farben sind zu dunkel und entsprechen nicht dem Wesen von Frau T., das im Grunde genommen fröhlich ist. Doch mit seinen Gefühlen im Einklang zu sein, kostet Mühe und bedarf eines aufmerksamen Hinspürens. Es erfordert einen Einsatz, den Frau T. noch nicht gewillt ist zu erbringen.
Es bleibt noch die Begegnung mit der Zucchini einkaufenden Freundin, die in einer Beratungsstelle für Schwangere tätig ist. Mit ihr ist sowohl der Gefühlseinsatz als auch die mütterliche, sorgende und nährende Liebe für das neue Wesen angesprochen, das ins Leben drängt und sich verwirklichen will. Es sind alles Fähigkeiten, die auch in Frau T. liegen und von denen sie spürt, daß sie noch der Entwicklung bedürfen. Wir könnten bei ihr auch von einer seelischen Schwangerschaft sprechen, einer zukunftsträchtigen Persönlichkeitsveränderung, deren Ziel es ist, eine breite Palette von Farben – als Sinnbild der Gefühle – zu besitzen und die Fähigkeit, sinnvoll

mit ihnen umzugehen. Das entspräche einem erfüllten, dem Wachsen, Blühen und Reifen zugewandten Leben, in dem sowohl die Freude als auch der Schmerz als wertvolle Erfahrung angenommen und in neue Erkenntnisse verwandelt werden.

Auf dem Teppich bleiben

Wenn wir aufgefordert werden, auf dem sprichwörtlichen Teppich zu bleiben, dann werden wir dadurch zu mehr Sachlichkeit, Realitätsbewußtsein und angemessenem Verhalten ermahnt. Wir sollen uns so benehmen, wie es sich in einem vornehmen Raum mit einem kostbaren Teppich gehört. Die weiteren drei im Traum vorkommenden Redensarten (Feuer fangen, hoch hinauswollen, etwas fällt ins Wasser) wurden bereits an anderen Stellen in diesem Buch besprochen.

Traum

Versehentlich wurde ein Brand entfacht. Wir erwarten die Feuerwehr auf dem Dach eines Hochhauses. Diese kommt auch bald, und wir (das sind drei Männer) steigen vom Dach in eine Art Sprungtücher, die wie Teppiche aussehen. Diese Teppiche funktionieren ähnlich wie Fallschirme. Es geht rasch abwärts, und wir müssen uns so darauf verteilen, daß wir ein gleichseitiges Dreieck bilden; es sind mehrere Teppiche, auf denen sich jeweils drei Personen befinden. Durch diese Verteilung entsteht ein Gleichgewicht, und der Teppich wirkt wie ein Fallschirm. So segeln wir gemächlich nach unten. Ich muß mehrmals die Position wechseln, um das Gleichgewicht herzustellen. Schließlich landen wir sanft auf einem See. Dieser befindet sich jedoch in der DDR, und ich befürchte, daß es Schwierigkeiten geben könnte, da wieder herauszukommen. Dann wache ich auf.

Lebenssituation

Zum Zeitpunkt dieses Traumes mußten sich der Träumer und seine Lebensgefährtin mit einer Kündigung der gemeinsamen Wohnung durch den Vermieter auseinandersetzen. Der Gedanke, statt eine neue Mietwohnung zu suchen gleich nach einem Eigenheim Ausschau zu halten, wurde im Laufe der Zeit immer stärker, und die beiden verbrachten viele Stunden damit, sich geeignete Objekte anzusehen. Da der Träumer romantisch veranlagt ist und auch seine Frau zu begeistern versteht, lag das Augenmerk auf älteren, renovierungsbedürftigen Häusern auf dem Land. Auch die beschränkte finanzielle Situation, die ein Neubauprojekt ausschloß, bestärkte die Richtung und ließ nur einen Altbau in Frage kommen. Da die Gesetzgebung im Mietrecht sich damals auch noch zugunsten des Vermieters veränderte, wurde das Problem, ein neues Dach über dem Kopf zu finden, immer drängender. Parallel zur äußeren Häusersuche war das Paar, das sich mittlerweile zwei Jahre kannte, auf der Suche nach einer tragfähigen Basis seiner Beziehung, die schon manche Krisen durchgemacht hatte.
In beiderlei Hinsicht war der Träumer damit konfrontiert, der Realität ins Auge zu sehen, anstatt sich in jugendlichen Schwärmereien, romantisch verklärten Beziehungs- und Wohnphantasien zu ergehen. Den Hochhausbrand träumte der junge Mann, nachdem er mit seiner Gefährtin ein altes Bauernhaus entdeckt hatte, für das beide sogleich Feuer und Flamme waren.

Traumverständnis

In diesem Traum, der gleich mehrere Redensarten für seine eindringliche Botschaft benutzt, findet sich der Träumer auf einem brennenden Hochhausdach wieder. Er hat sich mit seinen Vorstellungen, Wünschen und Phantasien verstiegen und wollte mit seinen Plänen zu hoch hinaus. Das alte Haus, für das der Träumer am Vortag des Traumes Feuer gefangen hatte, was sich im Brand des Hochhauses ausdrückt, und das er als Märchenschloß im Dornröschenschlaf empfand, entpuppte sich bei genauerem Betrachten als abbruchreifes Gemäuer ohne sanitäre Anlagen. Bevor der Träumer diese Desillusionierung nachvollziehen und annehmen konnte, was einige Zeit dauerte, mußte er auf den Boden der Tatsachen zurückkehren. Er wird vom Traum auch bildlich aufgefordert, auf dem Teppich zu bleiben und das abhanden gekommene innere Gleichgewicht wiederzufinden.

Die Gabe seiner starken Imaginations- und Vorstellungskraft wäre ihm fast zum Verhängnis geworden, hätte der Eigentümer nicht mit dem Verkauf gezögert, um noch mehr Geld für dieses baufällige Haus auf dem verwilderten Märchengrundstück herauszuholen. Es ist also, um es in der Bildersprache des Traumes auszudrücken, »höchste Feuerwehr«, von diesem brennenden Dach abzusteigen. Als Rettung erweisen sich Teppiche, die die vom Feuer Bedrohten auf den sicheren Boden zurückbringen sollen. Um das Gleichgewicht zu finden und zu halten, werden vom Träumer einige Balanceakte verlangt, was seinen Schwierigkeiten in der Realität entsprach, die entflammten Emotionen der Begeisterung in den Griff zu bekommen, die ihn, wie uns der Traum zeigt, massiv bedrohen.

Schließlich gelingt es dem Träumer und zwei männlichen Begleitern, heil auf einem See zu landen. Die unbekannten jungen Begleiter werden wohl männliche Aspekte des Träumers symbolisieren, die durch den Brand ebenfalls bedroht wurden, wie zum Beispiel sein Selbstbewußtsein, Klarblick und Abgrenzungsvermögen. Wie wichtig die männliche Eigenschaft ist, einen kühlen Kopf zu bewahren, wird an diesem Beispiel deutlich, wenn übersteigertes Wunschdenken nicht mit der Realität verwechselt werden soll. Hätte sich der Träumer auf dieses Objekt eingelassen, die stattliche Summe, die der Besitzer forderte, bezahlt, wäre er wahrscheinlich gescheitert, denn es fehlte ihm sowohl an dem nötigen Kleingeld als auch am nötigen Sachverstand, um die hochtrabenden Pläne zu verwirklichen. Statt dessen ist das unrealistische Vorhaben ins Wasser gefallen.

Da der junge Mann im Traum sanft auf einem See landet und nicht davon die Rede ist, daß er baden geht, ist dieses Traumbild als Entwurf für die Zukunft zu verstehen, das dem Träumer signalisiert, wie sich die Sache wohl entwickeln wird. Der junge Mann, der schon längere Zeit mit den Träumen arbeitet, setzte sich mit dieser Traumbotschaft auseinander und versuchte, die ganze Angelegenheit von verschiedenen Standpunkten aus zu betrachten, wie es der Szene auf dem Teppich entspricht: Er muß öfter die Position wechseln und verschiedene Standpunkte einnehmen können, damit die Sache wieder ins Lot kommt.

Bei der zweiten und dritten Besichtigung des betreffenden Anwesens erkannte der begeisterungsfähige Träumer langsam, worauf er sich bei einem Erwerb einlassen würde, und er und die Partnerin, die schon vor ihm auf den Boden der Tatsachen zurückgekehrt war – sie wird im Traum auch nicht erwähnt –, ließen von dem Vorhaben ab, so daß dieses Projekt, wie es der Traum vorhergesehen hatte, ins Wasser fiel. Dieses ganze Hin und Her, die Gefühle, Versuchungen und Desillusionierungen, die den Träumer in dieser Angelegenheit wochenlang in Atem hielten und manche schlaflose Nacht bescherten, waren

dennoch keine vergebliche Energieverschwendung. All die damit verbundenen Auseinandersetzungen, Fragen und Konflikte waren für ihn ein Lernfeld auf dem Weg zu einer harmonischen Verbindung zwischen Ideal und Wirklichkeit, zwischen Gefühl und Verstand.
Um ein solches Gleichgewicht geht es letztendlich auch in der Partnerbeziehung, deren Bewältigung dem jungen Paar nicht immer leichtfällt. Aber auch in dieser Hinsicht war die Häusersuche für die jungen Leute ein Medium der Beziehungsauseinandersetzung und -neufindung. Beide erlebten eine neue Verbundenheit, kamen sich näher durch dieses existentielle gemeinsame Ziel und waren aufgefordert, Tugenden wie Gelassenheit, Geduld und Vertrauen in den Gang des Lebens und Klarblick in dieser fast einjährigen Suche zu entwickeln. Schließlich fanden sie eine Mietwohnung, die ihnen zusagte. Das Hausprojekt wurde erst einmal verschoben, aber immerhin haben es die beiden nicht versäumt, den Grundstock für zukünftige eigene vier Wände zu legen und einen Bausparvertrag abgeschlossen, was auf ihren inzwischen entwickelten Realitätssinn verweist.

Der Bart ist ab

Der Bart ist ein Herrschaftssymbol. Er war im Altertum das Attribut der Könige und Propheten. Allgemein gesehen war die Barttracht das Zeichen des freien und reifen Mannes. Im sprichwörtlichen Sinne verwenden wir diese Redensart, wenn eine Sache ein für allemal erledigt oder überstanden ist.

Traum

Ich sehe im Traum das Gesicht meines Seelenfreundes und wundere mich, daß er keinen Bart mehr trägt.

Lebenssituation

Für die alleinerziehende Mutter zweier Kinder ist es nicht einfach, mit den Belastungen des Alltags fertig zu werden. Obwohl nun die Tochter das Geschäft mitführt und der Sohn das letzte Jahr am Gymnasium absolviert, gibt es für die Träumerin genügend Probleme, die im Gespräch mit Freundinnen und Freunden gelöst werden wollen. Sie steht in Kontakt mit einem weit entfernt wohnenden Freund, der aber durch seinen therapeutischen Beruf und seine eigene Familie selbst sehr in Anspruch genommen ist. Sie hat oft versucht, sich bei ihm Rat zu holen, wenn sie ihre Situation verändern wollte. Es entstand eine innere Abhängigkeit, die zu gewissen Zeiten durchaus berechtigt ist, aber nicht ewig dauern darf, wenn jemand nicht wieder zu einem unmündigen Kind werden will. Wer an seinem Therapeuten kleben bleibt, steckt in einer Sackgasse, aus der sich nur sehr schwer herausfinden läßt.

Traumverständnis

Wie der Traum zeigt, ist die Träumerin dieser Gefahr entgangen. Aufgeschlossen für alles Neue, immer bereit zu lernen und die Möglichkeiten, die es heute gibt, sein Leben besser zu meistern, wie Selbsterfahrungsgruppen, Traumarbeit, Yoga oder Meditation, boten Anregung genug, Selbstvertrauen zu entwickeln und den eigenen Weg zu finden. Sie entwickelte eigene Kräfte und konnte sich sowohl von inneren Zwängen als auch von äußeren Abhängigkeiten befreien.
Die gewonnene Autonomie wird ihr nun von ihrem Traumbewußtsein bestätigt: Der Bart ist ab! Der Bart ist ein Symbol für

männliche Stärke und Überlegenheit, und dieser männliche Einfluß hat, nachdem die Träumerin Selbstvertrauen, Mut und Selbstwertgefühl entwickelte, seine Berechtigung verloren. Von Haaren als Symbol ursprünglicher Triebkräfte erfahren wir bereits in der biblischen Geschichte von Simson und Delila. Sie schnitt ihm die Locken ab und beraubte ihn damit seiner Potenz.

Jemandem etwas weismachen

Der Sinn dieser Redensart hat sich im Laufe der Jahrhunderte verändert. Im Mittelhochdeutschen lautete sie: etwas wîs, also weise oder wissend, machen. Bis zum 16. Jahrhundert bedeutete die Wendung nur, jemanden über etwas in Kenntnis setzen. Durch häufigen ironischen Gebrauch veränderte sich ihr Sinn. Heute kommt mit der Redensart zum Ausdruck, daß man jemandem etwas Unwahres einzureden versucht oder ihm etwas vormacht.

Traum

Wir kommen den Dorfberg herunter und gehen zum Haus meiner Eltern. Dort begebe ich mich sofort in den Keller, um mein Jackett auszubürsten, das vorn mit weißem Staub bedeckt ist. Mein Onkel Hans ist im Bad und auch damit beschäftigt, Kleider zu reinigen. Ich bin nackt und warte mit dem Jackett in der Hand auf die Bürste, die er mir geben soll. Dann kommt überraschend mein Vetter mit seiner Familie. Sie gehen eine Treppe hinauf und wollen zu mir. Sie brauchen einen Ratschlag, ob ihr jüngster Sohn nun auf die Realschule überwechseln soll.

Lebenssituation

Es gibt Menschen, die zum Teil aufgrund ihres Charakters ein mehr passives, hinnehmendes und reagierendes Verhalten entwickelt haben und vor Aggressionen und kämpferischen Auseinandersetzungen zurückschrecken. Zu ihnen gehört auch der Träumer, Herr W., der trotz vieler Begabungen vor dem Leben ausweicht, wenig kontaktfreudig ist, sich bescheiden im Hintergrund hält und jeglicher Art von Aktivität mit Angst und Mißtrauen begegnet. Seine mehr dem weiblichen entsprechenden Seiten des Fühlens, Aufnehmens und Antwortens ergänzt er nicht durch die ebenfalls notwendigen Eigenschaften der Willenskraft und Initiative und merkt nicht, daß dieses extreme Verhalten ihn an der Entfaltung der in ihm angelegten Fähigkeiten hindert.

Das an seiner Entwicklung teilnehmende Traumbewußtsein forderte Herrn W. mit Träumen heraus, in denen ihm beispielsweise ein Dirigentenstab in die Hand gedrückt wurde, oder er sah im Verlauf eines Kartenspiels, daß er alle Trümpfe in der Hand hatte. Ein andermal wieder mußte er sich mit einem verbogenen Schlüssel herumquälen, der nicht in das Schloß seines Autos paßte. Die Träume sind unermüdlich und geben nicht auf, ihm den Zugang zu seinem Kräftepotential zu erschließen. Daß Herr W. sich ebenfalls bemüht und versucht, die von den Träumen vermittelten Erkenntnisse in die Tat umzusetzen, läßt sich an dem Traum nachweisen.

Traumverständnis

Der Weg, den Herr W. im Traum verfolgt, führt ihn in das Elternhaus zurück, an den Anfang seiner Existenz. Sein bewußtes Ich war aufmerksam geworden auf die Abläufe im eigenen Innern und gewann Einsichten in Prozesse, die unbewußt abliefen und sein Verhalten steuerten. Da es sich um innerpsychische Vorgänge handelt, findet sich Herr W. im Keller seines Elternhauses wieder, einem Bereich seines Unbewußten, und was sich dort abspielt, ist auf dieser Ebene zu verstehen. Er will sein Jackett ausbürsten, das auf der Vorderseite mit weißem Staub bedeckt ist. Daß er diese Arbeit in Angriff nehmen kann, verdankt er der Einsicht in sein angepaßtes Verhalten, von dem er sich befreien will. Er ist es leid, sich immer nur nach Autoritäten auszurichten, sich von ihnen etwas weismachen zu lassen und den Unmündigen zu spielen.

Auch der Onkel ist mit der Reinigung seiner Kleidung beschäftigt und gibt dem wartenden Neffen, der nackt dasteht, die Bürste in die Hand. Zwischen beiden läuft etwas ab, dessen Sinn nur unter Hinzuziehung der Einfälle von Herrn W. zu verstehen ist. Er schilderte den Onkel als eine von der ganzen Verwandtschaft hochgeschätzte Autorität, die immer zu Rate gezogen wurde, wenn Fragen zu beantworten waren oder Entscheidungen getroffen werden sollten. Man hielt ihn für allwissend und weise, und ohne ihn ging nichts. Diese Überzeugung hat der Träumer als Kind übernommen und so ausgelegt, daß anstehende Fragen und Probleme nur mit Hilfe eines anderen zu lösen seien. Diese Auffassung schwächte sein Selbstvertrauen, machte ihn unsicher und ängstlich, Dinge selbst in Angriff zu nehmen, um im Leben vorwärtszukommen. In den unterschiedlichsten Traumszenen ist ihm diese seine schwache Seite immer wieder vor Augen geführt worden, bis es ihm endlich möglich wurde, Eigeninitiative zu entwickeln.

Seine Abhängigkeit von dem verinnerlichten Onkel, der die Steuerung übernommen hatte, schwächt sich ab, verliert an Wirksamkeit, und er befreit sich von der bisher gespielten Rolle. Freiwillig überreicht ihm der Onkel, der seine Kleider gereinigt hat, die Bürste. Er beginnt für den Neffen eine andere Rolle zu spielen. Der Onkel reinigt seine eigene Kleidung, die in der Symbolsprache mit seinem Persönlichkeitsbild zu tun hat. Er hat sich ein Bild von sich selbst gemacht und meint, daß er auch von seinen Mitmenschen so gesehen wird. Indem er seine Kleidung ausbürstet, zeigt er, daß dieses Bild nicht mehr aufrechtzuerhalten ist und der Korrektur bedarf. Das bedeutet auch, daß Herr W. seine Auffassung über den Onkel ändert. Die reflektierten Erfahrungen ließen ihn realitätsbewußter werden, und es gelingt ihm, Situationen und Menschen nüchtern zu sehen, sie weder über- noch unterzubewerten. Infolgedessen verliert der Onkel, bisher als Alleskönner überbewertet, seine Dominanz, und alles kommt ins rechte Lot. Jedenfalls tendiert Herr W. in diese Richtung, die konsequent zu verfolgen er sich bemüht. Im Traum ist er noch nackt. Er muß erst noch die Kleider anziehen oder, symbolisch verstanden, die neue Rolle der Selbstsicherheit und des Selbstvertrauens einüben mit dem Wissen, daß Kleider Leute machen.

Und schon stellt sich der Erfolg ein. Ein Vetter sucht ihn auf und möchte einen Ratschlag von ihm. Es geht um Schulfragen, für die Herr W., von Beruf Lehrer, kompetent ist. Die Ermutigung, die er durch diesen Traum erfuhr, bestärkte ihn, die einmal eingeschlagene Richtung weiterzuverfolgen mit dem Ziel, infantile Abhängigkeiten, die wie Fesseln einengen, zu durchschneiden.

Literaturhinweise

JEAN ACHTERBERG: *Heilung durch Gedankenkraft*. Grundlagen und Methoden einer neuen Medizin. Heilung durch Imagination. Rowohlt Taschenbuch Verlag, Reinbek 1990.

GION CONDRAU/MARLIS GASSMANN: *Das verletzte Herz*. Kreuz Verlag, Stuttgart 1989.

ANN FARADAY: *Deine Träume – Schlüssel zur Selbsterkenntnis*. Ein psychologischer Ratgeber. 12. Aufl. Fischer Taschenbuch Verlag, Frankfurt am Main 1990.

Das Geheimnis der Goldenen Blüte. Ein chinesisches Lebensbuch. 18. Aufl. Walter Verlag, Olten 1987.

HELMUT HARK: *Träume vom Tod*. Kreuz Verlag, Stuttgart 1987.

HELMUT HARK: *Religiöse Neurosen*. Ursachen und Heilung. Kreuz Verlag, Stuttgart 1984.

CARL GUSTAV JUNG: *Erinnerungen, Träume, Gedanken*. Aufgezeichnet und herausgegeben von Aniela Jaffé. 7. Aufl. Walter Verlag, Olten 1990.

CARL GUSTAV JUNG/MARIE L. VON FRANZ (Hrsg.): *Der Mensch und seine Symbole*. 12. Aufl. Walter Verlag, Olten 1991.

CARL GUSTAV JUNG: *Synchronizität als ein Prinzip akausaler Zusammenhänge*. In: Synchronizität, Akausalität und Okkultismus. Deutscher Taschenbuch Verlag, München 1990.

VERENA KAST: *Trauern*. Phasen und Chancen des psychischen Prozesses. Kreuz Verlag, Stuttgart 1982.

VERENA KAST: *Wege aus Angst und Symbiose*. Märchen psychologisch gedeutet. Deutscher Taschenbuch Verlag, München 1987.

VERENA KAST: *Wege zur Autonomie*. Märchen psychologisch gedeutet. Deutscher Taschenbuch Verlag, München 1988.

HANNS KURTH: *Lexikon der Traumsymbole*. Die Symbolsprache der Träume in Stichwörtern von A – Z. 8. Aufl. Ariston Verlag, Genf/München 1989.

HARRIET GOLDHOR LERNER: *Wohin mit meiner Wut?* Neue Beziehungsmuster für Frauen. 5. Aufl. Fischer Taschenbuch Verlag, Frankfurt am Main 1991.

LUTZ RÖHRICH: *Das große Lexikon der sprichwörtlichen Redensarten*. 3 Bände. Herder Verlag, Freiburg 1991.

JOHN SANFORD: *Unsere unsichtbaren Partner*. Von den verborgenen Quellen des Verliebtseins und der Liebe. 4. Aufl. Ansata Verlag, Interlaken 1990.

Jürgen vom Scheidt: *Der Weg ist das Ziel.* Band 1 und 2. Droemer-Knaur Verlag, München 1990.

Hildegard Schwarz: *Aus Träumen lernen.* Mit Träumen leben. Droemer-Knaur Verlag, München 1987.

Hildegard Schwarz: *Mit Träumen leben – Einsichten.* Verlag Darmstädter Blätter, Darmstadt 1981.

Walter Toman: *Dynamik der Motive.* Wissenschaftliche Buchgesellschaft, Darmstadt 1970.

Joan Windsor: *Richtig träumen, besser leben.* Wie Sie Ihre Träume steuern und nutzen können. 2. Aufl. Ariston Verlag, Genf/München 1991.

Verschiedene Autoren der im Kreuz Verlag, Stuttgart, erschienenen Reihen: *Weisheit im Märchen* und *Zauber der Mythen.*